Philosophie

générale

Objectif BAC

Florianne CHAMAMA
Professeure agrégée de philosophie

Pierre CAMPOS
Professeur agrégé de philosophie

hachette
ÉDUCATION

MODE D'EMPLOI

Vous trouverez, réunis dans cet ouvrage, tous les outils pour bien préparer et réussir votre épreuve de philosophie :

LES MÉTHODES DE L'EXAMEN

Tous les conseils et les méthodes pour réussir les épreuves du BAC

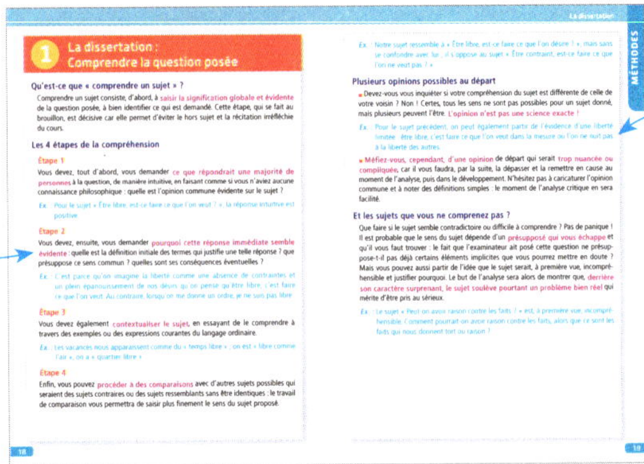

Des exemples complètent utilement les conseils

LES AUTEURS

Pour chaque auteur :

La biographie de l'auteur en quelques lignes

Ce qu'il faut retenir de sa philosophie

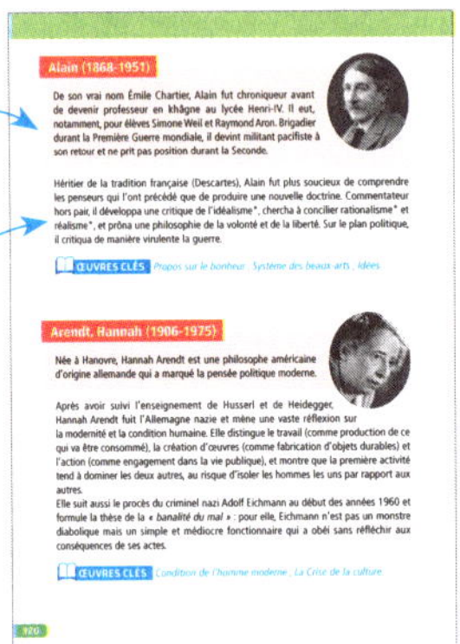

LES REPÈRES

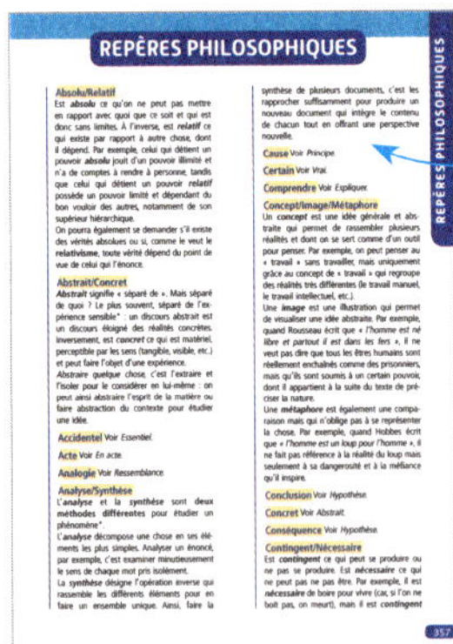

Une définition précise et synthétique de chaque repère et de ses enjeux philosophiques

À voir aussi sur notre site : www.parascolaire.hachette-education.com
10 TUTOS VIDÉOS sur les techniques de la dissertation et de l'explication de texte.

Conception graphique

Couverture : Stéphanie Benoit
Intérieur : Manon Guérin

Composition, schémas et mise en pages : Médiamax
Édition : Fabrice Pinel

I.S.B.N. 978-2-01-712338-5

Achevé d'imprimer en Juillet 2022 en Slovaquie par Polygraf - Dépôt légal : Juillet 2020 - Édition 03 - 19/3730/1

LES 17 NOTIONS AU PROGRAMME DU NOUVEAU BAC

Pour chaque notion :

Une introduction illustrée définissant précisément la notion

3 questions philosophiques essentielles traitées, en lien avec les 3 perspectives du programme

Une introduction, un développement et une conclusion pour chaque question

Une œuvre essentielle commentée en lien avec la notion

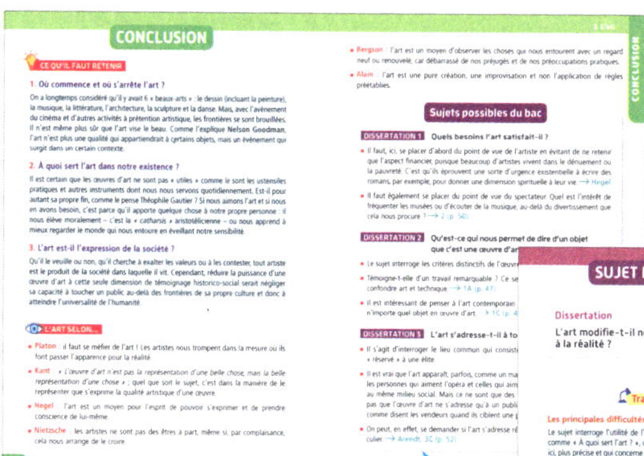

Un sujet de dissertation ou d'explication de texte entièrement corrigé, accompagné de conseils

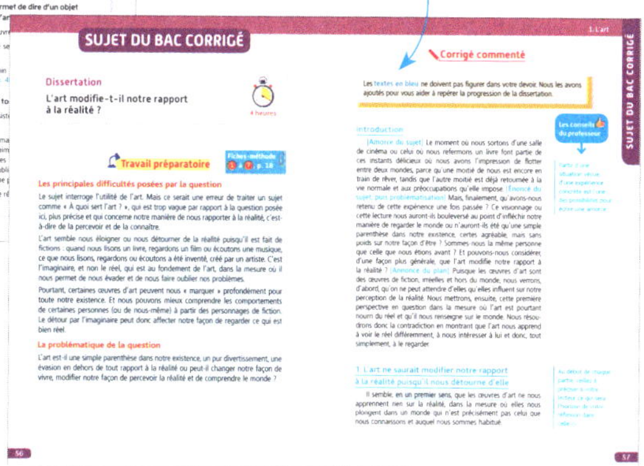

Une double page pour aller à l'essentiel :
- résumé du cours ;
- la notion vue par les principaux auteurs ;
- des sujets types du bac commentés.

SOMMAIRE

LES MÉTHODES POUR L'EXAMEN

La dissertation

L'explication de texte

LES 17 NOTIONS DU PROGRAMME

1. L'art

2. Le bonheur

DÉFINITION DE L'ÉPREUVE

L'épreuve de philosophie fait partie des **épreuves finales** que vous devrez passer en juin. Elle est **commune** à tous les élèves, qui doivent composer sur les mêmes sujets, quelles que soient leurs spécialités.

1. L'épreuve écrite

Durée	4 heures
Coefficient	8

Vous devez traiter, au choix, l'un des 3 sujets proposés : **2 sujets de dissertation et 1 sujet d'explication de texte**. Ces sujets portent obligatoirement sur **3 notions (ou des couples de notions) différentes** du programme.
Chaque année, les sujets sont **originaux** (ou n'ont pas été posés depuis plusieurs années). Il y a donc de fortes probabilités pour que vous ne les ayez pas vus durant l'année – ce qui n'est pas un mal puisque l'épreuve de philosophie ne consiste pas en une récitation mais en une réflexion personnelle, argumentée et cultivée.

A La dissertation (voir pp. 18 à 31)

Les sujets de dissertation se présentent sous la forme d'une **question directe**, sans indication supplémentaire (*ex.* : « Le bonheur dépend-il de nous ? »). Vous devez alors formuler le problème contenu dans le sujet et lui apporter une réponse personnelle, argumentée et cultivée (doctrines et repères philosophiques, mais aussi connaissances personnelles en arts, en sciences, etc.).

B L'explication de texte (voir pp. 32 à 44)

Le sujet d'explication de texte se présente sous la forme d'un **extrait**, d'une longueur comprise entre 10 et 15 lignes, **tiré d'une œuvre d'un des auteurs au programme**. Le texte est suivi du nom de l'auteur, du titre de l'ouvrage dont il est extrait et de la date ou de l'époque de sa composition ou de sa publication. Ce texte se rapporte explicitement à une ou plusieurs notions du programme. L'explication est accompagnée de l'indication suivante : *« La connaissance de la doctrine de l'auteur n'est pas requise. Il faut et il suffit que l'explication rende compte, par la compréhension précise du texte, du problème dont il est question. »* Vous ne devez donc pas faire un exposé sur l'auteur, mais bien identifier et reformuler le problème posé par le texte et la réponse argumentée que l'auteur lui a apportée.

2. L'épreuve orale de rattrapage

Préparation	20 minutes
Entretien	20 minutes

Cette épreuve ne concerne que les **élèves admis au rattrapage**, c'est-à-dire ayant obtenu une note générale au moins égale à 8 sur 20 et inférieure à 10 sur 20 et qui ont choisi de repasser la philosophie.

Cette épreuve consiste en une **explication d'un extrait** de l'œuvre étudiée en classe durant toute l'année. Vous devez apporter 2 exemplaires de cette œuvre (1 pour l'examinateur et 1 pour vous) et présenter, lors de cet oral, une **liste établie par le professeur** et visée par le chef d'établissement. Celle-ci contient le nom de l'auteur et de l'œuvre lue, l'indication du découpage de l'extrait étudié et, éventuellement, la liste des principaux textes vus en classe, ainsi que les questions abordées en corrélation avec ces textes.

Vous disposez de 20 minutes pour préparer votre explication, puis vous passez devant l'examinateur pendant 20 minutes. Pendant 10 minutes environ, vous devez **expliquer l'extrait choisi et exposer** de quelle manière ce passage permet d'éclairer la question à laquelle il a été associé ; puis vous devez **répondre**, pendant 10 minutes, **aux questions posées par l'examinateur** (sur le texte expliqué, sur l'œuvre dont il est extrait, ou sur vos connaissances liées aux notions mises en jeu par le texte).

L'exposé donne lieu à une évaluation et une note globales, dont le coefficient est le même qu'à l'écrit.

RAPPEL DU PROGRAMME

1. Les notions

Le programme de philosophie propose d'étudier **17 notions** :

L'art	Le bonheur	La conscience	Le devoir	L'État	L'inconscient
La justice	Le langage	La liberté	La nature	La raison	La religion
La science	La technique	Le temps	Le travail	La vérité	

Les sujets de dissertation et d'explication de texte peuvent **porter sur une seule notion** (par exemple, « Le bonheur dépend-il de nous ? » ou un texte sur le bonheur) **ou sur plusieurs notions** (par exemple, « Peut-on être heureux sans être libre ? » ou un texte sur l'art et la vérité). Il est donc important, toute l'année, de vous demander quels liens vous pouvez établir entre les différentes notions !

2. Les auteurs

L'œuvre suivie que vous étudierez en classe cette année, ainsi que le sujet d'explication de texte doivent être extraits d'une œuvre d'un des auteurs qui se trouvent dans la liste ci-dessous. Mais cela ne veut pas dire que vous croiserez tous ces auteurs avec votre professeur ou que vous n'en étudierez pas d'autres qui sont absents de cette liste !

Philosophies antique et médiévale	Les présocratiques ; Platon ; Aristote ; Zhuangzi ; Épicure ; Cicéron ; Lucrèce ; Sénèque ; Épictète ; Marc Aurèle ; Nāgārjuna ; Sextus Empiricus ; Plotin ; Augustin ; Avicenne ; Anselme ; Averroès ; Maïmonide ; Thomas d'Aquin ; Guillaume d'Occam.
Philosophie moderne	N. Machiavel ; M. de Montaigne ; F. Bacon ; T. Hobbes ; R. Descartes ; B. Pascal ; J. Locke ; B. Spinoza ; N. Malebranche ; G. W. Leibniz ; G. Vico ; G. Berkeley ; Montesquieu ; D. Hume ; J.-J. Rousseau ; D. Diderot ; É. de Condillac ; A. Smith ; E. Kant ; J. Bentham.
Philosophie contemporaine	G. W. H. Hegel ; A. Schopenhauer ; A. Comte ; A.-A. Cournot ; L. Feuerbach ; A. de Tocqueville ; J.-S. Mill ; S. Kierkegaard ; K. Marx ; F. Engels ; W. James ; F. Nietzsche ; S. Freud ; É. Durkheim ; H. Bergson ; E. Husserl ; M. Weber ; Alain ; M. Mauss ; B. Russell ; K. Jaspers ; G. Bachelard ; M. Heidegger ; L. Wittgenstein ; W. Benjamin ; K. Popper ; V. Jankélévitch ; H. Jonas ; R. Aron ; J.-P. Sartre ; H. Arendt ; E. Levinas ; S. de Beauvoir ; C. Lévi-Strauss ; M. Merleau-Ponty ; S. Weil ; J. Hersch ; P. Ricœur ; E. Anscombe ; I. Murdoch ; J. Rawls ; G. Simondon ; M. Foucault ; H. Putnam.

3. Les repères

Comme le médecin ou le garagiste, le philosophe dispose d'un lexique composé de **termes « techniques »** lui permettant de formuler de manière précise ses idées. Une partie de ce vocabulaire philosophique est rassemblée dans les 31 repères ci-dessous, qui permettent de s'orienter dans la réflexion :

Absolu/Relatif
Abstrait/Concret
Analyse/Synthèse
Concept/Image/Métaphore
Contingent/Nécessaire
Croire/Savoir
En acte / En puissance
En fait / En droit
Essentiel/Accidentel
Exemple/Preuve
Expliquer/Comprendre
Formel/Matériel
Genre/Espèce/Individu
Hypothèse/Conséquence/Conclusion
Idéal/Réel
Identité/Égalité/Différence
Impossible/Possible
Intuitif/Discursif
Légal/Légitime
Médiat/Immédiat
Objectif/Subjectif/Intersubjectif
Obligation/Contrainte
Origine/Fondement
Persuader/Convaincre
Principe/Cause/Fin
Public/Privé
Ressemblance/Analogie
Théorie/Pratique
Transcendant/Immanent
Universel/Général/Particulier/Singulier
Vrai/Probable/Certain

4. Les 3 perspectives

Les notions du programme posent des problèmes qui peuvent être abordés à travers 3 perspectives différentes : l'existence humaine et la culture ; la morale et la politique ; la connaissance.
La perspective **« L'existence humaine et la culture »** permet d'interroger ce qui, dans les notions du programme, pose problème par rapport à l'être humain et à la culture dans laquelle il vit.
La perspective **« La morale et la politique »** renvoie, quant à elle, aux valeurs, aux normes morales et aux modes d'organisation qui façonnent la vie collective.
Enfin, la perspective **« La connaissance »** permet d'interroger ce qui, dans les notions du programme, pose problème par rapport au savoir.
S'il n'est pas impossible d'aborder toutes les notions à travers ces trois perspectives, **certaines notions ont plus d'affinités avec certaines perspectives** que d'autres. Par exemple, c'est surtout à l'intérieur de la perspective « La morale et la politique » que les problèmes liés à la notion de « devoir » se posent. En revanche, l'« art » peut donner lieu à une réflexion morale (« La morale et la politique »), à une interrogation sur le type de connaissance qu'il procure (« La connaissance ») ou sur la place qu'il occupe dans l'existence humaine (« L'existence humaine et la culture »).
Les perspectives servent surtout à **« cadrer » la réflexion** sur les notions et l'élaboration des sujets du baccalauréat.

CONSEILS GÉNÉRAUX

1. Se préparer à l'examen

A Tout au long de l'année

Il est impossible de maîtriser, en quelques jours ou même en quelques semaines, un enseignement comme celui de la philosophie, qui, plus que tout autre, demande une implication personnelle importante.

C'est tout au long de l'année que vous devez produire vos efforts :

– Vous devez **apprendre le cours**, c'est-à-dire les doctrines des auteurs, quelques citations, des définitions et des repères. Vous ne devez pas nécessairement les apprendre par cœur de façon mécanique, mais vous familiariser avec ces idées et être capable de les expliquer à votre tour.

– Vous devez **assimiler les méthodes** de la dissertation et de l'explication de texte (voir pp. 17 à 44). Les exigences en philosophie sont sensiblement différentes de celles des autres matières.

– Vous devez **vous entraîner par des exercices réguliers**, qui peuvent se limiter à un élément (*ex. :* analyser un sujet de dissertation, rédiger une introduction) ou être complets (rédiger des dissertations ou des explications de texte complètes).

– La philosophie n'est pas une matière strictement scolaire, mais elle est **ouverte sur le monde**. Profitez de votre année pour exercer un regard philosophique sur l'actualité, sur les films que vous voyez, pour parler du cours avec vos amis ou vos parents. N'hésitez pas à pousser la curiosité jusqu'à écouter des émissions de philosophie sur France Culture, lire *Philosophie Magazine* ou regarder Arte : les ressources sont nombreuses et facilement accessibles.

B Faire des révisions

À **5 ou 6 semaines de l'épreuve** du bac, faites-vous un planning précis sur lequel figurera, chaque jour, ce que vous devez reprendre : un élément de cours ou un exercice. Il est plus profitable et moins indigeste de **travailler 15 minutes chaque jour** la philosophie plutôt que d'ingurgiter des connaissances pendant plusieurs heures d'affilée.

C À J – 1 et le jour J

Arrêtez de réviser la veille de l'épreuve, pour arriver à l'examen avec de la fraîcheur intellectuelle et une ouverture d'esprit. Si vous avez l'impression de ne rien savoir, ce n'est pas grave : c'est même une attitude très philosophique ! Cela vous évitera de foncer tête baissée dans une récitation et vous forcera à penser au sujet avec une certaine naïveté, que vous dépasserez au fur et à mesure de votre réflexion... Ce que l'on vous demande avant tout, **ce n'est pas de savoir**, encore moins d'avoir des certitudes, **mais de penser**. Les connaissances que vous avez acquises ressortiront le moment voulu, quand vous commencerez à travailler le sujet.

2. S'organiser pendant l'épreuve

L'épreuve de philosophie dure 4 heures ; il est donc important de savoir bien gérer son temps. **Entraînez-vous toute l'année** en faisant des devoirs en temps réel, chez vous ou en classe, afin de vous familiariser avec l'exercice et ne pas être surpris(e) le jour J. Faites, pendant l'année, un exercice **pour chaque type de sujet**. Par exemple, même si vous préférez la dissertation, obligez-vous, à un moment donné, à faire une explication complète de texte... Ainsi, si les sujets de dissertation vous paraissent trop compliqués et ne vous inspirent pas le jour de l'examen, vous ne serez pas démuni(e) !

A Organiser son temps au brouillon (1 h 30 à 2 h)

Lisez calmement les 3 sujets et **prenez bien le temps** (env. 10 min) de choisir. Demandez-vous si vous comprenez bien le sujet, si vous avez des choses intéressantes et pertinentes à dire et, surtout, s'il vous inspire ! Inutile de foncer tête baissée, pour vous rendre compte, au bout de 1 heure, que vous préférez finalement un autre sujet...

▪ Pour la dissertation :

– Commencez par **problématiser le sujet** (voir p. 22).
– Élaborez, ensuite, le plan de votre développement (voir p. 24). Pour cela, il vous faut **jeter puis trier vos idées**. Il y a deux manières de faire (la première étant préférable à la seconde) : soit vous trouvez d'abord les grandes idées de chaque partie, puis vous cherchez ensuite les arguments ou idées plus précises, qui serviront de sous-parties et justifient l'idée principale ; soit vous listez toutes les idées qui vous viennent sur le sujet, puis vous vous demandez si vous pouvez les ranger sous des idées plus globales, qui serviront de fil directeur pour les grandes parties. N'hésitez pas à éliminer les idées qui ne seraient pas pertinentes ou qui menaceraient la cohérence générale de votre argumentation.
– **Précisez votre plan** en trouvant, pour l'idée (ou argument) de chaque sous-partie, un exemple ou une référence (artistique, littéraire ou philosophique).
– **Rédigez entièrement votre conclusion :** cela vous permettra d'avoir en tête un fil conducteur clair au moment de la rédaction (voir p. 31).

▪ Pour l'explication de texte :

– Lisez attentivement, avec un crayon à la main, le texte pendant 1 demi-heure. **Repérez les notions en jeu, le problème et la thèse** de l'auteur (voir p. 32).
– Prenez, ensuite, bien le temps de **reconstituer le plan de l'argumentation** suivi par l'auteur, en procédant de manière linéaire. Faites attention aux étapes, aux types de raisonnements, aux exemples et aux arguments qu'il utilise.
– À l'intérieur de chaque grande partie, **identifiez les phrases ou passages qui méritent d'être approfondis** car ils sont plus importants. Définissez les termes fondamentaux, interrogez le sens de ces termes, et demandez-vous si vous pouvez aller plus loin en commentant ou en discutant, à l'aide de vos connaissances, ce passage.

B Organiser son temps de rédaction (2 h à 2 h 30)

Évaluez le temps qu'il vous reste en enlevant environ 20 minutes, que vous consacrerez à la rédaction au propre de la conclusion et à la relecture. Répartissez, ensuite, ce temps qu'il vous reste de manière égale entre l'introduction et chaque grande partie.

Ex. : Si vous avez passé 2 heures au brouillon et que votre plan comporte 3 parties, vous passerez environ 25 minutes pour l'introduction, puis 25 minutes pour chacune des 3 grandes parties, et vous terminerez par la rédaction au propre de la conclusion (5 min) et la relecture de l'ensemble (15 min).

C Combien de pages ?

Il n'y a pas de nombre attendu de pages ! **C'est la qualité, et non la quantité, qui compte** : une copie brève mais pertinente sera meilleure et mieux notée qu'une copie longue mais vide. Il paraît, cependant, bien difficile de dire quelque chose d'intéressant en 1 ou 2 pages seulement... En règle générale, pour la dissertation comme pour l'explication de texte, une copie fait entre 4 et 8 pages.

D Quels sont les critères d'évaluation des copies ?

C'est la totalité de la copie qui est prise en compte. On peut, néanmoins, dégager certains critères d'évaluation.

▪ Pour la dissertation

Les critères sont : la pertinence (la copie traite-t-elle bien le sujet dans sa singularité ? est-elle trop générale ou à côté du sujet ?), la clarté de l'expression et des idées, la cohérence (le propos est-il structuré de manière logique ?), l'analyse des concepts et des arguments (y a-t-il un effort pour définir les notions utilisées ? les idées avancées sont-elles justifiées ?), la culture philosophique (repères et auteurs).

▪ Pour l'explication de texte

Les critères sont : la bonne compréhension du problème et de la thèse, la mise en valeur de la progression logique de l'argumentation, la clarté de l'expression, les efforts déployés pour dépasser la paraphrase, le commentaire et la discussion critique du texte à l'aide de votre culture philosophique (des thèses proches ou contraires que vous connaissez).

3. La bonne présentation d'une copie

Iriez-vous à un rendez-vous amoureux ou à un entretien d'embauche mal lavé(e) et habillé(e) n'importe comment ? Eh bien, c'est la même chose pour les copies écrites que vous rendez : bien les présenter permet de **donner une bonne impression à votre correcteur**, mais cela va aussi l'aider à mieux vous comprendre. Bien présenter sa copie vous met ainsi dans des conditions plus favorables.

Voici quelques règles élémentaires :
– **Marquez systématiquement un alinéa,** c'est-à-dire un retrait de quelques centimètres, à chaque fois que vous commencez un nouveau paragraphe.
– **Sautez 1 ligne** entre l'introduction et la 1re partie, entre les parties et entre la dernière partie et la conclusion, mais pas entre les différents paragraphes d'une même partie.
– Précisément, chaque partie ne doit pas être d'un seul bloc. Mais, inversement, il ne faut pas non plus qu'elle soit trop éclatée ; autrement dit : vous ne devez pas aller à la ligne à chaque phrase ! Une partie doit être **structurée en plusieurs paragraphes** (= sous-parties). En plus d'une phrase introductive et de la transition, 3 paragraphes par partie semblent un nombre idéal, mais ce n'est pas une obligation.
– **Soulignez les titres des œuvres** que vous citez et ne les mettez pas entre guillemets. Cela vaut non seulement pour les livres, mais aussi pour les films, les chansons, etc.

Ex. : Vous n'écrirez pas *« le film "Douze Hommes en colère" et le "Gorgias" »* mais *« le film Douze Hommes en colère et le Gorgias »*.

– **Soignez l'orthographe.** Souvenez-vous que les fautes les plus fréquentes sont les fautes d'accord ; mettez les accents et ne terminez pas une ligne par une élision (un « d' » ou un « l' »).

4. Bien utiliser repères et citations

Que ce soit pour la dissertation ou pour l'explication de texte, exploitez au maximum les repères et citations, qui sont là pour vous aider.

A Est-ce une obligation ?

En théorie, vous pouvez tout à fait produire une copie avec vos propres ressources, sans solliciter quoi que ce soit d'extérieur. Mais, en pratique, c'est moins évident, ne serait-ce que parce que votre réflexion risque de fonctionner rapidement à vide ou de tourner en rond. Sans être des passages rigoureusement obligés, ils apportent donc souvent une valeur ajoutée qui **permet de valoriser la copie**. Pour gagner un combat, il vaut mieux être bien équipé(e), et vos connaissances sont comme des armes qui vous aideront à triompher des difficultés.

B Quelle est l'utilité des repères, des références et des citations ?

Utiliser des repères, des références et des citations est triplement utile :
1. Vous donnez un précieux **coup d'accélérateur** à votre réflexion. Les citations contiennent des idées fortes et originales ; les repères permettent de faire des distinctions conceptuelles et de préciser le sens d'un terme : dans tous les cas, cela donne à penser.

2. Vous vous appuyez sur des **idées claires et objectives**. Les repères et les citations font partie d'une culture commune que vous partagez avec votre correcteur. Autrement dit : à ce moment-là, il saisit mieux le sens de votre propos ! Les élèves n'imaginent pas à quel point il est, parfois, difficile pour un correcteur de comprendre une copie, de suivre les raisonnements.
3. Vous montrez que vous avez appris des éléments de cours ! Même si la philosophie n'exige pas de restitution de connaissances apprises par cœur, vous rassurez votre correcteur en lui donnant un **gage de sérieux**. Et, entre deux copies d'un niveau égal mais dont l'une contient des éléments de cours et l'autre pas, la différence sera nette dans son esprit et vaudra quelques points supplémentaires dans la notation finale.

C Comment les utiliser ?

Il y a une règle d'or pour les utiliser : ne jamais présenter citations et repères pour eux-mêmes mais **montrer ce qu'ils apportent**. Concrètement, cela signifie que vous ne devez pas les laisser seuls, mais toujours commenter ces éléments extérieurs. Ce qui intéresse votre correcteur est, d'ailleurs, la façon dont vous les comprenez et vous les utilisez, bien plus que ce qu'ils sont foncièrement.

■ Les citations

Les citations doivent être impérativement **exactes, écrites entre guillemets et attribuées à un auteur, voire** – c'est encore mieux – **à une œuvre précise**. En revanche, il n'est pas utile de préciser la date de publication de l'œuvre en question.

Ex. : Évitez donc d'écrire « *Un philosophe célèbre a dit que le devoir, c'était d'obéir à la loi* », mais écrivez plutôt « *Comme Kant l'écrit dans* <u>Les Fondements de la métaphysique des mœurs</u>, *"le devoir est la nécessité d'accomplir une action par respect pour la loi"* ».

Astuce 1 : si vous citez une phrase d'un auteur étranger, on peut tolérer une certaine approximation qui peut toujours être mise sur le compte de la traduction ! Vous pouvez profiter de cette marge de tolérance, mais n'en abusez pas pour transformer la citation.

Ex. : « *La fin de la république, c'est la liberté* » ou « *Le but de l'État, c'est d'instaurer la liberté* » sont deux manières également possibles de traduire la même formule de Spinoza.

Astuce 2 : si vous ne vous souvenez plus des termes exacts de la citation, vous pouvez très bien la paraphraser ou vous contenter d'expliquer la thèse de l'auteur. C'est bien mieux que d'inventer quelque chose qui risque d'être très approximatif.

■ Les repères

Les repères sont **trop peu exploités** par les candidats, alors que tous les correcteurs vous diront combien ils apprécient de les voir figurer dans une copie. Mais pour en profiter au mieux :

– **Adaptez leur sens au contexte.** Si vous voyez un repère dans un texte, vous pouvez commencer par en donner une définition générale, mais vous devez immédiatement l'affiner en tenant compte de l'usage qu'en fait l'auteur dans le texte. Si vous prenez l'heureuse initiative d'utiliser un repère dans votre dissertation, justifiez-vous en expliquant précisément ce qu'il apporte à votre raisonnement.
– **Précisez l'autre repère (ou les autres) auquel il est associé.** Avez-vous remarqué que les repères se présentent toujours à plusieurs dans le programme ? Ce sont parfois deux termes opposés. C'est cette complémentarité qui fait sens.

> ***Ex.*** : Dans une explication de texte, si vous définissez le terme « nécessaire », ajoutez une formule à propos du terme opposé, à savoir « contingent » : *« Quand Descartes affirme que l'existence de Dieu est nécessaire, il veut dire qu'elle ne peut pas ne pas être, autrement dit qu'il est impossible que Dieu n'existe pas, par opposition à l'existence de telle ou telle créature, laquelle est toujours contingente parce qu'elle dépend des circonstances. »*
>
> *Dans* une dissertation : *« Pour déterminer si l'on peut désobéir aux lois, nous devons distinguer "légal" et "légitime" dans la mesure où, si une telle désobéissance est par définition toujours illégale, dans certains cas, en revanche, elle peut se révéler légitime, autrement dit conforme à un certain sentiment ou à un idéal de justice. »*

Les méthodes pour l'examen

Dissertation

Explication de texte

1 La dissertation : Comprendre la question posée

Qu'est-ce que « comprendre un sujet » ?

Comprendre un sujet consiste, d'abord, à **saisir la signification globale et évidente** de la question posée, à bien identifier ce qui est demandé. Cette étape, qui se fait au brouillon, est décisive car elle permet d'éviter le hors sujet et la récitation irréfléchie du cours.

Les 4 étapes de la compréhension

Étape 1

Vous devez, tout d'abord, vous demander **ce que répondrait une majorité de personnes** à la question, de manière intuitive, en faisant comme si vous n'aviez aucune connaissance philosophique : quelle est l'opinion commune évidente sur le sujet ?

Ex. : Pour le sujet « Être libre, est-ce faire ce que l'on veut ? », la réponse intuitive est positive.

Étape 2

Vous devez, ensuite, vous demander **pourquoi cette réponse immédiate semble évidente** : quelle est la définition initiale des termes qui justifie une telle réponse ? que présuppose ce sens commun ? quelles sont ses conséquences éventuelles ?

Ex. : C'est parce qu'on imagine la liberté comme une absence de contraintes et un plein épanouissement de nos désirs qu'on pense qu'être libre, c'est faire ce que l'on veut. Au contraire, lorsqu'on me donne un ordre, je ne suis pas libre.

Étape 3

Vous devez également **contextualiser le sujet**, en essayant de le comprendre à travers des exemples ou des expressions courantes du langage ordinaire.

Ex. : Les vacances nous apparaissent comme du « temps libre » ; on est « libre comme l'air », on a « quartier libre »...

Étape 4

Enfin, vous pouvez **procéder à des comparaisons** avec d'autres sujets possibles qui seraient des sujets contraires ou des sujets ressemblants sans être identiques : le travail de comparaison vous permettra de saisir plus finement le sens du sujet proposé.

Ex. : Notre sujet ressemble à « Être libre, est-ce faire ce que l'on désire ? », mais sans se confondre avec lui ; il s'oppose au sujet « Être contraint, est-ce faire ce que l'on ne veut pas ? ».

Plusieurs opinions possibles au départ

■ Devez-vous vous inquiéter si votre compréhension du sujet est différente de celle de votre voisin ? Non ! Certes, tous les sens ne sont pas possibles pour un sujet donné, mais plusieurs peuvent l'être. **L'opinion n'est pas une science exacte !**

Ex. : Pour le sujet précédent, on peut également partir de l'évidence d'une liberté limitée : être libre, c'est faire ce que l'on veut dans la mesure où l'on ne nuit pas à la liberté des autres.

■ **Méfiez-vous, cependant, d'une opinion** de départ qui serait **trop nuancée ou compliquée**, car il vous faudra, par la suite, la dépasser et la remettre en cause au moment de l'analyse, puis dans le développement. N'hésitez pas à caricaturer l'opinion commune et à noter des définitions simples : le moment de l'analyse critique en sera facilité.

Et les sujets que vous ne comprenez pas ?

Que faire si le sujet semble contradictoire ou difficile à comprendre ? Pas de panique ! Il est probable que le sens du sujet dépende d'un **présupposé qui vous échappe** et qu'il vous faut trouver : le fait que l'examinateur ait posé cette question ne présuppose-t-il pas déjà certains éléments implicites que vous pourrez mettre en doute ? Mais vous pouvez aussi partir de l'idée que le sujet serait, à première vue, incompréhensible et justifier pourquoi. Le but de l'analyse sera alors de montrer que, **derrière son caractère surprenant, le sujet soulève pourtant un problème bien réel** qui mérite d'être pris au sérieux.

Ex. : Le sujet « Peut-on avoir raison contre les faits ? » est, à première vue, incompréhensible. Comment pourrait-on avoir raison contre les faits, alors que ce sont les faits qui nous donnent tort ou raison ?

2 La dissertation : Analyser les termes du sujet

Qu'est-ce que « analyser un sujet » ?

Dépasser la seule compréhension du sujet

- Après avoir compris le sujet, vous devez **remettre en cause la définition commune** par un effort d'analyse. L'analyse est un jugement critique qui a pour fonction de bousculer la compréhension initiale du sujet.

- Analyser le sujet, c'est **décomposer la question en ses éléments essentiels**. C'est l'opération inverse de la compréhension : comprendre revient à saisir le sujet dans sa totalité, alors qu'analyser consiste à s'intéresser de manière approfondie à certaines de ses parties.

- L'intitulé d'une dissertation est toujours minutieusement formulé, et **chaque mot compte** !

Faire un effort de réflexion

- L'analyse consiste à définir les **termes du sujet et à en donner le sens philosophique** par un premier effort de réflexion. Il est aussi possible de s'appuyer sur des contre-exemples pour critiquer le sens commun de départ.

- Cet effort d'analyse, fait au brouillon, va vous indiquer des **pistes précieuses pour trouver la problématique** du sujet, c'est-à-dire le ou les problèmes posés par la question.

- Il ne sert à rien de définir tous les sens des termes du sujet : il ne faut retenir que les aspects des définitions qui vous sont utiles pour **mettre en évidence** une tension entre la compréhension et l'analyse.

Ex. : Le sens commun définit la liberté comme l'épanouissement du désir et l'absence de contraintes. **[compréhension du sujet]** Mais, si être libre, c'est faire ce que l'on veut, alors la réciproque doit être vraie : faire tout ce que l'on veut nous conduirait à la liberté. **[remise en cause]** Cela ne va pourtant pas de soi. **[analyse du sujet]** En effet, qu'est-ce qu'un désir ? C'est une tension vers un objet manquant, qui s'empare de nous et qu'on subit souvent de manière passive. Je suis pris d'un désir, je n'arrête pas d'y penser, etc. Or le désir ne s'oppose-t-il pas à la liberté ? **[exemple]** Un enfant qui, par exemple, cède à tous ses caprices, n'est-il pas prisonnier de ses désirs au lieu d'être libre ? **[tension]** Faire tout ce que l'on désire semble paradoxalement nous priver de liberté.

Comment analyser un sujet ?

- Vous devez identifier la (ou les) **notion(s)** et les **repères** impliqués dans la question, pour les discuter. Il y a souvent plus d'une notion explicite en jeu et des notions implicites.
- Vous devez également identifier les **termes secondaires** et ne pas négliger ceux qui sont apparemment anodins.
- Enfin, vous devez faire attention à ce que la question ne dit pas, c'est-à-dire à ses présupposés.

Énoncés ou termes « anodins »	Ce terme permet d'interroger…
Qu'***est***-ce que X ? X ***est***-il Y ?	… la **définition ou** la **nature** de X (essentiel/accidentel).
Peut-on X ?	… la **possibilité pratique** (idéal/réel) **et/ou** la **possibilité morale** (légal/légitime).
Faut-il X ? ***Doit***-on X ?	… la **nécessité et/ou** l'**obligation morale** (contingent/nécessaire – obligation/contrainte).
Pourquoi X ?	… les **raisons et/ou** les **buts** (hypothèse/conséquence/conclusion – principe/cause/fin).
X ***n'***est-il ***que*** Y ? ***Tout*** X ***n'***est-il ***que*** Y ?	… la **restriction**, la **réduction** (universel/général/particulier/singulier).
X est-il ***toujours*** ? X est-il ***parfois*** ?	… la **fréquence**, la **règle et** l'**exception** (contingent/nécessaire – absolu/relatif).
Notre X / ***son*** X / ***nous***	… l'**appropriation individuelle ou collective/universelle** (public/privé).

Ex. : Le sujet « Être libre, est-ce faire ce que l'on veut ? » invite à réfléchir à la définition et à l'essence de la liberté. Peut-on définir la liberté comme l'épanouissement des désirs et l'absence de contraintes ?

3 La dissertation : Problématiser le sujet

Qu'est-ce qu'un « problème » ?

Définition

Le mot *problème* vient du grec ancien *problema*, qui signifie « obstacle ». Au quotidien, on dit que l'« on rencontre un problème » lorsqu'une difficulté nous empêche d'avancer. En philosophie, **un « problème » désigne une difficulté qui interrompt le cheminement habituel d'une pensée**.

Un problème n'est pas une question

- Un problème est plus complexe qu'une simple question : une question admet une réponse, alors qu'**un problème ouvre différentes perspectives et réponses possibles**, que l'on peut hiérarchiser en fonction de leur vraisemblance.
- Un problème demande un **travail de réflexion et d'argumentation** qui doit permettre d'apporter la réponse la plus convaincante.

Ex. : « Quelle heure est-il ? » est une question, puisqu'il suffit de regarder sa montre pour y répondre. « Qu'est-ce que le temps ? » est un problème, car plusieurs réponses sont possibles. On peut dire que le temps dépend des changements que l'on observe dans le monde extérieur (le mouvement du Soleil dans le ciel, le cycle des saisons, etc.), mais aussi des hommes, puisqu'ils ont inventé les heures et les calendriers pour mesurer le temps et éprouvent différemment le passage du temps s'ils s'ennuient ou prennent du plaisir. Le temps est-il une réalité physique et objective ou une réalité humaine et subjective ?

Comment problématiser ?

- En dissertation, **la « problématique » désigne la formulation du problème** auquel doit conduire l'analyse.
- Problématiser consiste à **reformuler, sous la forme d'une interrogation,** la tension produite entre la compréhension initiale du sujet et sa remise en cause par l'analyse. Cette tension peut prendre la forme d'un **paradoxe** (une idée surprenante qui contredit l'opinion commune ou l'intuition) ou d'une **contradiction** (une opposition entre deux idées incompatibles entre elles).
- **Un problème se formule par une alternative entre deux idées opposées** X et Y. La conjonction de coordination *ou* ou bien une formule telle que « Comment se fait-il que X, alors que Y ? » permettent de formuler la problématique.

Ex. : Pour le sujet « Être libre, est-ce faire ce que l'on veut ? », on peut, à la suite de la compréhension et de l'analyse, poser les problématiques suivantes :

1. Paradoxe : « Comment peut-on être libre (X) en faisant tout ce que l'on désire, alors que (Y) nos désirs nous privent de liberté ? »

2. Contradiction : « Être libre, est-ce (X) suivre tous ses désirs ou (Y) s'empêcher de le faire ? »

- Pour formuler la problématique, il peut être très utile d'**employer des repères** du programme (absolu/relatif, transcendant/immanent, etc.) ou des antonymes du langage courant (obstacle/tremplin, voiler/dévoiler, etc.).

Peut-il y avoir plusieurs problématiques pour un seul sujet ?

- Oui ! **Un sujet ne contient ni un seul problème ni une infinité de problèmes,** mais quelques problèmes. Ce n'est pas parce que vous n'avez pas trouvé le même problème que votre voisin que l'un de vous deux a faux ! Ce qui compte, c'est que le problème soit pertinent et bien relié au sujet.

- Vous n'êtes pas tenu(e) de trouver tous les problèmes du sujet, mais de **bien construire un seul problème**. Certes, vous pouvez mentionner différents problèmes dans l'introduction, mais cela est risqué car il faudra tous les résoudre dans le développement – ce qui compliquera grandement votre tâche…

4 La dissertation : Bâtir un plan

Trouver des idées, puis les organiser

- Le but du développement est de **résoudre le problème posé par le sujet**. Vous pouvez, d'abord, écrire, sur une première feuille de brouillon, les idées et références qui vous semblent pertinentes pour y parvenir. Ce premier « jet » doit nécessairement être suivi d'un second, qui consiste, sur une nouvelle feuille, à organiser vos idées dans un plan que vous aurez préalablement construit. Il vous faut alors trouver l'idée directrice de chaque grande partie et voir si vos idées initiales peuvent y être insérées comme arguments.
- Toutes les idées que vous aurez jetées sur votre feuille de brouillon ne seront pas pertinentes. Organiser ses idées, c'est aussi **savoir faire le tri**.

Comment organiser ses idées ?

- S'il n'existe pas de plan passe-partout qu'il suffirait d'appliquer mécaniquement, vous devez, néanmoins, respecter un principe d'organisation : **le développement de votre réflexion doit être cohérent et progressif**.
- Le développement doit **partir de l'idée directrice** la plus évidente et simple, en examiner les difficultés, **pour parvenir à une idée plus complexe et nuancée** qui permettra de résoudre les difficultés précédentes. Chaque grande partie correspond donc à une réponse possible au problème, **la dernière partie étant la réponse** que vous jugerez, après examen, **la plus convaincante**.

Le plan dialectique

En philosophie, le plan classique est le plan « dialectique », c'est-à-dire en trois parties : « thèse/antithèse/synthèse », souvent caricaturé en « oui/non/bof ». **C'est le plan que nous vous recommandons.**

Thèse

Il s'agit de partir d'une **première idée évidente**, la « thèse », et de la développer jusqu'à ce que vous en rencontriez les limites, dont vous ferez part à votre lecteur en fin de 1re partie ou dans une transition.

Antithèse

- Ces limites soulignent alors la nécessité d'examiner, dans une 2e partie, des **objections à l'idée de départ** qui dessinent une nouvelle réponse opposée à la première : c'est l'« antithèse ». Vous aboutissez alors, en fin de 2e partie, à une contradiction.

Synthèse

■ Vous ne devez pas vous contenter, en 3e partie, d'une réponse tiède (« Un peu des deux ») ou relativiste (« À chacun son opinion ») ! Il faut plutôt se poser une question : **« Pourquoi la réflexion est-elle dans une impasse ? »** Le plus souvent, cela vient de la définition initiale des termes qui ont justifié la thèse ou de présupposés qui n'ont pas encore été interrogés. La 3e partie, la « synthèse », consiste à **dépasser la contradiction**, en prenant en compte les difficultés observées dans les deux premières parties et en apportant une nouvelle idée pouvant les résoudre.

■ Il faut souvent **redéfinir les termes** de départ **ou proposer une nouvelle distinction** entre différents sens des concepts utilisés.

Plusieurs développements possibles

Il n'y a pas qu'un seul développement possible par sujet. **Tout développement est valable tant que le propos est pertinent** (relié au sujet) **et organisé** méthodiquement. Vous pouvez réussir votre dissertation alors que votre dernière partie est contraire à celle que votre correcteur aurait faite !

Ex. : Pour le sujet « Être libre, est-ce faire ce que l'on veut ? », les deux plans suivants sont possibles :

– 1er plan :

A. La liberté réside dans l'affirmation totale de nos désirs contre les contraintes étouffantes de la société.

B. Mais alors on court le risque d'être victime de la tyrannie de nos désirs.

C. C'est donc dans la maîtrise de nos désirs que consiste notre liberté.

– 2nd plan :

A. La liberté est dans la maîtrise de nos désirs par notre volonté.

B. Mais notre volonté elle-même peut être manipulée ou déterminée à notre insu.

C. La liberté est alors dans la compréhension et le bon usage de ces déterminations.

5 La dissertation : Rédiger l'introduction

Qu'est-ce qu'une « introduction » ?

- Faisant au minimum une demi-page et au maximum une page et demie, l'introduction n'est **ni un résumé** du développement à venir, **ni une simple présentation générale** qui répète le sujet.
- L'introduction a pour but de **transformer le sujet en un problème**, par l'établissement d'une tension entre la compréhension immédiate et l'analyse réfléchie du sujet. La mise en place de la problématique, sous la forme d'une contradiction ou d'un paradoxe, doit lui servir de fil directeur.
- Nous vous déconseillons vivement de **multiplier inutilement les problématiques** et les questions, car vous prenez le risque de ne pas y répondre au terme de la dissertation et de « perdre » votre lecteur entre-temps.
- Toutes les introductions ont un même but (poser un problème), mais il y a **plusieurs manières de les rédiger**.

L'introduction courte

C'est une introduction composée d'**un seul paragraphe**. Elle suit trois étapes :

Étape 1

L'amorce du sujet : vous inscrivez le sujet dans le langage courant ou dans une expérience ordinaire, ou bien vous partez d'une définition commune, afin de lui donner une première signification. Il s'agit d'amener la question qui va être posée pour éviter qu'elle surgisse de manière abrupte.

Étape 2

L'énoncé du sujet suivi de sa problématisation : vous commencez par formuler la question telle qu'elle figure dans l'intitulé, puis vous explicitez le problème qu'elle sous-entend, en reformulant la question pour faire surgir une difficulté, voire un paradoxe. Une bonne manière de problématiser consiste à rédiger une alternative : « Est-ce… ou, au contraire, est-ce plutôt… ? »

Ex. : Si l'intitulé est « L'art n'est-il qu'un divertissement ? », vous pourrez ainsi problématiser : « Au contraire, n'est-il pas une activité sérieuse qui délivre un authentique savoir et nous éduque ? »

Étape 3

L'annonce du plan : vous annoncez la stratégie que vous allez suivre pour résoudre la difficulté rencontrée. Il s'agit d'explorer différentes hypothèses qui sont autant de réponses possibles à la question posée. Vous devez être suffisamment précis(e) au moins pour les voies empruntées dans les deux premières parties, mais vous pouvez être plus allusif(ive) en ce qui concerne la dernière partie.

Ex. : Voir les introductions des dissertations corrigées relatives aux notions 1 (p. 57), 6 (p. 139), 13 (p. 257) et 15 (p. 289).

L'introduction longue

Cette introduction, plus longue, se compose de **trois paragraphes** et suit quatre étapes :

Étape 1

La compréhension initiale du sujet : dans le 1er paragraphe, vous dégagez le sens commun du sujet en l'inscrivant dans le langage courant ou dans une expérience ordinaire. N'hésitez pas à justifier ce sens commun en définissant simplement les notions auxquelles le sujet renvoie.

Étape 2

Remise en cause et analyse du sujet : dans le 2e paragraphe, vous remettez en cause votre compréhension initiale de la question posée en pointant une difficulté dans la ou les définitions que vous avez choisi de retenir, en apportant un contre-exemple ou en doutant des présupposés et des conséquences de ce que vous avez avancé dans l'étape 1. Cette étape a pour but de signaler un problème entre votre analyse et votre compréhension.

Étape 3

La problématique : à la toute fin du 2e paragraphe, vous formulez la problématique, qui est la formulation interrogative du problème signalé.

Étape 4

L'annonce du plan : dans un 3e et dernier paragraphe, vous énoncez le plan de votre développement de manière affirmative ou, plus élégamment, sous la forme de questions se déduisant les unes des autres. Il est possible de ne pas annoncer le plan, mais c'est un peu risqué !

Ex. : Voir les introductions des dissertations corrigées relatives aux notions 2 (p. 73), 5 (pp. 122-123), 7 (p. 155), 10 (pp. 204-205), 16 (p. 305) et 17 (p. 321).

6 La dissertation : Rédiger le développement

Comment organiser le développement ?

- Le développement de votre dissertation est composé de **trois grandes parties**, qui contiennent, chacune, 2, 3 ou 4 paragraphes (ou sous-parties). Il est possible de faire un développement en deux parties, mais vous risquez de proposer une réflexion binaire (oui/non) peu satisfaisante.
- Les grandes parties n'ont pas nécessairement le même nombre de paragraphes.
- Faites attention à la **propreté** et à la **présentation** de votre copie : aérez votre rédaction en sautant des lignes et écrivez lisiblement.

Quel est le but des paragraphes ?

- Les paragraphes doivent **apporter des arguments** pour chaque grande partie, c'est-à-dire des raisons qui justifient l'idée directrice.
- Ne multipliez pas les idées ou les arguments dans un même paragraphe ! **Un paragraphe = une idée.**
- Demandez-vous pourquoi telle idée vous paraît convaincante et dites-le : il ne s'agit pas simplement de penser mais de **développer les raisons de penser ce que l'on pense**. En effet, les notions sur lesquelles reposent les idées sont souvent équivoques, et c'est pourquoi il faut les clarifier par une analyse conceptuelle, c'est-à-dire par un travail sur leur définition philosophique.

Comment rédiger un paragraphe ?

- **Évitez l'argument d'autorité** (« Aristote dit que… ») et commencez par réfléchir par vous-même, en exposant le plus clairement possible votre argument et en faisant bien attention qu'il soit pertinent pour le sujet.
- N'hésitez pas à **définir** les termes de votre argumentation (analyse conceptuelle), à prendre un exemple ou à utiliser des repères philosophiques qui vous permettent de préciser votre pensée.
- Ensuite, vous pouvez **approfondir votre réflexion initiale** en utilisant une référence philosophique. Faites attention à ne pas rédiger un catalogue d'exemples ou d'auteurs : ceux-ci, en effet, doivent être mis au service de votre argumentation et non pas la remplacer ! D'ailleurs, il est tout à fait possible de rédiger un paragraphe, voire une grande partie, sans référence philosophique.

Ex. : Pour une grande partie dont l'idée directrice serait « La liberté est dans la maîtrise de nos désirs », un paragraphe pourrait développer l'argument suivant : « **[argument]** La liberté est dans la maîtrise volontaire de nos désirs car, s'il n'est pas maîtrisé, le désir nous emprisonne dans une relance incessante, lui qui cherche à obtenir "toujours plus". **[analyse conceptuelle]** En effet, le désir est un manque et il vise toujours ce qu'il n'a pas ; c'est pourquoi il renaît de ses cendres après avoir été momentanément satisfait. **[référence philosophique]** C'est justement ce que montre Platon lorsqu'il compare l'homme plein de désirs à un tonneau percé qu'il faudrait sans cesse remplir. »

L'organisation des paragraphes

Il y a **deux manières** d'organiser les paragraphes dans une partie :

1. Chaque paragraphe propose un argument en faveur de l'idée directrice. Il peut être approfondi par une référence philosophique ou culturelle (arts, sciences, etc.).

Ex. : Voir le corrigé de la dissertation relative à la notion 10 (p. 204).

2. Dans le 1er paragraphe, vous développez votre réflexion personnelle. Le 2e paragraphe affine l'argumentation précédente en approfondissant précisément la thèse d'un auteur. Le 3e et dernier paragraphe pointe une difficulté dans ce qui précède – ce qui justifie le passage à la grande partie suivante.

Ex. : Voir le corrigé de la dissertation relative à la notion 2 (partie 1, p. 74).

7 La dissertation : Soigner les transitions et la conclusion

Soigner les transitions

Une composante essentielle de la dissertation

- Les transitions, bien qu'elles soient courtes (3 phrases environ), sont une composante fondamentale de tout travail de dissertation. Elles sont indispensables pour **justifier** le basculement d'une thèse à une autre, tout en montrant la continuité et la cohérence de la réflexion d'ensemble.
- Le but d'une transition est d'**assurer le passage** d'une partie à une autre afin que les « virages » pris par la réflexion ne soient pas trop caricaturaux : la transition récapitule la partie précédente et justifie la nouvelle.
- Les transitions demandent un travail sur mesure ; elles doivent **s'adapter au contenu** des idées qu'elles articulent. Elles peuvent se situer à la fin d'une grande partie ou au début de la grande partie suivante.

Des transitions, pour quoi faire ?

- Ne pas faire de transition donnera au lecteur **l'impression que vos idées sont juxtaposées** les unes à côté des autres sans raison, de façon arbitraire. Par exemple, se contenter d'une formule rhétorique passe-partout, comme « En outre », « De plus » ou « Mais, d'un autre point de vue, on pourrait aussi dire que… », n'a strictement aucun intérêt : cela revient à ne pas faire de transition du tout.

Ex. : Pour le sujet « Être libre, est-ce faire ce que l'on veut ? », après avoir argumenté que la liberté consiste à maîtriser ses désirs :
– **Une « mauvaise » transition :** « Nous avons vu que la liberté résidait dans la maîtrise volontaire de nos désirs. Mais on pourrait aussi dire le contraire. »
– **Une « bonne » transition :** « Nous avons vu que la liberté résidait dans la maîtrise volontaire de nos désirs. Une telle affirmation, cependant, ne surestime-t-elle pas le pouvoir de la volonté sur nos désirs ? Après tout, la maîtrise volontaire des désirs procède bien d'un désir de maîtriser le désir… Et si la maîtrise volontaire de nos désirs ne garantissait pas notre liberté ? »

Soigner la conclusion

Comment conclure ?

- La conclusion est un court paragraphe d'une demi-page maximum qui ressaisit, de manière concise et précise, la réponse apportée au problème. Son but est de **mettre un terme à la réflexion** : c'est pourquoi il est important de rappeler explicitement, en début de paragraphe, le problème que vous aviez posé en introduction, afin d'énoncer le plus clairement possible la réponse qui, finalement, vous a paru la plus convaincante.
- **Conclure, ce n'est ni répéter ni résumer** tout le cheminement par lequel vous êtes passé(e). La conclusion s'inscrit ainsi dans la droite ligne de votre dernière partie. Mais, alors que celle-ci, qui appartient au développement, repose sur un travail d'argumentation s'efforçant de discuter et de prouver une thèse, la conclusion **tire le bilan** de ce travail et n'avance donc **aucun nouvel argument**.
- Il peut arriver qu'**aucune solution définitive** ne ressorte du développement… Admettez-le alors, sans forcer artificiellement les choses. Prenez acte de cet échec en expliquant qu'il ne vient pas de vous, mais des difficultés insurmontables qui vous ont empêché(e) de parvenir à une réponse satisfaisante.

Finir la conclusion

Faut-il terminer la conclusion par une ouverture (qui dégage de nouveaux enjeux pour le sujet) ou une citation (qui clôt élégamment le propos) ? **L'ouverture n'est pas obligatoire** et risque d'agacer le correcteur si celle-ci n'est qu'un prétexte pour parler de tout autre chose. **La citation peut passer à côté du sujet ou survoler un point important** qui aurait dû être traité dans le développement. Ne passez donc pas trop de temps à vouloir épater votre correcteur ; misez plutôt sur tout le reste de votre devoir.

8 L'explication de texte : Repérer le problème et la thèse

Identifier la thèse

Qu'est-ce qu'une « thèse » ?

- La première chose à faire devant un texte est de comprendre ce que veut dire l'auteur, le point de vue qu'il adopte, l'idée qu'il souhaite défendre : c'est la **thèse**.
- Il n'y a qu'**une seule thèse par texte ou**, s'il y en a plusieurs, elles sont subordonnées à **une idée principale**. Elle doit être claire dans votre esprit : vous devez la repérer et la saisir de la manière la plus précise possible.

Thème et thèse

- Attention à **ne pas confondre le thème et la thèse** : le thème correspond au sujet du texte, c'est-à-dire au champ d'investigation qu'il aborde ; la thèse désigne ce que l'auteur dit en particulier, la position originale qu'il entend défendre et qui s'oppose à d'autres thèses.

Ex. : Sur un thème général comme « Le bonheur », une thèse peut être « La lucidité est préférable au bonheur » ou, au contraire, « Le bonheur est ce que nous devons rechercher par-dessus tout ».

- Si le thème est souvent immédiatement identifiable, **la thèse est souvent plus difficile à repérer** ou à dégager car elle peut être énoncée de manière diffuse à plusieurs endroits du texte. En effet, elle est rarement formulée « toute faite », dans une phrase précise ; et, même si cela se produit, il faut **la reformuler avec vos propres mots** et en tenant compte de la totalité de l'extrait qui vous est proposé.

Une thèse n'est pas une opinion

- La thèse correspond à ce que pense l'auteur mais n'est pas, pour autant, son « opinion » puisqu'elle est **appuyée par des arguments et un raisonnement**. C'est, d'ailleurs, ce qui rend la discussion philosophique intéressante.
- Ne projetez pas ce que vous pensez sur ce que l'auteur affirme, même si ce qu'il dit vous semble faux ou approximatif. Vous aurez le droit de discuter et même de critiquer ce que dit le texte, mais à condition de **l'avoir d'abord clairement compris** et seulement après l'avoir exposé.

Reconstruire le problème

Le problème n'est pas toujours explicite !

Personne (même les philosophes !) n'invente des thèses spontanément, à partir de rien. **La thèse est la réponse à un questionnement préalable.** Celui-ci peut figurer explicitement dans le texte – ce qui est assez rare – ou rester implicite – ce qui est le cas le plus fréquent. Vous devez donc reconstruire le questionnement auquel l'auteur lui-même s'est confronté. **Le problème correspond ainsi à la question que l'auteur s'est posée** avant d'y apporter sa réponse… qui est la thèse du texte que vous étudiez.

Ex. : Si le texte défend l'idée que la lucidité est préférable au bonheur, le problème sera : « Vaut-il mieux vivre heureux et insouciant ou vivre de manière lucide mais en prenant le risque d'être malheureux ? » ou « Faut-il préférer le bonheur par-dessus tout ? ».

La thèse répond à un problème… et en pose de nouveaux

- Comme pour la dissertation, il faut donc **problématiser** une explication de texte. Mais la démarche de l'explication de texte est inverse par rapport à celle de la dissertation : la dissertation part d'un problème pour, ensuite, envisager différentes réponses possibles (= les thèses), tandis que, **dans l'explication de texte, le point de départ est une thèse particulière qu'il faut relier à une problématique** ; autrement dit, il faut remonter à sa source, avant de confronter cette thèse aux autres thèses possibles.
- Ne confondez pas :
  – **le problème en amont** de la thèse de l'auteur, c'est-à-dire le questionnement auquel il répond ;
  – **les problèmes en aval** de la thèse, autrement dit ceux que cette thèse pose.
- Eh oui, les philosophes aiment les problèmes !

9 L'explication de texte : Identifier les idées importantes

Souligner les éléments clés

- Tous les mots n'ont pas la même valeur dans un texte. Certains ont plus de poids que d'autres. Vous devrez donc **être particulièrement attentif(ive) à certains éléments clés**. N'hésitez pas à vous armer d'un surligneur pour les faire ressortir visuellement sur la photocopie. Il peut s'agir :
– de mots mis en italique ou entre guillemets par l'auteur, car (sauf s'il s'agit de mots étrangers, latins ou grecs) cela signifie qu'il veut insister dessus ;
– de néologismes et de mots en langue étrangère ;
– de termes qui reviennent à plusieurs reprises dans le texte, signe de leur importance ;
– de notions essentielles dans l'histoire de la philosophie, et notamment celles qui sont au programme de Terminale (« la nature », « la liberté », etc.) ;
– de repères philosophiques ;
– de termes qui semblent équivoques ou confus ;
– etc.

- Dans tous les cas, vous devez y prêter une attention particulière et vous efforcer de les définir de manière précise. **C'est souvent autour de ces notions clés que l'explication doit s'articuler.**

Interroger les exemples

La présence d'exemples est également intéressante et **mérite pleinement d'être justifiée**. Demandez-vous pourquoi l'auteur a choisi tel exemple plutôt que tel autre ; essayez de voir ce qu'il apporte à son propos, si un autre exemple aurait été aussi convaincant et si c'est celui auquel vous auriez pensé.

Ex. : Comparer les êtres humains à des animaux peut avoir diverses significations. Si un texte les compare à des loups, c'est sans doute pour souligner leur férocité prédatrice, mais, s'il les compare à des moutons, c'est pour signifier qu'ils se ressemblent tous ou qu'ils sont incapables de se révolter.

Jeter un coup d'œil au paratexte

- Vous n'êtes officiellement pas tenu(e) de connaître la vie de l'auteur, le contenu de sa doctrine ou le contexte historique dans lequel le texte a été rédigé. L'extrait peut donc toujours être compris sans référence à ces éléments. Néanmoins, puisque chaque texte proposé comporte l'indication de la date de publication de l'ouvrage duquel il est extrait, ou au moins celle du siècle au cours duquel il a été rédigé, **ces informations peuvent vous servir à donner du relief à votre explication**.

Ex. : Si le texte est un texte politique paru au début du XIXe siècle, il est probable que le contexte de la Révolution française pourra en éclairer le contenu. Votre explication gagnera à faire référence à ces événements pour comprendre les idées de l'auteur.

- Attention, toutefois, à **ne pas sur-interpréter ces informations** !

Ex. : Ce n'est pas parce qu'un texte est extrait de l'*Esthétique* de Hegel qu'il parle nécessairement d'esthétique ni même d'art puisque l'ouvrage fait plusieurs centaines de pages, et tel ou tel paragraphe peuvent constituer des détours par rapport au thème central.

10 L'explication de texte : Bâtir le plan

Dégager la structure logique

- Un texte **suit une progression logique** : il a une « structure argumentative » ; autrement dit, il est construit d'une certaine manière pour être convaincant. Deux types d'indices peuvent vous aider à comprendre cette organisation :
– **la disposition en paragraphes :** si le texte comporte deux paragraphes, cela peut être pour distinguer deux points de vue opposés, par exemple ;
– **la ponctuation et les connecteurs logiques** (« Mais », « Par conséquent », « En effet », etc.) : ils marquent souvent autant d'étapes dans l'argumentation.

- Plus que ces deux types d'indices toutefois, qui peuvent n'être que stylistiques, c'est **en fonction des idées et d'elles seules** qu'il faut comprendre la structure logique du texte et en proposer un découpage précis. Faites de même que le *« bon boucher »* auquel Platon compare le bon philosophe dans *Phèdre*, qui sait découper la viande en repérant ses articulations sans déchirer les chairs !

Distinguer des étapes dans la progression du texte

Combien de parties ?

- **Distinguez 2, 3 ou 4 parties dans l'extrait.** Pas plus, sinon votre compréhension du texte sera trop éclatée. Le découpage du texte ne doit pas vous faire perdre de vue son unité, au contraire.

- S'il apparaît que le texte part dans **deux directions indépendantes** l'une de l'autre, par exemple, il est absolument indispensable de se demander précisément pourquoi elles sont présentées ensemble, en insistant dans votre développement – notamment dans les transitions – sur les façons dont les parties s'articulent entre elles.

Ex. : Le texte peut partir d'une opinion communément admise, puis soulever une objection à l'aide d'un exemple, et enfin présenter sa propre thèse comme une rectification de l'opinion première.

Tout découpage est une interprétation

- Attention ! certains professeurs n'aiment pas parler de « découpage », parce qu'ils considèrent que le texte n'est pas un saucisson qu'on débite en tranches : on parlera donc plutôt d'**« étapes » qui s'articulent entre elles** pour composer le mouvement général du texte.

■ Sachez bien que, **pour un même texte, plusieurs découpages sont parfois possibles**. Il n'y a pas une seule et unique « bonne réponse ». Le découpage lui-même importe moins que la manière dont il est justifié, puisque c'est ainsi qu'apparaît ce qui motive l'enchaînement de la pensée, c'est-à-dire les raisons pour lesquelles telle idée suit telle autre.

Choisir l'un des deux types de présentations

Deux méthodes sont admises pour l'épreuve du baccalauréat, chacune ayant ses avantages et ses inconvénients.

La méthode recommandée : l'analyse linéaire

L'analyse linéaire est, de loin, la méthode la plus répandue et celle que nous conseillons dans cet ouvrage. Elle consiste à **expliquer le texte progressivement**, en suivant son découpage, pour qu'il y ait autant de parties dans l'explication qu'il y en a dans le texte : la 1re partie du développement expliquera la 1re partie du texte, etc. Cette méthode présente l'avantage de faire bien ressortir la logique interne du texte, même si certains lui reprochent de minimiser l'importance de la discussion philosophique.

Une autre méthode possible : l'étude suivie d'un commentaire

Quelques professeurs, plus rares, enseignent une autre méthode : **l'étude ordonnée suivie du commentaire philosophique**. Dans ce cas, votre travail sera organisé en deux parties : la première expliquera le texte de manière linéaire, tandis que la seconde fera ressortir son intérêt philosophique en discutant de la pertinence de ce qui vient d'être présenté, et des problèmes que la thèse soulève et dont vous estimez qu'ils n'ont pas été résolus. Cette méthode oblige davantage le (ou la) candidat(e) à prendre position par rapport au texte… mais avec le risque de réduire la 1re partie à une pure et simple paraphrase.

11 L'explication de texte : Rédiger l'introduction

Le rôle de l'introduction

D'une longueur comprise entre une demi-page et une page, **l'introduction pose les bases de tout le travail qui suit**. Comme pour la dissertation, l'introduction est d'abord destinée à faire comprendre le problème abordé par l'auteur, mais à cette différence près que la réponse à ce problème est déjà fournie puisqu'il s'agit de la thèse de l'auteur. L'enjeu ne consiste donc pas à confronter plusieurs réponses successives, mais à comprendre et évaluer la pertinence d'une réponse particulière.

Les étapes de l'introduction

L'introduction est ainsi composée de 3 étapes :

Étape 1

La présentation du thème : elle vous permet d'amener le problème et d'éviter un début trop abrupt sur une question surgie de nulle part.

Ex. : Vous pouvez, comme pour la dissertation, partir d'un débat d'actualité, d'une situation de la vie quotidienne ou d'une définition. En revanche, bannissez les généralités du type « Les philosophes se sont toujours intéressés à cette question » et évitez de partir d'une citation d'un auteur qui risquerait de faire de l'ombre à celui que vous allez étudier ou de l'enfermer dans un dialogue exclusif avec lui.

Étape 2

- **L'énoncé du problème et de la thèse :** vous posez la problématique, puis vous présentez la thèse du texte : celle-ci apparaît comme la réponse que l'auteur y apporte.
- À cette occasion, il faut citer le nom de l'auteur et le titre de l'ouvrage duquel est extrait le texte… mais sans donner de précision sur sa vie ou sa doctrine – sauf dans le cas exceptionnel où cela peut avoir un intérêt pour comprendre le texte.

Ex. : Si vous étudiez un texte du *Criton* de Platon, vous pouvez préciser qu'il s'agit d'un dialogue qui se situe dans la prison où Socrate est enfermé en attendant d'être mis à mort.

- L'énoncé de la thèse peut être assez rapide, car vous aurez le temps, au cours du développement, d'entrer dans les détails.

Étape 3

L'annonce du plan qui va être suivi : cette annonce doit être suffisamment précise pour intéresser le lecteur, mais pas trop détaillée pour ne pas tout dévoiler de ce qui va être exposé par la suite. Elle s'appuie sur le découpage préalable que vous aurez fait du texte. Dans le cadre d'une analyse linéaire, le plan de votre explication « suit », comme nous l'avons dit, la progression du texte.

Ex. : Le plus clair est de présenter les choses sous la forme : « Du début du texte jusqu'à la ligne X, l'auteur commence par donner une première définition du bonheur, puis, à partir de *"Pourtant"* (l. X), il pointe un paradoxe qu'il résout dans le second paragraphe (l. Y-Z) en proposant une nouvelle définition qu'il juge plus aboutie. »

12 L'explication de texte : Reconnaître le type de raisonnement

▪ Pour bien comprendre la portée d'un texte, il vous faut identifier la démarche adoptée par l'auteur. Vous pouvez vous trouver confronté(e) à différents types de raisonnements. Le texte peut être notamment (la liste n'est pas exhaustive) :

Une réfutation	L'auteur cherche à dénoncer ce qu'il estime être un préjugé ou la thèse d'un adversaire, soit en attirant l'attention sur une contradiction non aperçue, soit en mettant en évidence un contre-exemple. Parfois le texte s'arrête à cette réfutation, parfois il présente, ensuite, une nouvelle thèse qu'il estime plus juste pour la substituer à celle qu'il vient de critiquer.
Une distinction	L'auteur considère qu'on confond plusieurs significations d'un même concept ou plusieurs concepts proches l'un de l'autre, et propose donc une classification plus stricte en distinguant des acceptions différentes.
Une définition	L'auteur veut approfondir ou préciser le sens d'un terme en jouant sur ses différentes significations ou sur la distinction entre un sens courant et un sens plus précis.
Un raisonnement par l'absurde	Quand deux hypothèses s'affrontent, l'auteur commence par adopter l'une d'entre elles, puis, en l'étudiant, il se rend compte qu'elle conduit à des conséquences absurdes – ce qui prouve, *a contrario*, la vérité de l'autre hypothèse.
Un raisonnement inductif	En partant d'une expérience singulière, l'auteur généralise afin de parvenir à un énoncé à portée plus générale. Le texte s'appuie donc sur un (ou plusieurs) cas particulier(s) pour en tirer une généralité.
Un raisonnement déductif	L'auteur applique à un cas particulier ce qu'il considère être admis comme une vérité générale. Le texte va donc dans le sens inverse par rapport au raisonnement déductif : il va du général au particulier.
Une comparaison ou une analogie	Le texte propose un rapprochement entre quelque chose de bien connu et quelque chose de mal compris, pour aider à sa compréhension. Il s'agit, souvent, de comparer une idée abstraite à une réalité plus concrète.

▪ Si cela contribue à mieux comprendre le texte, il peut également être instructif de **remarquer le ton** que l'auteur emploie (ironique, polémique, etc.) ou de **souligner les effets de style** (accumulation de phrases interrogatives, anaphores, etc.), sans pour autant verser dans une analyse littéraire, puisque ces remarques doivent toujours être au service d'une meilleure compréhension des idées.

▪ Dans tous les cas, expliquer un texte exige de vous une attention particulière à ce qu'il a de singulier et d'inhabituel. Rappelez-vous que, pour Platon, la philosophie naît de l'étonnement !

13 L'explication de texte : Expliquer et non pas paraphraser

Différence entre « paraphraser » et « expliquer »

- **Paraphraser, c'est répéter la même chose sans apporter quoi que ce soit d'éclairant,** en se contentant de décrire ce que dit le texte : « L'auteur dit que… Puis il affirme que… » Ce genre d'énumération d'énoncés *raconte* le texte mais n'apporte aucune plus-value par rapport à ce que celui-ci contient déjà.
- **Expliquer, c'est déplier, c'est-à-dire rendre plus clair et lisible ce qui est condensé.** On attend de vous que vous étudiiez minutieusement chaque élément important du texte, en soulignant le moindre paradoxe, en donnant les définitions des termes que l'auteur ne définit pas, en analysant les exemples, en soulevant des objections, etc. Ne vous contentez pas d'expliquer ce que dit l'auteur, mais expliquez aussi *comment* il le dit et *pourquoi*.

Définir les concepts importants

Vous le savez : certains mots peuvent avoir plusieurs sens selon le contexte et/ou les auteurs. Vous devez donc vous efforcer de **préciser en quel sens il faut entendre tel ou tel concept** dans l'extrait que vous étudiez. L'exercice est, certes, difficile mais il est particulièrement **apprécié des correcteurs** : mieux vaut le faire, même maladroitement et imparfaitement, plutôt que ne pas le faire du tout.

Ex. : Si vous rencontrez le terme « *lois* » dans un texte, précisez, dans votre explication, s'il s'agit des lois humaines, des lois de la nature… ou des deux.

Utiliser les repères

- Si votre texte utilise les repères au programme, profitez-en pour **placer une définition adaptée au contexte et à l'usage qu'en fait l'auteur** dans l'extrait.
- Si ce n'est pas le cas, essayez de les utiliser ! Cela sera **très apprécié du correcteur** et permettra d'éclairer tel ou tel aspect du texte.

Justifier les idées de l'auteur

Demandez-vous de quel droit l'auteur avance telle ou telle idée. Qu'est-ce qui peut justifier ses propos ? Vous devez vous étonner de ce qu'une telle position puisse être adoptée et entrer dans les raisons de l'auteur pour expliquer ce qui a pu le conduire à soutenir telle ou telle thèse. Il s'agit alors de **penser à sa place**, en quelque sorte, en étant **plus explicite que lui** ne l'est.

Se servir d'exemples

- Quand un auteur s'appuie sur des exemples, il faut **expliquer leur sens et justifier leur emploi** (*cf.* fiche 9, p. 34).
- Mais vous pouvez illustrer le propos de l'auteur en apportant vos propres exemples :
– pour éclairer le texte, en particulier si celui-ci est très théorique et abstrait ; l'exemple servira alors à mieux le faire comprendre et à le rendre concret ;
– pour confirmer le propos de l'auteur dans les faits et montrer sa pertinence ;
– éventuellement pour « infirmer » le propos de l'auteur, c'est-à-dire pour pointer ses insuffisances en montrant que tel ou tel cas (auquel il n'avait pas pensé ou qu'il ne pouvait pas connaître) contredit son raisonnement. Attention, toutefois, à ne pas donner le sentiment que vous cherchez moins à expliquer le texte qu'à le contredire (*cf.* fiche 14, p. 43) !
- **Méfiez-vous, cependant, de l'accumulation d'exemples !** Il ne faudrait pas sombrer dans l'anecdotique et noyer votre raisonnement sous trop de cas particuliers qui empêcheraient de penser.

Montrer l'originalité du texte

Que l'auteur adopte une position originale face à un problème est la preuve qu'il y a d'autres positions possibles, voisines de celle du texte ou opposées : celle de l'opinion commune, celle de tel ou tel philosophe, la vôtre, etc. Parfois, une thèse adverse est prise pour cible dans un texte qui s'attache à la déconstruire ou à la réfuter ; mais l'attaque est implicite. **Organiser la confrontation entre la thèse de l'auteur et les autres thèses permettra de souligner toute sa force et sa nouveauté** puisqu'elle apparaîtra moins évidente ou plus paradoxale. Comme dans un débat contradictoire, les différents choix philosophiques ressortiront avec davantage de clarté.

Affronter les difficultés

Il est normal de ne pas tout comprendre d'un texte ; croire le contraire serait d'ailleurs assez prétentieux de votre part… et suspect pour le correcteur ! **On ne vous reprochera pas de souligner les difficultés que présente telle ou telle thèse, les obscurités de telle ou telle notion : au contraire.** Ce qu'on peut vous reprocher, en revanche, c'est d'avoir fui devant les difficultés, autrement dit d'avoir fait comme si elles n'existaient pas, comme si tout allait de soi, comme si le texte était lisse et sans aspérités. Socrate n'était-il pas le premier à faire aveu d'incompétence alors que les sophistes avec lesquels il débattait prétendaient tout savoir et tout maîtriser ? Vous devez donc **cerner les difficultés rencontrées et en tirer profit** : ne cachez pas votre embarras, formulez clairement les problèmes qui se posent à vous et, si possible, faites des tentatives pour les résoudre.

14 L'explication de texte : Interpréter (c'est-à-dire discuter)

Pour aller plus loin : engager la discussion…

- Pour obtenir une bonne, voire une très bonne note, il ne suffit pas d'avoir compris un texte et d'en restituer le propos : il faut encore penser avec lui. **Les meilleures copies sont celles qui parviennent à interroger le texte :** « Pourquoi l'auteur présente-t-il sa thèse de cette manière ? Sa façon de procéder est-elle biaisée ? La position adoptée par l'auteur dépend-elle d'une certaine conception du monde ou d'un certain état de la science de son époque ? À quelles conséquences conduit-elle ? Ne peut-on pas lui objecter tel ou tel fait et, dans ce cas, comment faudrait-il répondre ? »

- Lors d'une explication de texte, vous êtes donc **à la fois juge et partie** :
– d'un côté, vous êtes l'avocat(e) du texte, dans la mesure où vous devez essayer de justifier ses affirmations, afin de les faire bien comprendre au lecteur ;
– mais, d'un autre côté, vous devez aussi garder un regard critique sur les arguments avancés pour mieux juger de leur pertinence.

… et critiquer la thèse

- Autorisez-vous à évaluer la pertinence de la thèse de l'auteur et des arguments qu'il avance. Vous avez parfaitement le droit de critiquer la rigueur du raisonnement et contredire l'auteur, mais à deux conditions :
– il faut **avoir préalablement rendu justice à l'auteur**, c'est-à-dire avoir expliqué ses raisons et approfondi ses arguments, pour ne pas tomber dans une caricature facile ;
– il faut **étayer votre propre position**, pour ne pas donner le sentiment d'une simple opposition entre deux opinions arbitraires (« L'auteur affirme que… mais, moi, je ne suis pas d'accord et je dis que… »).

- Il faut, toutefois, **garder une certaine humilité**. Les philosophes ne sont certes pas infaillibles, et il leur arrive, sans doute, de tenir des propos qui peuvent paraître insensés. Mais ce sont, néanmoins, de grands esprits, et souvenez-vous que vous ne disposez que d'un extrait d'un ouvrage dans lequel l'auteur a peut-être corrigé ce qu'il dit dans les quelques lignes que vous avez lues… Contentez-vous donc de pointer des « difficultés » dans le raisonnement d'un auteur ou de pointer les « limites » d'un texte : c'est plus sage et plus prudent !

15 L'explication de texte : Rédiger la conclusion

Souligner la force de la thèse

La conclusion est plus courte que l'introduction et fait un peu moins d'une demi-page. À la différence de celle de la dissertation, **la conclusion de l'explication de texte ne doit pas « répondre » à la question posée**, puisque la thèse de l'auteur est connue dès le début du travail et n'est donc pas « attendue ». Il faut, certes, rappeler la thèse, mais il faut surtout montrer sa portée, son originalité et sa force, éventuellement en rappelant les points laissés obscurs dans l'explication et les critiques que vous aurez formulées. Sans rentrer dans le détail du raisonnement comme dans le développement, c'est l'occasion d'**insister sur la portée de la thèse et l'intérêt qu'elle présente**. N'hésitez pas à dramatiser un peu pour montrer toute l'importance que revêt le texte que vous venez d'étudier ! Laissez entendre au correcteur que, grâce à lui, vous avez compris quelque chose de décisif et que vous ne penserez plus tout à fait comme avant…

Faire une ouverture ?

Comme pour la dissertation, vous pouvez aussi – mais **cela n'a rien d'obligatoire** – proposer une ouverture. Ce peut être, notamment, l'occasion de préciser la manière dont le problème abordé a été repensé par les auteurs postérieurs, ou comment il se pose aujourd'hui compte tenu des changements de tous ordres (politique, économique, médical, social…) ou du progrès scientifique.

Les notions du programme

NOTION 1
L'art

Nature morte (1866), de Henri Fantin-Latour.

Qu'est-ce que l'art ?

L'art est l'activité humaine visant à produire une émotion esthétique auprès du public.

- **Activité humaine :** seul l'être humain, en effet, crée des œuvres d'art. La nature produit de très belles choses (un paysage, par exemple), mais ce ne sont pas des œuvres d'art en tant que telles.
- **Émotion esthétique :** une œuvre d'art ne saurait nous laisser indifférent. Elle peut paraître belle, choquante, étonnante, impressionnante, bouleversante, etc., mais, dans tous les cas, elle doit provoquer quelque chose qui touche notre sensibilité.
- **Public :** la qualité artistique n'est pas nécessairement présente dans les œuvres d'art elles-mêmes mais plutôt dans le regard que les spectateurs (ou auditeurs) posent sur elles. C'est la question du jugement esthétique.

QUESTIONS PHILOSOPHIQUES

1. Où commence et où s'arrête l'art ?

Si certaines choses sont immédiatement identifiables comme étant des œuvres d'art, le doute est permis pour d'autres – notamment en ce qui concerne l'art contemporain ! Existe-t-il des critères permettant de faire des distinctions claires entre ce qui relève de l'art et ce qui n'en relève pas ?

Perspective : La connaissance

2. À quoi sert l'art dans notre existence ?

L'art est-il une simple activité de loisir, agréable mais superflue, ou répond-il à une certaine nécessité vitale, existentielle ? Pourrions-nous vivre, ou vivre aussi bien, sans côtoyer la moindre œuvre d'art ?

Perspective : L'existence humaine et la culture

3. L'art est-il l'expression de la société ?

Que ce soit pour la célébrer ou pour la critiquer, les artistes envoient souvent des messages à la société à laquelle ils appartiennent. Mais les œuvres d'art ne cherchent-elles pas à accéder à une dimension supérieure et universelle ?

Perspective : La morale et la politique

1 Où commence et où s'arrête l'art ?

Jamais la définition de l'art n'a été aussi floue. À la liste traditionnelle des 6 « beaux-arts » (l'architecture, la sculpture, la danse, la peinture, la littérature et la musique) se sont ajoutés le cinéma (également appelé « le 7e art »), mais aussi la photographie, voire la bande dessinée… et pourquoi pas la cuisine, le jeu vidéo ou le *nail art* ? Dès lors, où commence et où s'arrête l'art ?

A De l'art aux beaux-arts

L'art et la technique

La définition de l'« art » a beaucoup évolué au cours de l'histoire. Pendant longtemps, **l'art s'est confondu avec la technique** – en grec, un seul et même mot, celui de *tekhnè*, désigne les deux activités. Ce n'est que tardivement, c'est-à-dire vers la

Renaissance (XVIe siècle), que les « beaux-arts » se sont distingués des « arts et métiers ». L'art a alors explicitement eu pour objectif de produire du beau, et les artistes ont acquis un statut et un prestige particuliers, comme le montre, par exemple, le fait qu'ils aient commencé à signer leurs œuvres de leur nom.

> **Exemple clé**
>
> Dans l'***Hippias majeur* de Platon**, Socrate parvient à dérouter l'arrogant sophiste Hippias qui prétendait connaître la nature du beau en affirmant que *« le beau, c'est une belle jeune fille »*. Socrate le convainc qu'une belle jeune fille n'est qu'un exemple de beauté, au même titre qu'une belle marmite ou qu'une belle statue, mais que l'essence* même de la beauté (qui est commune à toutes les belles choses) reste énigmatique.

L'art et l'artisanat

Les artistes se sont ainsi distingués des artisans. Mais de quelle façon, précisément ? On dit, parfois, que l'artisan produit des objets utiles, tandis que les œuvres de l'artiste n'ont pour but que d'être vues ou entendues. Mais, pour **Alain**, la différence entre l'artisan et l'artiste se situe ailleurs : à ses yeux, un artisan suit un plan bien défini, car il a une idée très précise de ce qu'il va faire avant de passer à l'exécution, tandis que la part d'improvisation est bien plus grande chez un artiste qui, tel un spectateur, découvre son œuvre en même temps qu'il la crée – ce qui la rend unique.

B Qui est artiste ?

Devenir artiste

Comme celui d'artisan cependant, le métier d'artiste s'apprend dans des écoles où l'on cultive l'histoire de l'art en même temps qu'on perfectionne son habileté technique ou qu'on affine la précision de ses gestes. Mais il est exact qu'on ne devient pas artiste comme on devient boulanger, informaticien ou dentiste. L'artiste n'est-il pas un créateur qui a un talent exceptionnel, un don extraordinaire qui lui permet de faire ce que les autres ne savent pas faire ?

Le génie artistique : don inné ou travail acharné ?

Inspiré par les Muses, l'artiste serait ainsi un génie, c'est-à-dire un être surnaturel mi-homme mi-dieu ou, comme le décrit Victor Hugo, un guide spirituel qui éclaire le peuple comme un phare illumine l'horizon. Mais **Nietzsche** nous invite à nous méfier de cette croyance au génie : certes, elle flatte les artistes, mais elle sert souvent d'excuse à tous les paresseux qui considèrent qu'il est, dès lors, inutile de fournir des efforts pour égaler ceux qui leur semblent si supérieurs.

> **Citation clé**
>
> ***« Le génie, c'est un pour cent d'inspiration et quatre-vingt-dix-neuf pour cent de transpiration »*** (Thomas Edison, inventeur américain, 1847-1931).

C L'art contemporain bouleverse les normes*

- Avec l'art contemporain, les évidences qui semblaient acquises sont souvent remises en cause. L'art a-t-il pour fonction de produire du beau ou seulement du nouveau, quitte à choquer le public comme c'est le cas de certaines œuvres d'avant-garde ?

> **Citation clé**
> *« C'est le regardeur qui fait le tableau »* (Marcel Duchamp).

- Les célèbres *ready-made* de Marcel Duchamp (1887-1968), artiste plasticien qui annonce l'art conceptuel, interrogent les limites de l'art. Une roue de bicyclette, une pelle à neige, un urinoir : n'importe quel objet peut devenir une œuvre d'art à partir du moment où il est exposé dans un musée. Le contexte et la situation sont finalement plus essentiels que les qualités propres de l'œuvre pour déterminer ce qui est artistique et ce qui ne l'est pas. Pour le philosophe américain **Nelson Goodman**, la question pertinente n'est pas *« Qu'est-ce qui est art ? »* mais *« Quand y a-t-il l'art ? »* – ce qui revient à considérer l'art comme un événement qui arrive… ou pas.

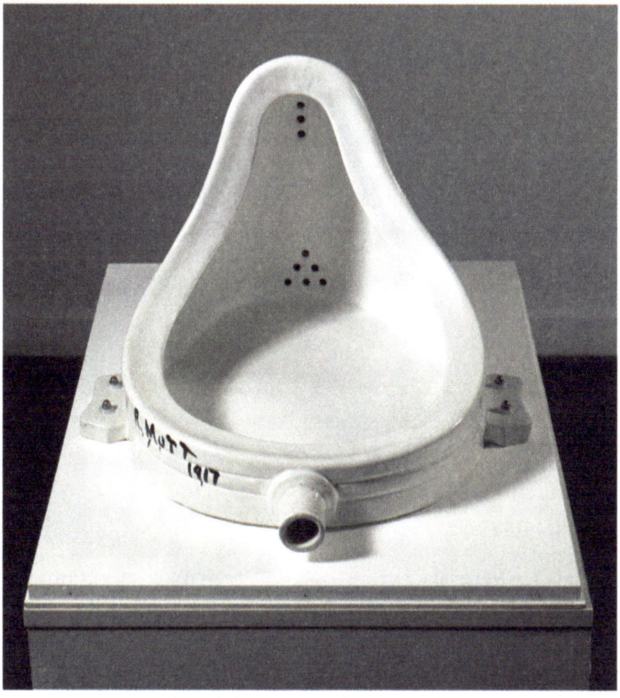

Fontaine (1917), de Marcel Duchamp, © Adagp, 2020.

EN RÉSUMÉ

On ne peut donc pas décider, *a priori* et définitivement, de ce qui est artistique et de ce qui ne l'est pas, car les critères évoluent avec le temps.

2 À quoi sert l'art dans notre existence ?

Qu'est-ce qui nous pousse à lire, à écouter de la musique, à aller voir des expositions et des spectacles ? Qu'y cherchons-nous et qu'avons-nous à y gagner ?

A L'art ne sert à rien

« Tout ce qui est utile est laid », proclame l'écrivain **Théophile Gautier**, qui ajoute qu'il renoncerait aux pommes de terre plutôt qu'aux roses – comme si l'art était ce qu'il y avait de plus vital dans l'existence. En effet, les partisans de *« l'art pour l'art »*, dont il fait partie, voient en lui non pas un moyen en vue de quelque but auquel il serait soumis, mais une activité qui n'a pas d'autre finalité qu'elle-même. C'est pourquoi l'art est précieux : c'est cette gratuité désintéressée qui en fait toute la valeur car elle nous libère de la contrainte de l'efficacité à tout prix.

B L'art est un instrument de distinction sociale

Des sociologues comme **Edmond Goblot** ou **Pierre Bourdieu** (*La Distinction*, 1979) ont mis en évidence que la classe bourgeoise se servait de l'art comme d'un outil de distinction sociale, permettant de se reconnaître entre soi mais aussi de montrer sa différence et sa supériorité par rapport aux classes populaires. L'art serait, ainsi, devenu un marqueur social : connaître et apprécier tel ou tel artiste, tel ou tel type d'art, apparaîtrait comme un moyen de montrer son appartenance à un groupe.

C L'art nous rend meilleur

Pourtant, l'art ne laisse pas indifférent et n'est pas sans effet sur les spectateurs, qui peuvent être changés d'avoir assisté à un spectacle ou d'avoir lu un livre. Pour **Aristote**, le théâtre permet au spectateur de se purger ou de se purifier de ses passions – c'est la *« catharsis »* –, car voir ces passions représentées sur scène l'aide à mieux les comprendre et à s'en libérer. De son côté, l'écrivain russe Léon Tolstoï assigne à l'art une mission explicitement morale : dans un monde où règne la violence, il doit répandre les sentiments d'amour et de fraternité parmi les hommes. L'art permettrait donc à chacun d'entre nous de s'améliorer.

D L'art aide à mieux percevoir

Selon **Bergson**, l'artiste a une perception plus directe de la réalité, car il a la capacité de saisir les choses elles-mêmes plutôt que l'usage qu'on peut en faire d'un point de vue pratique. Quand nous apercevons une chaise, par exemple, nous nous intéressons à la

Citation clé

« L'art ne reproduit pas le visible, il rend visible »
(Paul Klee, peintre suisse, 1879-1940).

possibilité de nous asseoir qu'elle nous offre, tandis que le peintre verra d'abord sa forme, sa texture et ses couleurs. Il éduque notre œil en nous faisant regarder réellement cette chaise, comme la musique nous apprend à mieux écouter les sons et les harmonies, tandis que la lecture développe notre maîtrise du langage et les subtilités qu'il permet d'exprimer. L'art nous permet de mieux ressentir les nuances entre les choses ; il aiguise notre sensibilité et donc notre présence au monde.

EN RÉSUMÉ

Les œuvres d'art n'ont certes pas une utilité pratique immédiate, mais elles éduquent la manière dont nous regardons le monde et nous apprennent à voir autrement la réalité.

3 L'art est-il l'expression de la société ?

Les pyramides égyptiennes, la peinture espagnole, la poésie romantique : les œuvres d'art n'existent que dans un certain contexte historique et nous donnent des clés pour les comprendre. Mais peut-on les réduire à cela ou ont-elles une vocation supérieure ?

A L'art est le reflet de la société

Toute œuvre s'inscrit dans une culture et une époque bien précises, à la fois par le sujet qu'elle représente et par les matériaux qu'elle mobilise. D'ailleurs, les connaisseurs ont souvent le réflexe de « reconnaître » le style caractéristique d'une œuvre pour la situer dans le temps dont elle est un témoignage : par exemple, une cathédrale gothique (Chartres, Reims…) symbolise la vigueur de la foi au Moyen Âge, tandis que les œuvres du *pop art* incarnent la société de consommation (*Campbell's Soup Cans* d'Andy Warhol). En ce sens, l'artiste est celui qui parvient à saisir l'air du temps pour le représenter dans les œuvres qu'il crée. Selon **Hegel** (*cf.* p. 53), l'art parvient ainsi à donner une dimension spirituelle, et immortelle, à des existences qui, sans lui, seraient restées pauvres et insignifiantes.

La Petite Danseuse de quatorze ans, d'Edgar Degas (tirage post-mortem d'après le modèle réalisé entre 1875 et 1880).

B L'art est critique vis-à-vis de la société

Pourtant, les artistes se situent souvent **en décalage par rapport à la société**, voire dans la contestation de celle-ci et de ses valeurs. C'est, notamment, le cas d'une tendance dans l'art contemporain qui vise à choquer et recherche la provocation et l'anticonformisme. Brouillant les pistes, cassant les codes, les avant-gardistes suscitent, souvent, une certaine incompréhension chez le grand public (*Tree* de Paul McCarthy, structure gonflable vandalisée en 2014 place Vendôme, à Paris). L'art apparaît alors élitiste, hermétique, impénétrable… peut-être parce qu'**il invite à une réflexion critique** qui le rapproche de l'attitude proprement philosophique !

C L'art a une vocation universelle

Pourtant, si les chefs-d'œuvre de l'art nous intéressent et nous touchent, c'est que leur puissance va bien au-delà de leur inscription dans un contexte singulier. Si l'émotion qu'ils dégagent reste aussi forte au fil des siècles, c'est qu'ils sont bien davantage que des événements ponctuels ou des documents historiques : ils ont atteint une **dimension universelle de la conscience humaine**. Dans *La Crise de la culture* (1961), **Hannah Arendt** peut ainsi opposer les œuvres d'art, qui ont pour vocation de durer éternellement, aux objets d'usage, donc de consommation, dont l'espérance de vie est limitée à celle des besoins humains qu'ils sont destinés à satisfaire.

> **Repères**
>
> Est **universel** ce qui est valable dans tous les cas, tandis que ce qui est **singulier** ne vaut que dans un seul cas.

EN RÉSUMÉ

Tout en étant l'expression de sa culture et de son époque, l'œuvre d'art ne s'y réduit pas : elle est d'autant plus importante qu'elle touche à l'universel.

Georg W. F. Hegel, *Esthétique* (posthume, 1835)

L'*esthétique* désigne « la philosophie de l'art », c'est-à-dire la tentative de déterminer la signification des œuvres d'art : celles-ci non seulement se ressentent, mais également se pensent. Hegel estime, en effet, que l'art n'a pas pour rôle d'imiter la nature mais de permettre à l'esprit de s'exprimer.

L'esprit donné à contempler sous une forme sensible*

Toute œuvre d'art est une œuvre de l'esprit. Même si, en effet, elle suppose un matériau sensible (le son pour la musique, la couleur et la forme pour la peinture, le mot pour la littérature, etc.), celui-ci est mis en forme par une intelligence. C'est la matérialisation sensible de l'intelligence qui fait tout l'intérêt de l'œuvre d'art, car l'intelligence parvient à se projeter dans une forme concrète pour s'y contempler, avec tout le plaisir que cela lui procure.

L'exemple de la peinture hollandaise des XVIe et XVIIe siècles

Pour illustrer son propos, Hegel s'appuie sur l'exemple des peintres flamands. Leurs œuvres sont réalistes, puisqu'elles représentent minutieusement les détails de scènes de vie quotidienne ; mais elles ont aussi une **signification proprement spirituelle**, puisqu'elles fixent un instant fugitif et le sauvent ainsi de l'insignifiance à laquelle il semblait condamné.

Jeune femme écrivant une lettre (1665), de Johannes Vermeer.

Histoire et fin de l'art

Hegel distingue plusieurs grandes étapes dans l'histoire de l'art, chaque période correspondant au triomphe d'un certain genre artistique :
– l'**époque symbolique** désigne l'Antiquité égyptienne, où l'architecture (des pyramides notamment) est l'art le plus important ;
– l'**époque classique**, gréco-romaine, voit émerger la sculpture avec ses statues ;
– l'**époque romantique** est marquée par le développement de la peinture, puis de la musique et de la poésie.

Autrefois massives et imposantes, les œuvres deviennent ainsi de moins en moins matérielles et concrètes, et de plus en plus spirituelles. Elles se concentrent sur l'expression de la vie intérieure et du sentiment individuel. Pour Hegel, c'est que **l'art touche à sa fin** et perd son statut pour la conscience humaine : il est amené à disparaître et à être **remplacé par la religion et la philosophie.**

CONCLUSION

CE QU'IL FAUT RETENIR

1. Où commence et où s'arrête l'art ?

On a longtemps considéré qu'il y avait 6 « beaux-arts » : le dessin (incluant la peinture), la musique, la littérature, l'architecture, la sculpture et la danse. Mais, avec l'avènement du cinéma et d'autres activités à prétention artistique, les frontières se sont brouillées. Il n'est même plus sûr que l'art vise le beau. Comme l'explique **Nelson Goodman**, l'art n'est plus une qualité qui appartiendrait à certains objets, mais un événement qui surgit dans un certain contexte.

2. À quoi sert l'art dans notre existence ?

Il est certain que les œuvres d'art ne sont pas « utiles » comme le sont les ustensiles pratiques et autres instruments dont nous nous servons quotidiennement. Est-il pour autant sa propre fin, comme le pense Théophile Gautier ? Si nous aimons l'art et si nous en avons besoin, c'est parce qu'il apporte quelque chose à notre propre personne : il nous élève moralement – c'est la *« catharsis »* aristotélicienne – ou nous apprend à mieux regarder le monde qui nous entoure en éveillant notre sensibilité.

3. L'art est-il l'expression de la société ?

Qu'il le veuille ou non, qu'il cherche à exalter les valeurs ou à les contester, tout artiste est le produit de la société dans laquelle il vit. Cependant, réduire la puissance d'une œuvre d'art à cette seule dimension de témoignage historico-social serait négliger sa capacité à toucher un public au-delà des frontières de sa propre culture et donc à atteindre l'universalité de l'humanité.

L'ART SELON...

- **Platon :** il faut se méfier de l'art ! Les artistes nous trompent dans la mesure où ils font passer l'apparence pour la réalité.
- **Kant :** « *L'œuvre d'art n'est pas la représentation d'une belle chose, mais la belle représentation d'une chose* » ; quel que soit le sujet, c'est dans la manière de le représenter que s'exprime la qualité artistique d'une œuvre.
- **Hegel :** l'art est un moyen pour l'esprit de pouvoir s'exprimer et de prendre conscience de lui-même.
- **Nietzsche :** les artistes ne sont pas des êtres à part, même si, par complaisance, cela nous arrange de le croire.

- **Bergson :** l'art est un moyen d'observer les choses qui nous entourent avec un regard neuf ou renouvelé, car débarrassé de nos préjugés et de nos préoccupations pratiques.
- **Alain :** l'art est une pure création, une improvisation et non l'application de règles préétablies.

Sujets possibles du bac

DISSERTATION 1 Quels besoins l'art satisfait-il ?

- Il faut, ici, se placer d'abord du point de vue de l'artiste en évitant de ne retenir que l'aspect financier, puisque beaucoup d'artistes vivent dans le dénuement ou la pauvreté. C'est qu'ils éprouvent une sorte d'urgence existentielle à écrire des romans, par exemple, pour donner une dimension spirituelle à leur vie. ⟶ Hegel
- Il faut également se placer du point de vue du spectateur. Quel est l'intérêt de fréquenter les musées ou d'écouter de la musique, au-delà du divertissement que cela nous procure ? ⟶ 2 (p. 50)

DISSERTATION 2 Qu'est-ce qui nous permet de dire d'un objet que c'est une œuvre d'art ?

- Le sujet interroge les critères distinctifs de l'œuvre d'art. ⟶ 1A et 1C (p. 47)
- Témoigne-t-elle d'un travail remarquable ? Ce serait alors prendre le risque de confondre art et technique. ⟶ 1A (p. 47)
- Il est intéressant de penser à l'art contemporain et à sa capacité à transformer n'importe quel objet en œuvre d'art. ⟶ 1C (p. 49)

DISSERTATION 3 L'art s'adresse-t-il à tous ?

- Il s'agit d'interroger le lieu commun qui consiste à considérer que l'art serait « réservé » à une élite.
- Il est vrai que l'art apparaît, parfois, comme un marqueur social : statistiquement, les personnes qui aiment l'opéra et celles qui aiment le rap n'appartiennent pas au même milieu social. Mais ce ne sont que des statistiques, et cela n'implique pas que l'œuvre d'art ne s'adresse qu'à un public en particulier, une « niche » comme disent les vendeurs quand ils ciblent une part de marché. ⟶ 2B (p. 50)
- On peut, en effet, se demander si l'art s'adresse réellement à quelqu'un en particulier. ⟶ Arendt, 3C (p. 52)

SUJET DU BAC CORRIGÉ

Dissertation

L'art modifie-t-il notre rapport à la réalité ?

4 heures

Travail préparatoire

Fiches-méthode 1 à 7, p. 18

Les principales difficultés posées par la question

Le sujet interroge l'utilité de l'art. Mais ce serait une erreur de traiter un sujet comme « À quoi sert l'art ? », qui est trop vague par rapport à la question posée ici, plus précise et qui concerne notre manière de nous rapporter à la réalité, c'est-à-dire de la percevoir et de la connaître.

L'art semble nous éloigner ou nous détourner de la réalité puisqu'il est fait de fictions : quand nous lisons un livre, regardons un film ou écoutons une musique, ce que nous lisons, regardons ou écoutons a été inventé, créé par un artiste. C'est l'imaginaire, et non le réel, qui est au fondement de l'art, dans la mesure où il nous permet de nous évader et de nous faire oublier nos problèmes.

Pourtant, certaines œuvres d'art peuvent nous « marquer » profondément pour toute notre existence. Et nous pouvons mieux comprendre les comportements de certaines personnes (ou de nous-même) à partir des personnages de fiction. Le détour par l'imaginaire peut donc affecter notre façon de regarder ce qui est bien réel.

La problématique de la question

L'art est-il une simple parenthèse dans notre existence, un pur divertissement, une évasion en dehors de tout rapport à la réalité ou peut-il changer notre façon de vivre, modifier notre façon de percevoir la réalité et de comprendre le monde ?

Corrigé commenté

Les **textes en bleu** ne doivent pas figurer dans votre devoir. Nous les avons ajoutés pour vous aider à repérer la progression de la dissertation.

Introduction

[Amorce du sujet] Le moment où nous sortons d'une salle de cinéma ou celui où nous refermons un livre font partie de ces instants délicieux où nous avons l'impression de flotter entre deux mondes, parce qu'une moitié de nous est encore en train de rêver, tandis que l'autre moitié est déjà retournée à la vie normale et aux préoccupations qu'elle impose. [Énoncé du sujet, puis problématisation] Mais, finalement, qu'avons-nous retenu de cette expérience une fois passée ? Ce visionnage ou cette lecture nous auront-ils bouleversé au point d'infléchir notre manière de regarder le monde ou n'auront-ils été qu'une simple parenthèse dans notre existence, certes agréable, mais sans poids sur notre façon d'être ? Sommes-nous la même personne que celle que nous étions avant ? Et pouvons-nous considérer, d'une façon plus générale, que l'art modifie notre rapport à la réalité ? [Annonce du plan] Puisque les œuvres d'art sont des œuvres de fiction, irréelles et hors du monde, nous verrons, d'abord, qu'on ne peut attendre d'elles qu'elles influent sur notre perception de la réalité. Nous mettrons, ensuite, cette première perspective en question dans la mesure où l'art est pourtant nourri du réel et qu'il nous renseigne sur le monde. Nous résoudrons donc la contradiction en montrant que l'art nous apprend à voir le réel différemment, à nous intéresser à lui et donc, tout simplement, à le regarder.

Les conseils du professeur

Partir d'une situation vécue, d'une expérience concrète est l'une des possibilités pour écrire une amorce.

1. L'art ne saurait modifier notre rapport à la réalité puisqu'il nous détourne d'elle

Il semble, en un premier sens, que les œuvres d'art ne nous apprennent rien sur la réalité, dans la mesure où elles nous plongent dans un monde qui n'est précisément pas celui que nous connaissons et auquel nous sommes habitué.

Au début de chaque partie, veillez à préciser à votre lecteur ce qui sera l'horizon de votre réflexion dans celle-ci.

a) L'art nous fait oublier le quotidien

Si nous lisons tel livre, écoutons telle musique, allons voir tel film ou tel spectacle, c'est pour nous évader de la routine et de ses soucis. La vertu de ces œuvres de fiction est, précisément, de nous permettre d'oublier ce qui occupe notre esprit d'ordinaire et, ainsi, de nous éloigner du réel pendant un certain temps, autrement dit de nous détacher de lui pour mieux nous évader. Le plaisir que nous prenons alors repose sur cette capacité à vivre une autre vie que la nôtre quand nous éprouvons, par procuration, les aventures et les émotions des personnages dans lesquels nous nous projetons en toute conscience, en toute connaissance de cause. Mais, une fois l'expérience terminée, nous revenons – parfois de façon brutale – à la réalité.

b) L'art crée un monde fictif plus beau que le réel

En effet, le but de l'art n'est certainement pas de décrire, avec exactitude et de manière réaliste, la vie telle que nous la connaissons ou le monde tel que nous l'habitons, comme un reportage ou un documentaire peuvent le faire, mais d'embellir cette réalité en nous proposant une vision améliorée ou plus intense de celle-ci. Ainsi, la passion qu'éprouvent Anna Karénine ou Julien Sorel nous paraît plus forte ou plus pure au regard de la fadeur des nôtres : les œuvres d'art nous font rêver, au sens où elles nous font voir le beau qui nous manque au quotidien ; elles inventent un monde fictif qu'il serait stupide de confondre avec le monde réel. Comment ne pas s'apercevoir que la chorégraphie d'un ballet a peu à voir avec les gestes que nous faisons tous les jours ?

c) L'art n'a d'autre fin que lui-même

Nous fréquentons donc les œuvres d'art non pour en apprendre davantage sur ce monde-ci, mais pour l'agrément d'en visiter un autre, plus beau et plus gracieux. Le plaisir pris n'est pas d'ordre scientifique : il est d'ordre esthétique. L'art a ceci de délicieux qu'il ne sert à rien, qu'il ne nous apprend rien, qu'il est gratuit, comme le revendiquent Théophile Gautier et tous les partisans de *« l'art pour l'art »* qui refusent de l'asservir à une quelconque finalité pour ne pas le dénaturer. S'il était utile à quelque chose, expliquent-ils, il en perdrait sa beauté, sa valeur, et finalement tout son intérêt.

Réutilisation d'un élément du cours : partie 2A (p. 50).

[Transition] Mais, en faisant de l'art une récréation ou un intermède dans notre vie, ne le réduit-on pas à un simple divertissement, certes plaisant mais pourtant vain ? L'art n'a-t-il pas, en effet, des effets durables sur la manière dont nous voyons la réalité ? Que nous apporte-t-il précisément ?

La transition offre l'occasion de raviver le souffle du questionnement.

2. L'art enrichit notre connaissance du réel

L'art ne fonctionne pas comme un pur divertissement ou comme un jeu, qui ne nous permettent que de nous délasser l'espace d'un instant tout en nous laissant inchangé et identique à nous-même. Penser le contraire serait oublier à quel point les œuvres contribuent à enrichir notre savoir.

a) L'art nous cultive

En effet, l'art est une composante majeure de la « culture », au même titre que des disciplines comme les sciences, la philosophie ou l'histoire, par exemple. Fréquenter les musées nous permet de nous cultiver, c'est-à-dire d'enrichir notre savoir sur les mœurs et les pratiques d'une époque ou d'une civilisation différentes de la nôtre. C'est même le meilleur accès possible pour les connaître. Autrement dit, l'étrangeté que l'on éprouve au contact d'une œuvre d'art ne vient pas du fait qu'elle renverrait à un monde irréel, fictif ou fantasmé, mais s'explique par le caractère oublié ou lointain du monde qu'elle présente, et qui est pourtant bien le nôtre.

b) L'art nous offre d'autres points de vue sur le monde

Même quand il n'a pas de dimension proprement culturelle, l'art enrichit notre vision du monde par ce qu'il nous fait percevoir à travers les yeux de l'artiste. Alors qu'à l'ordinaire nous sommes enfermés dans notre propre conscience, la contemplation d'une œuvre d'art nous offre le privilège extraordinaire de comprendre un autre point de vue sur les choses. Admirer les toiles de Van Gogh, par exemple, c'est voir la réalité de manière torturée, enflammée et passionnelle ; écouter PNL ou lire Verlaine, c'est ressentir une forme de douce nostalgie ; contempler les pyramides d'Égypte, c'est éprouver un majestueux sentiment d'éternité. Nous ressentons donc des émotions nouvelles par rapport à celles que nous éprouvons habituellement, grâce à cette démultiplication de l'expérience que, à l'exception de l'amour peut-être, seul l'art permet.

Sur l'art, le correcteur attend – espère ! – que la réflexion sera nourrie de références à des œuvres d'art précises originales : évitez donc de citer *La Joconde* ou *Guernica*, sauf éventuellement pour en dire quelque chose de personnel.

Pour ces deux raisons, l'art n'est ni un divertissement vain ni une érudition stérile, mais un enrichissement qui permet d'ajouter une autre vision du monde à la nôtre. En ce sens, il nous offre le moyen de sortir de notre subjectivité tout en restant au contact de la réalité, qui nous apparaît dès lors plus multiple, plus riche que nous aurions pu le penser. [Transition] Mais la question demeure cependant : pourquoi cette expérience, qui est *a priori* celle d'un autre, nous touche-t-elle et nous émeut-elle au point de devenir la nôtre ?

3. L'art modifie la façon dont nous nous rapportons au réel

La réponse à cette interrogation est claire : l'art ne se contente pas de nous apprendre quelque chose d'extérieur à nous sur la réalité, il nous modifie nous-même.

a) L'art ne change pas le réel, mais la manière de le percevoir

Nous avons dit que l'intérêt de l'art résidait dans le plaisir qu'il apporte. Mais, précisément, ce plaisir n'est pas d'ordre purement sensuel, comme celui que nous tirons d'une sucrerie, par exemple. L'esthète n'est pas un simple gourmand qui consomme réellement une douceur. Comme l'affirme Kant, le plaisir esthétique a ceci de particulier qu'il est désintéressé, c'est-à-dire qu'il ne repose même pas sur l'existence de la chose représentée mais se satisfait de la représentation de la chose. L'objet de l'art n'est donc pas tant le réel lui-même que son apparence ou, plus exactement, son apparition : il ramène ainsi chacun d'entre nous à la manière dont il perçoit le monde. Pareil à un *ready made* qui, une fois exposé dans un musée, ne remplit plus aucune fonction utilitaire mais s'offre seulement à la visibilité (tel cet urinoir transformé en œuvre d'art par Marcel Duchamp sous le titre *Fontaine*), c'est l'acte même de percevoir que l'œuvre interroge.

Alors que la 1re partie est celle de l'opinion commune qui semble évidente, la 3e partie est celle des distinctions les plus fines, les plus subtiles et les plus originales.

b) L'art rend visible le réel

Ce que l'art nous apprend, en effet, c'est à regarder ce même monde d'une manière différente. La composition d'un tableau, le style d'un livre, la musicalité, etc. inventent une façon originale de nous rapporter à la réalité et façonnent notre regard comme nous n'aurions jamais pu le faire seul. Nous reconnaissons, dans notre entourage, telle personne qui ressemble au misanthrope

Alceste, telle autre qui se prend pour Tony Montana ; nous nous surprenons à versifier comme tel ou tel poète. Mieux : ce sont les œuvres qui forment notre sensibilité, au sens où nous apprenons à aimer avec Anna Karénine et à regarder la montagne Sainte-Victoire avec Cézanne, alors qu'elle nous laissait indifférent avant que nous admirions les tableaux qu'il en a peints. Comme le déclarait le peintre Paul Klee : *« L'art ne reproduit pas le visible, il rend visible »* ; autrement dit, il ne copie pas la réalité comme pour en faire un double, mais il inspire une nouvelle façon de percevoir et éveille notre conscience en stimulant à la fois nos sens, notre imagination et notre intelligence. Il nous apprend, tout simplement, à regarder.

Conclusion

Si nous ne reconnaissons pas immédiatement le monde qui nous entoure quand nous sommes au contact d'une œuvre d'art, ce n'est donc pas parce que celui-ci serait transfiguré, mais plutôt parce que l'œuvre nous propose de le voir d'une manière différente de celle à laquelle nous sommes habitués. Il arrive que cette proposition nous laisse froids et indifférents, mais ce qu'il y a de profondément émouvant et parfois bouleversant, c'est précisément cette capacité que nous avons à déplacer notre point de vue pour épouser celui de l'artiste et, ainsi, modifier notre perspective sur la réalité. En ce sens, nous pouvons dire que l'art nous apprend à vivre d'une manière plus forte et plus intense, au sens où Marcel Proust disait de la littérature : *« La vraie vie, la vie enfin découverte et éclaircie, la seule vie par conséquent réellement vécue, c'est la littérature. »*

Terminer sur une citation est, souvent, un très bon moyen de clore une copie.

NOTION 2 Le bonheur

Fatata te Miti (1892), de Paul Gauguin (titre signifiant « Au bord de la mer » en tahitien).

Qu'est-ce que le bonheur ?

Souvent confondu avec le plaisir ou la joie, le bonheur désigne un état durable de complète satisfaction, qui s'oppose au malheur et à la souffrance.

- **Durable :** le caractère durable du bonheur le distingue du plaisir, qui est, lui, beaucoup plus bref. Le bonheur se différencie également de la joie, plus intense. Il s'apparente à une forme de tranquillité de l'esprit et du corps.
- **Satisfaction :** on considère, généralement, que le bonheur consiste dans la satisfaction de tous nos désirs. On le représente comme une plénitude : être heureux, c'est ne manquer de rien.
- **Malheur :** état de profonde tristesse et de souffrance auquel on cherche à échapper à tout prix.

QUESTIONS PHILOSOPHIQUES

1. Le bonheur dépend-il de nous ?

On pense, souvent, qu'il faut avoir la chance de satisfaire tous ses désirs pour être heureux. Mais n'est-ce pas là le moyen le plus sûr de rater le bonheur ? Pour être heureux, ne faut-il pas plutôt apprendre à bien vivre ?

Perspective : La morale et la politique

2. Le bonheur n'est-il qu'une illusion ?

La tranquillité n'apporte pas nécessairement la garantie d'être heureux, et le malheur semble inévitable. Et si le bonheur n'était qu'une illusion ?

Perspective : La connaissance

3. Faut-il renoncer au bonheur ?

Il peut être tentant de renoncer au bonheur puisque la souffrance et l'insatisfaction sont inévitables. À moins que l'on cesse de penser le bonheur comme un état idéal de satisfaction et d'absence de souffrance…

Perspective : L'existence humaine et la culture

1 Le bonheur dépend-il de nous ?

Le mot *bonheur* vient du latin *bonum augurium*, qui signifie « de bon augure », « présage favorable ». Il y a donc, dans le bonheur, une part importante de hasard, comme le suggèrent les expressions « porte-bonheur » ou « heureuse rencontre ». Le problème est alors de savoir si le bonheur ne dépend que de la chance ou s'il est relatif à notre action.

A Le bonheur n'est ni dans la chance ni dans la multiplication des plaisirs

- On pense que la satisfaction, qui conduit au bonheur, dépend de la chance : celui qui est né privilégié aurait plus de probabilités d'être heureux que celui qui est né dans le dénuement. Il est pourtant difficile de soutenir que le bonheur est hasardeux. D'un côté, cela conduirait à la résignation ; or les hommes recherchent tous le bonheur. D'un autre côté, cela ne permet pas d'expliquer pourquoi ceux à qui la chance sourit ne sont pas toujours heureux : un enfant riche peut être moins heureux qu'un enfant né dans la pauvreté.

- Les sagesses antiques soutiennent que le bonheur ne dépend pas du hasard mais d'un art de vivre et d'agir. Ces morales sont des eudémonismes (du grec *eudaimonia*, « bonheur »), c'est-à-dire des doctrines faisant du bonheur le but de la vie humaine. Le bonheur dépendrait de l'obtention du Bien, cette valeur suprême qui dit ce qui est bon pour notre existence. Mais de quel Bien s'agit-il ? Faut-il, comme le prétend **Calliclès** dans *Gorgias* de **Platon**, multiplier les moments de plaisir pour remplir son existence de bonheur ? Un tel genre de vie, pris dans le cercle sans fin du désir, risquerait de déboucher sur la déception ou le malheur : **Platon** le compare au supplice des Danaïdes, ces jeunes filles qui furent condamnées, aux Enfers, à remplir sans cesse un tonneau percé. Le plaisir est, en effet, très court et laisse rapidement place à l'insatisfaction et à la frustration. Mais, si tous les plaisirs ne sont pas bons à prendre, faut-il faire une croix définitive sur eux ?

Les Danaïdes (1903), de John Waterhouse.

B Le bonheur est dans la maîtrise du plaisir

- La morale d'**Épicure** est un hédonisme* : le Bien est, ici, le plaisir. Le bonheur est évident et s'éprouve dans le plaisir. Mais, contrairement à ce que prône **Calliclès**, tout plaisir n'est pas forcément bon à prendre. **Épicure** nous invite à maîtriser notre plaisir pour être heureux. Pour cela, il faut distinguer entre les désirs naturels (manger, boire, dormir), qui sont faciles à satisfaire, et les désirs vains (être riche, vivre éternellement, manger des plats raffinés), impossibles à satisfaire car illimités et produits par notre imagination.

> **Exemple clé**
>
> La **société de consommation** est-elle épicurienne ? Non : la publicité, en nous incitant à acheter toujours plus d'objets et en nous promettant toujours plus de plaisir, ne fait que créer des désirs artificiels au lieu de nous inviter à satisfaire simplement nos besoins naturels.

- La satisfaction des désirs naturels conduit à un plaisir stable, alors que celle des désirs vains fait naître de l'insatisfaction. Par exemple, boire de l'eau quand on a soif revigore durablement ; mais boire un vin renommé en désirant goûter au meilleur millésime, c'est courir le risque d'être déçu et de désirer trouver un vin encore meilleur qui peut-être n'existe pas. Le bonheur se situe alors dans une vie simple, faite de la satisfaction de nos désirs naturels et de l'abolition de nos désirs vains qui produisent de l'inquiétude. L'homme est heureux lorsqu'il éprouve l'« ataraxie* », cette paix de l'âme et du corps née de la satisfaction de ses désirs naturels.

C Le bonheur est dans la vertu

- Contre les **épicuriens**, les **stoïciens** refusent de faire du plaisir le but de nos actions. Le Bien est, ici, la vertu, cet état de notre âme lorsque nous sommes en accord avec nous-même et le monde. Être vertueux, c'est se concentrer sur ce qui dépend de nous, à savoir nos jugements, nos désirs, ainsi que sur notre capacité d'initiative et de résolution dans l'action. Celui qui cherche à obtenir ce qui ne dépend pas de lui – comme la santé, la réussite ou le plaisir – ne sera jamais heureux. Le bonheur est dans la vertu et peut s'éprouver comme un sentiment de récompense lorsqu'on agit convenablement.

- **Cicéron**, dans le *De finibus*, prend l'exemple d'un archer : si celui-ci place son bonheur dans la cible qu'il vise, alors il suffit d'un coup de vent pour détourner sa flèche et le conduire au malheur ; en revanche, s'il le place dans ce qui dépend de lui, à savoir le devoir d'effectuer le meilleur geste possible, alors le bonheur de l'archer sera complet et échappera aux circonstances. Le bonheur vient, ici, couronner automatiquement l'action vertueuse, sans la guider directement.

EN RÉSUMÉ

Le bonheur dépend d'une manière de vivre orientée par ce que l'on considère comme le Bien : par exemple, le plaisir maîtrisé ou la vertu.

2 Le bonheur n'est-il qu'une illusion ?

Si le bonheur dépend d'une simple recette, comment expliquer que les hommes soient toujours malheureux ? C'est peut-être que notre malheur n'est pas le signe de notre incapacité à bien vivre, mais plutôt celui du caractère illusoire du bonheur.

A De la satisfaction à l'ennui

- L'homme peut toujours être malheureux, même lorsqu'il goûte à la tranquillité de l'esprit. **Pascal** écrit, dans ses *Pensées*, que le repos est la plus terrible des expériences car l'homme, se mettant à réfléchir sur son sort, y fait l'épreuve de l'ennui qui révèle la **fragilité** et la **vanité de son existence**. Le repos donne un avant-goût de la mort, ce repos éternel.

- C'est pour s'en détourner que les hommes s'agitent perpétuellement et se lancent dans de nombreux projets, que **Pascal** appelle *« divertissement »*. Il ne faut pas confondre le *« divertissement »* de Pascal avec les seuls loisirs : celui-ci désigne l'ensemble des activités quotidiennes qui nous détournent de la pensée de notre mort, comme le travail ou la vie de famille. Dans le divertissement, la satisfaction du désir importe moins que la peine et les efforts pour y parvenir. Un « roi sans divertissement », qui aurait tout ce qu'il veut sans rien faire, serait ainsi plus malheureux que ses sujets qui, eux, se « divertissent » en œuvrant pour son bon plaisir.

B Seul le malheur est réel

- Et si le malheur, au lieu d'être un simple raté de l'existence, en constituait le fond permanent ? **Schopenhauer** écrit que **le malheur est la seule réalité immédiate de l'existence** et que le bonheur n'est qu'une illusion produite par la médiation du malheur. Le bonheur ne nous attend pas et n'est jamais vécu au présent, mais il est toujours derrière nous, sans qu'on l'ait senti sur le moment.

> **Repères**
>
> ***Immédiat*** s'oppose à ***médiat*** : le premier terme qualifie « un rapport direct, sans intermédiaire, aux choses » (l'intuition est une connaissance immédiate), alors que le second qualifie « un rapport indirect, en passant par une médiation » (une démarche mathématique s'effectue par l'intermédiaire d'un raisonnement logique).

- La santé, par exemple, est le silence des organes : j'ignore que je suis en bonne santé et je ne m'en aperçois que le jour où je tombe malade. Même si je guéris, mon bonheur n'est plus le même : je sais, à présent, que ma santé est précaire et que je tomberai à nouveau malade. De même, **le plaisir que j'éprouve n'est qu'un leurre** existant par contraste avec deux états de souffrance : celui qui précède le plaisir et celui qui le suit. Par exemple, cette agréable sensation de soleil qui caresse mes épaules sur la plage n'existe pas pour elle-même ; elle ne tient qu'à la rudesse de l'hiver que j'ai éprouvé auparavant, et qu'au coup de soleil dont je vais souffrir en quittant la plage.

> **Citation clé**
>
> ***« La vie oscille, comme un pendule, de droite à gauche, de la souffrance à l'ennui »*** (Schopenhauer). Si le malheur prévaut dans l'existence, c'est en raison de la relance incessante du désir : tant qu'il est insatisfait, le désir cause de la souffrance ; une fois satisfait, il laisse place à la déception et à l'ennui.

C Le bonheur ne dépend pas seulement de soi

Je ne suis pas le seul acteur de mon bonheur ; les autres qui m'entourent influencent aussi mon état. Comment puis-je être heureux si, autour de moi, les autres sont malheureux ? Bonheur et malheur sont contagieux ; or le problème est que je ne peux forcer les autres à être heureux. Dans son *Traité de la nature humaine* (1739-1740), **Hume** écrit que l'homme est animé d'un désir de compagnie – la sympathie –, qui explique qu'il ne peut être heureux tout seul. Aussi puissant soit-il, un homme ne sera jamais heureux s'il n'a personne avec qui partager son bonheur.

EN RÉSUMÉ

L'ennui, la souffrance inévitable et le malheur des autres sont autant de menaces qui pèsent sur notre bonheur et qui semblent indiquer son caractère illusoire.

3 Faut-il renoncer au bonheur ?

Il est étonnant de se demander si l'on peut renoncer au bonheur, puisque c'est ce que tous les hommes recherchent à travers leurs actions. Il peut, cependant, être tentant de le faire, puisque le malheur et la souffrance sont inévitables. Peut-être devons-nous considérer le bonheur autrement que comme une satisfaction totale, afin de le rendre plus accessible ?

A Le bonheur est dans le désir lui-même

Et si le bonheur, au lieu de se trouver dans la satisfaction et la disparition du désir, résidait, au contraire, dans le désir lui-même ? Le désir procure souvent bien plus de plaisir, grâce à l'imagination, que la satisfaction de ce désir. À Noël, il n'est pas rare que les enfants trépignent de plaisir tant que leurs cadeaux sont emballés, suscitant leurs plus grandes espérances ; mais, une fois ôté, le papier cadeau laisse parfois place à la déception du cadeau réel, bien moins plaisant que le cadeau imaginé… C'est ce qui fait dire à **Rousseau**, dans *Julie ou la Nouvelle Héloïse* : « *Malheur à qui n'a plus rien à désirer ! Il perd pour ainsi dire tout ce qu'il possède. On jouit moins de ce qu'on obtient que de ce qu'on espère et l'on n'est heureux qu'avant d'être heureux.* »

B Il faut renoncer au bonheur parfait

- Ce n'est pas parce que l'homme ne profite pas d'un bonheur parfait qu'il tombe nécessairement dans le malheur ; il peut être heureux sans que tous ses

Citation clé

« Il vaut mieux être un homme insatisfait qu'un porc satisfait » (John Stuart Mill).

désirs soient satisfaits. **Mill** propose, dans son essai *Utilitarisme* (1861), de distinguer la satisfaction du bonheur. On confond, d'ordinaire, le bonheur avec une totale satisfaction : à ce titre, le bonheur qu'éprouvent le porc, qui a peu de désirs, et l'imbécile, qui a des désirs grossiers, est total et parfait. Mais il existe, selon Mill, un bonheur qui ne réside pas dans la quantité des désirs satisfaits mais dans la qualité des plaisirs éprouvés : c'est un bonheur certes imparfait mais plus élevé, car il dépend de l'exercice de nos facultés supérieures (comme le sens moral, le goût, la curiosité, etc.). Un tel bonheur s'accommode de l'insatisfaction et dépend d'un jugement que l'on porte sur soi et les autres.

- Par exemple, quand la sorcière Circée propose à Ulysse d'être transformé en cochon pour pouvoir jouir d'un bonheur total, celui-ci refuse au nom de sa dignité d'homme qu'il considère plus importante que la tranquillité de l'animal. Malgré ses souffrances, Ulysse juge qu'il est plus heureux en restant un homme curieux et capable de bien agir, bien qu'il sache que ses désirs de connaissance et de morale ne seront jamais entièrement satisfaits.

C Il faut préférer la morale au bonheur

- **Kant** écrit que le bonheur n'est qu'*« un idéal de l'imagination »*, c'est-à-dire une notion au contenu si indéterminé qu'il serait vain de vouloir la définir ou l'atteindre réellement.

- À la différence des philosophes de l'Antiquité, **Kant** dissocie le bonheur de la morale (*cf.* pp. 97-99) : pour lui, ce n'est pas le bonheur mais le devoir qui guide l'action morale. **Kant** sait, cependant, qu'il est très difficile d'agir moralement en étant désespéré. C'est pourquoi il écrit que l'action morale, sans conduire au bonheur, nous rend digne de l'obtenir. Autrement dit, il faut bien agir et, au mieux, espérer que le bonheur récompense notre action – sans qu'il y ait réellement de lien de cause à effet entre les deux.

EN RÉSUMÉ

Puisque l'insatisfaction et la souffrance sont inévitables, il est possible de chercher notre bonheur dans le désir ou dans la qualité de nos plaisirs, voire de renoncer au bonheur au profit de l'action morale.

Épictète, *Manuel* (Ier-IIe s.)

Le *Manuel* est un ensemble de notes prises par un élève du stoïcien Épictète lors de ses enseignements, aux Ier-IIe siècles après J.-C. Le terme grec *enchiridion*, qui donne son titre à l'ouvrage, désigne un poignard que l'on a toujours à portée de main. C'est justement l'objectif de ce recueil de maximes que de fournir une arme pour se défendre des problèmes inévitables de l'existence et être toujours heureux, notamment en distinguant ce qui dépend de nous de ce qui n'en dépend pas.

Un bonheur convenable

Ce qui nous est propre, selon Épictète, ce sont les jugements, les désirs et l'initiative. Tout le reste, qui nous est étranger, ne dépend pas de nous et doit nous indifférer, car cela ne peut pas faire notre bonheur : le corps, la carrière, l'opinion des autres. Or nous avons communément tendance à penser le contraire – ce qui est de la folie et nous expose au malheur et à la servitude. Épictète nous conseille donc un bonheur bien différent, qui exclut le plaisir, la santé, la richesse et se confond avec l'action convenable et vertueuse consistant à **accepter la nécessité des événements naturels**.

Le banquet de la vie

Il faut apprendre à bien se comporter dans l'existence comme on apprend à bien se tenir à table. Lors d'un banquet, lorsque les plats circulent entre les convives, l'attitude convenable revient à attendre son tour, accepter le plat au moment où on nous le tend, puis le faire passer à notre tour. De même, **les événements de la vie nous arrivent, et nous devons apprendre à les accepter tels qu'ils sont**. Par exemple, si l'on apprend au sage stoïcien qu'il vient de perdre un fils, il éprouvera de la peine, mais il ne cessera pas d'être heureux : la mort de son fils ne dépend pas de lui, à la différence du jugement selon lequel cette mort est un malheur. Son fils lui a été donné ; il vient de lui être repris : l'attitude convenable, dit Épictète, consiste à accepter cet événement tel qu'il est.

Un fatalisme égoïste ?

La sagesse stoïcienne est une invitation à discipliner notre regard sur le monde, nos désirs et notre action. Loin d'être un repli sur soi, cette sagesse nous invite, au contraire, à **être en accord avec soi pour, ensuite, s'ouvrir et s'accorder au monde** tel qu'il est. Il n'est pas question de fatalisme ici : la nécessité n'est pas passivement subie, mais activement acceptée. Pour être heureux, il faut apprendre à se situer à sa juste place dans le monde et jouer le rôle qui nous est dévolu.

CONCLUSION

CE QU'IL FAUT RETENIR

1. Le bonheur dépend-il de nous ?

Les sagesses antiques font le pari que le bonheur n'est pas qu'une affaire de chance, mais qu'il relève d'un art de bien vivre. Les **épicuriens** nous enseignent, ainsi, que le bonheur réside dans le plaisir maîtrisé, alors que les **stoïciens** considèrent que ce sont les actions vertueuses qui mènent à la tranquillité d'esprit.

2. Le bonheur n'est-il qu'une illusion ?

L'idéal de bonheur prôné par les sagesses antiques semble relever du fantasme. En effet, la tranquillité d'esprit peut se transformer en un ennui mortel, que les hommes fuient, selon **Pascal**, dans le « *divertissement* ». Ainsi, il se pourrait, selon **Schopenhauer**, que le bonheur ne soit qu'une illusion existant par contraste avec le malheur, seule réalité de notre existence. De plus, le fait que mon bonheur dépende aussi de celui des autres, qui ne sont pas plus satisfaits que moi, n'augmente-t-il pas le risque d'être malheureux ?

3. Faut-il renoncer au bonheur ?

Le pessimisme doit-il avoir le dernier mot ? On peut, au contraire, en tirer des enseignements. On peut, d'abord, considérer, avec **Rousseau**, que le bonheur est dans le plaisir pris à désirer et à imaginer une satisfaction. On peut également concilier bonheur et insatisfaction, en considérant, avec **Mill**, que le bonheur est affaire de jugement et de qualité des plaisirs. On peut, enfin, soutenir, comme **Kant**, que le bonheur n'est pas la valeur suprême de notre existence et qu'il faut lui préférer la morale.

LE BONHEUR SELON...

- **Épicure :** le bonheur est dans le plaisir en repos que l'on éprouve lorsque notre esprit et notre corps échappent aux troubles, grâce à une maîtrise de nos désirs.
- **Épictète :** le bonheur est dans la vertu. Être heureux, c'est agir en étant en accord avec soi-même et avec l'ordre nécessaire du monde.
- **Pascal :** le bonheur n'est pas dans la satisfaction, qui nous conduit à un ennui déprimant, mais dans les occupations qui nous détournent de notre condition tragique, aussi pénibles soient-elles.

- **Rousseau :** le bonheur est dans le plaisir de désirer et d'imaginer, et non dans la satisfaction décevante du désir.
- **Kant :** le bonheur n'est qu'un idéal de l'imagination de peu de valeur en comparaison de l'action morale.
- **Schopenhauer :** le bonheur n'est que l'ombre illusoire projetée par le malheur, qui est le soubassement nécessaire de notre existence.
- **Mill :** le bonheur n'est pas dans la quantité mais dans la qualité des plaisirs.

Sujets possibles du bac

DISSERTATION 1 Le bonheur se décide-t-il ?

- Être heureux dépend-il du hasard des circonstances ou de ce que l'on fait ? ⟶ **Épicure, stoïciens, 1B et 1C (p. 64)**
- L'homme n'est peut-être pas l'acteur de son bonheur, et la tranquillité de l'esprit peut mener à l'ennui. ⟶ Pascal, 2A (p. 65)
- Si être heureux se décide, suis-je le seul à choisir mon bonheur ? ⟶ 2C (p. 67)

DISSERTATION 2 Une vie heureuse est-elle une vie de plaisirs ?

- La multiplication des plaisirs ne mène pas forcément au bonheur, bien au contraire. ⟶ Schopenhauer, Platon, 1A (p. 63) et 2B (p. 66)
- On peut distinguer différentes formes de plaisirs et privilégier ceux qui conduisent à la tranquillité de l'esprit. ⟶ Épicure, 1B (p. 64)
- Le bonheur est une affaire de qualité des plaisirs, non de quantité. ⟶ Mill, 3B (p. 67)

SUJET DU BAC CORRIGÉ

Dissertation

Peut-on être heureux sans le savoir ?

4 heures

Travail préparatoire

Fiches-méthode 1 à 7, p. 18

Les principales difficultés posées par la question

Dans l'expression « sans le savoir », le mot *savoir* peut être compris soit comme un verbe à l'infinitif (le sujet devient alors « Peut-on être heureux sans en avoir conscience ou sans s'en rendre compte ? »), soit comme un nom commun (le sujet devient alors « Peut-on être heureux sans connaissances ou sans culture ? »). Ces deux sens du sujet sont assez proches car la conscience est considérée comme un savoir ou une connaissance, mais il peut être intéressant, à un moment de la dissertation, de prendre en compte la seconde signification et de traiter du rapport entre bonheur et savoir culturel.

La problématique de la question

Le problème, ici, concerne la place qu'il faut accorder au savoir dans une vie heureuse : le bonheur peut-il se passer du savoir ou s'appuie-t-il sur lui ? Le savoir empêche-t-il d'être heureux ou permet-il d'accéder à une forme supérieure de bonheur ?

Corrigé commenté

Les **textes en bleu** ne doivent pas figurer dans votre devoir. Nous les avons ajoutés pour vous aider à repérer la progression de la dissertation.

Les conseils du professeur

Introduction

[Amorce du sujet] Il paraît difficile de penser que l'on peut être heureux sans le savoir. Qui d'autre que moi serait le mieux placé pour savoir si je suis heureux ? Le bonheur, cette pleine satisfaction des désirs, fait l'objet d'une expérience subjective évidente. Quand je suis heureux, je le sens intimement et immédiatement. Un bonheur qui serait inconscient de lui-même, qui ne serait pas éprouvé, ne serait pas un vrai bonheur ! Le savoir conscient semble bien essentiel à la présence du bonheur.

> Il est important d'inscrire le sujet dans le sens commun : cela permet d'éviter le hors sujet.

[Remise en cause et analyse du sujet] L'expérience montre pourtant que le bonheur n'implique pas toujours la conscience. Être conscient, c'est porter un regard lucide sur soi et le monde. Or les raisons de désespérer, entre les problèmes du quotidien, les injustices et les maladies, sont nombreuses : la conscience gâche le bonheur. C'est pourquoi nous pouvons envier celui qui, sans le savoir, jouit en toute inconscience de sa condition, car il ignore le regret ou la crainte de l'avenir. De même, il n'est pas rare de dire à un ami triste qu'il a « tout pour être heureux » et qu'il ne se rend pas compte de la chance qu'il a…

[Problématisation] Dès lors, comment la conscience peut-elle à la fois révéler et occulter le bonheur ? Le savoir est-il essentiel ou accidentel au bonheur ?

> Vous n'êtes pas obligé(e) d'annoncer le plan de votre développement mais il faut que la cohérence du raisonnement soit évidente au fur et à mesure de la lecture !

1. Le bonheur semble impliquer le savoir conscient

a) Pas de bonheur sans savoir

Il nous arrive, fréquemment, d'éprouver des moments de joie ou de plaisir qui se reconnaissent aisément et se signalent d'eux-mêmes, comme une évidence. Il est impossible, à première vue, de ne pas savoir que l'on éprouve ces sentiments – d'ailleurs, ils n'existeraient pas s'ils n'étaient pas éprouvés. Un être privé de conscience, comme une pierre, une plante ou une personne plongée dans le coma, ne peut pas être heureux. Bien plus, le bonheur est plus abouti et durable qu'un moment de plaisir : on l'imagine comme une satisfaction prolongée et constante qui résulte d'un projet de vie. Or cela n'implique-t-il pas qu'il faille envisager notre existence entière et se fixer des objectifs (trouver l'amour, réussir sa carrière, etc.) – ce qui ne peut se faire sans un investissement conscient et réfléchi ?

b) Le bonheur comme évidence et projet réfléchi

Nul bonheur ne peut donc exister s'il n'est pas éprouvé et pensé. D'après Épicure, le véritable bonheur est dans l'absence de troubles de l'esprit et du corps (l'« *ataraxie* »). Pour y parvenir, il faut trier ses désirs et privilégier la satisfaction de ceux qui sont naturels (manger, boire, dormir), au détriment de nos désirs vains (manger un plat raffiné, boire un vin délicat). Les hommes ont tout pour être heureux mais ils ne le savent pas ; c'est pourquoi ils se compliquent inutilement l'existence avec des désirs vains au lieu de se satisfaire de choses simples. Il faut, pour devenir heureux, prendre conscience de cette simplicité à portée de main et savoir s'en satisfaire.

L'argumentation par l'absurde est utile : pour montrer que A est vrai (ici, « le bonheur est conscient »), il faut démontrer que le contraire de A est faux (ici, « un bonheur inconscient est impossible »).

c) L'énigme de l'imbécile heureux

Il reste, néanmoins, une énigme qui soulève une difficulté : le cas de l'imbécile heureux. Celui-ci n'a aucun projet de vie mûrement réfléchi, il ne porte pas un regard lucide sur lui-même, et il semble pourtant goûter au bonheur parfait. Serait-ce le signe que le savoir n'est pas indispensable au bonheur ?

N'hésitez pas à pointer une difficulté de la thèse que vous venez de soutenir en toute fin de 1re partie : cela justifie le passage à la 2e partie.

2. Le savoir nous détourne du bonheur

S'il est possible que le bonheur implique une forme de savoir, la réciproque n'est pas vraie : le savoir ne mène pas forcément au bonheur. Faut-il, dès lors, en déduire que le savoir, loin d'être essentiel au bonheur, lui serait accidentel, voire néfaste ?

Posez-vous des questions pour relancer votre propos.

a) Être lucide rend malheureux

L'imbécile heureux manque de lucidité. Être lucide, c'est être perspicace et clairvoyant sur la réalité. Celui qui est lucide ne se « voile pas la face », il ne se berce pas d'illusions mais constate les choses telles qu'elles sont. La lucidité semble ainsi peu compatible avec le bonheur : comment être durablement heureux quand on sait que la nature meurt, qu'il y a de plus en plus d'injustices et qu'une maladie peut nous emporter en quelques jours ? Celui qui réfléchit sur soi est semblable au roi sans divertissement de Pascal : plongé dans l'ennui de la satisfaction, le roi se rend compte que son sort tragique est inévitable (la guerre, la maladie, la mort le guettent) – ce qui l'empêche d'être heureux. Mieux vaudrait oublier sa condition en se lançant dans des occupations certes vaines, mais qui détournent de la pensée du pire.

b) Il n'y a pas de bonheur conscient

Cela ne revient-il pas à dire que nous sommes condamnés à ne jamais réellement connaître notre bonheur ? L'homme est inapte au bonheur : seuls les désagréments de l'existence et la douleur retiennent son attention. On peut donc avoir tout pour être heureux mais ne jamais l'éprouver. Telle est la leçon de Schopenhauer : l'homme ne sait jamais qu'il est heureux, mais il s'aperçoit qu'il l'a été une fois que son bonheur a disparu.

Inutile de vous inquiéter s'il n'y a que deux sous-parties dans une partie ou s'il y en a quatre : la dissertation ne doit pas nécessairement être symétrique.

3. Le savoir peut nous conduire à une forme supérieure de bonheur

Parce qu'il est un être conscient et capable de réfléchir, l'homme ne peut échapper à l'insatisfaction et à la souffrance qui causent son malheur. Faut-il, dès lors, en déduire que l'ignorance serait la clé du bonheur ?

a) La lucidité est préférable à l'illusion

Puisque la lucidité est souvent malheureuse, on pourrait être tenté de lui préférer le réconfort de l'illusion et ignorer volontairement ce qui cause notre malheur. C'est justement ce que propose Rousseau, lorsqu'il fait s'exclamer Julie : « *Malheur à qui n'a plus rien à désirer !* » Le réel se pliant rarement à nos désirs, il vaudrait mieux, selon Rousseau dans *La Nouvelle Héloïse*, se réfugier dans un monde imaginaire que développe le désir et retarder le plus possible toute satisfaction décevante. On serait plus heureux, par exemple, en rêvant de la personne dont on est amoureux qu'en la rencontrant en chair et en os. Or le problème est que le réel résiste et finit toujours par triompher de l'imagination ; la désillusion n'en est alors que plus cruelle et douloureuse. Ainsi, être lucide sur la personne que l'on aime peut nous épargner des déconvenues bien plus importantes que le plaisir que l'on peut prendre à l'idéaliser. Il nous faut donc trouver comment concilier bonheur et savoir, puisque l'illusion n'est pas préférable.

Terminer un paragraphe en pointant une difficulté de la thèse que l'on vient d'énoncer permet de relancer la réflexion.

b) Le savoir permet un bonheur de qualité

L'argument pessimiste selon lequel le bonheur est impossible présuppose que le bonheur exclut fermement toute forme de souffrance et d'insatisfaction. Or cet idéal d'un bonheur total peut être discuté. Peut-on envisager une conception plus nuancée du bonheur qui, parce qu'elle inclurait la souffrance et l'insatisfaction au lieu de les exclure, serait compatible avec le savoir ? Dans *L'Utilitarisme*, Mill nous invite justement à distinguer deux formes de bonheurs : d'un côté, le bonheur parfait de la satisfaction complète qu'éprouve l'imbécile ; de l'autre, le bonheur imparfait de l'homme cultivé, qui est d'une plus grande valeur que l'autre malgré son caractère incomplet. Un tel bonheur est préférable, car il ne tient pas à la quantité de plaisirs satisfaits mais à leur qualité, qui rend supportables l'insatisfaction et la souffrance. Par exemple, regarder un film me procure un plaisir supérieur mais produit aussi de l'insatisfaction en me faisant prendre conscience que je n'aurai jamais assez de temps pour voir tous les films que je désire. Mais cela n'est pas une raison suffisante pour me débarrasser d'un tel désir !

c) Le bonheur dépend d'un jugement

Une fois que l'on sait à quoi ressemble un plaisir supérieur, on ne voudrait pas l'échanger contre un plaisir inférieur, même si ce dernier provoque moins d'insatisfaction que le premier. Le bonheur est, en effet, affaire de qualité de plaisir et de jugement : plus on possède de savoir, et plus on peut comparer sa situation à d'autres et bien estimer son bonheur. Le bonheur ne dépend pas que d'une expérience subjective, mais aussi d'un jugement objectif sur soi. L'exemple d'Ulysse, dans l'*Odyssée* d'Homère, le montre : lorsque Circé lui propose de le transformer en porc pour pouvoir enfin goûter à une heureuse insouciance, Ulysse refuse ; il juge préférable sa condition d'homme, malgré les souffrances et les insatisfactions qu'elle produit, à la tranquillité animale pourtant facile à obtenir.

Il est, évidemment, possible de faire appel à sa culture personnelle (arts, sciences...) pour approfondir un raisonnement. La philosophie n'a pas le monopole de la pensée !

Conclusion

Nous nous étions demandé si le savoir était essentiel au bonheur ou s'il était possible d'être heureux sans en posséder. Que la lucidité soit douloureuse et le malheur inévitable ne sont pas des raisons suffisantes pour soutenir que le bonheur réside dans l'ignorance ; au contraire, le savoir est essentiel pour accéder à un bonheur supérieur, qui tient à la qualité de la vie que l'on mène et non à la quantité d'insatisfactions et de souffrances qu'elle évite.

Il est conseillé de rédiger sa conclusion au brouillon, cela permet d'avoir les idées claires sur le raisonnement d'ensemble quand on écrit.

NOTION 3 La conscience

La Conscience (1860-1868), de François Nicolas Chifflart (détail).

Qu'est-ce que la conscience ?

La conscience est la faculté qui nous permet de nous représenter le monde extérieur et nous-même.

- **Faculté :** la conscience est une faculté car nous pouvons en faire usage (quand nous regardons le monde, parlons, réfléchissons…) ou pas (quand nous perdons connaissance, dormons, tombons dans le coma…).
- **Représenter :** dans notre conscience, c'est-à-dire dans notre esprit, les choses sont représentées sous forme d'idées (*ex. :* j'ai conscience qu'il y a un livre posé sur la table) ou de sentiments (*ex. :* j'ai conscience d'avoir un peu faim).
- **Monde extérieur et nous-même :** la conscience peut se tourner vers les choses extérieures mais aussi vers elle-même, quand on se prend à s'observer soi-même en train de penser.

QUESTIONS PHILOSOPHIQUES

1. À quoi sert la conscience ?

« Être conscient » ou « avoir conscience », c'est d'abord être éveillé : on désigne par là la conscience spontanée, ou immédiate, qui nous donne accès au monde qui nous entoure et aux choses qui le constituent. Mais quelle est la vraie fonction de la conscience ?

Perspective : L'existence humaine et la culture

2. Peut-on se connaître soi-même ?

À un deuxième niveau, « la conscience de soi » est la conscience réfléchie qui fait retour sur elle-même au lieu de s'intéresser au monde extérieur. Chacun peut ainsi approfondir son état de conscience et s'observer lui-même intérieurement. Mais cela suffit-il pour se connaître ?

Perspective : La connaissance

3. Qu'est-ce que la conscience morale ?

À un troisième niveau, la conscience devient morale, c'est-à-dire évalue le bien et le mal, et nous pousse à accomplir certains actes ou nous retient d'en faire d'autres.

Perspective : La morale et la politique

1 À quoi sert la conscience ?

La conscience est, d'abord, la faculté psychologique qui nous permet de nous rendre compte immédiatement de ce qui se passe autour de nous : avoir conscience de telle ou telle chose, c'est la percevoir par les sens et se la représenter dans son esprit… Mais est-ce pour autant la connaître ?

A La prise de conscience est la première étape du savoir

- Si l'être humain se caractérise par son intelligence et sa capacité à penser, cela ne signifie pas qu'il a toujours conscience d'avoir conscience : il faut encore qu'il s'en rende compte, c'est-à-dire qu'il « prenne conscience » de ce qu'il faisait jusqu'ici sans s'en apercevoir. **Descartes** fait ainsi, dans les *Méditations métaphysiques*, du doute et de la prise de conscience, la première étape dans la recherche de la vérité. La conscience de soi est le premier fondement inébranlable du savoir car on peut tout remettre en question, mais pas le fait de penser.

- Pourtant, si la conscience me dit avec certitude *que* je suis, elle est incapable de m'informer avec le même degré de certitude de *ce que* je suis. Avoir conscience de l'existence de quelque chose ne suffit pas pour prétendre connaître la nature de cette chose. Le véritable savoir exige une connaissance des causes et pas seulement la simple conscience de la chose. Le physicien, par exemple, ne fait pas qu'avoir conscience du phénomène de la gravité : il en connaît les lois et peut dire pourquoi il se produit (*cf.* p. 244).

B *« Toute conscience est conscience de quelque chose »*

La conscience ne désigne ni l'état de quelqu'un ni une partie de lui (*ex. :* un organe), mais un acte qu'il accomplit pour se représenter le monde tel qu'il est et lui-même. Tel est le caractère « intentionnel » de la conscience selon la phénoménologie de **Husserl** pour qui *« toute conscience est conscience de quelque chose »*. Loin d'énoncer une évidence, cette formule signifie que la conscience n'existe pas à part, de manière pure, isolée et indépendante : la conscience est toujours dirigée vers les choses parce que c'est elle qui les constitue, qui les fait exister pour moi. **Husserl** refuse ainsi de distinguer « perception externe » et « perception interne » et veut étudier la façon dont les objets naissent dans et par la conscience et sont donc « vécus ». Par exemple, je peux imaginer le rouge laineux d'un tapis en me représentant mentalement sa texture.

> **Rappel**
>
> La **phénoménologie** est une certaine manière de pratiquer la philosophie, inventée par **Edmund Husserl** au début du XXe siècle. Il s'agit moins d'établir des relations causales entre des concepts que de décrire des états de conscience.

C La conscience est liberté

En tant qu'acte, la conscience ne peut être uniforme et toujours égale. Au contraire, elle connaît d'importantes variations d'intensité : entre le sommeil, les moments d'inattention et ceux où nous sommes concentrés, nous n'avons pas toujours la même conscience des choses. Ainsi, **Bergson** remarque que la conscience s'intensifie dans les moments difficiles où il faut faire des choix et se relâche quand on peut agir de manière automatique, sans nécessité d'être attentif à ce qu'on fait. Il explique de cette façon comment la conscience, dont sont dotés les êtres humains mais probablement aussi les animaux et peut-être les végétaux, se trouve naturellement beaucoup plus développée chez l'homme, puisqu'elle est proportionnelle à la quantité de décisions qu'il doit prendre, et donc à son libre arbitre.

> **Citation clé**
>
> *« Conscience est synonyme de choix »* (Henri Bergson, *L'Énergie spirituelle*, 1919).

EN RÉSUMÉ

La « prise de conscience » apparaît comme la première étape du savoir. Mais la conscience est peut-être moins tournée vers la connaissance que vers l'action proprement dite : elle guide notre action.

2 Peut-on se connaître soi-même ?

La conscience est aussi réflexion, quand nous approfondissons notre état de conscience, pour mieux nous connaître intérieurement : on parle alors de « conscience réflexive ». N'est-ce pas ce que signifiait l'injonction de Socrate « *Connais-toi toi-même* » ? Mais la conscience donne-t-elle accès au « Moi » ?

A Aucune perception ne correspond au « Moi »

Rien de plus évident, *a priori*, que cette idée du « Moi » : je crois bien savoir qui je suis, ne serait-ce que parce que je suis le mieux placé pour me connaître. Pour **David Hume** (*Traité de la nature humaine*, 1739-1740), cependant, il faut se méfier de la facilité avec laquelle certains ont spontanément tendance à admettre cette idée, comme si elle était évidente et acquise. À y regarder de plus près, en effet, ce « Moi » n'est pas un fait d'expérience, car, s'il est vrai qu'il y a *en* moi des perceptions, aucune ne correspond *au* « Moi » lui-même. Et comment celui-ci peut-il être à la fois simple, alors que mes perceptions sont multiples, et identique à lui-même, alors que mes perceptions sont changeantes ?

B L'introspection est impossible et contradictoire

Si le regard intérieur ne peut pas nous faire découvrir notre « Moi », c'est, sans doute, qu'il y a une impossibilité logique à se connaître soi-même par ce biais-là. C'est ce qu'explique **Auguste Comte** (1798-1857) : l'introspection psychologique comme procédé scientifique est nécessairement vouée à l'échec, puisqu'il est impossible à un même organe d'être en même temps l'observateur et l'observé. En outre, la neutralité qu'exige l'observation objective d'un phénomène* a pour conséquences d'arrêter et de vider l'esprit de l'observateur, qui n'a donc plus rien à étudier.

> **Définition clé**
>
> L'**introspection** (étymologiquement, « regard à l'intérieur ») désigne le fait, pour un sujet, de s'étudier lui-même.

C On peut se connaître à partir de ses actes

Il existe, cependant, une autre manière de se connaître soi-même : en plus de la voie théorique, il existe une voie pratique, c'est-à-dire à partir des actes que l'on a accomplis, comme le souligne **Hegel** dans *Esthétique* (posthume, 1835). Cette seconde voie est indirecte, mais plus efficace. En agissant sur le monde qui l'entoure, en imprimant sa marque sur les choses, chacun fait l'expérience de ses capacités et de ses limites. Il extériorise ce qu'il est et apprend sur lui-même.

> **Repères**
>
> Ce qui est établi **en théorie** l'est par la pensée, tandis que ce qui est établi **en pratique** l'est par l'action.

EN RÉSUMÉ

Rien de plus simple, *a priori*, que de se connaître soi-même. Mais, si l'introspection me fait prendre conscience de ce qui se passe en moi, elle ne me donne pas nécessairement accès au « Moi » lui-même. Je me connais mieux en observant le résultat de ce que je fais.

Cain tuant Abel (1511), d'Albrecht Dürer (gravure sur bois).

3 Qu'est-ce que la conscience morale ?

La conscience est, enfin, une instance morale : on a « bonne » ou « mauvaise » conscience. Plus que par les grands discours, en effet, la morale parle en nous sous la forme d'une voix intérieure qui non seulement s'érige en juge de nos différentes actions, mais aussi nous dicte même ce que nous devons faire ou ne pas faire.

A Une voix douce ou inquiétante ?

- **Kant** explique, dans sa « Doctrine de la vertu » (*Métaphysique des mœurs*, 1795), que tout homme est obligé d'entendre cette **voix terrible et menaçante du devoir moral**. Elle suit chacun comme son ombre, même si l'on peut préférer ne pas l'entendre pour éviter d'être accablé par les scrupules et le sentiment de culpabilité.

> **Rappel**
>
> À la différence du français qui ne dispose que d'un seul terme, d'autres langues utilisent deux mots pour marquer la distinction entre la **conscience psychologique** (*consciousness* en anglais, *Bewusstsein* en allemand) et la **conscience morale** (*conscience* en anglais, *Gewissen* en allemand).

- Pourtant, cette voix n'est pas nécessairement sévère. Dans la *Profession de foi du vicaire savoyard* (1762), **Rousseau** présente la conscience morale comme un sentiment qui s'adresse intimement au cœur et non un commandement austère de la raison*. **Rousseau** en parle comme d'une *« voix céleste »* profondément bienveillante et comme d'un *« instinct divin »* capable de nous guider de manière infaillible et excellente pour peu que nous lui fassions confiance et que nous nous en remettions à elle.

B Qui parle ?

- Mais une telle voix vient-elle vraiment de Dieu ou de la raison, dont tout homme est doté de manière universelle ? N'est-elle pas, plutôt, une construction de la culture ou le **produit de la société** ? C'est la thèse du sociologue **Émile Durkheim** pour qui la conscience morale n'est rien d'autre que l'intériorisation de la contrainte sociale exercée sur l'individu. Mais elle n'apparaît alors plus que comme un produit de la culture : si les valeurs morales sont variables d'une société à l'autre, cela revient à les relativiser et donc à les affaiblir.

> **Exemple clé**
>
> On appelle **« cas de conscience »** les situations où un choix est particulièrement difficile, notamment lorsque notre intérêt personnel s'oppose à un devoir moral. Le roman *Les Misérables* de Victor Hugo présente plusieurs cas de conscience : par exemple, lorsque Jean Valjean hésite à se dénoncer pour faire innocenter Champmathieu qu'on prend pour lui.

- Dans la *Généalogie de la morale*, **Nietzsche** est plus radical : la conscience morale, qu'il appelle *« mauvaise conscience »*, est une morale que l'individu retourne contre lui-même, s'interdisant d'accomplir ses désirs au nom d'une morale abstraite qui lui est nuisible. C'est un complet retournement des valeurs !

EN RÉSUMÉ

La conscience morale se présente en nous sous la forme d'une voix intérieure qui non seulement nous informe de ce que nous faisons, mais aussi juge nos actes selon qu'ils sont bons ou mauvais. Toutefois, l'origine exacte de cette voix fait l'objet de controverses entre les philosophes…

Choisir entre le bien et le mal, dessin de Valery Kachaev.

René Descartes, *Méditations métaphysiques* (1641)

Parmi toutes les connaissances que chacun possède, peut-on savoir s'il en existe quelques-unes qui soient absolument certaines ? et, si oui, lesquelles ? Tel est le point de départ des *Méditations métaphysiques* dont nous résumons, ici, les deux premières.

L'épreuve d'un doute méthodique et radical

Descartes entreprend donc d'examiner toutes ses idées et essaie d'en tester la certitude en les mettant en doute par tous les moyens, pour voir celles qui résistent à cette épreuve. Après avoir commencé par souligner que, par expérience, les connaissances apprises dans l'enfance sont, parfois, fausses et donc douteuses, trois arguments se succèdent :

– l'**argument des sens trompeurs** : puisque les sens induisent parfois en erreur, on ne peut se fier à aucune connaissance issue de la perception sensible* ;

– l'**argument du rêve** : puisque ce qui semble être réel peut n'être qu'un rêve, on peut en douter ;

– l'**argument du « Malin Génie »** : les énoncés mathématiques, par exemple, semblent certains même en rêve, mais il n'est pas inenvisageable – même si ce serait très extravagant de le croire – qu'un Dieu méchant, ou *« Malin Génie »*, existe et me trompe à chaque fois que je fais une opération mathématique qui me semblait sûre.

À retenir

Descartes est-il sceptique ? Non : Descartes doute une fois de tout, mais n'en fait pas un mode de vie ou une habitude intellectuelle. Sa démarche est certes radicale, mais elle n'est pas identique à celle des sceptiques qui doutent de tout en permanence sans jamais parvenir à la moindre certitude.

Le *cogito** (= « je pense »), première vérité indubitable

Descartes a donc poussé aussi loin que possible l'entreprise du doute. N'y aurait-il alors aucune idée dont on ne puisse pas douter ? Il en reste une seule, affirme-t-il : *« Je suis, j'existe. »* Même si je rêve ou si je suis trompé, il est, en effet, indispensable qu'il y ait un « je » qui rêve ou qui soit trompé. Je ne peux pas savoir qui je suis ni ce que je suis, mais **je sais au moins avec une absolue certitude que je suis**. Cet enseignement est donc extrêmement précieux mais très limité, puisque la conscience de mon existence ne va pas jusqu'à la connaissance de mon essence* : je ne sais pas qui je suis, ni ce que je suis (un être humain ou autre chose).

Rappel

Attention ! ce n'est pas dans les *Méditations métaphysiques* mais dans le *Discours de la méthode* que Descartes a écrit ***« Je pense donc je suis »***.

CONCLUSION

CE QU'IL FAUT RETENIR

1. À quoi sert la conscience ?

« Prendre conscience » de quelque chose est la première étape dans la connaissance et la recherche de la vérité. Mais la conscience n'est pas pour autant un savoir : elle est une visée (**Husserl**), une action qui consiste à se concentrer sur telle ou telle chose et à se détourner du reste.

2. Peut-on se connaître soi-même ?

La conscience peut aussi tenter de saisir notre « Moi » intérieur. Mais quel est, alors, son objet réel ? **Hume** n'y voit qu'un amas confus et changeant d'impressions sensibles*. C'est peut-être une illusion d'avoir la prétention de se connaître soi-même, comme le voulait **Socrate**.

3. Qu'est-ce que la conscience morale ?

La conscience est, enfin, un juge qui nous ordonne de faire le bien et nous guide vers lui en nous éloignant du mal. Cette conscience morale peut être vue comme l'expression de notre raison* intérieure (**Kant**, **Rousseau**) ou comme l'intériorisation des normes* de la société (**Durkheim**).

LA CONSCIENCE SELON...

- **Descartes :** grâce à ma conscience, je sais que je suis, que j'existe, mais je ne sais pas pour autant qui je suis.
- **Kant :** personne ne peut ne pas entendre la voix de la conscience morale en lui, qui est la voix de la raison.
- **Comte :** l'introspection est impossible, car on ne peut pas être à la fois observateur et observé.
- **Husserl :** la conscience est « *intentionnelle* », c'est-à-dire qu'elle est toujours conscience de quelque chose d'autre qu'elle-même ; elle n'est pas une chose mais une activité.
- **Bergson :** « *conscience est synonyme de choix* » ; le degré de conscience est proportionnel à la quantité de décisions à prendre (donc plus développé chez l'homme que chez l'animal).

Sujets possibles du bac

DISSERTATION 1 Toute conscience est-elle conscience de quelque chose ?

- On reconnaît la formule de Husserl. Toutefois, celle-ci n'ayant rien d'évident ou de spontané, il ne faut donc pas commencer par elle. → Husserl, 1B (p. 80)
- Il est préférable de commencer par une définition banale de la conscience comme faculté de représentation. → p. 78
- Pour ne pas tourner en rond, il faut aussi envisager ce que serait la conscience si elle n'est pas conscience de quelque chose (par exemple, la conscience comme liberté). → 1C (p. 80)

DISSERTATION 2 Suis-je ce que j'ai conscience d'être ?

- Ici, « ce que j'ai conscience d'être » signifie « ce que je crois être d'après le témoignage de ma conscience réflexive ». Il s'agit d'évaluer la justesse d'une telle croyance.
- Il semble évident que j'ai un point de vue privilégié sur moi-même. → 1A (p. 79), Descartes (p. 85)
- Pourtant, je peux me méprendre sur ma véritable nature. → Hume, 2 (p. 81)

DISSERTATION 3 La conscience de l'individu n'est-elle que le reflet de la société à laquelle il appartient ?

- Il faut commencer par explorer la pertinence de la thèse suggérée par la question. → Oui, d'après Durkheim, 3B (p. 83)
- Comme le laisse supposer la formule « n'est [...] que [...] », il faut se demander si la conscience n'est pas aussi autre chose. → Rousseau (l'idée d'une *« voix divine »*), 3A (p. 83)

SUJET DU BAC CORRIGÉ

Explication de texte

4 heures

« Les choses de la nature se contentent d'*être*, elles sont simples, ne sont qu'une fois, mais l'homme, en tant que conscience, se dédouble : il est une fois, mais il est *pour lui-même*. Il chasse devant lui ce qu'il est ; il se contemple, se représente lui-même […]. Cette conscience de lui-même, l'homme l'acquiert de deux manières : théoriquement, en prenant conscience de ce qu'il est intérieurement, de tous les mouvements de son âme, de toutes les nuances de ses sentiments, en cherchant à se représenter à lui-même, tel qu'il se découvre par la pensée, et à se reconnaître dans cette représentation qu'il offre à ses propres yeux. Mais l'homme est également engagé dans des rapports pratiques avec le monde extérieur, et de ces rapports naît également le besoin de transformer ce monde, comme lui-même, dans la mesure où il en fait partie, en lui imprimant son cachet personnel. Et il le fait pour encore se reconnaître lui-même dans la forme des choses, pour jouir de lui-même comme d'une réalité extérieure. On saisit déjà cette tendance dans les premières impulsions de l'enfant : il veut voir des choses dont il soit lui-même l'auteur, et s'il lance des pierres dans l'eau, c'est pour voir ces cercles qui se forment et qui sont son œuvre dans laquelle il retrouve comme un reflet de lui-même. Ceci s'observe dans de multiples occasions et sous les formes les plus diverses, jusqu'à cette sorte de reproduction de soi qu'est une œuvre d'art. »

Hegel, *Esthétique* (1835), trad. de Samuel Jankélévitch, Flammarion, 1984.

Travail préparatoire

Fiches-méthode 8 à 15, p. 32

Les principales difficultés posées par le texte

Voici un texte qui semble difficile au premier abord ! Certains termes utilisés par l'auteur peuvent paraître abstraits, notamment au début du texte. Mais l'exemple très concret de l'enfant doit vous aider à mieux comprendre ce dont il s'agit. Il faut envisager le texte comme un tout.

La référence finale à l'œuvre d'art peut déconcerter, mais elle est fondamentale et vous oblige à expliquer le texte dans cette perspective-là.

La problématique du texte

Comment prenons-nous conscience de nous-même ? N'y a-t-il qu'une seule voie pour se connaître ? Et nous connaissons-nous de manière théorique seulement ou également pratique ?

Corrigé commenté

Les **textes en bleu** ne doivent pas figurer dans votre devoir. Nous les avons ajoutés pour vous aider à repérer la progression de la dissertation.

Introduction

[Présentation du thème] « *Connais-toi toi-même !* » L'injonction célèbre inscrite sur le temple de Delphes, et reprise par Socrate, nous lance un défi en même temps qu'elle nous donne un précieux conseil. On conçoit tout l'intérêt qu'il pourrait y avoir à mieux se connaître : à prendre conscience de ses forces et de ses faiblesses, par exemple.

[Énoncé du problème et de la thèse] Mais comment faire ? Y a-t-il une méthode claire et particulièrement efficace pour parvenir au résultat escompté ? Est-ce par une sorte d'introspection que nous y parvenons ou, au contraire, grâce aux actes que nous accomplissons ? C'est cette dernière réponse que privilégie Hegel dans cet extrait tiré de l'*Esthétique* : pour lui, c'est essentiellement par la voie pratique que nous apprenons à nous connaître, et plus précisément en contemplant la marque que nous avons imprimée sur les choses.

[Annonce du plan] Dans un premier temps, c'est-à-dire jusqu'à « *se représente lui-même* » (l. 5), le philosophe montre que l'existence humaine a ceci de spécifique qu'elle a conscience d'elle-même. Il approfondit, ensuite, les deux manières distinctes d'effectuer cette prise de conscience : par la pensée d'abord, puis, à partir de « *Mais l'homme* » (l. 2), par la transformation physique du monde. Dans une 3ᵉ partie qui commence à « *On saisit* » (l. 15), Hegel s'appuie sur l'exemple de l'enfant pour montrer que cette prise de conscience pratique correspond à un besoin fondamental duquel naît l'art.

Les conseils du professeur

Présentez la thèse de l'auteur comme l'une des réponses possibles au problème que vous avez posé. Cela vous permettra d'en montrer l'originalité et d'en discuter la valeur, puisque d'autres réponses sont également envisageables.

1. La spécificité de l'existence humaine : la conscience de soi

Hegel explique d'abord que, grâce à sa conscience, l'être humain existe à un niveau supérieur à celui où existe ce qu'il appelle les *« choses de la nature »*, et dont il considère qu'elles sont *« simples »* et inconscientes d'elles-mêmes.

a) Les choses de la nature sont simples tandis que les êtres humains sont complexes

Dès le début du texte, Hegel marque la spécificité de l'homme en insistant sur sa capacité à se « dédoubler » : il existe, d'une part, comme être naturel et, d'autre part, en tant qu'esprit, c'est-à-dire en tant qu'être susceptible de prendre conscience de lui-même. Hegel décrit avec un vocabulaire délibérément réducteur (elles *« se contentent »*, *« ne sont qu'une fois »*) le mode d'être des choses de la nature, soulignant leur pauvreté existentielle. Elles sont, tout simplement, sans même savoir qu'elles sont, sans aucune conscience d'elles-mêmes : elles sont *« simples »*, basiques, et existent de la manière la plus rudimentaire et immédiate qui soit. Une telle simplicité désigne non une qualité mais un défaut, une absence de réflexion : simples en elles-mêmes, elles *« ne sont qu'une fois »*. Cette formule est étonnante : comment pourrait-on être plusieurs fois ?

L'explication doit être précise : on s'appuie sur les mots mêmes du texte.

b) Que signifie « être pour soi » ?

Attention à ne pas se méprendre sur les intentions d'Hegel ! Il ne fait, ici, aucune allusion à ce qui pourrait être une renaissance ou une résurrection, mais seulement à la faculté qu'a l'être humain de se représenter lui-même, d'exister « pour soi », autrement dit à ses propres yeux. Cette expression, qui s'oppose à exister « en soi », fait référence à cette faculté qu'est la conscience comme capacité à sortir de soi pour se voir soi-même ; or c'est bien elle, à savoir la conscience de soi, qui distingue l'homme de tous les autres êtres naturels, qu'ils soient inertes ou vivants (cela revient au même). L'homme n'est pas seulement un corps, mais aussi un esprit dont la première fonction est d'être conscient. Être pour soi, c'est donc être conscient ; c'est avoir la capacité de se dédoubler pour se mettre à distance de soi afin de savoir qu'on est et qui l'on est. Hegel décrit ce processus en écrivant qu'il *« chasse devant lui ce qu'il est »*, c'est-à-dire qu'il est un objet de contemplation pour lui-même, au sens propre du mot *objet* (« ob-jet »), c'est-à-dire « ce qui est jeté devant ».

La difficulté de cette formule mérite qu'on s'y arrête pour l'expliquer précisément.

Il y a donc deux niveaux d'existence : l'existence non consciente d'elle-même, au sens où, par exemple, un arbre existe sans savoir qu'il existe, et une existence au niveau de la conscience et de la représentation, réservée aux êtres complexes comme les humains, qui leur permet de s'observer et de s'étudier eux-mêmes. Mais comment font-ils pour y parvenir ?

2. Deux manières de prendre conscience de soi

Jusqu'ici, Hegel n'est guère original et ne fait que confirmer une thèse qui fait l'objet d'un certain consensus. Mais il devient bien plus surprenant quand, dans la 2e partie du texte, il distingue deux manières d'accéder à la conscience de soi.

Il faut toujours souligner ce qui fait l'originalité du texte, notamment en le comparant avec les préjugés, l'opinion commune ou les thèses des autres philosophes.

a) L'existence de deux voies distinctes

Hegel poursuit sa réflexion en interrogeant la nature et l'origine de cette conscience de soi. En quoi consiste-t-elle ? Se limite-t-elle à un simple savoir intérieur de sa propre existence ? Et comment l'homme acquiert-il cette conscience de lui-même ? Là où on aurait pu s'attendre à ce qu'il réponde banalement par la mise en exergue d'une sorte d'introspection intérieure, Hegel surprend son lecteur quand il met en avant « deux » manières possibles et bien distinctes : la voie théorique et la voie pratique. Que faut-il entendre, ici, par ces termes ? Tout d'abord, il est bon de préciser que ces deux manières ne s'opposent pas, ne s'excluent pas, mais coexistent et se complètent en tout homme.

b) La voie théorique

Hegel développe d'abord l'idée de la prise de conscience de soi, par la saisie de sa pensée intérieure et de ses sentiments intimes qu'il appelle *« tous les mouvements de son âme »* et *« toutes les nuances de ses sentiments »*. Prendre conscience de soi, ce n'est pas seulement se reconnaître comme un être existant, mais c'est se connaître comme un être singulier, identifier ce que l'on ressent et analyser ce que l'on pense. On peut souligner le vocabulaire de la représentation qui relève du registre lexical du spectacle : l'homme est, ici, le spectateur de lui-même, il *« se contemple »* et *« se représente »*, il *« s'offre »* en spectacle (du latin *spectare*, « regarder ») à lui-même. Prendre conscience de soi, c'est donc se contempler et se faire spectateur de soi. Cela implique-t-il que, dès qu'on s'observe, on cesse d'agir, on se coupe du monde pour mieux se voir soi-même, comme Descartes dans ses *Méditations métaphysiques* ? C'est la critique qu'Auguste Comte, qui est le contemporain d'Hegel, adresse

Même s'il ne s'agit pas d'une épreuve de français, il peut être utile, parfois, de relever un champ lexical ou de s'intéresser au style d'un texte… dans la mesure où cela permet de mieux faire comprendre une idée.

à l'introspection de type psychologique. Le propos d'Hegel est sensiblement différent puisque, à ses yeux, la conscience de soi ne se réalise pleinement que par l'activité pratique de l'homme, qui lui donne toute sa consistance et sa véritable dimension.

c) La voie pratique

La conscience de soi acquise par la contemplation de son intériorité ne donne pas à l'être humain une image complète de lui-même puisqu'il ne se verrait qu'isolé et à l'écart du monde. Or Hegel pense que l'homme est « *engagé dans des rapports pratiques avec le monde extérieur* ». Alors que les philosophes ont l'habitude de penser la conscience de soi dans l'horizon étroit d'une recherche de soi théorique et coupée de la réalité extérieure, Hegel va montrer qu'elle s'y ancre pleinement. La conscience de soi n'apparaît pas comme le produit séparé d'une entreprise particulière d'introspection ou d'autoanalyse, mais comme la conséquence naturelle d'un processus très banal : le besoin de s'exprimer, de s'extérioriser et d'imprimer son « *cachet personnel* », autrement dit sa marque sur les choses. Pour nous convaincre plus concrètement du caractère très banal de ce besoin, Hegel va recourir à un exemple lui-même extrêmement simple, voire trivial : celui d'un enfant qui jette des cailloux dans l'eau. Mais que peut-on voir d'intéressant dans ce geste qui semble tellement insignifiant ?

Voir Fiche 3 (2C), p. 81.

3. L'exemple de l'enfant et le début de l'art

Dans la troisième et dernière partie du texte, Hegel surprend encore son lecteur : d'abord, en illustrant sa thèse par un exemple qui semble très trivial, puis en rattachant tout ce qu'il a dit de la conscience de soi à un certain besoin d'art, dont il n'avait apparemment pas été question jusqu'ici.

a) De l'enfant…

Le choix de recourir à l'exemple de l'enfant est très significatif de la volonté d'Hegel de montrer le caractère universel de sa thèse. Il s'agit de souligner que cette prise de conscience par la voie pratique est présente à tous les niveaux de l'existence humaine, y compris au niveau le plus élémentaire des jeunes enfants qui jettent des cailloux pour observer les ronds qu'ils forment à la surface de l'eau. Quoi de plus anodin et de plus banal ? Et pourtant, Hegel va donner à ce fait un sens très fort : il révèle que tous les êtres humains aiment modifier le monde extérieur. Plus précisément, ils aiment imprimer une marque personnelle sur

Un exemple concret est souvent le signe d'une thèse abstraite pouvant être mal comprise. Analysez donc le choix de cet exemple.

lui – car c'est toujours ses propres ronds auxquels s'intéresse l'enfant, et non ceux des autres ! Ce faisant, il jouit de constater les effets de son existence, il prend plaisir à voir le monde se transformer à son image, à s'approprier son environnement pour en faire une projection de ses besoins et une expression de son identité.

b) ... à l'artiste

Si ce besoin d'expression de soi est déjà tendanciel et visible chez le jeune enfant, c'est chez l'artiste qu'il prend toute sa mesure. Avec un raccourci fulgurant, Hegel rapproche les deux exemples en les rattachant à la même explication : celle de chercher la *« reproduction de soi »*, autrement dit cette envie de laisser son empreinte personnelle sur les choses, qui nous concerne tous, d'une façon ou d'une autre, mais sous des formes très différentes. Entre le dessin enfantin et la production artistique, il y a, en effet, une grande variété d'activités humaines qui peuvent s'apparenter à une volonté d'imprimer une trace de soi (et si Hegel avait connu les graffitis et autres tags – sans parler des diverses inscriptions que certains élèves prennent plaisir à laisser sur les tables d'école –, on peut penser qu'il en aurait fait mention !). Dans tous les cas, il s'agit de transformer le monde pour en faire une œuvre qui soit à l'image de soi, dans laquelle chacun puisse voir un reflet de lui-même, qui lui permette de s'objectiver pour mieux se contempler. On voit, ici, même si ce n'est qu'esquissé, un aperçu de l'orientation générale de la philosophie de l'art d'Hegel : l'artiste ne cherche pas à imiter la nature, mais plutôt à s'exprimer lui-même à travers son œuvre, à donner une forme matérielle et sensible à ce qu'il est spirituellement…

Il est également bienvenu de proposer des exemples pour compléter ou prolonger ce que dit le texte.

Conclusion

Dans ce texte, Hegel pousse donc très loin l'analyse de ce qu'implique le fait d'être conscient de soi. Poussé par sa conscience de soi, l'être humain ne peut pas se contenter de vivre de manière simple et immédiate comme les choses de la nature. Il va, au contraire, se servir de la nature comme d'un médiateur pour se représenter d'une manière plus efficace que ce qu'il pourrait faire de façon solitaire et indépendante. Y a-t-il du narcissisme dans cette manière d'être ? Non, car, en faisant de la nature un miroir pour lui-même, l'être humain ne cherche pas tant à se plaire ou à s'admirer qu'à mieux se connaître.

NOTION 4
Le devoir

La Mort de Socrate (1787), de Jacques-Louis David.

Qu'est-ce que le devoir ?

Venant du verbe latin *debere* qui signifie « avoir des dettes » ou « être tenu de faire quelque chose », le devoir désigne une obligation qui impose à l'homme, sans l'y contraindre, d'accomplir ce qui lui est prescrit.

- **Obligation :** elle désigne une exigence ou un impératif qu'on décide de s'imposer. L'obligation restreint notre liberté mais ne l'abolit pas, puisqu'on la décide et qu'on peut s'y soustraire.
- **Contraindre :** la contrainte est une force qui s'impose à nous et qu'on subit. Alors que l'obligation vient de nous-même, la contrainte vient de l'extérieur (les parents, la société, l'État, etc.).
- **Prescrit :** une prescription est un commandement catégorique, un ordre à suivre.

QUESTIONS PHILOSOPHIQUES

1. Qui peut me dire ce que je dois faire ?

C'est parce qu'il vit en collectivité que l'homme a des obligations. On peut, cependant, se demander si la société est la seule à lui imposer des devoirs.

Perspective : L'existence humaine et la culture

2. Qu'est-ce qui fait qu'un devoir est moral ?

Toute morale repose sur des valeurs et des devoirs. Reste à savoir à quelles conditions nos devoirs peuvent vraiment être dits « moraux ».

Perspective : La morale et la politique

3. Comment puis-je savoir ce que je dois faire ?

Fondement de la morale, le devoir n'a pourtant pas l'évidence qu'il prétend. Il est, avant tout, une invitation à la discussion et à la réflexion sur les meilleures manières de vivre ensemble.

Perspective : La connaissance

1 Qui peut me dire ce que je dois faire ?

Nous faisons bien souvent nos devoirs à contrecœur, comme s'il s'agissait d'un fardeau imposé de l'extérieur qui restreint notre liberté. Il est tentant, mais peut-être trompeur, d'en déduire que les individus ne sont pas les auteurs de leurs devoirs.

A Le devoir vient de la société

- Il n'y a aucune obligation dans la nature : les animaux ne sont pas tenus de se comporter d'une certaine manière entre eux. **Le devoir est essentiellement humain.** Mais, selon **Rousseau** dans *Du contrat social* (1762), les hommes à l'état de nature*, c'est-à-dire sans un pouvoir commun étatique organisant leurs relations, ne connaissent pas le devoir. Ils sont animés par des pulsions physiques et vivent isolés les uns des autres, dans l'indifférence. Ce n'est qu'en sortant de l'état de nature et en entrant dans la vie en société qu'ils découvrent l'importance du devoir. Il semble difficile, en effet, de vivre ensemble si personne ne se sent obligé d'adapter son comportement par rapport aux autres, de tenir ses promesses, de respecter des valeurs ou d'accomplir ce qu'on attend de lui.

- Si le devoir est un fait humain universel, le contenu de nos devoirs varie selon les époques et les cultures. Par exemple, les parents ont, aujourd'hui, le devoir de bien s'occuper de leurs enfants, alors qu'avant le XVIIIe siècle, l'enfant n'était pas l'objet de tant d'attention et de devoirs, mais, le plus souvent, il était considéré comme un fardeau économique et une main-d'œuvre.

- Il est, dès lors, tentant de voir, à travers nos devoirs, l'expression de la société dans laquelle on vit. C'est là la thèse du sociologue **Émile Durkheim** (1858-1917) : toutes nos obligations viennent de l'extérieur et sont intériorisées par chacun de nous. La voix du devoir qui résonne en moi est celle du groupe auquel j'appartiens, et non la mienne. De même qu'un acteur joue le rôle écrit par l'auteur, de même un individu accomplit les obligations liées à son statut social.

B Le devoir est une contrainte sociale

- Nos obligations sociales ne seraient-elles, dès lors, que des contraintes déguisées, qui nous privent de liberté ? C'est ce qu'avance **Nietzsche** dans *La Généalogie de la morale* : le devoir n'est qu'un dressage de l'humain par la terreur. Il trouverait son origine dans la nécessité, pour tout groupe humain, de faire respecter les contrats passés entre ses membres. Faire son devoir, c'est s'acquitter d'une dette auprès d'un créancier auquel on est attaché par des liens d'obligation. Par exemple, un étudiant qui sait que ses parents font des efforts pour lui payer des études se sent obligé de travailler afin de rembourser sa dette par sa réussite scolaire.

> **Rappel**
> Tout **devoir** est le revers d'un **droit**. Par exemple, si un père a le droit de punir ses enfants, c'est parce qu'il a le devoir de les éduquer.

- Selon **Nietzsche**, la cruauté imprègne le devoir afin que les individus n'oublient pas de l'accomplir. Punir quelqu'un, c'est lui rappeler son devoir et s'assurer, par cette souffrance infligée, qu'il tiendra ses futurs engagements. Mais on peut exercer cette cruauté contre soi-même : si j'éprouve de la culpabilité parce que je n'ai pas accompli un devoir, je m'inflige une punition du fait de cette mauvaise conscience, pour me rappeler cette promesse trahie et ne plus recommencer.

- En faisant du devoir une simple contrainte extérieure, ne risque-t-on pas d'être conduit au pire ? Que l'on songe à Adolf Eichmann, officier nazi qui fut en charge de l'application de la Solution finale pendant la Seconde Guerre mondiale. Celui-ci s'est défendu, lors de son procès, en soutenant qu'il n'avait fait qu'accomplir des devoirs liés à sa fonction. Ce qui a frappé la philosophe **Hannah Arendt** lorsqu'elle a étudié le cas d'Eichmann, c'est qu'il ne s'est jamais demandé si ce qu'il avait à faire était juste et s'il était d'accord pour accomplir son prétendu devoir. Il exécutait les ordres venus d'une autorité supérieure avec une *« obéissance de cadavre »*.

C Le devoir vient de moi

- L'exemple d'Eichmann permet de montrer que **le devoir est une obligation**, et non plus une contrainte, dès lors qu'il est mûrement réfléchi et accepté par l'individu. L'obligation nous lie à nous-même : ainsi, on ne dit pas « J'ai fait le devoir », mais bien « J'ai fait mon devoir », comme si celui-ci nous engageait personnellement.

- Dans *Ou bien… ou bien…* (1843), **Søren Kierkegaard** insiste sur le fait que l'existence humaine est faite de choix, et que ceux-ci doivent servir de point de départ pour nos devoirs sous peine de sombrer dans l'injustice et l'aveuglement coupable. **Faire son devoir, c'est choisir de l'accomplir** en s'investissant personnellement, après s'être confronté à l'épreuve d'un dilemme* : dois-je ou non accomplir mon devoir ? L'individu est à la fois le destinataire et l'émetteur de ses obligations. Aussi impersonnel et général qu'il puisse paraître, le devoir n'a de consistance que chez les individus qui le font librement, en leur âme et conscience.

> **Exemple clé**
>
> **La mort de Socrate (399 av. J.-C.)**
> Injustement condamné à mort pour impiété, Socrate refusa de s'évader de prison en dépit de l'aide proposée par ses disciples et préféra se suicider en buvant un poison mortel, la cigüe. Jusqu'au bout, Socrate fut un homme de devoir. Il exprima par son geste courageux son devoir citoyen de respecter les lois et l'ordre de la cité.

EN RÉSUMÉ

Ce n'est donc pas seulement la société, mais aussi moi qui peux me dire ce que je dois faire.

2 Qu'est-ce qui fait qu'un devoir est moral ?

La morale désigne l'ensemble des valeurs, ainsi que les devoirs qui en découlent, dans chaque société. Reste à savoir quels critères doit remplir le devoir pour être moral.

A Le devoir doit être désintéressé

- Si je triche à un examen et que j'obtiens une bonne note, je serai peut-être satisfait, mais je saurai, au fond de moi, que ce n'est pas ce que j'aurais dû faire. Selon **Kant**, cette voix qui retentit en moi (ma « conscience morale ») est celle de la raison*, véritable juge intérieur de mes actions : tout homme a en lui le sens du devoir – une *« loi morale »*, dit **Kant**, capable d'obliger ma volonté à agir « par devoir ».

- Une action est morale, selon **Kant**, quand elle est accomplie uniquement par devoir (ce qu'il nomme un *« impératif catégorique »*) et non par un intérêt personnel ou parce que les conséquences de mon action seront bonnes (qui n'est qu'un « *impératif hypothétique* »). Le devoir vraiment moral est désintéressé et indifférent aux conséquences. Par exemple, si je sauve un enfant de la noyade seulement par héroïsme, les conséquences de cette action seront bonnes pour ses parents et intéressantes pour moi, mais mon action ne sera pas morale. Je n'aurai pas vraiment fait mon devoir. En revanche, si je lui jette une bouée avec l'intention d'accomplir mon devoir conformément à ce que m'ordonne ma raison*, mais que je l'assomme par accident et qu'il se noie, j'aurai, néanmoins, accompli mon devoir.

B Le devoir doit viser l'universalité et le respect de l'humanité

Lorsque nous sommes dans une situation problématique et que la question « Que dois-je faire ? » se pose, il nous faut, selon **Kant**, réfléchir grâce à notre raison et répondre à deux questions :

> **Repères**
>
> Le **principe** est ce qui commence et commande, ou structure, une série de **conséquences** qui en découlent.

– Puis-je ériger le principe de mon action en loi universelle ? Autrement dit, puis-je vouloir que tout homme, en tout temps et en tout lieu, indépendamment de la société dans laquelle il vit, agisse comme je m'apprête à le faire ? Si une telle action peut passer ce test d'universalité sans difficulté, alors je dois agir. Par exemple, je trouve un portefeuille et j'éprouve l'envie de le garder pour moi. Puis-je vouloir d'un monde dans lequel personne ne respecte jamais le droit de propriété et s'empare de tout ce qu'il rencontre selon ses envies ? Un tel monde sombrerait rapidement dans le chaos. C'est pourquoi il est de mon devoir de rendre le portefeuille.

– Mon action respecte-t-elle l'humanité d'autrui de manière inconditionnelle et absolue ? Autrement dit, me conduit-elle à considérer l'autre comme un individu méritant le respect pour lui-même ? Si mon action est respectueuse de l'humanité d'autrui, alors je dois agir ; en revanche, si elle traite autrui comme un simple moyen, et non comme une fin en soi, alors je dois renoncer à agir, même si cela peut avoir des conséquences néfastes pour l'humanité tout entière.

> **Citation clé**
>
> ***« Le ciel étoilé au-dessus de moi et la loi morale en moi. »*** Cette phrase de Kant oppose deux règnes : d'un côté, celui de la nature soumis à des lois nécessaires, représenté par le ciel étoilé ; de l'autre, celui de la morale, dont les lois garantissent l'indépendance et la liberté humaine par rapport au règne naturel. Écouter la loi morale en nous, c'est opposer notre force morale aux lois naturelles et affirmer ainsi notre autonomie.

C Le devoir moral doit être libre (*cf.* p. 181)

- Selon **Kant**, l'action faite par devoir est l'action libre par excellence : agir volontairement, en n'écoutant que notre raison, nous arrache à nos penchants naturels (le désir, la cupidité…) et nous permet de dépasser le déterminisme* naturel et d'échapper aux contraintes politiques et sociales susceptibles de nous inciter à mal agir.

- Bien loin de restreindre notre liberté, un tel devoir que l'on s'impose à soi-même en toute « autonomie » est la preuve de notre liberté, affirme **Kant**.

EN RÉSUMÉ

Un devoir est donc moral quand il est désintéressé, respectueux, porteur d'universalité et accompli librement.

3 Comment puis-je savoir ce que je dois faire ?

Tout homme a en lui le sens du devoir. Pourtant, bien des situations nous mettent dans l'embarras, et nous ne savons pas toujours quoi répondre à la question « Que dois-je faire ? ».

A Le conflit des devoirs

Selon **Kant**, chaque être humain sait, au fond de lui, grâce à sa raison*, ce qu'il doit faire ; il serait même plus facile de connaître notre devoir que de savoir ce qui nous rend heureux. Pourtant, la multiplication des devoirs engendre, souvent, des contradictions entre eux qui plongent les individus dans des dilemmes*. Prenons le cas de la tragédie *Antigone*. Les deux frères d'Antigone, Étéocle et Polynice, se sont entretués pour s'emparer du pouvoir à Thèbes ; seulement, Polynice, en faisant appel à une armée étrangère, a transgressé la loi édictée par Créon, le roi de Thèbes. En conséquence, Créon, conformément à la loi, interdit toute sépulture à Polynice. Que doit faire Antigone ? Respecter son devoir de citoyenne et laisser le corps de son frère à l'air libre, ou l'enterrer en respectant ses devoirs familiaux et le droit de sépulture accordé à tout homme ?

Antigone donne un enterrement symbolique au corps de son frère Polynice, dessin de Jules-Eugène Lenepveu (1819-1898).

B Bien juger d'une situation pour savoir ce que l'on doit faire

Benjamin Constant a soulevé, contre **Kant**, le problème d'un devoir abstrait et aveugle aux circonstances. Imaginons qu'un individu poursuivi par un assassin vienne se cacher chez moi. Dois-je dire à ce dernier, s'il me le demande, où s'est caché celui qu'il poursuit ? Dire la vérité, n'est-ce pas manquer à mes devoirs envers l'individu que je cache chez moi ? Selon **Kant**, il est de notre devoir de dire la vérité ; au mieux, je peux m'abstenir de répondre et garder le silence face à l'assassin pour ne pas mentir. Mais, selon **Constant**, il faut introduire un principe intermédiaire entre le devoir universel et les circonstances particulières. Ainsi, certaines personnes mal intentionnées (tel un assassin) ne méritent pas qu'on leur dise la vérité.

C Le devoir moral naît de la discussion

- Ces exemples montrent que, si le devoir est discutable, c'est précisément parce qu'il n'est pas une réponse définitive à nos questions. La réponse à la question « Que dois-je faire ? » ne prend pas nécessairement la forme d'un ordre autoritaire, mais celle d'une invitation à une discussion autour de la possibilité d'une vie en communauté.
- Prenons l'exemple des menaces écologiques actuelles. Face aux progrès techniques qu'a connus le XXe siècle et à leurs retombées souvent néfastes pour la planète, **Hans Jonas**, dans *Le Principe responsabilité* (1979), propose de transformer le devoir moral de **Kant** en y intégrant un calcul prudent des conséquences : *« Agis de façon que les effets de ton action soient compatibles avec la permanence d'une vie authentiquement humaine sur Terre. »* Ainsi, faut-il davantage développer le nucléaire pour satisfaire nos besoins en énergie ou renoncer à cette énergie du fait de la menace qu'elle fait planer sur l'environnement ? C'est la communauté humaine tout entière qui doit résoudre ce dilemme* par une réflexion concertée et raisonnée. Loin d'être une réponse systématique, le devoir est un questionnement toujours ouvert sur la moralité de nos actions et sur notre rapport aux autres.

> **Exemple clé**
>
> La **« bioéthique »** désigne une branche de la morale qui s'intéresse aux problèmes posés par les progrès en biologie, en médecine ou en génétique : par exemple, faut-il autoriser le clonage ou l'interdire absolument ? faut-il breveter le vivant ? faut-il autoriser l'euthanasie ? Ces problèmes difficiles font l'objet de débats et de délibérations collectives dans des comités de bioéthique composés d'intervenants venant de disciplines différentes.

EN RÉSUMÉ

Il n'y a donc pas de réponse évidente à la question « Que dois-je faire ? », parce qu'il n'y a pas de vérité définitive en morale et que cette dernière est une invitation permanente à la discussion.

Emmanuel Kant, *Fondements de la métaphysique des mœurs* (1785)

Dans cet ouvrage, Kant veut établir une assise stable pour ériger la morale.

L'exigence d'une morale pure

Alors que les différentes éthiques* de l'Antiquité, comme le stoïcisme* et l'épicurisme, s'appuyaient sur la visée d'un Bien qui oriente l'action vertueuse concrète et conduit au bonheur, **Kant fait du devoir le seul fondement de la morale.** Il n'y a aucune place pour les sentiments, la faiblesse ou les circonstances : seul compte le fait que le devoir soit au commencement de l'action. La morale statue sur ce que l'homme doit faire, et non sur ce qu'il fait ; face à une telle exigence de pureté, Kant se demande, d'ailleurs, si un acte moral a déjà existé.

Que dois-je faire ?

Pour être morale, l'action doit pouvoir être universalisée, généralisée à tout être sans exception ; tel est le sens de l'impératif catégorique suivant : « *Agis uniquement d'après une maxime telle que tu puisses vouloir en même temps qu'elle devienne une loi universelle.* » Alors que l'impératif hypothétique est guidé par un but ou un intérêt, **l'impératif catégorique est commandé par une intention morale**, exigée par la raison*. Il faut que le principe de notre action puisse s'étendre à l'humanité entière sans entraîner de contradiction ou d'incohérence.

Le devoir de traiter autrui et soi-même comme une fin

Kant précise la formulation de l'impératif : « *Agis de telle sorte que tu traites l'humanité aussi bien dans ta personne que dans la personne de tout autre, toujours en même temps comme une fin et jamais simplement comme un moyen.* » Agir moralement, c'est **traiter l'autre, et soi-même, comme une personne** et non comme une chose. Les choses ont un prix, les humains une dignité. C'est pourquoi la prostitution ou la vente d'organes, dans cette perspective kantienne, sont immorales : cela revient à abolir la dignité humaine, en faisant de son corps ou du corps d'un autre un simple instrument.

L'autonomie du devoir

La moralité est le signe de notre liberté. Le devoir n'a de sens que si l'on a le choix de l'accomplir volontairement. La liberté est, ici, une autonomie, c'est-à-dire une capacité à se donner soi-même, à l'aide de la raison, une loi morale à laquelle on obéit.

CONCLUSION

CE QU'IL FAUT RETENIR

1. Qui peut me dire ce que je dois faire ?

C'est parce que l'homme vit en société qu'il a des devoirs ; il est, dès lors, tentant de ne voir, dans nos obligations, que des contraintes sociales déguisées. Une telle confusion, cependant, risque de nous conduire à une obéissance aveugle capable du pire, en vidant nos devoirs de leur sens moral. C'est pourquoi le devoir doit aussi venir de nous et résulter d'une décision mûrement réfléchie.

2. Qu'est-ce qui fait qu'un devoir est moral ?

Nos devoirs ne sont pas que des obligations sociales car ils sont également au fondement de la morale. Un devoir est moral lorsqu'il est désintéressé et qu'il tend librement à l'universalité. Respecter l'humanité de tout homme quel qu'il soit est au cœur de nos devoirs.

3. Comment puis-je savoir ce que je dois faire ?

Loin d'être évidents, nos devoirs nous plongent, souvent, dans d'embarrassants dilemmes*. C'est le propre du devoir moral que de nous inviter à prêter attention aux circonstances et à mener une réflexion collective.

LE DEVOIR SELON...

- **Kant :** le devoir est ce qui nous est dicté par notre raison*, indépendamment de notre intérêt et des circonstances. Le devoir moral vise l'universalité et le respect de tout homme.
- **Kierkegaard :** le devoir est à la fois un commandement impersonnel et une expression libre de notre personnalité.
- **Nietzsche :** le devoir est un instrument violent de domestication des individus, au profit du groupe auquel ils appartiennent.
- **Durkheim :** le devoir n'est pas l'expression de notre conscience morale, mais celle d'une norme* sociale intériorisée.
- **Jonas :** le devoir doit prendre en considération l'humanité à venir, dans un dialogue constant entre les hommes.

Sujets possibles du bac

DISSERTATION 1 Peut-on faire son devoir par habitude ?

- Nous accomplissons, bien souvent, nos devoirs sans réfléchir, car il nous semble normal de le faire. Les obligations sont des routes toutes tracées par la société pour réguler les comportements des individus. → Durkheim, 1A (p. 95)
- Mais, lorsque le devoir devient une habitude, ne risque-t-il pas de se transformer en une simple obéissance à un commandement contraignant ? ne risque-t-il pas de perdre son sens et de conduire au pire ? → Arendt, 1B (p. 96)
- Le devoir ne doit pas devenir une habitude, mais doit faire l'objet d'une réflexion authentique et personnelle. → Kierkegaard, 1C (p. 97)

DISSERTATION 2 Sommes-nous prisonniers de nos devoirs ?

- Le prisonnier s'oppose à l'homme libre ; or, bien souvent, nos devoirs nous apparaissent comme des contraintes bridant notre liberté. → Nietzsche, 1B (p. 96)
- Il faut, cependant, distinguer l'obligation, dans laquelle réside le devoir, de la simple contrainte : tout devoir repose sur un choix et inclut de la contingence*. → Kierkegaard, 1C (p. 97)
- Le devoir est un commandement qui ne nous enferme pas, mais nous libère du règne naturel en nous faisant accéder à l'autonomie. → Kant, 2C (p. 98)

SUJET DU BAC CORRIGÉ

Explication de texte

4 heures

« C'est l'affaire de la morale de nous dire quels sont nos devoirs ou, du moins, quel est le critère qui nous permet de les reconnaître ; mais aucun système de morale ne demande que le motif de toutes nos actions soit un sentiment de devoir. Au contraire, les quatre-vingt-dix-neuf centièmes de nos actions sont faites d'après d'autres motifs, et sont bien faites si la règle du devoir ne les condamne pas. Se placer sur ce terrain pour attaquer l'utilitarisme, c'est se placer à un point de vue injuste, puisque les utilitaristes ont été plus loin que tous les autres moralistes en affirmant que le motif n'a rien à faire avec la moralité de l'action mais beaucoup avec la valeur de l'agent. Celui qui sauve un de ses semblables de la noyade fait une chose moralement bonne, que son motif d'action soit le devoir ou l'espoir d'être payé de sa peine ; celui qui trahit la confiance d'un ami commet un méfait, même s'il a pour but de rendre service à un autre ami envers lequel il a de plus grandes obligations qu'envers le premier. »

John Stuart Mill, *L'Utilitarisme* (1863), traduction de Félix Alcan corrigée (1889).

Travail préparatoire

Fiches-méthode 8 à 15, p. 32

Les principales difficultés posées par le texte

Mill répond, dans ce texte, aux adversaires de l'utilitarisme, mais on ignore, au début, sur quoi porte précisément leur attaque ; l'objection apparaît explicitement au milieu du texte juste avant les exemples, et après que Mill y a répondu. C'est au (ou à la) candidat(e) de reconstruire l'ordre logique : attaque des adversaires / réponse de Mill.

La problématique du texte

Mill ne formule pas explicitement de problématique, mais on la comprend à travers sa réponse : faut-il fonder nos devoirs sur un sentiment ? Il est également important de voir que la réponse de Mill n'est pas uniquement négative, mais dessine implicitement une thèse positive – le devoir ne peut être fondé sur le sentiment, mais doit être fondé sur autre chose (l'utilité et le bénéfice communs).

Corrigé commenté

Les textes en bleu ne doivent pas figurer dans votre devoir. Nous les avons ajoutés pour vous aider à repérer la progression de la dissertation.

Introduction

[Présentation du thème] Même s'il ressemble, parfois, à une contrainte impersonnelle et extérieure, le devoir relève aussi d'un engagement personnel ressenti au plus profond de notre être. De la princesse de Clèves, qui s'oblige à respecter son devoir de fidélité envers son époux en ne succombant pas au duc de Nemours, à Peter Parker, qui, malgré ses hésitations, continue à endosser son costume de Spider-Man pour accomplir ce qu'il pense être son devoir, le « sens du devoir » semble garantir la moralité de notre action.

[Énoncé du problème et de la thèse] Suffirait-il donc, pour qu'une action soit morale, qu'elle soit motivée par un sentiment du devoir ? Absolument pas, répond John Stuart Mill dans cet extrait de *L'Utilitarisme*. Le principe du devoir, c'est-à-dire ce qui le cause, n'est pas à chercher du côté d'un quelconque motif ou sentiment. On ne fait pas une action morale parce qu'on a de bons sentiments. Mais alors, où se trouve le principe de nos devoirs ?

[Annonce du plan] Du début du texte jusqu'à *« avec la valeur de l'agent »* (l. 1-10), Mill répond à une objection adressée à l'utilitarisme, ce courant philosophique moral dont il est l'un des représentants : contrairement à ce que lui reprochent ses adversaires, l'utilitarisme ne prétend pas fonder la moralité de nos actions sur un quelconque motif personnel ou *« sentiment de devoir »*. Dans un second temps, de *« Celui qui sauve »* jusqu'à la fin (l. 10-14), Mill prend deux exemples qui illustrent sa réfutation et dessinent implicitement la thèse utilitariste de manière positive : selon les utilitaristes, c'est l'utilité commune et le bénéfice pour le plus grand nombre qui dictent nos devoirs et garantissent la moralité de nos actions.

Les conseils du professeur

Soignez bien l'annonce du plan. Elle ne consiste pas à résumer le texte, mais à dégager clairement les étapes logiques de l'argumentation.

1. L'utilitarisme ne se soucie pas du « sens du devoir »

Dans la 1re partie de son raisonnement, Mill prend la défense de l'utilitarisme contre ses adversaires. On comprend, à la fin de cette partie, que ces derniers reprochent aux utilitaristes de proposer une morale fondée sur le sens du devoir. Pourquoi, selon Mill, leur reproche n'est-il pas justifié ?

a) La réfutation des adversaires de l'utilitarisme

Comment Mill réfute-t-il les arguments de ses adversaires ? Le raisonnement qu'il propose est déductif. La 1re prémisse (majeure) est la suivante : aucune morale ne prétend que nos actions morales soient seulement motivées par le sens du devoir – autrement dit, tout système de morale exige d'autres critères que le seul sentiment du devoir pour justifier ses actions. Pour établir cette prémisse, Mill en appelle au bon sens et à l'expérience, puisqu'il avance que *« quatre-vingt-dix-neuf centièmes de nos actions sont faites d'après d'autres motifs »* et n'en demeurent pas moins morales. Puis Mill pose une seconde prémisse (mineure) : l'utilitarisme est non seulement un système de morale (ce qui suffirait, en soi, pour le protéger de l'accusation contraire), mais c'est aussi un système qui va plus loin que tous les autres, car il est le seul à soutenir que le motif d'une action n'a absolument rien à voir avec la moralité de cette action. Mill tire alors la conclusion qui s'impose : 1) puisque aucune morale n'établit ses devoirs seulement sur un sentiment et 2) que l'utilitarisme va encore plus loin en dissociant totalement morale et sentiment, 3) alors on ne peut accuser l'utilitarisme de faire l'éloge du sentiment du devoir, à moins d'être de mauvaise foi ou de l'avoir mal compris.

Il est important de reconstruire, quand cela est possible, l'ordre logique du raisonnement.

b) L'action morale se définit par des règles et non par des motifs

Mais que faut-il entendre par « morale » ? Il s'agit d'un ensemble de valeurs jugées bonnes ou mauvaises, relatives à une société, et dont découlent des règles de comportements (des devoirs et des interdictions). Par exemple, si la valeur morale d'une société est « le respect de la vie », alors l'avortement sera moralement condamnable ; en revanche, si c'est « la liberté individuelle », alors l'avortement sera moralement admis. Mill insiste particulièrement sur un point lorsqu'il distingue le motif (ou sentiment) de la règle : une action n'est pas morale en raison d'un motif éprouvé par celui qui agit (l'agent), mais en raison de son respect d'une règle d'action édictée par la morale de la société dans laquelle l'agent vit. Ainsi, un médecin qui pratique l'avortement agit moralement non pas parce qu'il pense intérieurement que la liberté individuelle est une bonne chose, mais simplement parce qu'il applique un devoir moral relatif à sa société.

c) Les motifs ne servent qu'à évaluer les agents

Cela revient-il à dire que nos motifs d'action n'ont pas d'importance ? Pas vraiment, répond Mill : *« le motif n'a rien à faire avec la moralité de l'action mais beaucoup avec la valeur de l'agent ».* Autrement dit, un sentiment moral (par exemple, la bienveillance ou le sentiment du devoir) ne suffit pas à produire une action morale, mais il permet d'évaluer le caractère estimable ou méprisable de celui qui agit – ce que Mill appelle *« la valeur de l'agent »*. Par exemple, un homme qui aide son voisin en espérant en retirer un profit de manière égoïste est, certes, méprisable en tant que personne (du point de vue des motifs et de la *« valeur de l'agent »*), mais son action n'en demeure pas moins moralement bonne (du point de vue de la règle morale qu'elle respecte).

Un(e) candidat(e) qui a des connaissances sur l'auteur (ou, ici, sur la morale utilitariste) ne doit pas se contenter de les réciter, mais doit s'appuyer sur le texte pour les retrouver. Il faut toujours mettre son savoir au service du texte qu'on explique, et non l'inverse.

2. Le principe moral de l'utilitarisme

Dans un second moment du texte, Mill prend deux exemples pour illustrer sa réfutation et la distinction entre action morale et sentiment du devoir. Mais ceux-ci n'ont pas simplement un rôle décoratif : ils permettent de dessiner implicitement les principes qui, selon les utilitaristes, doivent guider nos devoirs.

a) Le principe d'utilité

Dans le premier exemple, un homme qui en sauve un autre dans l'espoir d'être récompensé agit moralement, alors que, dans le second exemple, un homme qui trahit un de ses amis par obligation envers un autre ami agit immoralement. Autrement dit, on peut avoir de mauvais motifs et bien agir (premier cas), ou avoir de bons motifs et mal agir (second cas). Or qu'est-ce qui permet, dans les deux cas, de dire que l'on a bien ou mal agi ? Dans le premier cas, l'action est morale car elle est utile et bénéfique pour un grand nombre d'individus – pour celui qui est sauvé, pour ses proches, mais aussi, peut-être, pour l'agent s'il est récompensé comme il l'espère. Dans le second cas, l'action n'est pas morale car elle est nuisible à un individu (celui qui est trahi) et distille une forme de méfiance entre les hommes. Dès

Les exemples incarnent une idée générale dans un cas concret. Vous devez donc toujours faire un effort d'abstraction quand vous les expliquez, pour énoncer l'idée contenue dans l'exemple.

lors, une action est bonne, selon les utilitaristes, non pas parce qu'elle est faite avec de bons sentiments, mais parce que ses conséquences sont bonnes pour le plus grand nombre.

b) Une morale anti-kantienne

L'utilitarisme défendu par Mill s'oppose radicalement à la morale de Kant. En effet, selon ce dernier, une action morale doit être désintéressée, aveugle aux conséquences, et viser une universalité abstraite posée par la raison*. Par exemple, si je cache une personne chez moi et que son assassin vient sonner à ma porte pour me demander si je la cache, je dois lui dire la vérité car le mensonge, érigé au rang de loi universelle de comportement, rendrait le monde invivable. Chez Mill, au contraire, ce sont les conséquences envisagées de nos actions qui dictent nos devoirs ; on peut agir moralement tout en étant égoïstement intéressé, tant que notre action vise ce qui est utile au plus grand nombre.

On pourrait lui objecter qu'il est difficile de prévoir les conséquences de nos actions : par exemple, si quelqu'un sauve de la noyade un homme qui deviendra, plus tard, le pire des criminels, faut-il en déduire qu'il a mal agi ? Non, si l'on en croit ce que disait Mill au début de son texte : les actions sont morales *« si la règle du devoir ne les condamne pas »*, et pas simplement si ses conséquences sont effectivement bonnes. Venir en aide aux autres lorsqu'ils sont en danger est une bonne règle morale dans la mesure où elle produit davantage de bien-être que de malheur dans la société ; il suffit donc qu'une action soit conforme à cette règle pour être morale, et l'agent ne peut être tenu pour responsable des effets pervers et improbables de son action.

Il faut discuter la thèse de l'auteur, mais aussi partir du principe que le texte permet de répondre à certaines objections qu'on lui adresse. Ce travail de « défense » du texte contre une objection qu'on lui apporte permet de l'approfondir.

c) Des exemples discutables

Il n'en reste pas moins discutable de réduire la vie morale à un simple calcul de maximisation de l'utilité générale. D'une part, notre vie morale est aussi faite de sentiments, comme l'amour ou l'amitié, qui se jouent de toute logique et de tout calcul de conséquences. D'autre part, ce qui est utile ou favorise le bien-être de tous n'est pas toujours moralement bon. Imaginons, par exemple, qu'une société majoritairement composée d'individus portant des lunettes émette des règles qui défavorisent les gens qui n'en portent pas. Comment peut-il être moral de discriminer une minorité au prétexte que la majorité approuve de telles discriminations ? Les individus ne sont-ils pas des personnes à part entière devant faire l'objet d'un respect inconditionnel, comme le dit Kant, et non pas de simples variables d'un calcul intéressé ?

Conclusion

En refusant de fonder la moralité des actions sur les motifs des agents, on pourrait craindre que Mill ouvre la voie à une forme de perversion de la morale : en effet, l'individu mal intentionné peut agir moralement tant que son action est extérieurement conforme aux devoirs prônés par sa société. Mais on peut également voir, dans ce refus de « moraliser » les individus, une invitation à se libérer de toute forme de mauvaise conscience et de culpabilité : oui, il est possible d'agir moralement sans être guidé par le moindre sentiment de bienveillance.

Il peut être intéressant de conclure en pointant les enjeux du texte et les horizons divers qu'il ouvre.

NOTION 5
L'État

Le Palais-Bourbon, siège de l'Assemblée nationale française.

Qu'est-ce que l'État ?

L'État, qu'il faut distinguer du gouvernement, désigne l'ensemble des structures du pouvoir politique et des institutions en charge du bien commun, qui organisent la vie en société sur un territoire donné.

- **Gouvernement :** les hommes politiques qui composent un gouvernement ne sont pas l'État ; ils ne font que le représenter momentanément. Les gouvernements vont et viennent ; l'État demeure.
- **Pouvoir :** force exercée par un supérieur, qui commande, sur un inférieur, qui obéit.
- **Bien commun :** ce qui permet d'assurer l'unité et le bien (la sécurité, la justice, l'éducation et la santé) de la société.
- **Société :** ensemble des individus et des groupes qui vivent sous un État. Les termes *État* et *société* n'ont été distingués qu'à partir du XVIIIe siècle.

QUESTIONS PHILOSOPHIQUES

1. Peut-on se passer de l'État ?

Il n'est pas rare de déplorer l'omniprésence et l'autorité de l'État. Mais vouloir s'en passer est-il pour autant possible et souhaitable ?

Perspective : L'existence humaine et la culture

2. L'État doit-il limiter sa puissance ?

Rien ne serait plus dangereux qu'un État tout-puissant. Aussi, jusqu'où l'État peut-il exercer sa puissance ?

Perspective : La morale et la politique

3. La politique est-elle seulement l'affaire de l'État ?

L'État fait face à de nombreux problèmes d'une grande complexité. Est-ce une raison suffisante pour penser que seuls les hommes d'État seraient compétents pour les traiter ?

Perspective : La connaissance

1 Peut-on se passer de l'État ?

L'État est une création humaine dont le but est d'unifier durablement la diversité des individus sur un territoire. Jusqu'à l'apparition des premiers empires sumériens au IIIe millénaire avant notre ère, des sociétés humaines se sont développées sans lui. De plus, certains exemples de communautés ne vivant pas sous son pouvoir semblent montrer que son existence n'est pas indispensable.

A La vie sans État

- L'omniprésence de l'État et ses interventions parfois brutales peuvent conduire les individus à rêver d'une vie sans État. Une telle aspiration peut, d'ailleurs, être confortée par l'exemple de sociétés qui se sont organisées sans passer par un pouvoir politique fort au-dessus d'elles. C'est ce que montre l'anthropologue **Pierre Clastres** dans *La Société contre l'État* (1974), lorsqu'il étudie les Indiens Guayaki. Dans ces peuples d'Amérique du Sud, le chef de tribu n'est pas un chef d'État, car sa parole n'a pas valeur de loi : il conseille, mais n'impose aucune décision. Ces sociétés sont organisées pour qu'aucun individu ne confisque le pouvoir et l'impose au groupe ;

le chef n'est alors qu'un simple porte-parole des lois ancestrales et des traditions à l'œuvre dans la société. Loin d'être le point culminant de la vie en société, l'État ne serait qu'une possibilité, parmi d'autres, qu'ont les hommes d'organiser leur existence collective.

- Il faut, cependant, faire attention à ne pas confondre le cas particulier et la règle. Il serait trompeur de prendre ces sociétés comme un idéal de vie sans État : d'une part, ce ne sont pas des sociétés sans pouvoir où vivent des individus totalement libres, car leur quotidien est lourdement structuré par des rites et des traditions qu'ils ne peuvent discuter ; d'autre part, ce sont des sociétés qui ne regroupent qu'un faible nombre d'individus et qui ne peuvent donc être érigées comme modèles pour des populations plus importantes sur des territoires plus vastes.

B L'État répond à un besoin humain d'association

- L'État est une des expressions du besoin qu'ont les hommes de s'associer. Selon **Aristote**, l'homme est naturellement un *« animal politique »* : la « cité », nom que l'on donnait à l'État dans l'Antiquité, est un prolongement naturel de son besoin de s'associer avec d'autres humains. Cette association est plus complexe que celle observée dans le monde animal. Ainsi, il y a, certes, des sociétés animales (les fourmis, par exemple), mais elles ne reposent sur aucune discussion préalable de leurs membres. Les hommes, au contraire, éprouvent le besoin de se réunir pour échanger leurs avis, de manière raisonnée, sur la justice et sur un projet d'une vie bonne et commune. C'est là le fondement de l'État.

> **Définition clé**
>
> ***Politique*** ne se confond pas avec ***politicien***. La pratique politicienne renvoie aux actions quotidiennes des politiciens : campagnes de communication, alliances, etc. La politique désigne quelque chose de plus fondamental : c'est l'ensemble des discussions théoriques (sur le pouvoir, la justice, le bien public) et des actions visant une meilleure vie collective. La politique concerne aussi les citoyens.

- Contre l'idée d'**Aristote** d'une sociabilité innée, les théoriciens du contrat social* (**Hobbes**, **Rousseau**, **Locke**) supposent que l'État est une construction artificielle qui repose sur un pacte passé volontairement entre les individus. Ils justifient cela par l'hypothèse de « l'état de nature* », situation fictive de l'homme antérieurement à toute organisation de la société.

> **Rappel**
>
> Il y a, selon **Kant**, une ***« insociable sociabilité »*** humaine. Les hommes sont naturellement hostiles, mais cette hostilité produit de la sociabilité. L'Union européenne, par exemple, a été créée à la suite de la Seconde Guerre mondiale, afin de ne plus jamais revivre une telle barbarie.

- Que serions-nous sans l'État ? Selon **Hobbes**, dans *Léviathan* (1651), les hommes à l'état de nature* jouiraient d'une liberté quasi illimitée, mais éprouveraient une crainte permanente. Aucune loi ne les empêchant de s'entretuer pour s'emparer d'un bien qu'ils désirent, ce serait la *« guerre de chacun contre chacun »*. Pour garantir leur sécurité, les hommes n'ont eu d'autre alternative que de s'associer et d'abandonner leur pouvoir à un tiers – l'État –, seul chargé d'assurer la sécurité des biens et des personnes. L'État a donc un pouvoir considérable sur les individus au nom de la protection de la société : il est à la fois l'ennemi de chacun (en imposant des règles) et l'ami de tous (en assurant la paix et la sécurité du groupe).

Frontispice du *Léviathan* de Thomas Hobbes.

C L'État répond à un besoin humain de croire

L'État ne se fonde pas seulement sur une décision collective et ne se réduit pas à la police ou à l'armée. Sa domination est également alimentée par un besoin de croire, du côté des citoyens, en l'existence d'une réalité supérieure capable d'administrer et d'organiser la vie en collectivité. C'est pourquoi le sociologue **Max Weber**, dans *Le Savant et le Politique* (1919), définit l'État comme *« monopole de la violence physique légitime »*. Non seulement ce dernier possède la plus grande force, mais encore celle-ci est reconnue comme *« légitime »*, c'est-à-dire valable et justifiée aux yeux des citoyens. La domination de l'État implique donc une obéissance volontaire.

> **Exemple clé**
>
> **L'expérience de Milgram**
>
> Dans les années 1960, le psychologue Stanley Milgram a cherché à **évaluer le degré d'obéissance des individus** à travers une expérience durant laquelle des scientifiques demandaient à des sujets d'infliger des chocs électriques (fictifs, mais les sujets testés l'ignoraient) de plus en plus forts à d'autres individus pour un motif futile. Il est apparu que la majorité des sujets, loin de désobéir, étaient **prêts à infliger des décharges mortelles par soumission** à l'autorité. (Voir aussi, p. 179, la notion de *« servitude volontaire »*.)

EN RÉSUMÉ

Nous avons tort de penser qu'il est possible et souhaitable de se passer de l'État. Ce dernier répond, au contraire, à un besoin qu'éprouvent les humains de s'associer et de croire qu'une autorité veille sur eux.

2 L'État doit-il limiter sa puissance ?

C'est par l'intermédiaire des lois que l'État exerce sa puissance sur ses gouvernés. Or, comme l'ont montré les totalitarismes au XXe siècle, un État à la puissance illimitée, qui dicterait aux individus ce qu'ils doivent penser et faire pour être heureux, tout en prônant la haine de ceux qui ne sont pas d'accord avec lui, constitue la plus inhumaine des expériences. Tout le problème est donc de savoir jusqu'où l'État peut imposer sa puissance.

A Cette puissance varie selon le type de régime

- L'État n'est pas une réalité simple mais multiple. À partir de l'étude de la relativité des institutions, **Montesquieu** a distingué différentes formes d'États en fonction de la manière dont le pouvoir s'y exerce et du sentiment populaire sur lequel il repose.

> **Exemple clé**
>
> Le roman d'anticipation ***1984* de George Orwell**, paru en 1949, raconte la lutte désespérée d'un individu contre un État totalitaire incarné par Big Brother, qui surveille ses citoyens et n'hésite pas à manipuler la réalité. Accusé parce qu'il pense différemment et vit une histoire d'amour, Winston se fait arrêter et « rééduquer » par la police de la pensée.

- Dans les **régimes despotiques**, un seul homme possède un **pouvoir absolu** qui repose sur la violence et la crainte d'un peuple soumis à son caprice. On ne peut pas alors parler d'« État ».
- Dans les **régimes modérés**, la puissance de l'État est limitée juridiquement : c'est l'**État de droit**. L'autolimitation de la puissance est la caractéristique principale de ce type d'État. La séparation des pouvoirs en trois instances (législatif, exécutif et judiciaire) empêche tout abus de pouvoir en garantissant un équilibre, et les lois stables sont approuvées par le peuple. La **monarchie**, régime reposant sur un sentiment d'honneur dû au rang que l'on occupe, et la **république**, fondée sur le dévouement du citoyen à la collectivité et son amour des lois, sont des États de droit qui garantissent la liberté des individus.

B Certains voudraient réduire l'État à l'impuissance

- L'État fait peser de nombreuses contraintes sur les individus, au point d'être perçu comme **une menace planant sur les libertés individuelles**. De ce fait, certains courants de pensée, qui critiquent la confiscation du pouvoir par l'État, y voyant une menace pesant sur les libertés individuelles, voient dans la réduction ou la suppression de l'État une nécessité.
- L'anarchisme **(Mikhaïl Bakounine)** prône la fin de l'État. Les anarchistes présupposent que les hommes, loin de sombrer dans le chaos du fait de l'absence de lois, peuvent vivre paisiblement dans des communautés autogérées.

Serment du jeu de paume, de Jacques-Louis David (Versailles, 20 juin 1789).

- Le marxisme **(Karl Marx)** voit dans l'État une illusion destinée à servir les intérêts d'une classe sociale dominante, par l'exploitation et la domination des autres classes. Sa suppression est la condition pour parvenir à une société égalitaire.
- Le néolibéralisme **(Friedrich Hayek)** prône un État minimal, limité à la sécurité et à la défense du droit de propriété. Le service public relevant du monopole étatique (santé, éducation, transports, énergie, etc.) pourrait être pris en charge par le secteur privé que le marché organiserait comme par magie.

C Il faut aussi des limites extérieures à la puissance étatique

- Sur son territoire, l'État est souverain : il ne reconnaît d'autre autorité que la sienne. Son pouvoir s'arrête, cependant, là où commence celui d'un autre État, sous peine de provoquer un conflit. Dans *Vers la paix perpétuelle* (1795), **Kant** transpose l'hypothèse d'un « état de nature* » au niveau des États : pour instituer la paix, ceux-ci doivent reconnaître une autorité juridique qui les dépasse et les réunisse dans une communauté politique internationale. Or les difficultés rencontrées pour former cette union politique témoignent de la répugnance des États à déléguer une partie de leur souveraineté.
- Cette souveraineté est fragile et plus que jamais menacée dans le contexte de la mondialisation, non seulement par les autres États mais aussi par de nombreuses puissances non politiques comme l'économie, la technique et la science.

EN RÉSUMÉ

Pour ne pas sombrer dans la barbarie, l'État doit donc limiter sa puissance à l'intérieur et à l'extérieur de son territoire.

3 La politique est-elle seulement l'affaire de l'État ?

La politique n'est pas que jeux de pouvoir et campagnes de communication, mais elle réside aussi dans le fait de discuter et de chercher à mettre en œuvre les meilleures manières de vivre ensemble sous un même pouvoir. C'est là, semble-t-il, une affaire de compétence technique seulement possédée par les hommes d'État.

A La politique est l'affaire des hommes d'État (*cf.* p. 268)

- Face à la gravité de certaines situations et à la complexité des rouages de l'administration, il semblerait que seuls quelques-uns d'entre nous soient compétents pour prendre les meilleures décisions. Il est entendu que les hommes d'État savent ce qu'il faut faire, quand le peuple est bien souvent ignorant des dossiers. Mais la politique n'est-elle qu'une affaire d'experts ?

- Selon **Platon,** dans *La République*, ce n'est pas le peuple infantile et ignorant, ou le tyran assoiffé de pouvoir, mais les plus excellents des hommes – **les philosophes-rois** – qui **doivent gouverner.** Ceux-ci, en effet, réunissent toutes les qualités pour diriger : à la différence du tyran, ils agissent de manière désintéressée et n'ont aucun désir particulier pour le pouvoir ; à la différence du peuple, ils ne sont pas prisonniers de l'opinion mais ils possèdent un savoir véritable sur la justice.

B La politique est l'affaire de tous (*cf.* p. 182)

- C'est pourtant se faire une image bien négative du peuple que de le priver de tout rôle en raison de sa supposée ignorance. Si **les hommes d'État peuvent aider les citoyens à éclairer leur jugement**, ils ne doivent pas pour autant décider à leur place.

- Dans nos sociétés occidentales, **l'État est la condition de la démocratie.** Système politique où **le pouvoir est détenu par le peuple**, la démocratie est, toutefois, indirecte en raison de l'étendue des territoires et de l'importance de la population : le peuple élit par un vote ses représentants, qui décideront des lois en son nom. Ces lois, selon le *Contrat social* de **Rousseau**, sont **l'expression d'une volonté générale**, qui est la mise entre parenthèses des intérêts particuliers au profit d'un intérêt général. Ce pacte exprime la liberté des citoyens et institue l'égalité entre eux, car ils sont tous reconnus comme membres d'une souveraineté populaire. Chacun est doté d'un pouvoir égal aux autres en tant qu'il participe à la volonté générale.

Les députés socialistes chantant *L'Internationale* à l'Assemblée. Mécontent, Georges Clemenceau, président du Conseil, part le maroquin sous le bras (illustration du *Petit Journal*, 1909).

C La santé de l'État passe par sa discussion

- Né de l'opinion et de la liberté, l'État démocratique se doit de les garantir toutes deux sous peine de se détruire lui-même. Il n'y a pas de démocratie sans vigilance critique des citoyens. Selon **Spinoza**, dans son *Traité théologico-politique* (1670), la fin visée par l'État démocratique est la liberté. Chacun peut penser ce qu'il veut des lois de l'État et est en droit de s'y opposer. Contre le fantasme de l'unanimité, l'État démocratique tire sa force de cette instabilité positive et de ces oppositions qui le tiraillent.

> **Rappel**
>
> Le but d'un gouvernement, selon **John Locke**, est de garantir la liberté et la propriété de chacun. Mais, lorsque l'État faillit à sa mission – par excès d'autoritarisme, par exemple –, les individus ont le droit de résister à son oppression. C'est ce qu'il appelle ***« le droit de résistance »***.

- Mais peut-on pour autant dire et faire publiquement tout ce qu'on veut, sous prétexte qu'on n'est pas d'accord avec l'État ? **Spinoza** répond en disant que, si la liberté d'agir est sous le contrôle de l'État, chacun peut s'exprimer *« à condition de défendre son opinion par la seule raison »*. La remise en question de l'État doit donc se faire dans les limites du droit et de la raison*. Ainsi, l'insulte et l'incitation à la haine, qu'elles viennent de citoyens ou d'hommes d'État, sont des délits et font appel à des passions destructrices qui fragilisent l'État démocratique, car elles empêchent toute discussion raisonnable à propos de son fonctionnement.

> **Exemple clé**
>
> Dans ***Monsieur Smith au Sénat* (1939) de Frank Capra**, un citoyen naïf devient gouverneur et se heurte à la malveillance des politiciens expérimentés de Washington. Pour dénoncer leur corruption, il se lance dans un *filibuster*, procédé qui consiste à empêcher le vote d'une loi en prenant et tenant la parole le plus longtemps possible devant l'Assemblée.

EN RÉSUMÉ

La politique n'est pas que l'affaire d'hommes d'État jugés plus compétents que les citoyens, mais l'affaire de tous tant que la raison anime les débats et que les limites du droit ne sont pas franchies.

Nicolas Machiavel, *Le Prince* (posthume, 1532)

Face à une Italie désunie, Machiavel (1469-1527), ancienne figure importante de la république de Florence, appelle de ses vœux un homme politique valeureux, en l'occurrence Laurent de Médicis, pour mettre un terme au chaos en créant un État.

L'art de conserver le pouvoir

Le Prince est un traité sur l'art de gouverner qui s'écarte de toutes considérations morales ou religieuses : en politique, la manière de conserver le pouvoir demande du réalisme et de l'efficacité, et non de bons sentiments ou la visée d'un hypothétique bien commun. Le langage courant retiendra, d'ailleurs, en la déformant, cette image de cynisme et de cruauté dans le terme *machiavélisme*.

La puissance militaire, socle du pouvoir

La force armée est la première condition du pouvoir princier : le Prince doit être un professionnel de la guerre, pour pouvoir se faire obéir de son peuple et de ses soldats. C'est pourquoi il lui faudra exercer son corps à l'art de la guerre, mais aussi son esprit, en s'intéressant aux récits des historiens pour tirer des leçons des guerres passées afin de pouvoir anticiper les événements imprévus.

Le lion et le renard

La force brutale seule ne suffit pas : à la force du lion, le Prince doit joindre l'astuce du renard. Ainsi, il est plus habile de paraître moral, ou sincère, que de l'être réellement : la politique est un art de la dissimulation et de la réputation. L'important est que le peuple, qui doit craindre le Prince sans le mépriser, le croit et le soutienne.

Citation clé

Machiavel n'a jamais écrit la phrase « La fin justifie les moyens », qui est une expression populaire. Elle résume néanmoins assez bien sa pensée, que l'on trouve dans cette citation du Prince : ***« Que le Prince songe donc uniquement à conserver sa vie et son État ; s'il y réussit, tous les moyens qu'il aura pris seront jugés honorables et loués par tout le monde. »***

La vertu contre la fortune

Ce mélange de ruse et de force est ce que Machiavel appelle « la vertu » *(virtù)*, qui n'est pas une qualité morale, mais une capacité de comprendre, de manière lucide, une situation et d'agir en toute opportunité. Tout le secret du pouvoir politique tient dans l'adéquation entre le Prince et son époque, c'est-à-dire dans son habileté à tirer le meilleur parti des circonstances.

CONCLUSION

CE QU'IL FAUT RETENIR

1. Peut-on se passer de l'État ?

Il n'est pas rare, face au poids et à l'omniprésence de l'État, de souhaiter s'en passer. D'autant plus qu'il n'a, apparemment, rien de nécessaire, puisqu'il s'agit d'une création et que des sociétés humaines se sont développées sans lui. Il y a pourtant de grandes chances pour que l'existence sans État soit invivable. Tout porte à croire que l'État répond, en réalité, à un besoin humain de s'associer et de croire qu'une autorité supérieure veille sur notre existence.

2. L'État doit-il limiter sa puissance ?

Un État tout-puissant serait une menace pour les hommes, comme l'ont prouvé les totalitarismes au XXe siècle. Un État de droit, qu'il soit monarchique ou démocratique, doit nécessairement limiter sa propre puissance. Comme le montrent ceux qui veulent réduire l'État à l'impuissance, cette puissance est plus fragile qu'il n'y paraît, que ce soit à l'intérieur ou hors de ses frontières.

3. La politique est-elle seulement l'affaire de l'État ?

Contrairement à ce que l'on pourrait penser, la politique n'est pas qu'une affaire de compétences techniques possédées par quelques hommes d'État, aussi excellents soient-ils. Dans nos démocraties, elle est aussi l'affaire de tous et peut mener à critiquer l'État, à condition de rester à l'intérieur des limites de la raison* et du droit.

L'ÉTAT SELON...

- **Platon :** l'État doit viser l'ordre et la justice et nécessite, pour cela, d'être confié aux plus savants d'entre nous.
- **Aristote :** l'État naît du besoin, naturel à l'homme, d'association et de dialogue raisonné sur la justice.
- **Hobbes :** l'État a été artificiellement créé par les hommes pour échapper à la guerre de chacun contre chacun dans l'état de nature*.
- **Spinoza :** l'État peut être remis en cause dans ses actions par une discussion raisonnée, et non par des actes révoltés.

- **Montesquieu :** l'État est une réalité complexe et variable, dont les formes dépendent de la manière dont le pouvoir est exercé et du sentiment populaire sur lequel il est bâti.
- **Rousseau :** l'État représente le peuple et exprime la volonté générale de tous les citoyens.
- **Marx :** l'État, asservi aux puissances de l'argent et aux intérêts des classes dirigeantes, est voué à dépérir et disparaître.
- **Clastres :** l'État n'est pas la forme d'organisation complexe dans laquelle culmine une société, mais une forme d'organisation possible parmi d'autres.

Sujets possibles du bac

DISSERTATION 1 Doit-on tout attendre de l'État ?

- Circuler dans la rue en toute sécurité, apprendre au lycée et se faire soigner à l'hôpital… Tout cela, c'est grâce à l'État qu'on peut le faire. L'État est ce qui rend possible la vie humaine en collectivité. ⟶ **Hobbes, 2A (p. 114)**
- Ne serait-il pas, cependant, dangereux de laisser l'État s'occuper de « tout » dans notre existence ? Ce sont justement les États totalitaires qui ont comme ambition de s'introduire dans toutes les dimensions de l'existence, y compris les plus intimes, des individus. ⟶ **Orwell, 2 (p. 114)**
- Ne peut-on également penser que c'est l'État, en retour, qui doit attendre des citoyens leur engagement ? ⟶ **3B (p. 117) et 3C (p. 118)**

DISSERTATION 2 Serions-nous plus libres sans l'État ?

- L'État est souvent perçu comme un pouvoir supérieur qui restreint les libertés individuelles. ⟶ **Marx, 1A (p. 111) et 2B (p. 115)**
- Il est pourtant probable que, sans la présence de l'État, les individus livrés à leurs seuls désirs puissent profiter en toute tranquillité de leur liberté, comme le suggère la violence de l'état de nature*. ⟶ **Hobbes, 1B (p. 112)**
- Les hommes perdent leur liberté naturelle mais gagnent la liberté civile grâce à l'État. ⟶ **3B (p. 117)**

SUJET DU BAC CORRIGÉ

Dissertation

Que devons-nous à l'État ?

4 heures

Travail préparatoire

Fiches-méthode 1 à 7, p. 18

Les principales difficultés posées par la question

L'expression « Que devons-nous » est à analyser attentivement : 1) ce que l'on doit à quelqu'un, c'est la dette qu'on a envers lui, comme s'il était notre créancier (par exemple, on est redevable de quelqu'un qui nous a rendu service) ; 2) de cette dette découlent les obligations du débiteur envers le créancier.

La problématique de la question

Il ne s'agit donc pas simplement de se demander en quoi l'État est nécessaire (sens 1), mais aussi en quoi nous avons des obligations envers lui (sens 2). Pour savoir jusqu'où vont nos obligations, il faut donc déterminer quelle est notre dette : l'État est-il en droit d'exiger de nous tout ce qu'il veut ?

Corrigé commenté

Les **textes en bleu** ne doivent pas figurer dans votre devoir. Nous les avons ajoutés pour vous aider à repérer la progression de la dissertation.

Introduction

Les conseils du professeur

[Compréhension du sujet] La liste de nos devoirs envers l'État est longue : nous lui donnons une partie de notre salaire en payant nos impôts ; nous obéissons à ses lois même quand elles nous sont défavorables ; nous accomplissons notre devoir de citoyen en allant voter ; nous pouvons même nous battre pour lui en situation de guerre…

[Remise en cause et analyse] Mais n'est-il pas paradoxal d'accomplir tant d'obligations ? En effet, l'État désigne l'ensemble des structures du pouvoir et des institutions qui sont en charge du bien commun et qui organisent la vie en société sur un territoire donné. Loin d'être une réalité naturelle, il est une production artificielle* : il a été créé par des hommes pour des hommes. Dès lors, ne serait-ce pas lui qui, parce qu'il est notre création, devrait être à notre service ? À y regarder de plus près, c'est parce que nous avons une dette immense envers lui que nous avons tant d'obligations. En effet, c'est parce que l'État est en charge du bien commun que nous pouvons circuler dans la rue librement et sans crainte, avoir accès à des soins ou à l'éducation. Il est omniprésent, sans même que nous nous en rendions compte.

[Problématisation] Dès lors, faut-il en conclure que l'État serait en droit d'exiger de nous des devoirs à la hauteur de la dette immense que nous avons contractée auprès de lui ?

[Annonce du plan] Pour répondre à ce problème, nous commencerons par nous demander pourquoi notre dette envers l'État semble immense, avant de voir qu'elle n'est pas si grande qu'elle y paraît ; bien plus, nous verrons, dans un dernier temps, en quoi les obligations entre les hommes et l'État sont réciproques.

1. Notre dette envers l'État est immense

Comment savoir ce que l'État est en droit d'exiger de nous ? Il ne s'agit pas, ici, de faire la liste de tout ce qu'on lui doit, mais de comprendre ce qui justifie nos obligations envers lui.

a) Sans l'État, l'existence humaine serait impossible

Afin d'envisager ce que nous devons à l'État, il peut être instructif de considérer ce que nous perdrions s'il n'existait pas. La culture populaire, d'*American Nightmare* à *The Walking Dead*, nous en donne un aperçu : s'il n'y avait aucun pouvoir supérieur organisant leurs rapports, les hommes seraient plongés dans une existence violente marquée par la loi du plus fort. C'est l'hypothèse que fait Hobbes lorsqu'il décrit cette condition dans laquelle seraient les hommes sans État ni lois pour limiter leurs comportements, et qu'il appelle *« l'état de nature* »*. À cet état, l'homme n'écoute que son désir qui le pousse à vouloir toujours plus, quitte à s'emparer avec violence du bien qu'il convoite ; c'est *« la guerre de tous contre tous »*. Sans État, l'existence humaine serait plongée dans la sauvagerie ; on comprend donc, par contraste, à quel point notre dette envers lui est immense.

On peut utiliser des exemples tirés de séries ou de BD, mais ceux-ci doivent être employés avec parcimonie et toujours « bien entourés » de références philosophiques plus attendues.

b) Obéir à l'État en échange de la sécurité

C'est justement parce que notre dette est immense que nos obligations envers l'État paraissent si grandes : payer nos impôts, respecter les lois, voter, se battre pour lui, etc. S'il est en droit de nous demander autant, selon Hobbes, c'est en raison d'un contrat initial passé entre les hommes afin de sortir de l'état de nature* : c'est leur liberté naturelle, et donc leur obéissance absolue, que nous avons échangée contre la sécurité assurée dans l'état civil par un État tout-puissant. S'il prend des décisions que je n'approuve pas, je n'ai pas d'autre choix que de lui obéir en vertu de l'accord initial passé avec lui ; refuser de se soumettre à ces obligations reviendrait à réintroduire l'état de nature au sein de l'état civil* et à mettre en péril l'existence pacifiée qu'il nous assure.

c) Le risque de la tyrannie

Dire que les hommes doivent tout à l'État et qu'ils ne seraient rien sans lui n'est pourtant pas sans risque. D'une part, cela reviendrait à justifier chacune de ses décisions au nom du respect de la sécurité, y compris celles qui peuvent s'avérer tyranniques et liberticides. Par exemple, si l'État décide de surveiller étroitement chacun de nos faits et gestes ou s'il nous oblige à dénoncer ceux qu'il soupçonne d'être ses ennemis, devons-nous lui obéir aveuglément ? D'autre part, si l'homme pense n'être rien sans l'État, alors il serait en droit de tout attendre de lui et d'avoir des exigences immenses. Par exemple, attendre qu'il fasse notre bonheur ou nous dise ce qu'il faut penser, n'est-ce pas s'exposer à un pouvoir paternaliste, autoritaire et envahissant, bien éloigné de notre idéal démocratique ?

2. Notre dette envers l'État est illusoire

Il ne faut pas hésiter à revenir sur un exemple vu dans la partie précédente pour lui donner un nouvel éclairage : cela contribue à la cohérence de la copie.

a) La vie humaine sans État est possible

La perspective d'une vie sans État est-elle si angoissante que l'hypothèse de l'état de nature le laisse entendre ? Telle est la question que se posent les anarchistes qui prônent l'abolition de l'État, convaincus que les hommes pourraient vivre de manière autogérée et pacifique en l'absence d'un pouvoir au-dessus d'eux. Les travaux de l'anthropologue Pierre Clastres semblent, d'ailleurs, aller dans ce sens. Les Indiens Guayaki qu'il étudie dans *La Société contre l'État* s'organisent de manière à ce que personne ne confisque le pouvoir et leur dise quoi faire. Le chef de tribu est moins un maître qu'un porte-parole du groupe, rappelant à chacun les lois ancestrales et les légendes qui façonnent

Voir Fiche 5 (1A), p. 111.

la vie commune. Dès lors, si la vie sans État est possible, notre dette envers lui devient nulle. Par conséquent, nos obligations ne le deviennent-elles pas également ?

b) Une dette illusoire

C'est parce que les hommes s'imaginent qu'ils ont besoin d'un pouvoir fort au-dessus d'eux pour organiser leur vie collective qu'ils s'obligent à obéir aux moindres commandements de l'État. Mais ce dernier est-il une réalité indubitable ou n'est-il que le produit de notre imagination et d'une idéologie alimentée par ceux qui sont au pouvoir ? C'est justement cette idée que soutient Marx, qui voit dans l'État une abstraction illusoire dont le seul but est d'être au service d'une classe sociale dominante. « L'État » ne serait qu'un alibi utilisé par ceux qui, au pouvoir, ne cherchent, en réalité, qu'à justifier leur domination et satisfaire leurs intérêts au détriment des classes inférieures, en faisant croire à ces dernières qu'elles ont des devoirs immenses envers le pouvoir transcendant qu'ils incarnent momentanément. À ce titre, il est tentant de penser que l'on n'a aucune obligation envers l'État, puisqu'on ne lui doit rien si ce n'est notre oppression.

c) Les limites de la critique de l'État

Les critiques anarchistes et marxistes, si elles ont le mérite de désacraliser notre vision de l'État, posent cependant des difficultés. D'une part, il ne va pas de soi que l'absence de l'État débouche sur la disparition d'obligations : ainsi, les Indiens Guayaki sont bien tenus de respecter les lois ancestrales et ne peuvent les discuter. Ils forment, certes, une société contre l'État, mais qui est tout de même soumise à une forme de pouvoir. D'autre part, l'État ne se limite pas à n'être qu'un instrument d'aliénation au service d'une classe économique dominante : il doit également s'assurer de la justice sociale, de l'éducation et de la santé de ses citoyens. Il n'y a pas d'unilatéralité du devoir : l'État a, lui aussi, l'obligation de fournir aux citoyens les conditions d'une vie décente.

En fin de grande partie, n'hésitez pas à nuancer votre propos ou à en pointer une limite. Cela permet de justifier le passage à la partie suivante.

3. Des devoirs réciproques entre l'homme et l'État

Il serait réducteur de ne voir, dans l'État, qu'un simple instrument de domination cherchant à augmenter son pouvoir sur les hommes en les accablant de devoirs imaginaires. Si nous lui sommes redevables, l'État n'est-il pas redevable, à son tour, envers les citoyens ?

a) L'obéissance se distingue de la soumission

Si l'État nous oblige, il ne nous contraint pas, et lui obéir ne signifie pas que l'on se soumet aveuglément à lui. En effet, alors que la contrainte est une force qui s'impose à nous de l'extérieur et ne nous laisse aucun choix, l'obligation suppose la liberté car elle est une force qu'on s'impose volontairement. Ainsi, selon Rousseau, nous sommes obligés de respecter les lois édictées par l'État car celui-ci est, dans nos sociétés démocratiques, l'expression de la volonté générale du peuple. Quand bien même je n'aurais pas personnellement voté pour le candidat qui a été élu chef de l'État, son élection exprime bien ma volonté de vivre dans une démocratie où les élections ne sont pas jouées d'avance et où il y a forcément des satisfaits et des déçus. Avoir des devoirs envers l'État, ce n'est pas se soumettre aveuglément à ses contraintes mais c'est s'obliger à lui obéir en tant qu'il est une expression de la volonté générale qui englobe notre volonté particulière.

Il est judicieux de faire des distinctions dans la 3e partie, pour affiner le propos. On se sert, ici, du repère obligation/contrainte, à partir duquel on élabore une distinction entre « obéir » et « se soumettre ».

b) L'État a aussi des devoirs envers les citoyens

Si l'État est bien l'expression de la volonté générale du peuple, alors lui aussi se retrouve en situation de dette vis-à-vis des citoyens dont il a la charge. C'est à leur sens civique qu'il doit, en effet, son existence. Il y a ainsi une réciprocité des devoirs entre les hommes et l'État : les citoyens ont des obligations envers lui parce qu'il a des obligations envers eux. C'est pourquoi il est essentiel que l'État, pour son bon fonctionnement, s'assure du consentement des citoyens lorsqu'il doit prendre des décisions qui ont des conséquences significatives sur leur existence. C'est, notamment, ce que dit Kant dans la *Doctrine de la vertu* lorsqu'il prend l'exemple de la guerre. Un État ne peut envoyer ses citoyens à la guerre comme s'il s'agissait de vulgaires moyens à son service ; il doit aussi témoigner d'un respect inconditionnel envers leur personne, en les considérant comme des fins et en s'assurant qu'ils consentent à lui obéir.

c) Le devoir civique envers l'État est aussi un devoir envers soi

De même que les citoyens ont le devoir d'obéir à l'État, celui-ci a le devoir de s'assurer que les citoyens consentent effectivement à lui obéir, et pas simplement qu'ils se soumettent à lui par crainte. C'est pourquoi l'une des obligations de l'État est de maintenir d'authentiques moments de dialogue avec les citoyens pour justifier ou redéfinir les devoirs qu'il est en droit de leur demander ; et c'est un devoir fondamental des citoyens de faire preuve de vigilance à l'égard de l'État et de discuter l'orientation qu'il donne à leur existence. C'est dans ces moments où les hommes se réunissent pour parler de manière raisonnée du bien commun que réside, d'après Aristote, notre humanité ; l'homme est un « *animal politique* » quand il fait usage de sa raison* pour discuter avec d'autres de ce qui est juste et bon pour tous. En ce sens, accomplir notre devoir civique envers l'État, c'est aussi accomplir un devoir envers l'humanité dont nous sommes porteurs et qui s'épanouit dans la vie politique.

Un correcteur ne peut pas reprocher à une copie de parvenir à une idée finale différente de la sienne. Ce qui compte n'est pas le résultat mais le raisonnement d'ensemble.

Conclusion

Si le citoyen a de nombreux devoirs envers l'État, ce dernier en a également envers lui. C'est pourquoi il doit s'assurer que ce qu'il demande à ses citoyens soit bien de l'ordre de l'obligation consentie, et non de la soumission pure et simple – car, au fond, les devoirs que le citoyen a envers l'État sont aussi des devoirs envers lui-même.

Œdipe maudissant son fils Polynice (1786), d'Henry Fuseli.

NOTION 6
L'inconscient

Qu'est-ce que l'inconscient ?

L'inconscient, au sens de « l'inconscient psychique », désigne une force qui est présente en chacun de nous mais qui est dissimulée à la conscience parce qu'enfouie dans les profondeurs de l'esprit humain.

- **Dissimulée :** par définition, l'inconscient échappe à la conscience. Refoulé, il ne peut s'observer que de manière détournée et indirecte.
- **Enfouie :** pour Freud, l'esprit humain est comparable à un iceberg, dont la partie émergée (la plus petite mais la seule visible) est la conscience, tandis que la majeure partie, invisible et immergée, est inconsciente.

QUESTIONS PHILOSOPHIQUES

1. Comment l'inconscient se manifeste-t-il ?

Si l'inconscient échappe à la conscience, sur quoi se fonde-t-on pour établir son existence ? Se montre-t-il quotidiennement ou seulement dans certaines pathologies ?

Perspective : L'existence humaine et la culture

2. Qu'est-ce qui justifie l'hypothèse de l'inconscient ?

Existe-t-il des preuves tangibles de l'existence de l'inconscient ? Peut-on considérer la psychanalyse comme une science, un savoir sérieux et indiscutable ?

Perspective : La connaissance

3. L'idée d'« inconscient » déresponsabilise-t-elle l'être humain ?

Il serait commode de se servir de l'existence d'un inconscient pour justifier des comportements dont nous sommes accusé : mais est-ce une excuse valable ?

Perspective : La morale et la politique

1 Comment l'inconscient se manifeste-t-il ?

Sigmund Freud, l'inventeur de la psychanalyse, est l'auteur qui a pleinement développé la notion d'« inconscient » et l'a placée au cœur de sa doctrine. Mais, bien avant lui, certains auteurs avaient déjà remarqué l'existence d'un certain nombre de phénomènes* échappant à la conscience.

A Les *« petites perceptions »*

C'est le cas de **Leibniz** avec sa doctrine des *« petites perceptions »* : selon lui, certaines de nos perceptions sont **si petites qu'elles ne parviennent pas à franchir le seuil de notre conscience**. Ainsi, par exemple, le bruit que fait une goutte d'eau n'est pas distinctement perceptible par nos oreilles – il est donc inconscient –, même si nous le percevons quand même d'une certaine façon quand nous entendons le bruit fait par une vague, autrement dit produit par des millions de gouttes d'eau.

La Grande Vague (1834-1835), de Katsushika Hokusai.

B Les désirs honteux et les traumatismes

- Pour **Freud**, cependant, l'inconscient joue un rôle bien plus important. Médecin de formation, il a compris que certaines souffrances physiques avaient des causes d'ordre psychique.

- Il est, en effet, très difficile de vivre avec certains désirs particulièrement honteux ou certains traumatismes d'enfance douloureux : c'est la raison pour laquelle, à défaut de pouvoir être supprimés, ils sont censurés, ou refoulés, c'est-à-dire empêchés de parvenir jusqu'à la conscience et maintenus cachés. Tel est le mécanisme psychologique qui donne naissance à l'inconscient, cette zone d'ombre de l'esprit qui en perturbe le fonctionnement normal.

> **Exemple clé**
>
> **Élisabeth, premier cas de « guérison » par la psychanalyse**
>
> En 1892, cette jeune femme, de son vrai nom Ilona Weiss, vient consulter **Freud** parce qu'elle a des douleurs dans une jambe. En l'interrogeant longuement, Freud s'aperçoit qu'elle refoule un désir amoureux coupable, et donc resté inconscient, pour son beau-frère. Cette prise de conscience aurait calmé ses douleurs.

C Les lapsus, actes manqués et névroses

- L'inconscient ne pouvant pas apparaître directement, il se manifeste, parfois, de façon « accidentelle ». Ainsi, les lapsus (erreurs involontaires de la parole) peuvent-ils être des révélateurs, comme s'ils en disaient plus sur nous que nous n'aurions voulu montrer. **Freud** mentionne le cas d'un homme qui, devant ouvrir une discussion qui s'annonçait houleuse à l'Assemblée, dit : *« Je déclare la séance close »*, comme si son désir inconscient avait pris les devants par rapport à son intention consciente.

- D'autres phénomènes involontaires, comme les actes manqués et les névroses, sont symptomatiques de la façon dont l'inconscient s'efforce de s'exprimer aux dépens de celui qui en souffre. La « solution » du refoulement* étant souvent pire que le mal initial, une cure psychanalytique peut permettre de déjouer les mécanismes de défense de l'inconscient pour éviter d'en souffrir.

> **Définition clé**
>
> **Psychanalyse :** pratique thérapeutique inventée par Freud, qui consiste en séances régulières au cours desquelles le patient (ou plutôt *« l'analysant »*, comme le disait Jacques Lacan pour mieux souligner son rôle actif) parle librement à un analyste pour comprendre, peu à peu, le refoulement et soulager sa souffrance.

D Le rêve, *« voix royale de l'inconscient »*

L'inconscient se manifeste aussi quotidiennement, au moment où la vigilance de la conscience est à son niveau le plus bas, c'est-à-dire pendant le sommeil. Le rêve est ainsi, selon **Freud**, la *« voix royale »* pour accéder à l'inconscient, car la conscience y est moins vigilante. Mais, comme l'inconscient s'y expose d'une manière détournée, déguisée, travestie, il faut interpréter les rêves (*cf.* p. 135).

EN RÉSUMÉ

C'est seulement de façon détournée que se manifeste l'inconscient, à travers de simples lapsus, des pathologies mentales plus lourdes et, surtout, de manière universelle et quotidienne, à travers les rêves.

2 Qu'est-ce qui justifie l'hypothèse de l'inconscient ?

Une hypothèse profondément nouvelle comme celle de l'inconscient a très rapidement suscité de vives contestations, voire des scandales. La doctrine freudienne s'appuie-t-elle sur des preuves tangibles qui permettent de l'étayer ?

A Les deux topiques

- Comment l'inconscient agit-il ? **Freud** a proposé deux modèles théoriques nommés « topiques » pour aider à se représenter le fonctionnement de l'esprit humain tiraillé entre la conscience, l'inconscient et cette zone intermédiaire qu'il nomme *« le préconscient »*.

> **Définition clé**
>
> **Topique :** du grec *topos* (« lieu »), schéma explicatif permettant de représenter le psychisme humain comme étant divisé en différentes instances (qui ne correspondent en aucune façon à différentes zones dans le cerveau).

- Dans la première topique (1900), **Freud** identifie trois instances qui interagissent :
  – le **conscient** (appelé *« le système perception-conscience »* – Pc-Cs), parce qu'il est ouvert sur le monde extérieur ;
  – l'**inconscient**, formé de pulsions refoulées et qui sont donc bloquées dans leur accès à la conscience ;
  – le **préconscient** (Pcs), lieu intermédiaire qui stocke les éléments qui ne sont pas présents à la conscience mais qui restent accessibles, notamment les souvenirs.

- **Freud** affine son schéma à travers une seconde topique (1920), qui ne renie pas la première mais la complète :
  – le *« Ça »* est le réservoir anonyme des pulsions profondes, plus primitives que les désirs refoulés ; elles demandent à être satisfaites immédiatement car elles sont entièrement régies par le *« principe de plaisir »* ;
  – le *« Surmoi »* est l'intériorisation des interdits, qui viennent de l'éducation, de la société ou de la morale en général ;
  – le *« Moi »*, qui définit l'unité du sujet, a une tâche redoutablement difficile puisqu'il doit gérer les exigences contradictoires du *« Ça »* et du *« Surmoi »*… mais aussi les adapter à la réalité extérieure, obéissant au *« principe de réalité »*.

> **Citation clé**
>
> ***« Là où était le Ça, le Moi doit advenir »*** (Sigmund Freud).

- **Freud** a lui-même dessiné cette figure représentant le psychisme. Il montre que le *« Moi »* se situe à l'interface entre le *« Surmoi »* et le *« Ça »*, lequel apparaît comme la couche la plus profonde du psychisme humain. Les pointillés indiquent la porosité qui permet à certaines pulsions inconscientes de remonter à la surface de la conscience, malgré la barrière du refoulement*.

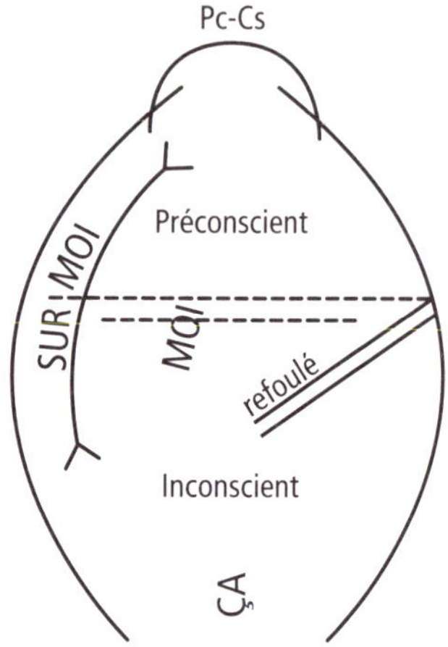

Figuration topographique du psychisme (Sigmund Freud, « Le Moi et le Ça », in *Essais de psychanalyse*, 1927).

B Une *« hypothèse nécessaire et légitime »*, voire scientifique ?

- **Freud** considère que son hypothèse d'un inconscient psychique est à la fois nécessaire et légitime. Nécessaire, parce qu'elle est requise pour expliquer ce que la psychologie traditionnelle est incapable d'expliquer, à savoir les lapsus et rêves qui sont considérés comme de simples « accidents » dénués de toute signification. Légitime, parce que les guérisons permises par la cure psychanalytique justifieraient la pertinence des interprétations freudiennes.

- **Freud** a toujours été animé d'une ambition scientifique. Il voyait, dans le rejet de sa théorie, le signe du caractère révolutionnaire de ses découvertes, comparant les controverses nées de son travail à celles qu'avait rencontrées Galilée en astronomie au XVIIe siècle ou Darwin en biologie au XIXe. Il se considérait comme celui qui allait faire entrer la psychologie dans l'ère moderne et scientifique.

C Une doctrine infalsifiable… donc suspecte ?

- Plusieurs voix se sont élevées pour contester cette prétention à la scientificité de la méthode psychanalytique. Comme l'explique, notamment, **Karl Popper** dans *Conjectures et Réfutations* (1963), il est, en effet, impossible de tester cette théorie, c'est-à-dire de la soumettre à une vérification expérimentale qui pourrait la confirmer ou bien l'infirmer. En effet, toute contestation des résultats obtenus par la psychanalyse peut être vue comme une attitude de défense, comme l'expression d'un refoulement… donc comme le signe de la mise au jour d'une vérité profondément enfouie qu'on ne veut pas voir. Comment, dans ces conditions, accorder un crédit à une théorie qui ne peut jamais être contredite ?

- Même ainsi relativisée, la doctrine freudienne ne perd pas tout intérêt : à défaut d'être une science, elle a la valeur d'une herméneutique*, c'est-à-dire d'un art d'interpréter certains phénomènes* auxquels elle a le mérite de trouver du sens ou, au moins, d'en proposer un.

EN RÉSUMÉ

Freud a toujours considéré que son hypothèse de l'inconscient était incontestable, sérieuse et scientifique. Pourtant, beaucoup considèrent que ce n'est qu'une interprétation parmi d'autres.

3 L'idée d'« inconscient » déresponsabilise-t-elle l'être humain ?

Pouvons-nous encore être tenu responsable de nos actes si nous ne sommes pas maître de nous, si nous sommes le jouet d'un inconscient qui nous échappe ?

A Une théorie accusée d'être irresponsable

Parce qu'il a mis en évidence les mécanismes psychiques qui déterminent et soumettent l'esprit, on a accusé **Freud** de mettre en cause la liberté humaine. En le présentant comme une victime involontaire de pulsions, il aurait même déresponsabilisé l'homme en lui offrant une excuse pour ses pires comportements. **Sartre** considère, ainsi, que la doctrine freudienne fait de l'individu le jouet de son inconscient, ruine l'idée de liberté et n'est qu'un alibi de ce qu'il appelle *« la mauvaise foi »* : invoquer l'inconscient, c'est se mentir à soi-même et faire comme si nos choix n'étaient pas le produit de décisions conscientes.

Œdipe et le Sphinx (1864), de Gustave Moreau.

B Se servir de l'inconscient, et non le servir

Mais cette critique est elle-même discutable, dans la mesure où le principe même de la psychanalyse invite à comprendre le fonctionnement de l'inconscient pour ne plus le subir. Pour **Freud**, en effet, il ne s'agit pas de se faire le complice de son inconscient mais, au contraire, d'en explorer les mécanismes grâce à la cure psychanalytique. Notre responsabilité est de prendre en charge notre inconscient pour détourner son énergie au profit du travail et de la création artistique : c'est le processus de *« sublimation »*.

C Une surévaluation de la sexualité et du corps ?

- Plus généralement, on a également accusé **Freud** de considérer que tous les problèmes ont systématiquement une origine sexuelle, même ceux qui en semblent les plus éloignés. C'est le cas d'« Élisabeth », une patiente qui vient consulter **Freud** parce qu'elle ressent une douleur à la jambe… et dont le psychanalyste estime qu'elle est l'expression détournée d'un désir sexuel et amoureux pour son beau-frère, désir « coupable » d'autant plus refoulé et inavoué que sa sœur est malade. Selon **Alain**, **Freud** mêle ainsi indûment le domaine du corps et celui de l'esprit, empêchant de comprendre la nature profonde de l'esprit humain qui se caractérise par sa faculté de s'opposer à ses pulsions physiques.

> **Rappel**
>
> **Complexe d'Œdipe :** en référence au mythe* d'Œdipe, qui tua son père et épousa sa mère, Freud nomme ainsi le fantasme (refoulé) qu'aurait tout enfant de s'unir à son parent de sexe opposé et de supprimer celui du même sexe.

- Parmi toutes ses thèses freudiennes, la plus choquante et controversée est peut-être celle affirmant que les enfants, loin d'être innocents, ont une forme de sexualité, certes plus symbolique que réelle, mais incestueuse et donc perverse puisqu'elle s'adresse aux parents à travers le complexe d'Œdipe. Les enfants éprouveraient un angoissant désir pour le parent du sexe opposé et nourriraient une hostilité à l'égard du parent du même sexe…

EN RÉSUMÉ

Il serait trop facile de prétendre que tous nos actes sont excusables parce qu'ils seraient le fruit d'un inconscient qui nous ôterait toute responsabilité. Nous avons, au contraire, le devoir d'assumer son existence et celui de maîtriser le pouvoir qu'il pourrait exercer sur nous.

Sigmund Freud, *L'Interprétation des rêves* (1899)

Freud considère ce phénomène* universel qu'est le rêve comme digne du plus grand intérêt pour accéder à l'inconscient. Alors qu'on n'y voit, la plupart du temps, qu'un chaos délirant, Freud lui reconnaît un sens véritable : celui d'accomplir un désir inconscient.

Sens manifeste et sens latent

Le sens profond du rêve est caché ou, plus exactement, déformé, c'est-à-dire rendu méconnaissable, pour parvenir à franchir ce qu'il reste des barrières du refoulement* pendant la période de sommeil. Tout rêve a donc :

– un « **contenu manifeste** », qui est le récit parfois amusant mais souvent incohérent des événements rêvés tels que le rêveur s'en souvient ;

– un « **contenu latent** », où le désir inconscient s'exprime sous une forme défigurée.

> **Citation clé**
>
> *« Tout rêve apparaît comme une production psychique qui a une signification et qu'on peut insérer parfaitement dans la suite des activités mentales de la veille. »*

Le *« travail du rêve »*

Freud appelle *« travail du rêve »* les opérations de dissimulation par lesquelles le contenu latent se transforme en contenu manifeste. Celles-ci sont notamment :

– la **condensation**, par laquelle un seul élément du rêve renvoie à de multiples représentations, autorisant plusieurs niveaux d'interprétation ;

– le **déplacement**, par lequel la charge affective d'une représentation est transférée à une autre représentation, plus anodine. Un détail peut ainsi avoir plus d'importance que ce qui semblait frappant.

> **Exemple clé**
>
> Dans le film ***La Maison du docteur Edwardes*** **(1945) d'Alfred Hitchcock**, un homme se faisant passer pour le Dr Edwardes, puis croyant l'avoir assassiné, raconte un rêve dont le déchiffrement n'intervient qu'à la fin du film, révélant l'identité du véritable meurtrier et libérant ainsi le héros de sa culpabilité.

Le travail d'interprétation

Le travail du psychanalyste consiste à décoder le *« travail du rêve »* pour en comprendre le sens inconscient qui a été censuré ou, plus exactement, travesti. Mais, en réalité, **seul le rêveur est qualifié pour interpréter son rêve**, car le code symbolique qu'il utilise pour faire ses associations d'idées lui appartient de manière singulière. Par exemple, les cyclamens dans les rêves de Freud renvoyaient à sa femme Martha qui les aimait beaucoup, mais ils peuvent signifier tout autre chose chez une autre personne.

CONCLUSION

CE QU'IL FAUT RETENIR

1. Comment l'inconscient se manifeste-t-il ?

Puisque, par définition, l'inconscient n'est pas conscient, il ne peut s'observer qu'indirectement, à travers des manifestations détournées comme certaines paroles et certains actes qui échappent à notre vigilance habituelle ou, de manière plus quotidienne mais confuse, dans les rêves.

2. Qu'est-ce qui justifie l'hypothèse de l'inconscient ?

La notion d'« inconscient » reste une hypothèse dont il n'existe pas de véritable preuve indiscutable. Certains contestent même le caractère sérieux et scientifique de la théorie freudienne. À défaut d'être une science, la psychanalyse offre un éclairage en proposant une manière d'interpréter des phénomènes psychiques.

3. L'idée d'« inconscient » déresponsabilise-t-elle l'être humain ?

Le risque à admettre un inconscient psychique est de priver l'être humain de toute responsabilité puisque celui-ci peut toujours s'abriter derrière l'excuse qu'il n'est pas maître de lui-même. Mais c'est tout le sens de la cure psychanalytique que de nous montrer qu'il existe un chemin pour comprendre ce fonctionnement, et donc d'agir sur lui au lieu de se contenter de le subir.

L'INCONSCIENT SELON...

- **Leibniz :** certaines perceptions sont trop faibles pour parvenir jusqu'au seuil de la conscience.
- **Freud :** la majeure partie de ce qui se joue dans notre psychisme nous échappe. Notre *« Moi »* conscient n'est pas maître de lui-même : il est en lutte avec les exigences morales du *« Surmoi »* et les poussées pulsionnelles du *« Ça »*.
- **Sartre :** la notion d'« inconscient » met en péril celle de « responsabilité » en niant la liberté humaine.
- **Popper :** la théorie freudienne ne peut pas être considérée comme scientifique puisque ses hypothèses ne sont ni vérifiables ni falsifiables : aucune expérience ne permet de les tester.

Sujets possibles du bac

DISSERTATION 1 Peut-on connaître l'inconscient ?

- Il faut, dans un premier temps, commencer par souligner le paradoxe qu'il y a à prétendre connaître quelque chose qui, par définition, échappe à la conscience. → p. 128
- Dans un second temps, on peut repérer les différentes « manifestations » indirectes de l'inconscient. → 1 (p. 129)
- Enfin, on se demandera dans quelle mesure la théorie freudienne peut être considérée comme un véritable savoir, une connaissance scientifique, ou s'il ne s'agit que d'une simple interprétation. → 2A (p. 131) et 2C (p. 132)

DISSERTATION 2 L'inconscient est-il, en moi, nature ou histoire ?

- Que l'inconscient soit « nature » plutôt qu'« histoire » signifie qu'il scelle mon destin, qu'il me fixe une identité. → 3A (p. 133)
- Que l'inconscient soit « histoire » plutôt que « nature » signifie qu'il ne fait que nous influencer sans nous déterminer, de sorte qu'il reste possible de modifier ce qu'il fait de nous. → 3B et 3C (p. 134)
- Il faut aussi mettre en doute la pertinence de l'alternative. Nature et histoire s'excluent-elles réciproquement ou sont-elles conciliables ? On peut essayer de montrer que toute histoire s'inscrit dans une nature qui la détermine mais qu'elle fait évoluer.

DISSERTATION 3 La notion d'« inconscient » est-elle un alibi pour notre inconscience ?

- L'intitulé joue sur l'ambiguïté des termes *conscience*, *inconscience* et *inconscient*. L'adjectif *inconscient* renvoie à deux substantifs à la fois : l'*inconscience* (qui désigne l'insouciance, l'absence de discernement dans le domaine moral) et l'*inconscient* psychique, notamment freudien. → p. 128
- La notion d'« alibi » est plutôt utilisée dans un contexte policier : le terme désigne une justification qui permet d'innocenter un accusé. → 3A (p. 133)

SUJET DU BAC CORRIGÉ

Dissertation

L'inconscient n'est-il qu'un moindre degré de conscience ?

4 heures

Travail préparatoire

Fiches-méthode 1 à 7, p. 18

Les principales difficultés posées par la question

Il faut remarquer la formule restrictive « ne… que » : elle vous invite à vous demander si, *oui, effectivement,* l'inconscient est un moindre degré de conscience, *mais aussi* si on peut le réduire à cela ou s'il est encore autre chose – et quoi, dans ce cas ? Le cheminement à suivre est donc suggéré par la formulation même de l'intitulé. Cependant, il faudra également fournir une autre définition de l'inconscient que celle proposée dans l'intitulé.

La problématique de la question

La formule « moindre degré » n'est pas très compliquée, mais elle doit être comprise littéralement. Elle signifie qu'il y a une sorte d'échelle de la conscience, que l'on est toujours plus ou moins conscient et jamais ni totalement conscient ni totalement inconscient. Cette façon de penser doit être interrogée : c'est ce qu'on trouvera dans les meilleures copies.

Corrigé commenté

Les **textes en bleu** ne doivent pas figurer dans votre devoir. Nous les avons ajoutés pour vous aider à repérer la progression de la dissertation.

Introduction

Les conseils du professeur

[Amorce du sujet] Quand on évoque l'inconnu, on peut avoir en tête ou bien ce qui n'est pas *encore* connu de nous – mais qui peut être connu d'autres personnes, ou qui pourra l'être par nous plus tard –, ou bien ce qui est inconnaissable en soi, autrement dit ce qui ne peut structurellement et définitivement pas l'être. Et il est, parfois, bien difficile de faire la part des choses, de savoir si nous pourrons connaître un jour ce que nous ignorons actuellement, par exemple grâce aux progrès de la science, ou si nous ne le pourrons jamais. Mais qu'en est-il concernant l'inconscient ? [Énoncé du sujet et problématisation] Le terme ne désigne-t-il qu'un moindre degré de conscience ou quelque chose de radicalement différent de tout ce qui est conscient ? Y a-t-il une différence de nature ou seulement une différence de degré entre ce qui est inconscient et ce qui est conscient ? [Annonce du plan] Nous verrons, dans un premier temps, que la différence entre la conscience et l'inconscient semble fragile et poreuse, puis, dans un second temps, que nous pouvons aussi faire l'hypothèse d'un inconscient radicalement inconnu de la conscience mais que celle-ci peut, cependant, explorer.

1. L'inconscient comme conscience faible

Considérer l'inconscient comme un « moindre degré de conscience », cela revient à le considérer comme un degré plus faible de conscience : les contenus inconscients seraient de même nature que les contenus conscients ; seule l'intensité de conscience les distinguerait plus ou moins.

On commence par la thèse la plus simple et par les références les plus simples aussi. On propose, ici, d'étudier l'hypothèse suggérée par l'intitulé.

a) L'inconscient et la conscience sont faits de la même matière

Il est exact qu'entre l'inconscient et le conscient, la barrière peut apparaître aussi mince que perméable. Ce qui est conscient ne serait pas fondamentalement distinct de ce qui est inconscient, comme si seul un aspect ou un détail permettait de les distinguer. Il est vrai qu'il suffit, parfois, d'un fait très anodin pour passer de l'un à l'autre, et réciproquement, de manière naturelle, facile et presque imperceptible. Bergson fait ainsi référence à l'endormissement pour expliquer de quelle façon les contenus de conscience se transforment, ou changent d'aspect, quand nous nous mettons à dormir. N'avons-nous pas tous, en effet, fait l'expérience de voir les événements que nous avons vécus la journée réinvestis dans nos rêves de la nuit ? Aussi la vie consciente fournirait-elle la matière de ce que nous vivons de manière inconsciente, comme si la conscience nourrissait l'inconscient, comme si tous deux puisaient dans le même terreau de la réalité vécue. C'est ce que disait déjà, mais dans un autre sens, la formule de Shakespeare selon laquelle *« nous sommes faits de la même étoffe que nos rêves »*.

b) L'inconscient est fait de perceptions trop petites pour être aperçues

Ce n'est pourtant pas uniquement dans le sommeil que nous faisons l'expérience de l'inconscient. Leibniz fait ainsi référence à quelque chose comme des seuils de conscience pour expliquer de quelle manière une perception peut devenir tantôt consciente, tantôt inconsciente. Il prend l'exemple du bruit d'une vague que nous percevons alors même que nous ne percevons pas le bruit d'une gouttelette d'eau ; et pourtant, souligne-t-il, il faut bien que nous l'ayons perçu puisque le bruit que fait la vague n'est que la somme du bruit que fait individuellement chacune des gouttelettes d'eau. Ainsi avons-nous de paradoxales perceptions non aperçues, autrement dit inconscientes. Les perceptions conscientes et inconscientes seraient donc de même nature. C'est notre façon de les recevoir qui les distingue, mais, en elles-mêmes, il n'y a rien qui permette de les ranger sous la catégorie du conscient ou sous celle de l'inconscient.

Voir Fiche 6 (1A), p. 129.

[Transition] L'inconscient ne serait effectivement qu'une forme de conscience très atténuée ou très faible. Le degré zéro de la conscience en quelque sorte. Mais l'inconscient n'est-il que cela ?

C'est toujours bien de relancer le questionnement dans les transitions.

2. L'inconscient, au sens fort, est inconnu de la conscience

a) La conscience et l'inconscient forment deux domaines séparés

L'inconscient tel que nous l'avons cerné dans la 1re partie n'est pas un inconscient au sens plein et fort du terme : il n'est qu'accidentellement inconscient, à cause des circonstances qui le maintiennent à l'arrière-plan de la conscience. Mais n'existe-t-il pas aussi une forme d'inconscient qui le rende structurellement et radicalement différent de la conscience ? Dans ce cas, l'inconscient et la conscience formeraient deux domaines séparés et isolés l'un de l'autre. Telle est la thèse de Nietzsche, qui explique que certaines pensées sont destinées à rester inconscientes, alors que d'autres, par leur nature même, sont vouées à devenir pleinement conscientes. Ces dernières sont, en effet, celles qui ont besoin d'apparaître à la conscience parce qu'elles sont destinées à être communiquées. Au contraire, il y aurait d'autres pensées qui n'auraient pas vocation à être partagées et qui, par conséquent, resteraient secrètes et inaperçues, non seulement des autres mais aussi de nous-même.

Dans la 2e partie, il est temps de donner à la notion d'« inconscient » son sens fort. Ce serait trop tôt dans la 1re partie – compte tenu de l'intitulé qui invite à réfléchir à un sens faible de la notion – et trop tard dans la dernière.

b) L'inconscient au sens fort de Freud : l'inconnu de la conscience

L'inconscient serait donc inaccessible à la conscience, et réciproquement. Mais il faut surtout distinguer le fonctionnement de l'un et celui de l'autre. Freud explique, ainsi, que l'inconscient est régi par ce qu'il appelle *« le principe de plaisir »*, tandis que la conscience est régie par *« le principe de réalité »*. L'inconscient vise la satisfaction maximale et immédiate des pulsions, tandis que la conscience cherche, au contraire, à prendre en compte les exigences du monde réel, à différer sa jouissance et à mesurer les conséquences de ses actes pour s'adapter de manière pragmatique. Freud oppose, ainsi, radicalement la logique inconsciente et la logique consciente : l'inconscient n'est pas une conscience plus faible ; c'est autre chose. Mais, à certaines conditions, l'inconscient ne peut-il pas devenir conscient ?

Voir Fiche 6 (2A), p. 131.

[Transition] Si radicale qu'elle soit, la distinction entre *conscience* et *inconscient* n'est pas, pour autant, définitive. Sous certaines conditions, nous pouvons et même devons éclairer l'inconscient par la conscience.

3. La nécessité d'éclairer l'inconscient par la conscience

a) La psychanalyse comme pratique de travail de l'inconscient

Freud n'est pas que le théoricien de l'inconscient : il est aussi l'inventeur de la psychanalyse, c'est-à-dire d'une pratique. Or celle-ci est précisément fondée sur la possibilité de pouvoir jeter un peu de lumière sur cette zone obscure du psychisme humain qu'est l'inconscient. Grâce à un travail mené à l'aide d'un psychanalyste, les analysants apprennent à repérer certains de leurs mécanismes inconscients, les comprennent, se familiarisent avec leurs névroses et comprennent, au moins partiellement, ce qu'ils censurent ou refoulent. Freud l'écrit lui-même : *« Wo Es war, soll Ich werden »*, autrement dit : *« Là où était le Ça, le Moi doit advenir »*. Par cette formule, Freud signifie bien qu'il ne conçoit pas l'inconscient comme une terre étrangère à la conscience, mais comme un territoire qu'on peut – et même doit, si l'on tient à son équilibre mental, au sens du verbe allemand *sollen* – explorer. Le *Moi* doit déloger le *Ça* ; c'est sa responsabilité de ne pas s'en tenir à cette étrangeté réciproque de l'inconscient et de la conscience. Mais cela signifie-t-il « rendre conscient, ou plus conscient, ce qui ne l'est pas *a priori* » ?

Voir Fiche 6 (3B), p. 134.

Donner la citation en allemand n'est pas purement décoratif : cela permet, ici, d'insister sur la nuance de sens de la formule dans sa version originale.

b) Contenir le pouvoir de nuisance de l'inconscient

La formule de Freud suggère plutôt qu'il s'agit, pour le *Moi*, de grignoter le territoire de l'inconscient. Dans cette perspective, parler d'un « moindre degré de conscience » pour caractériser l'inconscient semble maladroit. Le sommeil, l'évanouissement – ce qu'on appelle aussi « la perte de conscience » –, le somnambulisme, l'anesthésie et les différentes sortes de comas peuvent être considérés comme des formes inférieures de conscience ; mais l'inconscient ? Il désigne plutôt une force rétive à tout apprivoisement, mais qui peut, toutefois, être limité dans son extension et restreint dans son pouvoir (de nuisance). Aussi l'inconscient ne deviendra-t-il pas conscient mais pourra-t-il se faire plus discret et moins influent sur la vie consciente de l'individu qui aura réussi à déjouer ses pièges.

La formule énoncée au paragraphe précédent est réinterprétée.

Conclusion

Prétendre que l'inconscient ne serait qu'un moindre degré de conscience serait donc très réducteur. Il est aussi et surtout une structure à part dans le psychisme humain, qui semble parfois inaccessible mais qui est toujours mystérieuse et qu'on a envie d'éclairer davantage. Sans doute qu'une lucidité totale n'est pas possible – peut-être n'est-elle même pas souhaitable ? –, mais, dans tous les cas, l'inconscient apparaît comme un territoire à explorer. Quelle belle aventure : celle de toute une vie !

La conclusion doit répondre clairement à la question.

NOTION 7
La justice

Balance (1940), de William Kieckhofel.

Qu'est-ce que la justice ?

Venant du nom latin *justitia* qui signifie « justice », « ce qui est conforme au droit », la justice désigne un principe juridique et moral visant à attribuer à chacun ce qui lui revient.

- **Droit :** c'est l'ensemble des lois écrites qui gouvernent les rapports entre les hommes dans une société. On attribue souvent le même sens aux termes *justice* et *droit*.
- **Principe juridique :** les institutions judiciaires (tribunaux, ministère de la Justice) ont la charge de faire régner la loi et de s'assurer que les droits de chacun sont respectés.
- **Moral :** la justice est aussi la vertu morale de « l'homme juste ».
- **Attribuer à chacun ce qui lui revient :** le principe de rétribution est au cœur de la justice, que cette dernière soit morale ou judiciaire. Le juge cherche à infliger au coupable ni plus ni moins que la peine qu'il mérite ; l'homme juste cherche à ne pas léser les autres en prenant plus que la part qui lui revient.

QUESTIONS PHILOSOPHIQUES

1. À quoi sert la justice ?

Les hommes ont besoin de justice. Elle est un moyen d'assurer l'ordre au sein de la société et de veiller à une répartition équitable des biens. Mais n'est-elle qu'un instrument ?

Perspective : L'existence humaine et la culture

2. Y a-t-il une justice en dehors du droit ?

On confond, généralement, la justice avec l'institution judiciaire, garante du respect du droit. Mais le droit dit-il toujours ce qu'il est juste de faire ?

Perspective : La morale et la politique

3. Ressentir l'injustice m'apprend-il ce qui est juste ?

L'expérience de l'injustice est courante ; mais ce ressenti suffit-il à savoir ce qui est juste ?

Perspective : La connaissance

1 À quoi sert la justice ?

La justice est un instrument de pacification sociale. Elle fait régner l'ordre par le respect des lois et vise une répartition équitable des biens. On peut, cependant, se demander si elle se réduit à des institutions (tribunaux, ministère) ou si elle correspond à un besoin humain plus profond.

A L'utilité sociale de la justice

Si les hommes avaient tout ce dont ils ont besoin et si l'amitié et la générosité régnaient naturellement parmi eux, alors il n'y aurait pas besoin de justice. Mais les hommes sont égoïstes et veulent toujours plus que leur part, quitte à en priver les autres. Selon **David Hume**, dans *Enquête sur les principes de la morale* (1751), c'est pour remédier à ces défauts que les hommes ont institué la justice. Celle-ci est un

> **Repères**
>
> L'**essence** est ce qui définit la nature d'une chose ; l'**accident** est seulement une propriété de cette chose. L'ensemble des points équidistants par rapport à un centre constitue l'essence d'un cercle ; sa couleur ou la longueur de son diamètre n'en sont que des accidents.

ensemble de règles artificielles* décidées par convention et qui servent un intérêt commun : établir une communauté stable et harmonieuse en faisant régner l'ordre par le respect des lois et du droit de propriété. L'essence* de la justice réside ainsi dans son utilité, qui est variable selon les circonstances et les cultures. Par exemple, une nation combattant un peuple qui n'observerait aucune loi, pas même celle de la guerre, n'aurait, d'après **Hume**, plus aucune raison d'en observer elle-même.

B Le principe de rétribution

- La justice vise la légalité et l'égalité. Dans la mythologie grecque, Thémis est la déesse représentant la Justice. Ses yeux bandés signalent l'impartialité de cette dernière (tous les hommes sont égaux devant la justice), son glaive indique la force des lois *(« La loi est dure, mais c'est la loi »)* et la balance représente la rétribution équitable (il faut attribuer à chacun ce qui lui revient de droit). La justice régule le partage des biens entre les individus et vise à réduire les inégalités. Mais cela passe-t-il par un strict égalitarisme ?

Rappel

La **justice sociale** désigne un ensemble de principes gouvernant une **répartition équitable des ressources** au sein d'un groupe afin d'augmenter le bien-être de tous. Selon le philosophe **John Rawls**, les inégalités sociales peuvent être justes à condition qu'elles n'annulent pas l'égalité des chances et qu'elles profitent aux plus défavorisés.

- **Platon** distingue, dans *Les Lois*, l'égalité arithmétique de l'égalité géométrique. La première, qui n'est qu'un semblant de justice, attribue à chacun la même part. La seconde, plus juste, attribue à chacun une part proportionnelle à ses qualités ou à ses besoins. Par exemple, un professeur qui attribuerait à toutes les copies la moyenne générale obtenue par la classe (égalité arithmétique), au lieu d'évaluer chaque élève proportionnellement à la qualité de son travail (égalité géométrique), n'agirait pas de manière juste.

Allégorie de la Justice (1938), d'Elmer R. Kottcamp.

C La justice comme exigence existentielle

- La justice n'est-elle pas davantage qu'un outil ? Pour certains, elle ne serait qu'un **instrument de soumission** et les hommes n'obéiraient à la justice que par **peur de la punition**. La fable de l'anneau de Gygès, dans *La République* de **Platon**, l'illustre : ayant découvert un anneau lui permettant d'être invisible, un berger profite de cette impunité pour donner libre cours à ses désirs, allant jusqu'à commettre les pires injustices (vol, meurtre, etc.). Pour **Socrate**, ce n'est pas être juste que d'obéir aux lois uniquement par crainte : l'homme juste est celui qui, même invisible, continue à agir de manière mesurée, sans porter atteinte aux autres et sans prendre plus que sa part. **La justice est aussi un bien moral, qui donne du sens à notre existence.** Une cité idéalement juste et harmonieuse développe, par ses lois, la vertu des citoyens et assigne à chacun la place qui lui est due.
- La justice n'est pas qu'un artifice : elle relève aussi de la nature humaine. C'est **une exigence propre à l'existence humaine** car chacun ressent, au plus profond de lui, un « sens de la justice ». **Aristote** souligne ce besoin humain de justice lorsqu'il écrit, dans *Les Politiques*, que l'homme est un *« animal politique »* : seul être vivant doué de raison*, il exprime pleinement son humanité lorsqu'il prend la parole pour discuter de manière raisonnée, avec ses semblables, du juste et de l'injuste.

EN RÉSUMÉ

La justice n'est pas qu'un instrument de pacification sociale et de répartition équitable des biens : elle est aussi une exigence de l'existence humaine.

2 Y a-t-il une justice en dehors du droit ?

On définit communément la justice comme une conformité avec le droit. Ce dernier consiste en un ensemble de lois écrites et appliquées par les hommes, qui énoncent ce qui est permis et ce qui est interdit. Mais il n'est pas certain que tout ce qui est permis soit juste, comme le montre l'existence de lois injustes.

A Le droit positif* et le droit naturel*

- **Le droit positif** désigne l'ensemble des **lois établies par les hommes** dans une société donnée. Ces lois ont une existence réelle (sens de l'adjectif *positif* : « posé dans l'existence ») et peuvent varier d'une société à l'autre. Dans le droit positif, la justice consiste uniquement dans le respect de ces lois existantes. Ce qui est conforme au droit positif

> **Repères**
>
> Le **réel** est ce qui est, qui existe effectivement ; l'**idéal** est ce qui devrait être, au nom d'une perfection imaginée. Ainsi, dans la pièce de Sophocle, Antigone est idéaliste, tandis que Créon est réaliste.

est dit « légal ». La doctrine qui soutient le droit positif* s'appelle « le positivisme juridique ».

- Le **droit naturel*** désigne l'ensemble des **droits universels et éternels inséparables de la nature humaine**. Il indique ce qui est juste par nature, indépendamment des lois instituées par les hommes. Selon le droit naturel, la justice n'est pas forcément contenue dans les lois existantes, car elle consiste dans le respect des droits universels rattachés à la nature humaine. La *Déclaration des droits de l'homme et du citoyen*, qui énonce que *« les hommes naissent et demeurent libres et égaux en droit »*, est ce qui s'en rapproche le plus. **Ce qui est conforme au droit naturel est dit « légitime »**. La doctrine qui défend le droit naturel s'appelle « le jusnaturalisme ».

- **Ce qui distingue ces deux droits, c'est que le droit naturel est un idéal** qui permet de mesurer le degré de justice du droit positif. Par exemple, des lois discriminatoires comme celle de la ségrégation raciale mise en place durant l'apartheid sont injustes au regard du droit naturel, puisqu'elles contreviennent aux principes d'égalité et de liberté de tous les citoyens.

B Les limites du droit naturel

- **Le droit naturel a une fonction critique**, comme l'illustre l'histoire d'Antigone. Dans la pièce de Sophocle, Antigone décide de transgresser la loi de Créon, roi de Thèbes : bien que cette loi interdise les rites funéraires à quiconque se retourne contre sa patrie, Antigone enterre son frère Polynice (mort en cherchant à s'emparer du pouvoir) au nom d'une justice supérieure aux lois particulières édictées par Créon. La désobéissance d'Antigone est illégale mais semble, à première vue, juste (*cf.* p. 99).

- **Le positivisme juridique reproche, cependant, au droit naturel son caractère abstrait et illusoire** : il n'est écrit nulle part et se réfère à une conception vague de la « nature humaine » et de la justice. Ainsi, Antigone n'incarne pas le droit naturel contre le droit positif (symbolisé par Créon), mais elle montre une contradiction du droit positif lui-même : sa désobéissance est la conséquence de l'existence de deux lois contraires au sein de la cité (celle qui interdit que les morts ne soient pas enterrés et celle qui interdit que les traîtres soient enterrés).

C Le relativisme juridique

- Une justice universelle, fondée sur la nature humaine, semble relever d'un idéal illusoire. Dans ses *Pensées*, **Pascal suggère que la justice n'est qu'une ruse de la force** et qu'elle est relative à des coutumes culturelles toujours particulières. Il suffit de passer une frontière

> **Citation clé**
>
> ***« Plaisante justice qu'une rivière borne ! Vérité au-deçà des Pyrénées, erreur au-delà »*** (Blaise Pascal, *Pensées*, posthume, 1670).

entre deux pays pour que ce qui est juste d'un côté devienne une injustice de l'autre. Ce sont les faits et les habitudes qui font la loi : par exemple, la loi interdit la souffrance animale mais autorise la tradition locale de la corrida. Il est inutile, selon **Pascal**, de vouloir rechercher dans la morale les causes de la justice ; c'est du côté de ses effets, à savoir la réduction du désordre, qu'il faut en chercher la justification.

- Dans *Trois Discours sur la condition des grands*, **Pascal** nomme *« demi-habiles »* ceux qui critiquent les lois au nom d'une justice idéale et *« habiles »* ceux qui savent que la justice humaine est imparfaite mais qu'elle est préférable au chaos.

EN RÉSUMÉ

Il n'existe pas de justice hors du droit humain : ce dernier peut, certes, être critiqué au nom de valeurs morales supérieures car il est imparfait, mais il est préférable au chaos.

3 Ressentir l'injustice m'apprend-il ce qui est juste ?

L'expérience de l'injustice est courante : quel enfant ne s'est jamais plaint d'avoir une part de gâteau moins grosse que celle de son voisin ? Tout le problème est de savoir si la connaissance de ce qui est juste repose sur un sentiment ou si elle mobilise une réflexion plus élaborée.

A Le sentiment d'injustice

- La justice et l'injustice sont ressenties avant d'être pensées et réfléchies. L'expérience de l'injustice est souvent douloureuse et traumatisante, comme en témoigne **Rousseau** avec l'épisode du peigne cassé dans *Les Confessions* (1782). Accusé à tort d'avoir cassé un peigne lorsqu'il était enfant, le philosophe se souvient encore de cette injustice cinquante ans plus tard quand il rédige son autobiographie, au point d'en faire un événement fondateur de sa propre personnalité.
- C'est parce qu'il y a un écart entre nos attentes de justice et la réalité que naît le sentiment d'injustice. Dans *La Profession de foi du vicaire savoyard* (1762), **Rousseau** écrit que la raison* doit prendre le sentiment pour guide et qu'il faut écouter son cœur et sa conscience avant de réfléchir à ce qui est juste. Il y aurait, en effet, dans notre âme, *« un principe inné de justice et de vertu sur lequel, malgré nos propres maximes, nous jugeons nos actions et celles d'autrui comme bonnes ou mauvaises »*.

B Se tourner vers la loi pour savoir ce qui est juste

- Le sentiment d'injustice n'est, cependant, pas toujours fiable. Selon **Hegel**, c'est parce que nous souhaitons que tout ce qui nous arrive se déroule selon nos désirs que nous éprouvons chacun de nos malheurs comme une injustice. Mais ce sentiment d'injustice ne suffit pas pour savoir ce qui est juste parce qu'il est subjectif, et il peut même s'avérer dangereux s'il nous pousse à agir, comme le remarque **Hegel** avec l'exemple de la vengeance. Dans la vengeance, le cycle de la violence ne s'arrête pas : l'individu lésé par un autre cherche à « se faire justice » sous l'emprise de la passion, s'exposant, à son tour, à une réponse violente de son adversaire.

> **Repères**
>
> Est **privé** ce qui est d'ordre personnel et intime et qui ne concerne pas les autres ; est **public** ce qui concerne l'ensemble de la communauté.

- Dans *Propédeutique philosophique* (1817), **Hegel** dit qu'il faut sortir du sentiment subjectif d'injustice et s'élever à l'objectivité de la loi pour savoir ce qui est juste. La justice n'est pas une affaire privée mais publique. Ainsi, un individu qui se sent victime d'une injustice ne doit pas chercher à obtenir directement réparation auprès de celui qui lui a causé du tort mais doit se tourner vers un tiers neutre et impartial, le juge, pour qu'il rende justice.

C Savoir ce qui est juste dépend d'une interprétation des lois

- Il ne suffit pas, cependant, de connaître par cœur la loi ou de l'appliquer mécaniquement pour savoir ce qui est juste ; il faut aussi l'interpréter et bien en comprendre le sens, afin de l'appliquer avec la plus grande justesse possible selon les situations.
- **Thomas d'Aquin**, dans la *Somme théologique* (1266-1273), prend l'exemple d'une ville assiégée, régie par l'interdiction d'ouvrir ses portes pour éviter l'invasion ennemie. Le but de la loi est de sauvegarder la vie des citadins assiégés. Faudrait-il alors refuser d'ouvrir les portes pour faire entrer un citoyen égaré hors des murs et dont l'absence serait préjudiciable à la sauvegarde du salut public ? Il serait plus juste, dans ce cas précis, de lui ouvrir, c'est-à-dire de désobéir à la « lettre » de la loi (ce qui est écrit : les portes doivent rester closes) afin de rester fidèle à son « esprit » (ce que la loi vise : le salut public). Entre l'absence de lois et la raideur légale, il y a la place pour ce qu'**Aristote** appelle, dans l'*Éthique à Nicomaque*, « *l'équité* », application souple de la loi laissée à la libre appréciation et à la sagesse pratique du juge.

EN RÉSUMÉ

Ce n'est pas le sentiment d'injustice qui nous apprend ce qui est juste, mais la connaissance et l'interprétation des lois.

Jean-Jacques Rousseau, *Du contrat social* (1762)

Rousseau élabore, dans *Du contrat social*, une réponse au problème de l'inégalité et de la servitude régnant parmi les hommes. Il y décrit les conditions qui rendent une autorité politique juste, respectant l'égalité entre tous les citoyens : une union juste entre les hommes passe par la formation d'une volonté générale qui s'incarne dans un contrat que chacun établit avec les autres et avec lui-même.

Volonté générale et justice

Si, en tant qu'individu, j'ai une volonté particulière et des intérêts propres, en tant que citoyen j'obéis à une volonté générale qui est aussi l'expression de ma volonté. Dans le contrat, je m'engage à **dépasser mon égoïsme pour un intérêt général** où chacun trouve son compte. En passant ce contrat, j'abandonne une partie de mes désirs pour pouvoir jouir des droits du citoyen. La loi, quand elle exprime une volonté générale qui n'erre pas, garantit la liberté et l'égalité des citoyens et permet l'instauration de la justice.

Citation clé

« C'est précisément parce que la force des choses tend toujours à détruire l'égalité que la force de la législation doit toujours tendre à la maintenir. »

« On le forcera d'être libre »

La punition consiste en un rappel de la volonté générale au citoyen qui l'a oubliée. Je vole un objet pour satisfaire un intérêt égoïste ; cependant, en faisant cela, je désobéis à la volonté générale, qui instaure le droit de propriété protégeant mes biens de la convoitise d'autrui. Je ne peux pas, sans contradiction, vouloir en même temps voler et jouir, en tant que citoyen, de la protection de mes biens par le droit. La punition lève cette contradiction et me rappelle, douloureusement, la volonté générale à laquelle j'ai consenti d'obéir et qui garantit ma liberté.

Le droit naturel* raisonné

Chaque homme possède un droit naturel, quelles que soient la communauté particulière dans laquelle il vit et les lois qui la régissent. Mais ce droit naturel ne peut pas se fonder sur de vagues sentiments de justice et d'injustice : il faut donc l'établir par la raison*. Le contrat social* permet de rendre celle-ci publique : **le droit clarifie le juste et l'injuste par l'intermédiaire de la loi**, qui s'efforce de dire précisément ce qu'est la justice.

CONCLUSION

CE QU'IL FAUT RETENIR

1. À quoi sert la justice ?

La justice a pour buts de maintenir l'ordre et de répartir équitablement les biens. Il serait, cependant, réducteur de n'y voir qu'un outil, puisqu'elle est aussi une valeur morale qui donne du sens à notre existence.

2. Y a-t-il une justice hors du droit ?

Il est fréquent de juger les lois écrites et appliquées par les hommes, le « droit positif* », à la lumière d'une justice idéale et fondamentale, le « droit naturel* ». Mais, si ce dernier permet de révéler l'insuffisance, voire l'injustice, du droit positif, celui-ci, en retour, souligne le caractère abstrait et illusoire du droit naturel. Une justice humaine imparfaite est, parfois, préférable à une justice idéale inexistante.

3. Ressentir l'injustice m'apprend-il ce qui est juste ?

L'expérience de l'injustice semble nous apprendre, par contraste, ce que serait la justice. Mais nos sentiments, subjectifs et parfois dangereux, ne sont pas fiables ; c'est du côté du droit objectif qu'il faut se tourner pour savoir ce qui est juste. Pour être juste, il faut savoir être fidèle à l'esprit de la loi et pas seulement la suivre à la lettre.

LA JUSTICE SELON...

- **Socrate :** la justice n'est pas qu'une force qu'il faut craindre ; c'est une vertu morale qui donne du sens à notre existence et que les lois doivent favoriser.
- **Platon :** la justice ne consiste pas dans un strict égalitarisme, mais dans une rétribution proportionnelle aux besoins et aux mérites de chacun.
- **Aristote :** la justice est ce dont les hommes ne cessent de discuter de manière raisonnée.
- **Thomas d'Aquin :** la justice n'est pas entièrement contenue dans la lettre de la loi ; elle l'est aussi dans son sens ou « esprit ».
- **Pascal :** la justice n'est qu'une force indifférente à la morale, mais préférable au chaos.
- **Hume :** la justice est un ensemble de lois établies par convention pour répondre à un intérêt commun.
- **Rousseau :** la justice est ressentie, sous la forme de la conscience morale, avant d'être réfléchie et pensée.
- **Hegel :** la justice réside dans le caractère objectif du processus judiciaire.

Sujets possibles du bac

DISSERTATION 1 Une société sans conflit est-elle nécessairement juste ?

- La réponse dépend de ce que l'on entend par « conflit » : soit une hostilité négative (la guerre, les inégalités, etc.), soit une opposition positive (le débat d'idées, la résistance à l'oppression).
- Oui, car la justice a pour but de mettre fin au désordre. → Pascal, 2C (p. 148)
- Non, car l'ordre règne aussi dans les tyrannies où s'appliquent des lois injustes. → L'État (p. 110), Montesquieu, 2A (p. 147)
- Une société juste peut être agitée par des discussions sur ce qui est juste. → Aristote, 1C (p. 147) ; L'État (p. 110), 3C (p. 150)

DISSERTATION 2 Le droit dit-il ce qu'il est juste de faire ?

- Non, car le droit positif* peut être injuste au regard du droit naturel*. → Antigone, 2A (p. 147) et 2B (p. 148)
- Oui, car il n'y a pas de justice hors du droit. → Pascal, 2C (p. 148)
- Ce n'est pas le droit qui dit ce qui est juste, mais le juge qui sait l'interpréter intelligemment. → Thomas d'Aquin, 3C (p. 150)

SUJET DU BAC CORRIGÉ

Dissertation

Peut-il être juste de désobéir aux lois ?

4 heures

Travail préparatoire

Fiches-méthode 1 à 7, p. 18

Les principales difficultés posées par la question

Il ne s'agit pas, ici, de se demander si l'on peut désobéir à la loi (des hommes le font tous les jours), mais si cela peut être juste de le faire. Autrement dit, il ne s'agit pas de comprendre la désobéissance comme un acte criminel ou un simple déni de justice, mais d'essayer de la penser, sous diverses formes, comme un appel à une plus grande justice.

La problématique de la question

Il faut commencer par assimiler la justice au droit pour faire apparaître un paradoxe, qui nous conduit à envisager leur séparation : si le droit dit ce qui est juste et qu'il implique, par définition, l'obéissance, alors comment pourrait-il être juste de désobéir ? Ne faut-il pas chercher hors du droit (dans la justice au sens moral, par exemple) des raisons qui justifient la désobéissance ?

Corrigé commenté

Les **textes en bleu** ne doivent pas figurer dans votre devoir. Nous les avons ajoutés pour vous aider à repérer la progression de la dissertation.

Introduction

[Compréhension du sujet] De Jean Moulin à Rosa Parks, les figures d'une juste désobéissance à des lois injustes sont nombreuses. Mais qu'est-ce qu'une loi ? C'est l'expression du droit et de la justice : les lois désignent l'ensemble des règles écrites propres à une société, qui émanent d'une autorité souveraine. La loi distingue ce qu'il est permis et ce qu'il est interdit de faire, ce qui est juste et ce qui est injuste, et l'on en constate quotidiennement l'existence à travers l'obéissance nécessaire qu'elle implique. Désobéir, c'est exprimer son désaccord vis-à-vis d'une loi, refuser la nécessité de son existence et s'exposer à son douloureux rappel par le biais d'un châtiment.

[Remise en cause et analyse du sujet] Il est, dès lors, contradictoire de se demander s'il peut être juste de désobéir aux lois, c'est-à-dire si l'on a le droit de désobéir, étant donné que ce sont les lois qui définissent le droit et ce qu'il est juste de faire. Une justice qui autoriserait sa transgression nierait, par la même occasion, sa propre existence. [Problématisation] Comment peut-il être juste de désobéir aux lois si ce sont ces mêmes lois qui établissent ce qui est juste ?

[Annonce du plan] Pour répondre à ce problème, nous nous poserons successivement les questions suivantes : Pour quelles raisons serait-il permis de désobéir aux lois ? Ces raisons sont-elles valables ? Comment être en désaccord avec les lois sans nier leur existence par cette désobéissance ?

Les conseils du professeur

Il peut être plus élégant d'annoncer le plan sous la forme d'une suite logique de questions, qui montre une volonté de réflexion (au risque de se tromper), que sous la forme d'un plan tout fait, qui énonce de façon autoritaire ce qui va se dérouler.

1. Les raisons de la désobéissance

a) La désobéissance : un acte citoyen

Les raisons qui semblent justifier la désobéissance apparaissent le plus clairement dans le cas des régimes tyranniques, quand règne la violence. Désobéir est alors un acte de courage et de liberté, par opposition à une lâche obéissance. Comme le

Voir Fiche 9 (2B), p. 180.

remarque Étienne de La Boétie dans son *Discours de la servitude volontaire*, la confiscation du pouvoir par le tyran ne tient pas seulement à sa puissance particulière, mais aussi à l'obéissance servile du peuple. Désobéir, c'est alors se dresser contre l'injustice pour y mettre fin. L'histoire ne manque pas d'exemples d'individus ou de groupes qui osèrent résister aux lois établies et révélèrent, par là même, la violence et l'injustice de leur fondement.

b) Désobéir au nom d'une justice plus grande que le droit

On désobéit, généralement, au nom d'une plus grande justice, d'une justice idéale, que les lois ne parviennent pas à incarner. En effet, le sentiment d'injustice engendré par des lois qu'on juge injustes ou « iniques » signale l'imperfection du droit et semble être une invitation à passer à l'action pour le corriger. La distinction entre le droit positif*, qui définit ce qui est légal en vertu de lois réelles et relatives, et le droit naturel*, attaché à une nature humaine universelle et qui définit ce qui est légitime, permet de justifier cette désobéissance. N'est-il pas juste de désobéir à des lois illégitimes ? Lorsque Antigone décide de transgresser la loi édictée par Créon en enterrant son frère Polynice coupable d'avoir fait appel à une armée étrangère pour s'emparer du pouvoir, elle est dans l'illégalité, mais ce qu'elle fait est juste à ses yeux. Elle agit, en effet, au nom d'un droit universel et supérieur aux lois humaines particulières qui autorise chaque être humain à avoir une sépulture digne de ce nom.

c) Le risque du chaos

Plutôt que de rétablir la justice, la désobéissance d'Antigone ne risque-t-elle pas de provoquer davantage d'injustice ? On peut lui opposer la raison de Créon et sa conception réaliste et pragmatique de la justice. En effet, si ce dernier avait fait une exception pour Polynice, il aurait, par là même, nié la nature de la loi, à savoir sa nécessité et sa prétention à l'universalité (tous les citoyens sont égaux devant la loi). En reniant ce principe et en autorisant aux yeux de tous une inégalité, il se serait alors exposé au mécontentement du peuple et à une possible rébellion. N'a-t-il pas eu raison, dès lors, de condamner Polynice ainsi que la désobéissance d'Antigone ?

Une même référence (ici, Antigone) peut être utilisée et approfondie sur plusieurs paragraphes.

2. La désobéissance peut conduire à l'injustice

Accomplie en raison d'un sentiment d'injustice et au nom d'une justice supérieure, la désobéissance risque de verser dans la révolte et le chaos. Dès lors, les raisons justifiant la désobéissance ne s'avèrent-elles pas insuffisantes ? La désobéissance ne peut-elle pas conduire à l'injustice ?

Il faut, à un moment de votre dissertation, soutenir une thèse même si vous n'êtes pas d'accord avec elle, ne serait-ce que pour la « dépasser » dans la partie suivante !

a) Relativisme des valeurs et fiction d'une justice idéale

La désobéissance se veut juste au nom de valeurs morales supérieures. Mais de telles valeurs transcendantes et universelles existent-elles ? On peut en douter face à la diversité et à la complexité des valeurs morales qui varient d'une culture à l'autre. Le relativisme moral est une réalité à laquelle la prétention d'une désobéissance juste se heurte nécessairement. C'est pourquoi le positivisme juridique soutient qu'il n'existe aucune justice en dehors de ce que disent les lois écrites : la justice se confond avec le droit. L'euthanasie, par exemple, est juste dans certains pays parce qu'elle est inscrite dans la loi, alors qu'elle est injuste parce qu'illégale dans un pays voisin. Aucune désobéissance ne peut alors être justifiée, et la transgression de la loi est une négation de son existence et de celle de la justice.

Utilisez des repères quand vous le pouvez (ici, « transcendant » et « universel ») : cela permet d'affiner votre réflexion et montre à votre correcteur que vous avez travaillé.

b) Désobéir aux lois, c'est désobéir à soi

La légitimité de la désobéissance perd de son évidence lorsqu'on transpose le problème dans nos sociétés démocratiques. En effet, lorsque la loi émane de l'ensemble de la société, la désobéissance devient difficilement défendable. Bien plus, elle peut être l'indice d'une contradiction, ou d'un désaccord, avec soi. Rousseau, dans le *Contrat social*, signale, en effet, que les lois sont l'expression de la volonté générale du peuple et que cette volonté générale est l'expression de la volonté individuelle du citoyen. En conséquence, désobéir aux lois, c'est désobéir à soi-même et agir contre soi, puisque la loi est l'expression de ma volonté.

c) Le risque de la tyrannie de la majorité

Règle-t-on définitivement le problème d'une désobéissance légitime en raison de l'inexistence d'une justice idéale ou d'une souveraineté de la collectivité ? Ce n'est pas certain, dans la mesure où l'on court alors le risque d'identifier ce qui est juste avec ce qui est décidé par la majorité. Or cette dernière n'est pas infaillible, et l'unanimité n'est pas une preuve de justice. Lorsque la majorité erre, comme ce fut le cas en France et en Allemagne durant la Seconde Guerre mondiale, le consentement aux lois ne risque-t-il pas de se transformer en une *« obéissance de cadavre »*, pour reprendre l'expression d'Hannah Arendt ?

3. Être en désaccord avec les lois sans en nier l'existence

D'un côté, la désobéissance menace de se transformer en révolte. De l'autre, l'obéissance risque de verser dans l'aveuglement. Comment dépasser cette contradiction ? Ne peut-on pas nuancer l'éventail des possibilités ouvertes par ces deux positions antagonistes ?

a) Exprimer son désaccord pour améliorer les lois

Tout d'abord, on peut être en désaccord avec les lois, être vigilant à leur égard, sans forcément verser dans la révolte. Plutôt que de chercher à les nier, il est possible d'exprimer publiquement, de manière sensée, son désaccord en vue de leur correction et leur amélioration. C'est ce que propose Spinoza dans son *Traité théologico-politique* : la liberté d'expression, tant qu'elle est encadrée par la raison*, est totale, mais elle n'autorise pas l'individu à désobéir aux lois par ses actions, car il n'est pas en son pouvoir de décider seul de ce qui est juste. Le fait de discuter avec raison d'une loi qu'on estime injuste tout en choisissant de ne pas la transgresser n'est pas, en soi, une forme de lâcheté. Socrate fit preuve de courage lorsqu'il refusa de s'évader de prison et accepta l'injuste condamnation à mort prononcée contre lui.

Voir Fiche 5 (3C), p. 118.

b) Distinguer l'obéissance aveugle et l'obéissance intelligente

Ensuite, il faut se rendre compte que l'obéissance n'est pas nécessairement servile et aveugle. Il est possible d'obéir intelligemment, en s'efforçant de bien comprendre et respecter l'esprit de la loi, plutôt qu'en la respectant à la lettre au risque de verser dans l'injustice. Ce sens de la justice, qu'Aristote appelle *« l'équité »*, peut alors nous conduire à ne pas obéir au droit écrit afin d'obéir à la justice voulue par le droit. La loi, en effet, ne peut prévoir tous les cas particuliers auxquels elle s'appliquera. Soit, par exemple, la loi de la propriété privée, qui vise à maintenir l'ordre dans la société. Faudrait-il, au nom de cette loi, rendre à un homme ayant perdu la raison l'épée qu'il nous a confiée

Procédez à des distinctions en 3e partie : cela permet de nuancer et d'affiner votre propos !

en dépôt ? Il est évident qu'il serait, ici, plus juste de ne pas obéir à la loi écrite, non pas pour la nier purement et simplement, mais au nom de l'esprit de justice qu'elle incarne nécessairement de manière incomplète.

c) Distinguer la révolte et la désobéissance civile

Enfin, toute désobéissance n'est pas une invitation à la violence, mais peut revêtir une dimension symbolique et politique. La désobéissance civile consiste ainsi en une action collective dont le but est, par une transgression revendiquée et pacifique des lois existantes, de signaler à l'ensemble de la société une évolution souhaitable du droit au regard de celle des faits. Par exemple, en 1971, le « Manifeste des 343 », pétition signée par des femmes avouant avoir avorté et s'exposant ainsi à des poursuites judiciaires, contribua à la dépénalisation puis à la légalisation de l'avortement en France, jusque-là interdit par la loi.

Vous pouvez faire appel à vos connaissances dans d'autres disciplines (histoire, sciences sociales, français, langues, sciences, etc.) pour étoffer votre argumentation !

Conclusion

Nous nous étions demandé si l'homme était contraint à une obéissance aveugle aux lois, en raison des nombreuses difficultés soulevées par l'idée d'une désobéissance légitime. Il est finalement apparu qu'entre l'obéissance servile et la désobéissance révoltée, d'autres possibilités d'actions étaient légitimes afin que l'homme puisse exprimer son désaccord vis-à-vis de lois qu'il juge injustes. La liberté d'expression, l'obéissance intelligente de l'équité et la désobéissance civile sont autant de manières raisonnables d'exprimer son désaccord, non pour nier les lois, mais pour inviter à leur amélioration.

NOTION 8
Le langage

Enfants avec des jouets – Gabrielle et le fils de l'artiste, Jean (1895-1896), d'Auguste Renoir.

Qu'est-ce que le langage ?

Le langage désigne un système de signes qui permet de s'exprimer et de communiquer.

- **Système de signes :** les éléments fondamentaux du langage sont les mots qui désignent arbitrairement – c'est-à-dire selon une convention propre à chaque langue – les choses. Mais le langage est aussi composé de règles de syntaxe et de grammaire : le tout forme un ensemble structuré qui fait système et qui obéit à des règles précises.
- **S'exprimer :** la première fonction du langage semble être de permettre à chacun de mettre des mots sur ce qu'il pense et ressent.
- **Communiquer :** mais le langage permet aussi aux êtres humains de lier contact et de dialoguer.

QUESTIONS PHILOSOPHIQUES

1. Le langage permet-il de décrire la réalité ?

Les mots renvoient aux choses car le langage sert à dire la réalité, à décrire le monde. Mais il n'est pas certain qu'il joue efficacement ce rôle, ni même que ce soit sa fonction première.

Perspective : La connaissance

2. Pourquoi les hommes parlent-ils plusieurs langues ?

Les incompréhensions et les expressions intraduisibles montrent que chaque langue fait ressortir tel ou tel aspect de la réalité qu'une autre négligera.

Perspective : L'existence humaine et la culture

3. Le pouvoir du langage est-il sans limites ?

De la séduction à la manipulation, le pouvoir du langage semble considérable. Mais peut-il tout faire ?

Perspective : La pratique morale et politique

1 Le langage permet-il de décrire la réalité ?

Platon fait dire à Socrate, dans le *Cratyle*, que, de la même manière que les peintures, les mots sont comme des images des choses. Mais sont-ce des images fidèles ? Et ne font-ils que reproduire les choses ou peuvent-ils également les faire naître ?

A Les mots copient les choses

Chaque langue associe arbitrairement un mot à une chose : arbitrairement, la langue française a établi que le mot *arbre*, par exemple, renvoyait aux arbres réels. Certes, ce n'est pas un nom propre mais un nom commun et il ne désigne donc pas une seule réalité mais renvoie à une pluralité de choses. Il n'en demeure pas moins qu'**il y a une correspondance entre les mots et les choses**. C'est ainsi que les enfants acquièrent du vocabulaire dans des imagiers ou que les dictionnaires s'enrichissent chaque année de nouveaux mots qui correspondent à de nouvelles réalités (venant des innovations technologiques ou de l'évolution des mœurs : *bobo, infox, millenial, scroller,* etc.).

B Le pouvoir créateur du langage

- Pourtant, le langage ne fait pas que dire ou copier la réalité.
- D'une part, le langage n'est pas composé uniquement de noms mais aussi d'adverbes, de déterminants, etc. qui ne désignent aucune réalité et ont pour fonction de permettre une expression souple et subtile. Le langage a ses propres règles, son propre fonctionnement qui n'est pas le même que celui de la réalité.

> **Citation clé**
> *« Au commencement était le verbe »* (début de l'évangile de Jean).

- D'autre part, il existe des mots qui ne correspondent à aucun objet : le « néant » ou le « rien », par exemple, peuvent être dits sans renvoyer à la moindre réalité. C'est, par ailleurs, la puissance de la parole poétique qui montre le pouvoir magique du langage, capable de faire surgir des images et de faire vivre des mondes imaginaires. Le langage est évocateur et même créateur.

C L'ineffable ou les limites de la puissance du langage

Cela ne signifie pas que le langage peut tout connaître ou tout dire. On appelle « ineffable » ou « indicible » ce que le langage se révèle incapable de dire. C'est ce que lui reproche **Bergson** : pour lui, parce que le langage est constitué de mots communs *(« des étiquettes »)* qui doivent avoir le même sens pour tous, il est grossier et simplificateur ; il ne peut exprimer que des généralités impersonnelles et se révèle incapable de signifier la richesse de notre vie intérieure, avec ses émotions intimes et singulières. L'expérience le prouve : on regrette, souvent, de « ne pas trouver les mots » ou de « ne pas savoir comment dire » ses idées et ses sentiments. Dans certains cas, comme celui d'émotions fortes, on touche aux limites du langage.

> **Repère**
> Est **singulier** ce qui relève d'un cas unique, totalement à part par rapport aux autres choses.

EN RÉSUMÉ

Les mots font parfois moins, parfois bien plus que « décrire » la réalité déjà existante. Ils permettent aussi d'inventer de toutes pièces des mondes nouveaux et imaginaires !

2 Pourquoi les hommes parlent-ils plusieurs langues ?

Si l'on parle du langage comme d'une faculté universelle commune à tous les hommes, en réalité ceux-ci parlent une ou plusieurs langues. La langue est un système linguistique particulier, qui est appris dans le cadre d'une certaine culture déterminée. Il en existerait actuellement environ 6 000 dans le monde :

cette pluralité n'est-elle qu'un obstacle à la bonne compréhension entre les hommes ou est-elle une richesse culturelle ?

A Le langage comme convention

Pourquoi un arbre se nomme-t-il *arbre* plutôt que *tree* comme en anglais ou *hazo* comme en malgache ? En fait, nous explique le linguiste **Ferdinand de Saussure**, c'est parce que le rapport entre le **mot signifiant** et la **chose signifiée** n'est pas naturel mais conventionnel, c'est-à-dire institué et arbitraire. C'est pourquoi **le mot est un signe, et non un symbole**, car, entre un symbole et ce qu'il symbolise, le lien est plus naturel (par exemple, la balance symbolise la Justice car elle permet de trouver un équilibre entre deux partis).

> **Citation clé**
>
> ***« Le lien unissant le signifiant au signifié est arbitraire »*** (Ferdinand de Saussure, *Cours de linguistique générale*, 1916).

B L'hypothèse Sapir-Whorf

Sapir et **Whorf** sont deux anthropologues américains du XXe siècle. Selon eux, **chaque langue est le véhicule d'une certaine culture** : autrement dit, elle impose à la réalité un certain découpage qui est porteur d'une « vision du monde » dont celui qui parle n'a pas conscience. À notre insu, notre pensée serait donc toujours déterminée ou, au moins, orientée dans un certain sens : on ne penserait pas de la même manière en français et en chinois, par exemple. C'est pourquoi il est, parfois, difficile de traduire une expression d'une langue à l'autre. Mais **cette hypothèse est très contestée.**

> **Citation clé**
>
> ***« On n'habite pas un pays, on habite une langue. Une patrie, c'est cela et rien d'autre »*** (Emil Cioran, *Aveux et Anathèmes*, 1987).

C Le projet d'une langue universelle

Pour prévenir les équivocités de telle ou telle langue et favoriser l'union des peuples, **Leibniz** a nourri le projet de remplacer les langues nationales par une **langue universelle**, en ramenant tous les raisonnements humains à une sorte de logique et où les mots seraient remplacés par quelques **idéogrammes**. Pour lui, cette écriture *« serait une sorte d'algèbre générale et donnerait le moyen de raisonner en calculant »*. Cette ambition ne s'est pas accomplie, mais elle a ouvert la voie à l'invention des **langages de programmation**, en informatique notamment (le html, le C+, le python, etc.). Pourtant, faire la même chose avec les langues parlées serait

> **Rappel**
>
> **La Tour de Babel**
>
> La Bible raconte que Dieu a puni l'orgueil des hommes, coupables d'avoir voulu ériger une tour s'élevant jusqu'au Ciel, en leur imposant une diversité entre les langues qui les empêcha soudainement de se comprendre.

un appauvrissement : même si l'on se comprendrait mieux, on perdrait le délice des nuances de sens et des sonorités qui font la beauté de la pluralité des langues.

La Tour de Babel, d'Anton Joseph von Prenner (1683-1761), d'après Bruegel l'Ancien.

EN RÉSUMÉ

Chaque langue est porteuse d'une certaine culture, avec ses valeurs propres. Apprendre une langue, ce n'est, ainsi, pas seulement disposer d'un nouveau moyen de communication : c'est pénétrer une autre civilisation et une nouvelle façon de voir.

3 Le pouvoir du langage est-il sans limites ?

On oppose, souvent, les « belles paroles » aux actes, comme si les premières étaient vaines et que seuls les seconds produisaient des effets réels. Pourtant, une simple parole peut, parfois, avoir des effets considérables. Jusqu'où donc s'étend le pouvoir des mots ?

A Énoncés constatifs et énoncés performatifs

Parler, ce n'est pas seulement décrire passivement ce qui est : c'est également agir. Le philosophe anglais **John L. Austin** distingue, dans son ouvrage au titre évocateur

Quand dire, c'est faire (1962), deux types d'énoncés. D'un côté, **les énoncés « constatifs » décrivent** la réalité telle qu'elle est, sans agir sur elle : dire « J'ai faim », par exemple, c'est témoigner de la réalité de ma faim. De l'autre, **les énoncés « performatifs »** (de l'anglais *to perform*, « accomplir ») **réalisent** eux-mêmes les actions qu'ils énoncent : dire « Je te promets » ou « Je te maudis », par exemple, cela ne revient pas à constater une promesse ou une malédiction qui existerait par ailleurs (c'est-à-dire en dehors du langage), mais à promettre ou maudire effectivement.

B Le pouvoir des mots : action et manipulation

Faire faire

Le plus souvent, **on parle pour s'adresser aux autres**. Que ce soit seulement pour obtenir des informations, mais également pour les séduire, les réconforter ou les manipuler, la parole est en elle-même **une manière d'agir sur eux**, de les influencer ou les pousser à se comporter de telle ou telle façon (ou, au contraire, à se retenir d'agir) grâce au pouvoir de convaincre ou à celui de persuader. C'est ce que le linguiste **Roman Jakobson** appelait *« la fonction conative du langage »*, à savoir celle qui pousse le destinataire d'un message à agir d'une certaine façon.

> **Repères**
>
> **Persuader** quelqu'un, c'est jouer sur ses sentiments, le flatter ou exciter ses peurs pour l'influencer et le faire changer d'avis, tandis qu'argumenter consiste à ne recourir qu'à des arguments rationnels*, dans le but de le **convaincre**.

Faire une déclaration

C'est le cas, de manière évidente, d'ordres ou d'une déclaration de guerre, mais aussi de mots que nous prononçons ou entendons prononcer quotidiennement, comme les paroles d'amour. Quelle puissance dans une déclaration d'amour… ou de désamour ! Ces exemples suffisent à montrer qu'une simple parole peut avoir des conséquences très importantes dans la réalité. C'est ce qu'on appelle « causer », dans le double sens de « parler » mais aussi de « produire des effets » !

La force de la rhétorique*

Dans l'Antiquité grecque, les sophistes étaient célèbres pour leur maîtrise du discours capable de persuader des foules. **Platon** dénonce, d'ailleurs, l'inquiétante toute-puissance de la rhétorique dans le *Gorgias*. Même si le médecin, le professeur de sport et

> **Rappel**
>
> Les **sophistes** étaient d'habiles orateurs qui rédigeaient et prononçaient des discours pour de riches clients, dans un but politique ou lors d'un procès, par exemple. Platon craignait qu'on ne les confonde avec les philosophes, qui, eux, ne visent que la vérité de façon désintéressée.

l'économiste se vantent chacun de détenir le plus grand art, puisqu'ils produisent respectivement la santé, la beauté et la richesse, c'est l'orateur qui est le plus fort de tous, pour Gorgias, car il est capable de persuader tout le monde. Et ne croyons pas que les sophistes ont disparu ! Aujourd'hui, ce sont les différents publicitaires et autres professionnels de la communication qui prétendent jouer ce rôle.

EN RÉSUMÉ

Parler peut n'être que du bavardage inutile et vain… mais cela donne aussi un très grand pouvoir, notamment de manipulation mentale ! Dire, c'est agir.

Jean Jaurès à la tribune de la Chambre des députés (1903), de Jean Veber.

Jean-Jacques Rousseau, *Essai sur l'origine des langues* (posthume, 1781)

D'où vient le langage ? Même si les langues primitives sont perdues, on croit souvent que c'est sous la pression du besoin qu'il serait apparu : le besoin d'échanger des informations et des biens. Or Rousseau, dont la démarche n'est pas celle d'un historien, mais bien celle d'un strict philosophe, fait l'hypothèse que le langage et la musique ont une origine commune : la mélodie. Tous deux ne relèvent ni de la physique ni de la rationalité, mais de la passion, du sentiment, bref de la poésie et du cœur : *« On ne commença pas par raisonner, mais par sentir »*, écrit-il. Ainsi les premières langues étaient-elles chantées.

L'oral et l'écrit

Rousseau considère qu'il reste une trace de cette origine dans ce qui différencie la nature même de la langue écrite de celle de la langue orale, qui fut la première. Par écrit, **on expose plus clairement** ses idées froides et la rigueur de ses raisonnements les plus méthodiques. À l'oral, en revanche, **on exprime avec plus de force** et de vivacité ses émotions, en utilisant la sensibilité et la présence affective de la voix humaine.

Les animaux communiquent leurs besoins par des gestes

Si l'homme n'avait éprouvé que des besoins physiques à communiquer à autrui, il se serait aisément contenté de le faire avec des gestes. C'est, d'ailleurs, ce que font les animaux : d'un point de vue physiologique, ils ont à leur disposition suffisamment d'organes pour communiquer et ils communiquent, en effet, au sens d'une « communication rudimentaire »… mais ils ne parlent pas.

> **Citation clé**
>
> *« Les premières langues furent chantantes et passionnées avant d'être simples et méthodiques. »*

Seuls les hommes parlent

L'invention du langage humain nécessite une autre explication. Ce que **les hommes ont eu à échanger** par la parole, ce sont **des *« besoins moraux »***, explique Rousseau, autrement dit des passions, des désirs. Pour cela, il fallait la voix et non plus seulement le geste. Le langage figuré de la poésie fut donc le premier parmi les hommes et il aurait précédé, chez eux, l'exercice de la rationalité.

CONCLUSION

CE QU'IL FAUT RETENIR

1. Le langage permet-il de décrire la réalité ?

Les mots désignent – parfois imparfaitement, comme le souligne **Bergson** – des choses qui leur préexistent. Mais le langage a également un pouvoir évocateur et créateur qui lui permet de parler de ce qui n'existe pas, d'inventer des fictions et des mondes imaginaires.

2. Pourquoi les hommes parlent-ils plusieurs langues ?

Chaque langue découpe la réalité selon une manière propre : ce qui a pour conséquence certaines incompréhensions entre les hommes qui ne peuvent pas « s'entendre ». Mais la pluralité des langues permet aussi les échanges et la découverte de cultures différentes.

3. Le pouvoir du langage est-il sans limites ?

Ne croyons pas que les paroles soient vaines ! Le langage donne un grand pouvoir à celui qui sait le maîtriser car il peut parvenir à persuader les autres de se mettre à son service. Et les énoncés « performatifs » (selon la formule de **John Austin**) sont de véritables actions à eux tout seuls.

LE LANGAGE SELON...

- **Platon :** les mots copient les choses comme le font des peintures *(Cratyle)*.
- **Le sophiste Gorgias :** les maîtres de rhétorique* sont les plus puissants des hommes grâce à leur capacité à persuader de tout et de n'importe quoi (Platon, *Gorgias*).
- **Rousseau :** l'écrit est la langue de l'exactitude et de la raison*, l'oral celle des sentiments et de la passion.
- **Bergson :** le langage est impropre à rendre toute la richesse de notre vie intérieure dans ce qu'elle a de personnel et d'intime.
- **John Austin :** certains énoncés dit « performatifs » ne décrivent pas des actions mais accomplissent eux-mêmes des actions.

Sujets possibles du bac

DISSERTATION 1 Le langage ne sert-il qu'à communiquer ?

- Il ne s'agit pas de mettre en question le fait que le langage serve à communiquer.
- Mais la restriction « ne… que » invite à se demander à quoi d'autre le langage pourrait aussi servir. Il faut explorer et hiérarchiser les différentes options possibles : il peut servir à agir, à stimuler l'imaginaire… ou au simple plaisir de bavarder ! ⟶ 1B (p. 162) et 3B (p. 165)

DISSERTATION 2 Le langage est-il spécifiquement humain ?

- La question concerne d'abord les animaux : peut-on dire qu'ils ont un langage et qu'ils parlent ou qu'ils communiquent seulement ? La réponse dépendra du sens qu'on donne au mot « langage ». Si chaque langue est porteuse d'une culture, il semblera difficile d'accorder aux animaux la possession d'une langue propre. ⟶ 2 (p. 162)
- On peut élargir la question aux ordinateurs (les langages informatiques sont-ils de véritables langages ou seulement des codes ?) et aux végétaux (communiquent-ils par leurs racines ?) ⟶ Peter Wohlleben (*La Vie secrètes des arbres*, Les Arènes, 2017) et 2C (p. 163)

DISSERTATION 3 Peut-on tout dire ?

- Prendre l'exemple des incitations à la haine qui sont interdites par la loi… mais aussi des paroles d'amour, qu'on peut parfois ne pas arriver à dire, par pudeur ! ⟶ 3A (p. 164) et 3B (p. 165)
- La question se pose d'abord quant à la capacité pratique : dire l'indicible… ⟶ 1C (p. 162)
- Mais la question se pose aussi au sujet du droit et de la morale. Il y a certaines paroles qu'on ne peut pas dire (par exemple, des mensonges ou des aveux) ou qu'on peut dire mais pas à n'importe qui. Pour Jankélévitch, il faut adapter ce que l'on dit à la maturité du destinataire et ne pas dire tout, brutalement et sans nuance. ⟶ Vladimir Jankélévitch

SUJET DU BAC CORRIGÉ

Explication de texte

4 heures

« Quelle est la fonction primitive du langage ? C'est d'établir une communication en vue d'une coopération. Le langage transmet des ordres ou des avertissements. Il prescrit ou il décrit. Dans le premier cas, c'est l'appel à l'action immédiate ; dans le second, c'est le signalement de la chose ou de quelqu'une de ses propriétés, en vue de l'action future. Mais, dans un cas comme dans l'autre, la fonction est industrielle, commerciale, militaire, toujours sociale. Les choses que le langage décrit ont été découpées dans le réel par la perception humaine en vue du travail humain. Les propriétés qu'il signale sont les appels de la chose à une activité humaine. Le mot sera donc le même, comme nous le disions, quand la démarche suggérée sera la même, et notre esprit attribuera à des choses diverses la même propriété, se les représentera de la même manière, les groupera enfin sous la même idée, partout où la suggestion du même parti à tirer, de la même action à faire, suscitera le même mot. Telles sont les origines du mot et de l'idée. L'un et l'autre ont, sans doute, évolué. Ils ne sont plus aussi grossièrement utilitaires. Ils restent utilitaires cependant. »

Henri Bergson, *La Pensée et le Mouvant*, 1934.

Travail préparatoire

Fiches-méthode 8 à 15, p. 32

Les principales difficultés posées par le texte

Même si l'idée principale apparaît plutôt facilement, les termes utilisés par Bergson sont assez abstraits. Il faut donc, pour rendre le texte plus aisément compréhensible, ne pas hésiter à le rendre plus concret et à définir certains termes assez vagues comme *« coopération »*, *« fonction primitive »* ou *« utilitaires »*.

La problématique du texte

La problématique est formulée au début du texte, sous forme de question : « Quelle est la fonction primitive du langage ? » Autrement dit : à quoi est-il prévu de servir à l'origine ? Bergson y répond aussitôt, mais tout cet extrait est une justification de la réponse qu'il apporte.

Corrigé commenté

Les **textes en bleu** ne doivent pas figurer dans votre devoir. Nous les avons ajoutés pour vous aider à repérer la progression de la dissertation.

Les conseils du professeur

Introduction

[Présentation du thème] Qu'il soit oral ou écrit, qu'il concerne les conversations entre amis, les échanges professionnels ou la simple vie intérieure, le langage est partout autour de nous et même en nous. Il ressemble à un outil multifonction qui serait bon à tout faire.

[Énoncé du problème et de la thèse] Mais ne répond-il pas à un besoin plus fondamental ? On peut, en effet, s'interroger sur le rôle originel du langage : permet-il d'exprimer ses pensées ou sert-il des intérêts pratiques ? Dans *La Pensée et le Mouvant*, Bergson ramène le langage à ses origines et, plus précisément, à ce qu'il appelle sa « *fonction primitive* », à savoir la coopération pour l'action : selon lui, on parlerait, d'abord et avant tout, pour s'adresser aux autres et leur demander d'agir.

[Annonce du plan] Dans une 1re partie (l. 1-6), Bergson annonce sa thèse, puis distingue le langage prescriptif et le langage descriptif. Aux lignes 6-14, le philosophe ramène ces deux aspects à la seule dimension de l'action. À la fin de cet extrait (l. 14-16), cependant, il rappelle qu'il n'a fait que dégager l'origine du langage, de laquelle il s'est, depuis, éloigné, et suggère ainsi qu'on ne doit pas le limiter à cette fonction originellement sociale.

1. Les deux fonctions du langage

Dans un premier temps, on pourrait croire que Bergson assigne deux fonctions différentes au langage : celle de prescrire et celle de décrire.

a) La question initiale

Dès le début de notre extrait, Bergson pose la question à laquelle il répond dans le reste de celui-ci : « *Quelle est la fonction primitive du langage ?* » Par « *fonction primitive* », il faut entendre, ici, la fonction première ou originelle, autrement dit

Il peut être bienvenu d'utiliser ses connaissances pour mettre en valeur le texte.

celle qui a été assignée au langage dès l'origine, la raison de son fondement. Pourquoi, en effet, les êtres humains se sont-ils mis à parler ? Qu'attendaient-ils du langage ? À cette même question, on sait que Rousseau apporte sa propre réponse dans son *Essai sur l'origine des langues* : pour lui, les premières langues étaient poétiques et le langage servait d'abord à l'individu, car il lui permet d'exprimer ses passions et ses émotions.

On comprend mieux l'originalité de la thèse de Bergson si on la compare à celle de Rousseau puisque leurs problématiques sont similaires.

b) L'énoncé de la thèse

La réponse de Bergson est très différente puisqu'il considère que le langage sert, d'abord, à *« établir une communication en vue d'une coopération »*. D'emblée, le philosophe inscrit donc cette fonction dans une dimension à la fois sociale et pratique. Qu'on parle pour communiquer semble assez banal – quoiqu'on puisse imaginer qu'on cherche, d'abord, à se parler à soi-même. En revanche, qu'il s'agisse de communiquer pour coopérer, c'est-à-dire littéralement « opérer ensemble », « agir avec les autres et travailler avec eux », voilà qui va moins de soi : ne parle-t-on pas aussi et surtout pour décrire le monde ou dire ce que l'on pense, pour le simple plaisir de communiquer ? Comment Bergson étaye-t-il sa thèse ?

Ici, la thèse figure explicitement dans le texte. Mais c'est loin d'être toujours le cas… et ça ne vous dispense pas de l'expliquer !

c) Prescription et description

Le philosophe distingue deux cas. En premier lieu, considère-t-il, le langage sert à prescrire, c'est-à-dire à donner des ordres en vue d'une action immédiate. En second lieu, il sert à décrire, à avertir et signaler quelque chose en vue d'une action future. Pourquoi distinguer deux cas seulement et pourquoi ces deux-là ? Le langage ne sert-il pas aussi à se souvenir de quelque chose ou à décrire pour le plaisir de connaître sans que la description débouche sur une quelconque action pratique ? Bergson ne s'en explique pas. On peut supposer qu'il distingue la situation où le langage dit ce qui est – la description – et celle où il dit ce qui est amené à être – la prescription – et que, s'il « oublie » de prendre en compte celle où le langage dit ce qui a été – la remémoration ? –, c'est parce qu'on peut la ramener aux deux précédentes. Mais il y a apparemment un certain arbitraire dans ce choix.

Petite paraphrase qui permet de rassembler les idées pour mieux préparer le questionnement philosophique proprement dit.

On a le droit de souligner les silences du texte, à condition de le faire quand c'est justifié et dans le respect dû aux auteurs.

2. La finalité commune

Dans un second moment du texte, Bergson ramène les deux dimensions qu'il vient de distinguer à une seule et même fonction : préparer l'action future avec les autres pour assurer la vie en commun.

a) La dimension sociale

Bergson, en effet, prend tout de suite le contre-pied de la distinction qu'il vient d'établir entre la prescription et la description. Par-delà les deux rôles du langage qu'il a décrits, et qui semblaient supposer deux temporalités différentes – le présent et l'avenir –, il considère, en effet, que la fonction primitive du langage reste la même. Autrement dit, quelles que soient les différentes formes que revêtent nos paroles, c'est toujours, à l'origine, pour un seul et même usage que nous parlons, à savoir pour coopérer, pour travailler ensemble, pour agir en commun au sein d'une société : selon lui, tout usage du langage est « social ». Et quand on pense tout seul ? Bergson ne se fait pas l'objection, mais on peut émettre l'hypothèse qu'il répondrait que l'on pense toujours pour s'apprendre à soi-même ce qu'on veut faire, dans une sorte de dialogue avec soi-même qui n'est pas sans rappeler la définition que Platon donne de la pensée dans le *Théétète*.

b) L'utilité pratique

Ce faisant, Bergson s'oppose à deux types d'adversaires à la fois. D'un côté, ceux qui, comme Rousseau, considèrent que le langage sert surtout à exprimer les émotions personnelles et les passions que chacun éprouve. De l'autre, ceux qui ne voient, dans le langage, qu'un outil tourné vers la connaissance pure et détaché de toute fonction pratique. Bergson va même très loin puisqu'il considère que c'est selon cette visée sociale très concrète que le langage « découpe » la réalité d'une certaine façon, en reconnaissant telle ou telle de ses parties comme des choses. Pour lui, en effet, l'intelligence de l'*Homo faber* est davantage tournée vers l'action que vers la connaissance, vers la pratique plutôt que vers la théorie. Il en va de même pour le langage, qui a originellement une fonction sociale, pratique et utilitaire.

Référence à une thèse bien connue de Bergson (*cf.* p. 264).

[Transition] Est-ce à dire, cependant, que le langage ne pourrait être utilisé à d'autres fins ? Ne se sert-on pas aussi de lui pour connaître ou pour rêver ? Et la poésie dans tout ça ?

3. Le langage aujourd'hui

La fin de l'extrait sonne, en effet, comme un avertissement. Bergson prévient contre une lecture trop rapide qu'on pourrait faire et une interprétation erronée de sa pensée qui s'ensuivrait : il n'affirme pas que c'est la seule fonction du langage, mais seulement que c'en est la fonction primitive et originelle.

a) Utilitaires ou pas ?

Les dernières phrases de l'extrait peuvent sembler ambiguës : Bergson y déclare à la fois que le mot et l'idée ne sont plus aussi « *grossièrement utilitaires* » (c'est-à-dire assignés à un usage pratique) mais qu'ils restent « *utilitaires cependant* ». C'est qu'à ses yeux le langage est dans un rapport lui-même ambigu : il est fondamentalement imparfait en cachant et révélant à la fois, en permettant l'expression et en la trahissant à la fois. On sait, en effet, qu'il conçoit les mots comme un écran qui tend à nous couper de la réalité des choses mêmes et de nous-même. En permettant la communication, le langage est fait de sens et de lieux « communs » qui sont, certes, utiles pour permettre l'action mais qui échouent, parfois, à dire l'intime et à cerner la vérité des pensées et des sentiments.

Utilisation des connaissances du cours (car, même si la connaissance de l'auteur n'est pas indispensable… elle peut, parfois, aider !).

b) Origine et fondement

Quels que soient ses défauts, le langage n'est cependant pas cantonné à sa fonction pratique de communication en vue d'une coopération, car ce ne sont là que ses « origines ». On comprend mieux pourquoi Bergson qualifiait cette fonction de « *primitive* » et pas seulement de « *première* » : c'est qu'elle est aujourd'hui largement dépassée, car l'histoire lui a permis d'évoluer. On peut, en effet, supposer que les progrès de la technique ont rendu moins urgente la coopération entre les hommes, qui peuvent échanger des propos plus théoriques, abstraits, voire contemplatifs, comme le font les poètes. Le langage n'est plus pleinement déterminé par cette vocation pratique initiale qui permet donc de définir l'*origine* du langage, autrement dit son commencement, mais pas son *fondement*, c'est-à-dire sa raison d'être et sa justification profonde.

Utilisation des repères philosophiques « origine/fondement ».

Conclusion

Avant de devenir un rapport à soi, à ses sentiments personnels, ses passions intimes ou ses propres idées, le langage aurait, ainsi, une fonction sociale, selon Bergson. Il serait ce qui initie la coopération et la vie en communauté. Ce n'est pourtant là que sa fonction primitive et première, à laquelle il ne faut pas le réduire. En ce sens, on pourra prolonger la réflexion qu'inspire ce texte par celle de Roman Jakobson évoquant les six fonctions du langage dans ses *Essais de linguistique générale* : référentielle (ou dénotative), expressive (ou émotive), conative, phatique, métalinguistique et poétique. Selon cette classification, on dira que Bergson place essentiellement la fonction conative au cœur même du langage, là où Rousseau mettait en avant les fonctions émotives ou poétiques.

Il serait anachronique d'expliquer Bergson par Jakobson puisque ce dernier est plus récent. On peut expliquer le postérieur par l'antérieur (*ex.* : Bergson par Rousseau), mais pas l'inverse.

NOTION 9
La liberté

La Liberté guidant le peuple (1830), d'Eugène Delacroix.

Qu'est-ce que la liberté ?

La liberté est communément définie comme une absence de contraintes et un plein épanouissement de ses désirs. Elle se traduit par une puissance d'agir et de penser accompagnée d'un sentiment d'indépendance.

- **Contraintes :** forces extérieures qui empêchent et restreignent le champ d'action de l'individu qui les subit ; elles semblent, à première vue, liberticides. Elles peuvent être manifestes (les lois, les règlements) ou intériorisées (les coutumes, les mœurs).
- **Désirs :** aspirations à la possession d'un bien qui nous manque et dont on imagine qu'il nous procurera du plaisir. Être libre, pense-t-on, c'est « faire tout ce que l'on veut », c'est-à-dire tout ce que l'on désire.
- **Indépendance :** l'individu est dit « indépendant » lorsque son existence n'est suspendue à aucune condition extérieure. L'*indépendance* est synonyme de « liberté totale et absolue ».

QUESTIONS PHILOSOPHIQUES

1. Être libre, est-ce faire ce que l'on veut ?

Il s'agit, ici, de voir si la liberté peut être identifiée à un plein épanouissement de nos désirs.

Perspective : L'existence humaine et la culture

2. Suffit-il de se sentir libre pour l'être réellement ?

Le problème est que, sous nos choix apparents, des contraintes invisibles peuvent s'exercer, mettant à mal notre liberté. Nous ne sommes peut-être pas aussi libres qu'il y paraît.

Perspective : La connaissance

3. La liberté se nourrit-elle de contraintes ?

L'enjeu, ici, est de repenser la contrainte et de cesser d'y voir le contraire de la liberté. Certaines contraintes peuvent, en effet, servir la liberté.

Perspective : La morale et la politique

1 Être libre, est-ce faire ce que l'on veut ?

La devise rabelaisienne de l'abbaye de Thélème *(« Fais ce que voudras »)* résonne comme la plus douce des invitations. Cela s'explique par le fait que nous comprenons habituellement la liberté comme un plein épanouissement de nos désirs.

A La liberté n'est pas la licence

- La *licence* désigne « la possibilité de faire tout ce qu'on désire sans contrainte ». Mais cela suffit-il pour être libre ? Le désir se définit comme une envie, une attirance envers un objet qu'on n'a pas et qu'on imagine agréable. C'est une force contraignante qui s'empare de nous et qu'on subit : je ne décide pas, par exemple, de désirer cette personne à midi. Dès lors, faire ce qu'on désire, n'est-ce pas risquer de devenir l'esclave de ses envies ? Un enfant capricieux qui ferait tout ce qu'il désire à longueur de journée ne semble pas libre, mais plutôt prisonnier de ses caprices.

- Pour sortir de cette difficulté, il nous faut distinguer deux sens de l'expression « faire ce que l'on veut » : ce n'est pas seulement « faire ce que l'on désire », mais c'est aussi « faire ce que l'on a la volonté de faire ». La liberté se situerait alors plutôt du côté de la volonté. Pour distinguer *désir* et *volonté*, **Locke** prend l'exemple d'un homme endormi qu'on transporte auprès de l'objet de son désir dans une pièce fermée à clé. Cet homme y fait, certes, ce qu'il désire, mais il n'est pas libre : il n'a pas décidé d'entrer et ne peut pas choisir de sortir. Ce qui lui manque, c'est de vouloir ce qu'il fait et de pouvoir faire ce qu'il veut. Le désir est subi, alors que la volonté, elle, est active et repose sur un choix. Être libre, ce n'est donc pas faire ce que l'on désire mais vouloir ce que l'on fait.

B Le libre arbitre est le propre de l'homme

- Pourquoi la volonté serait-elle plus libre que le désir ? Parce qu'elle met en œuvre notre capacité de choisir, c'est-à-dire notre libre arbitre. Celui-ci désigne « un pouvoir de choisir et une autodétermination à l'action ». Délibérer avant d'agir, peser le pour et le contre, envisager les possibilités qui s'offrent à soi, décider de s'engager pour l'une d'elles en renonçant aux autres, voilà ce qui fait de l'homme un être libre, à la différence des plantes et des animaux.

- **Thomas d'Aquin** compare ainsi l'homme à l'animal : tous deux sont capables de juger avant d'agir, mais seul l'homme peut juger en s'appuyant sur sa capacité de discernement qu'est la raison*, le jugement animal étant dicté par l'instinct. Face à un loup, une brebis juge instinctivement qu'il faut fuir ; dans la même situation, l'homme peut réfléchir et envisager différentes actions. Grâce à sa raison, il peut juger qu'il faut fuir, combattre ou se résigner. Alors que l'animal est déterminé par la nécessité naturelle, le libre arbitre humain introduit de la contingence* et ouvre plusieurs possibilités d'action soumises à délibération. L'homme est, ainsi, un être responsable de ses actes car lui seul peut se déterminer, par ses choix raisonnés, à agir.

> **Repères**
>
> ***Nécessité*** s'oppose à ***contingence***. Est nécessaire ce qui se produit inévitablement, ce qui ne peut pas ne pas être ; est contingent ce qui peut arriver ou ne pas arriver. Par exemple, la mort est une chose nécessaire ; il est impossible que je sois immortel. En revanche, que je vive jusqu'à 100 ans est contingent ; il est possible que je meure avant.

C Une liberté illimitée

- Il semblerait que l'homme dispose d'une liberté totale et qu'il n'ait pas d'autre choix que d'être toujours libre. Si un tyran me menace physiquement pour que j'accomplisse sa volonté au détriment de la mienne, je peux toujours choisir de refuser,

> **Citation clé**
>
> ***« Nous sommes condamnés à être libres »*** (Jean-Paul Sartre, *L'existentialisme est un humanisme*, 1946). Paradoxalement, l'homme n'est pas libre d'échapper à sa liberté : aussi contraignante qu'elle paraisse, toute situation révèle des possibilités d'action pour lui.

quitte à le payer de ma vie ; si je lui obéis, c'est parce que j'ai choisi de ne pas sacrifier ma vie. Même lorsque nous sommes plongés dans l'irrésolution et que nous ne parvenons pas à nous décider, c'est parce que nous avons choisi de ne pas choisir.

- Le choix est au commencement de l'existence humaine, et toute situation contraignante sert à révéler, selon **Sartre**, cette liberté absolue originelle dont nous sommes responsables et qui peut nous angoisser. Choisir une chose, en effet, c'est renoncer à toutes celles qu'on n'a pas choisies et, peut-être, le regretter plus tard. Quel élève n'a jamais été inquiet au moment de choisir une voie pour ses études supérieures parmi l'éventail des voies possibles s'offrant à lui ?

EN RÉSUMÉ

La liberté n'est donc pas dans l'épanouissement de nos désirs, mais dans l'exercice de notre volonté.

2 Suffit-il de se sentir libre pour l'être réellement ?

L'homme se sent libre lorsque rien ne vient entraver ses actions. Il n'est, pourtant, pas sûr que ce sentiment suffise à garantir l'existence réelle de sa liberté.

A Le poids de la responsabilité

- Si sa liberté est totale, absolue, alors l'homme doit toujours répondre de ses actions. La liberté et la responsabilité vont, en effet, toujours ensemble : au tribunal, par exemple, j'ai à répondre de mes actes ; je suis tenu responsable si j'étais libre au moment d'agir et irresponsable si je ne l'étais pas. Un homme qui commet un crime lors d'une crise de somnambulisme ne peut être tenu pour responsable de ce qu'il a fait. Cette responsabilité n'est-elle pas un fardeau trop lourd pour nos épaules, au vu de toutes les décisions que nous prenons quotidiennement ? C'est, précisément, pour se décharger de ce poids que nous pouvons volontairement renoncer à notre capacité de choisir et privilégier le confort de l'obéissance. C'est ce que **La Boétie** désigne par l'expression paradoxale de *« servitude volontaire »*.

> **Repères**
>
> ***Absolu*** s'oppose à ***relatif***. Est absolu ce qui existe en soi, indépendamment des circonstances ; est relatif ce qui dépend d'autre chose pour exister. Une liberté absolue est une liberté qui s'exerce partout et tout le temps sans limites ; une liberté relative dépend des circonstances et admet des degrés.

- Nous laissons, bien souvent, les autres décider à notre place. Il est bien plus confortable d'obéir aux traditions, aux figures autoritaires, voire aux objets techniques que de prendre le risque de choisir par soi-même. Quand j'utilise un GPS ou obéis sans réfléchir aux ordres de mon supérieur hiérarchique, j'abandonne volontairement ma capacité de décider et renonce à mon libre arbitre, sans pour autant avoir l'impression d'être contraint.

B Le libre arbitre est une illusion

- Et si les possibilités d'action n'étaient pas réelles ? Et si nos choix étaient dictés à notre insu ? C'est ce qu'envisage **Spinoza**, lorsqu'il écrit que *« l'homme n'est pas un empire dans un empire »* (*Éthique*, 1677) et le compare, dans sa correspondance, à un caillou en pleine chute. Donnons à un caillou le sentiment de savoir ce qu'il fait : il croira tomber librement parce qu'il a conscience de ce qui lui arrive et parce qu'il ignore les causes extérieures qui déterminent réellement sa chute. Or **l'homme pas plus que le caillou n'échappe au « déterminisme* naturel »**, cette conception selon laquelle tous les événements naturels sont reliés entre eux par une loi de succession causale nécessaire. Quand l'homme croit être la cause volontaire de son action, ce qu'il fait n'est, en réalité, que l'effet d'une causalité extérieure qui le détermine : **l'indépendance et l'autodétermination volontaire sont illusoires.** L'homme se sent libre mais il vit sans le savoir dans une prison invisible faite de contraintes naturelles, sociales et politiques.

- Prenons l'exemple de ce que l'on appelle aujourd'hui **« le *Big Data* »**, ces trillions (des milliards de milliards !) de données et d'informations enregistrées à propos de nos comportements sur Internet. Ces données sont, ensuite, analysées par de grandes entreprises afin de prévoir le plus finement possible les choix du consommateur et lui proposer des produits qu'il serait le plus susceptible d'acheter au regard des informations accumulées sur lui. N'est-ce pas là la preuve que les comportements humains sont prévisibles et que le choix, loin d'être libre, n'est que l'effet de causes que nous ignorons ?

La Main de Dieu (1907),
d'Auguste Rodin.

EN RÉSUMÉ

Il ne suffit donc pas de se sentir libre pour l'être réellement, puisque nos choix sont déterminés à notre insu. Le libre arbitre est un leurre.

3 La liberté se nourrit-elle de contraintes ?

Si les contraintes abolissent notre liberté, il faut alors reconnaître que l'homme, en tant qu'il est le jouet de déterminations qu'il ignore, est plongé dans la servitude. Il n'est, cependant, pas condamné à y demeurer, à condition de considérer les contraintes comme une chance qui lui est offerte pour se libérer.

A Comprendre les contraintes pour devenir libre

- Se libérer de l'illusion du libre arbitre, n'est-ce pas faire un premier pas hors de la servitude ? L'homme n'est peut-être pas spontanément libre, mais il peut s'efforcer de le devenir par une meilleure compréhension des différentes contraintes qui pèsent sur lui : être libre, c'est agir en connaissance de cause.

> **À retenir**
>
> **Descartes** distingue la *« liberté d'indifférence »* et la *« liberté éclairée »*. La première, plus bas degré de liberté, consiste à agir sans réel motif. La seconde, qui lui est supérieure, consiste à agir volontairement en connaissance de cause, la volonté étant éclairée par l'intelligence.

- Au milieu d'une mer agitée, un marin même aguerri ne peut aller directement où il veut, en raison de la force des vents et de la mer ; mais c'est, précisément, par la connaissance de ces forces naturelles qu'il s'approchera, par un chemin détourné, de sa destination. Parce que nous les comprenons, les contraintes physiques peuvent servir de points d'appui pour notre action, laissant une marge de manœuvre dans laquelle s'exprime la liberté humaine.

B La liberté comme autonomie morale

- L'humain est une personne capable de décider librement des contraintes qui réguleront son comportement. C'est là l'expérience paradoxale de la liberté morale que **Kant** souligne (*cf.* p. 98). La contrainte ainsi choisie est une obligation que je m'impose en toute autonomie. Pour cela, il est nécessaire de faire l'hypothèse, dans le domaine de l'action, de l'existence de la liberté humaine ; sinon, cela reviendrait à dire, en nous abritant derrière le déterminisme*, que nous ne sommes jamais responsables de ce que nous faisons – ce qui ouvre la porte aux actions les plus immorales.

- Décider de passer le bac, c'est faire siennes toutes les obligations qui découlent de ce choix ; de même, aussi désagréable et contraignant soit-il, le réveil matinal pour aller travailler est bien une épreuve paradoxale de liberté dans l'accomplissement de mon devoir d'élève.

C Les lois, support de l'autonomie politique

- Les lois politiques sont un autre exemple de support pour la liberté : l'homme n'est pas libre tout seul. On dit souvent que « la liberté des uns s'arrête là où commence celle des autres », comme si la liberté résidait uniquement dans le principe de non-nuisance physique à autrui. Cela n'a, pourtant, rien d'une évidence ; en effet, il est plus intéressant de dire que ma liberté commence avec celle des autres. C'est ce que l'on peut déduire de la philosophie politique de **Rousseau**. **Les lois**, nous dit-il, **trouvent leur origine dans une volonté générale qui est aussi l'expression de ma propre volonté**, même si mes désirs particuliers ne sont pas toujours satisfaits. L'autonomie politique est une autre forme de liberté dans l'obéissance aux lois que l'on a choisies. En leur obéissant, je ne fais que renouveler mon consentement à un contrat social* que je m'approprie en tant que citoyen(ne).

> **Exemple clé**
>
> **Un monde sans loi est-il plus libre ?**
> Dans la plupart des œuvres traitant de la fin du monde (apocalypse, invasion de zombies, etc.), la fin du règne des lois politiques coïncide avec la disparition de la liberté de tous, les plus faibles étant soumis au pouvoir tyrannique des plus forts.

- Soit un individu qui aime écouter fort du rock chez lui le soir et son voisin qui préfère écouter fort du rap. Ils ne peuvent pas mettre au même moment leur musique, sous peine de ne plus rien entendre dans cette cacophonie. Les deux voisins ont, pourtant, la même volonté générale : écouter de la musique. S'ils se rencontrent et passent un contrat, ils peuvent décider d'une loi exprimant leur volonté générale et permettant de satisfaire leur volonté particulière d'écouter un style de musique : le premier écoute du rock les jours pairs, le second écoute du rap les jours impairs, chacun devant s'abstenir de diffuser sa musique pendant que l'autre écoute la sienne. En obéissant à cette loi d'alternance, chaque voisin est libre, y compris lorsqu'il s'abstient d'écouter sa musique. **Ils sont libres ensemble, et non pas chacun dans leur coin.**

EN RÉSUMÉ

C'est donc dans un usage bien compris des contraintes, voire dans l'instauration décidée de contraintes morales ou politiques, que l'homme devient libre.

Jean-Paul Sartre, *L'existentialisme est un humanisme* (1946)

L'existentialisme est un humanisme est une conférence prononcée par Sartre dans l'immédiat après-guerre, en réponse aux critiques chrétiennes et communistes qui reprochaient aux personnages sartriens leur désespoir, ne satisfaisant aucun idéal d'une humanité exemplaire. Or c'est précisément cette absence d'une nature humaine prédéfinie qui fait de la liberté le fait inévitable de l'existence.

L'existence précède l'essence

Les morales chrétiennes considèrent que l'homme a une nature humaine prédéfinie, une « essence* », qui précède et oriente son existence. **Sartre renverse l'idée selon laquelle on naîtrait, par exemple, héros ou lâche, bon ou mauvais : d'après lui, l'existence humaine précède son essence.** Il n'y a pas de nature humaine, d'essence prédéterminée, mais l'homme se définit par ses actions au cours de son existence. Ainsi, on ne naît pas héros ou lâche, mais on agit héroïquement ou lâchement.

L'homme est condamné à être libre

L'être humain a toujours le choix. Une situation contraignante ne fait que révéler plus vivement que devoir faire des choix est au commencement de toute existence humaine. Une montagne face à moi n'est un obstacle que parce que ma condition physique d'aujourd'hui m'empêche de la gravir ; elle n'en serait pas un si j'avais continué le sport. Les possibilités d'aujourd'hui n'étant pas celles d'hier, la liberté est donc toujours nouvelle et à inventer. Il n'y a pas de destin, si ce n'est celui d'une liberté inévitable. **L'homme n'a pas d'autre choix que de devoir toujours choisir.**

La responsabilité de soi et de l'humanité

> **Citation clé**
>
> *« L'homme sans aucun appui et sans aucun secours est condamné à chaque instant à inventer l'homme. »*

Loin d'être une insouciance, cette liberté absolue s'accompagne d'une inquiétude et d'une responsabilité liées à chacune de nos actions. **La responsabilité est le contraire de ce que Sartre nomme *« la mauvaise foi »***, attitude qui revient à se réfugier derrière une « nature » prédéterminée pour ne pas assumer ses actes. Chaque choix nous engage individuellement et collectivement : on choisit toujours face aux autres, et chaque action engage l'humanité tout entière en tant que celle-ci se crée en permanence. C'est là l'optimisme et l'humanisme sartriens : l'homme n'est pas un objet, mais il se définit comme « projet », c'est-à-dire comme un individu capable de toujours dépasser sa situation vers des possibilités.

CONCLUSION

CE QU'IL FAUT RETENIR

1. Être libre, est-ce faire ce que l'on veut ?

La satisfaction de tous nos désirs risque, paradoxalement, de nous priver de liberté. Être libre, c'est mettre volontairement en œuvre un choix en toute indépendance, parfois contre ses désirs, et pouvoir en répondre. Le libre arbitre, qui permet de distinguer la volonté du désir, fait de la liberté un pouvoir d'autodétermination.

2. Suffit-il de se sentir libre pour l'être réellement ?

Nous sommes peut-être des prisonniers qui ignorent leur propre condition. La responsabilité qui accompagne le libre arbitre peut être un fardeau dont nous nous déchargeons en laissant d'autres choisir à notre place, sans avoir l'impression de renoncer pour autant à notre liberté. De plus, l'idée d'un libre arbitre absolu est une fiction : sous nos choix apparents s'exerce une multitude de contraintes qui nous poussent à agir à notre insu.

3. La liberté se nourrit-elle de contraintes ?

Loin d'être seulement le contraire de la liberté, la contrainte, dans certaines de ses formes, peut en constituer un aspect. La liberté réside dans la marge de manœuvre laissée par les contraintes qui nous permet d'en jouer ou encore dans le fait de décider de celles qu'on s'impose, comme les lois ou les devoirs, en toute autonomie.

LA LIBERTÉ SELON...

- **Thomas d'Aquin :** la liberté ne consiste pas dans une action spontanée et irréfléchie mais elle réside dans la réflexion qui précède une décision.
- **Étienne de La Boétie :** la liberté est dans le pouvoir d'arrachement à notre servitude volontaire, liée à nos habitudes et à nos intérêts. La désobéissance en est le visage le plus spectaculaire.
- **Spinoza :** la liberté n'est pas le libre arbitre, qui est une illusion née de la conscience de notre action jointe à l'ignorance des causes réelles qui nous poussent à agir. Elle réside, au contraire, dans notre puissance à comprendre les contraintes pour les mettre à notre service.
- **Locke :** la liberté n'est pas dans le désir mais dans la volonté.

- **Rousseau :** la liberté est fondamentalement politique et collective, puisqu'elle réside dans les lois incarnant la volonté générale ; laquelle exprime aussi ma volonté particulière.
- **Kant :** ce ne sont pas nos désirs mais nos devoirs, choisis volontairement et en raison, qui font notre liberté en nous arrachant au cours naturel du monde. La liberté est un postulat nécessaire à l'action morale humaine.

Sujets possibles du bac

DISSERTATION 1 L'homme libre peut-il obéir ?

- La désobéissance est, souvent, associée à la liberté. → 2A (p. 179)
- La désobéissance est peut-être une illusion de liberté. → 2B (p. 180)
- L'obéissance consiste-t-elle seulement à se soumettre passivement à des ordres que l'on n'a pas choisis ? Ne peut-on envisager une obéissance voulue et décidée, sur un plan collectif et moral ? → 3B (p. 181) et 3C (p. 182)

DISSERTATION 2 Peut-on avoir peur d'être libre ?

- Pourquoi la liberté ferait-elle peur, si elle est un bien ? Pourtant, il n'est pas rare de choisir le confort de la servitude contre l'inquiétude de la liberté. → La Boétie, 2A (p. 179)
- On peut se demander si la peur est l'indice de notre liberté : nous pouvons, face à l'éventail de possibilités qui s'offrent à nous et face à la responsabilité qui nous incombe, être pris par une forme d'angoisse. → Sartre (p. 183), 1C (p. 178)

SUJET DU BAC CORRIGÉ

Explication de texte

4 heures

« Je n'ignore point que bien des gens croient que Dieu et la fortune régissent les choses de ce monde de telle manière que toute la prudence humaine ne peut en arrêter ni en régler le cours : d'où l'on peut conclure qu'il est inutile de vouloir les corriger avec tant de peine, et qu'il n'y a qu'à se soumettre et à laisser tout conduire par le sort. Cette opinion s'est surtout propagée de notre temps à cause de grands événements auxquels on assiste chaque jour et qu'il ne nous était pas possible de prévoir – aussi suis-je assez enclin à la partager. Néanmoins, ne pouvant admettre que notre libre arbitre soit réduit à rien, j'imagine qu'il peut être vrai que la fortune dispose de la moitié de nos actions, mais qu'elle en laisse à peu près l'autre moitié en notre pouvoir. Je la compare à un fleuve impétueux qui, lorsqu'il déborde, inonde les plaines, renverse les arbres et les édifices, enlève les terres d'un côté et les emporte vers un autre : tout fuit devant ses ravages, tout cède à sa fureur ; rien n'y peut mettre obstacle. Cependant et quelque redoutable qu'il soit, il n'empêche que les hommes peuvent, lorsque l'orage a cessé, prendre certaines dispositions par des digues, des chaussées et autres travaux ; en sorte que, de nouvelles crues survenant, les eaux se trouvent contenues dans un canal et ne puissent plus se répandre avec autant de liberté et causer d'aussi grands ravages. Il en est de même de la fortune, qui montre surtout son pouvoir là où aucune vertu n'a été préparée à lui résister et porte ses fureurs là où elle sait qu'il n'y a point d'obstacle disposé pour l'arrêter. »

Nicolas Machiavel, *Le Prince* (1532), trad. modifiée de Jean-Vincent Périès, 1825.

Travail préparatoire

Fiches-méthode
8 à 15, p. 32

Les principales difficultés posées par le texte

Faites attention aux termes *« fortune »* et *« vertu »* : Machiavel ne les utilise pas dans leur sens habituel (« l'argent » pour la fortune, « la qualité morale » pour la vertu), mais il leur donne un autre sens (« le sort » pour la fortune, « la ruse et la force » pour la vertu) que vous devez reconstruire à l'aide du texte, notamment grâce à une analyse approfondie de l'exemple et de la dernière phrase.

La problématique du texte

Notre liberté n'est pas absolue, car le sort et les aléas des circonstances pèsent sur nous. Cela veut-il dire que nous sommes condamnés à être les prisonniers de la fortune ? Ou peut-on conquérir notre liberté en lui résistant ?

Corrigé commenté

Les textes en bleu ne doivent pas figurer dans votre devoir. Nous les avons ajoutés pour vous aider à repérer la progression de la dissertation.

Introduction

Les conseils du professeur

[Présentation du thème] Du jour au lendemain, sur un hasard heureux ou fâcheux, une vie peut basculer. Certains diront que « c'était écrit », bien qu'« imprévisible ». Les aléas des circonstances font peser sur notre liberté une menace certaine : face au sort, les hommes ne seraient pas maîtres de leur destinée individuelle.

[Énoncé du problème et de la thèse] Comment pourrions-nous être libre alors que nous sommes soumis à un hasard que nous ne choisissons pas ? Dans notre extrait, Machiavel propose la réponse suivante : l'homme ne perd pas nécessairement son libre arbitre face à la *« fortune »* ; il lui est possible de résister, par sa force et sa ruse, que l'auteur désigne du nom de *« vertu »*, aux aléas d'un sort qui n'est pas nécessairement tout-puissant. La liberté humaine n'est pas inexistante, mais relative.

Utilisez des repères (ici, « relatif ») pour préciser votre propos.

[Annonce du plan] Machiavel commence par exposer l'opinion de son époque, imprégnée de fatalisme et de résignation, qui dénonce la liberté humaine comme étant une illusion. Il rectifie alors cette opinion dans un second moment, à partir de *« Néanmoins »* jusqu'à *« grands ravages »* (l. 8-18), à l'aide du contre-exemple de la rivière furieuse endiguée. À partir de cette analogie, l'auteur précise, dans une dernière phrase, la relation complexe entre la fortune et la vertu où s'exprime la liberté humaine.

1. Notre existence semble soumise à la puissance de la « *fortune* »

Le Prince est un ouvrage consacré à l'art politique, qui réside dans la faculté de profiter des circonstances. Dans cet extrait, Machiavel ne traite pas explicitement de politique, mais de l'art plus général de gouverner notre existence. Un tel art peut-il toujours exister, malgré la toute-puissance du hasard ?

Si vous avez des connaissances sur l'auteur ou l'ouvrage dont est extrait le texte, ne les imposez pas mais mettez-les au service du texte.

a) Une croyance séduisante

L'auteur commence par peindre une humanité qui se croit démunie face au sort et totalement privée de liberté. Qu'est-ce qui explique une telle soumission ? Il commence par examiner une idée reçue : les événements du monde dépendraient d'un sort, la « *fortune* », qui révèle l'impuissance humaine. Cette opinion imprègne l'air du temps et semble relever d'une maladie de l'esprit. C'est, en effet, une idée contagieuse puisqu'elle est très répandue (l. 1 : « *bien des gens croient* »). Cette croyance séduisante, du propre aveu de l'auteur qui est « *enclin à la partager* » (l. 8), paraît confirmée par des faits historiques : il y a de « *grands événements* » historiques qui attestent de la puissance du sort. L'histoire témoigne, en effet, du rôle tenu par la contingence* et les circonstances dans les destinées humaines. L'issue d'une bataille peut se jouer sur une condition climatique défavorable !

b) Le fatalisme

Cette vision des choses a des effets négatifs, à savoir l'apathie et la résignation : face au sort tout-puissant, « *il n'y a qu'à se soumettre et à laisser tout conduire par* [lui] » (l. 5). Cette maladie de l'esprit, c'est le fatalisme, c'est-à-dire la croyance selon laquelle toute notre vie consisterait à tourner les pages d'une histoire écrite à l'avance par une force imprévisible qui nous dépasse. Le fataliste pense que son existence est soumise au destin et qu'il n'y a rien à faire à part le subir. Il est intéressant de remarquer qu'en juxtaposant la fortune et Dieu, Machiavel suggère que l'opinion élève la fortune au rang de force transcendante qui dépasse le monde naturel et le dirige : d'où le sentiment d'une impuissance humaine. Il faut savoir que, dans la mythologie romaine, Fortune était la déesse du Destin ; au Moyen Âge, on la représentait aux côtés d'une roue à laquelle étaient attachées les destinées humaines, qui pouvaient changer de position en fonction de la force avec laquelle on la faisait tourner – d'où la célèbre expression de « roue de la fortune ». Or c'est justement cette tendance à la divinisation du hasard qui va, ensuite, être critiquée par Machiavel, avec l'exemple de la rivière.

2. L'homme peut se libérer de la « *fortune* »

Dans ce second temps, Machiavel critique l'opinion commune : contrairement à ce que soutient le fatalisme, chacune de nos actions ne subit qu'à moitié l'influence de la fortune, l'autre moitié relevant, au contraire, de nous. Autrement dit, l'homme est toujours libre même face aux coups du sort – cependant, sa liberté n'est pas totale ou absolue, mais simplement relative et limitée. Comment comprendre cette liberté relative ?

a) La « *fortune* » n'est qu'un phénomène naturel parmi d'autres

Pour y voir plus clair sur les rapports entre le libre arbitre et la fortune, Machiavel va développer un exemple, qui va lui servir d'analogie. Dans cet exemple, la fortune est comparée à une rivière furieuse. Loin d'être transcendante et élevée au rang divin, elle serait immanente au monde : elle n'est pas une force verticale et hors du monde qui s'abat sur nous, mais une force horizontale qui réside dans la nature, un simple phénomène naturel parmi d'autres. Ce basculement change la donne : une puissance naturelle nous laisse moins démunis qu'une puissance divine… Une rivière est une réalité naturelle qui, comme tout phénomène physique, obéit à des lois. Face à ce type de réalité naturelle, l'homme n'est plus désemparé, mais peut émettre, à défaut de prédictions fiables et précises, des prévisions. La météorologie offre un bon exemple de savoir probabiliste, qui permet de se préparer au temps à venir. Il en va de même pour la fortune, suggère Machiavel en minimisant sa toute-puissance : l'homme dispose, face à elle, d'une marge de manœuvre, certes faible mais réelle. La fortune n'est pas un pur hasard, mais un mélange de contingence* et de nécessité, que l'homme peut déjouer par son intelligence et sa force.

b) Le libre arbitre contre la « *fortune* »

Certes, les hommes ne peuvent contrôler totalement le cours d'une rivière : quand le sort se déchaîne, donnant aux uns et prenant aux autres, les possibilités sont restreintes au minimum. Dans l'urgence de l'action, il faut fuir ou subir : la liberté n'est pas absolue, mais relative aux circonstances – ce qui signifie qu'il existe plusieurs degrés de liberté. Cependant, une fois que le sort

Les philosophes utilisent, souvent, des analogies (du type « A est à B ce que C est à D, c'est-à-dire… ») pour y voir plus clair dans les rapports complexes entre les notions. À vous de les reformuler le plus précisément possible !

cesse de s'abattre, il est possible de revenir sur les événements, d'en tirer des enseignements, pour se préparer efficacement à son retour. L'expérience et la capacité réflexive permettent à l'homme d'essayer d'incliner le sort. Plus précisément, après une crue, les hommes peuvent construire *« des digues »*, donc opposer une contre-force à la rivière et la détourner grâce à la mise en œuvre de leur intelligence. L'analogie proposée par Machiavel est donc la suivante : le libre arbitre est à la fortune ce que les digues sont à la rivière, c'est-à-dire une force de résistance. L'homme peut tirer des leçons d'un coup du sort, pour ne plus avoir à le subir à l'avenir !

3. La « *fortune* » permet de tester sa « *vertu* »

Dans la dernière phrase du texte, Machiavel tire les enseignements de sa thèse, tout en introduisant un nouveau terme, absent jusqu'alors : la « *vertu* ». Que faut-il comprendre par là ?

Si une phrase est particulièrement complexe ou instructive, il est possible de faire toute une partie sur elle (ici, la 3e partie ne porte que sur la dernière phrase). Le découpage du texte n'est pas quantitatif, mais logique !

a) Le libre arbitre comme « *vertu* »

Machiavel semble assimiler la « *vertu* » au libre arbitre, puisque c'est la vertu qui a été « *préparée à lui résister* » (l. 20) et que cette force de résistance était identifiée au libre arbitre dans l'exemple. On comprend alors, grâce à l'exemple, que ce que Machiavel appelle « *vertu* » n'est pas une disposition à agir moralement (comme la prudence, par exemple), mais une disposition à agir efficacement, en faisant usage de sa force et de sa ruse, afin de déjouer la fortune. La leçon de l'auteur s'oppose radicalement à celle des stoïciens, pour qui l'homme n'est pas libre au regard des circonstances qui ne dépendent pas de lui et fait justement preuve de vertu lorsqu'il a le courage d'accepter le monde tel qu'il est et de se conformer à lui. Pour Machiavel, au contraire, la chance, c'est-à-dire le concours heureux de circonstances, peut, parfois, se provoquer.

Cf. fiche sur le bonheur, p. 69.

b) Fortune et vertu sont nécessairement relatives

Fortune et vertu sont deux forces certes antithétiques mais indissociables, dans la mesure où elles semblent se déterminer réciproquement. En effet, c'est au cœur même de la fortune que l'homme peut éprouver sa vertu : lorsque les circonstances nous sourient, nulle vertu n'est requise. Il faut faire l'épreuve contraignante du sort pour « tester » sa vertu. Inversement, Machiavel écrit que la fortune *« montre surtout son pouvoir là où aucune vertu n'a été préparée à lui résister »*. Autrement dit, la fortune n'est puissante qu'en raison de la faiblesse de la vertu, cette capacité de résistance au sort. On comprend mieux, à présent, le partage de nos actions entre le libre arbitre et le hasard : il y a une réciprocité importante entre le sort et la liberté, et non pas une soumission simple et irréversible de l'une à l'autre. Fortune et vertu sont inversement proportionnelles : plus l'homme est vertueux, moins la fortune s'exerce ; moins il est vertueux, plus elle s'exerce. La liberté est, ici, comprise comme une conquête relative aux coups du sort, et non comme une illusion ou comme une condition dans laquelle nous nous trouvons d'emblée.

c) La fortune : un défaut de vertu ?

On peut, cependant, proposer une autre hypothèse de lecture pour comprendre la fin de l'extrait : et si la fortune, loin de s'imposer de l'extérieur à l'homme, trouvait, en fait, son origine dans l'homme lui-même ? En effet, la fortune naît d'un défaut de vertu, quand celle-ci n'est pas suffisamment préparée. Le hasard serait alors le versant essentiel de la liberté de l'homme : celui qui pourrait prédire et contrôler le réel en toute liberté ne serait peut-être pas humain…

N'hésitez pas à proposer des hypothèses de lecture et à les tester en les confrontant au texte !

Conclusion

En définitive, sans prôner l'idée d'une « liberté absolue » éloignée des réalités humaines, Machiavel expose une conception singulière d'un « libre arbitre partiel » qui se gagne sur un fond inévitable de hasard. Le sort aura, certes, toujours le dernier mot, mais l'homme n'est pas sans aucune défense face à lui : il peut toujours essayer de le déjouer ou de le provoquer, sans certitude définitive sur la réussite de son action, fragile par définition.

NOTION 10
La nature

Le Pont japonais (1899), de Claude Monet.

Qu'est-ce que la nature ?

La nature désigne l'ensemble des réalités qui existent sans intervention humaine, ainsi que le principe de développement de ces réalités.

- **Ensemble des réalités :** au sens ordinaire du terme, « la nature » désigne notre environnement et tout ce qui s'y trouve (les étoiles, les montagnes, les tornades, les plantes, etc.).
- **Sans intervention humaine :** est naturel ce qui n'a pas été modifié par l'homme, car ce que l'homme transforme relève de la culture.
- **Principe de développement :** un principe est à la fois ce qui commence et ce qui commande une série de conséquences qui en découlent. Le terme *nature* vient du nom latin *natura*, construit sur le verbe *nascor*, « naître » : la nature est une puissance d'engendrement et de croissance. Par exemple, il est dans la « nature » de la graine de devenir une plante, et la plante pousse « naturellement » d'elle-même.

QUESTIONS PHILOSOPHIQUES

1. La nature est-elle l'ennemie de la culture ?

On oppose communément « la nature » et « la culture », comme si l'une était le repoussoir de l'autre. Un tel antagonisme ne devrait-il pas être dépassé ?

Perspective : L'existence humaine et la culture

2. Faut-il prendre la nature pour modèle ?

La nature semble être tantôt un idéal à imiter, tantôt un modèle à rejeter. Cette opposition ne traduit-elle pas le fait que la nature est davantage que la réalité qu'on peut observer ?

Perspective : La morale et la politique

3. La nature obéit-elle à des lois ?

Les sciences naturelles, comme la physique ou la biologie, s'efforcent de dégager les lois de la nature. Mais ces lois se trouvent-elles dans la nature ou sont-elles des constructions humaines ?

Perspective : La connaissance

1 La nature est-elle l'ennemie de la culture ?

On entend, généralement, par « nature » tout ce qui existe hors de la culture humaine, voire contre elle (les bêtes sauvages, les déserts inhabités ou les jungles hostiles). Cette opposition est, pourtant, loin d'être évidente.

A La nature est l'ennemie de la culture

- Les humains ont **besoin de transformer en profondeur leur environnement** pour pouvoir y vivre. Ce que l'on appelle « culture » ou « civilisation » est le résultat de cette négation de la nature : cela désigne l'ensemble des réalités matérielles (les objets techniques, par exemple) et immatérielles (les croyances et les valeurs, par exemple) produites par les communautés humaines pour rendre le monde habitable. Cultiver une terre, c'est la travailler avec des outils et la transformer afin d'en récolter des « fruits » qu'elle n'aurait pas naturellement donnés.

- Dans *Malaise dans la civilisation* (1930), **Freud** voit, à travers la culture, un rempart fragile contre la menace de la nature. Cette menace est à la fois intérieure, puisque la nature s'exprime chez l'homme par des pulsions violentes et sexuelles incompatibles avec la vie en société, et extérieure, en raison des catastrophes naturelles et de la rudesse de l'environnement. La nature n'est pas qu'une puissance de vie : c'est aussi une puissance de mort qui emporte tout sur son passage. Elle existait avant que l'espèce humaine n'apparaisse et lui survivra quand elle disparaîtra. Le seul moyen de s'en protéger est de nous civiliser en domestiquant nos pulsions sauvages et en transformant notre environnement pour produire nos conditions d'existence.

> **Exemple clé**
>
> Dans ***Effondrement* (2004)**, l'historien américain **Jared Diamond** étudie les raisons de la disparition des grandes civilisations du passé. Leur effondrement progressif fut, souvent, le résultat d'une dégradation de leur environnement naturel. Par exemple, selon lui, la civilisation de l'île de Pâques, qui consommait beaucoup de bois, disparut parce qu'elle épuisa l'ensemble des ressources de l'île au lieu de s'adapter à ce que les forêts pouvaient lui offrir.

B La culture est une menace pour la nature (*cf.* p. 267)

- L'un des effets pervers de la culture est qu'elle menace les conditions d'existence de l'homme au lieu de les sauvegarder. La nature est, en effet, en train d'être effacée par la culture. Les espaces verts des villes sont une nature domestiquée qui n'a rien de spontané, et personne ne peut démêler, au sein d'un organisme génétiquement modifié (OGM), ce qui relève de la nature ou de la culture. Comme le remarque **Marx** dans *L'Idéologie allemande* (écrite en 1845-1846, publiée en 1932), notre environnement n'a rien de naturel puisqu'il est le produit de l'histoire et de l'industrie humaines : « *Comme presque tous les arbres fruitiers, le cerisier a été transplanté dans nos pays par le commerce, il y a quelques siècles à peine.* »

- Des scientifiques proposent de qualifier notre époque d'« ère de l'Homme », ou « Anthropocène », afin de souligner que, pour la première fois dans l'histoire de la Terre, les actions humaines ont des conséquences globales significatives sur l'écosystème. La déforestation massive, le dérèglement climatique et la crise de la biodiversité sont autant d'exemples qui montrent qu'il est urgent de ne plus penser la nature et la culture comme deux réalités figées et ennemies.

> **Citation clé**
>
> ***« La coutume est une seconde nature »*** (Pascal). Selon Pascal, nous avons si bien intégré les traditions de notre culture dans nos habitudes qu'elles finissent par s'imposer nécessairement à nous et aller de soi, au point de devenir notre « seconde nature ».

C La culture et la nature relèvent d'une même communauté de vie

- Il existe, aujourd'hui, de nombreux courants de pensée – les « éthiques environnementales » – qui interrogent notre rapport à la nature en se demandant s'il faut donner des droits aux plantes et aux animaux ou si les êtres naturels non humains ont en eux-mêmes une valeur morale qui fonderait nos devoirs à leur égard. **Aldo Leopold**, garde forestier et philosophe américain du début du XXᵉ siècle, est considéré comme le père des éthiques environnementales. Il propose une *« éthique de la terre » (« land ethic »)* dans laquelle les hommes doivent modifier leur rapport à l'environnement en cessant de se considérer au centre de la nature pour se hisser au niveau plus global d'une « communauté de vie » qu'ils partagent avec les plantes et les animaux.

- **Leopold** illustre son propos en prenant le cas de loups qui, parce qu'ils menaçaient du bétail, furent massivement abattus par des montagnards. Or leur disparition causa une prolifération de cerfs qui firent dépérir la montagne en dévorant toute sa végétation. Il aurait été plus juste, selon **Leopold**, de *« penser comme une montagne »*, c'est-à-dire en adoptant le point de vue du milieu pour comprendre que le loup, menace pour le bétail et les hommes, est nécessaire à l'équilibre naturel de la montagne. Cela ne veut pas dire qu'il faut s'empêcher de chasser des loups, mais plutôt les chasser en respectant certaines limites à leur abattage. C'est parce que la nature et la culture appartiennent à une même communauté de vie qu'il faut faire preuve de civilité à son égard.

Chasse au loup et au renard (1616), de Rubens.

EN RÉSUMÉ

Loin d'être simplement ennemies, la nature et la culture relèvent d'un même principe de vie.

2 Faut-il prendre la nature pour modèle ?

Le citadin rêve de se ressourcer à la campagne ; Léonard de Vinci dessina ses machines volantes en s'inspirant du vol des oiseaux ; et l'alimentation « bio » se développe de plus en plus. Il est, dès lors, tentant de considérer la nature comme un modèle, c'est-à-dire un idéal, qui nous donnerait des règles de vie.

A La nature est un idéal à imiter

> **Repères**
>
> Est **idéal** ce qui existe en idée et que l'on se représente, souvent, comme un modèle parfait et achevé. Est **réel** ce qui existe dans les faits, qui sont, bien souvent, éloignés de la manière idéale dont on se les représente.

- C'est parce que l'on considère que la nature est bonne qu'il faudrait l'imiter. En morale, les **épicuriens** conseillaient de *« vivre selon la nature »* pour être heureux. Établis dans un jardin situé dans la banlieue d'Athènes, ils avaient décidé de renoncer à leurs désirs artificiels pour se contenter d'une vie simple, faite de la satisfaction des seuls désirs naturels et nécessaires. Lorsqu'on sait se contenter de peu, la nature est suffisamment généreuse pour nos faibles besoins.

- Dans le domaine social, **Rousseau** voit, à travers *« l'état de nature* »*, une norme* permettant d'évaluer par contraste la dégradation causée par le soi-disant progrès culturel. À « l'état de nature », les hommes vivaient heureux dans l'indifférence et

Montagne Sainte-Victoire (1902-1906), de Paul Cézanne.

la paresse ; c'est cette insouciance qu'ils ont perdue à l'état civilisé – par exemple, dans les salons mondains où ils se jalousent et cherchent à se distinguer à tout prix par leurs mots d'esprit.

- Dans le domaine esthétique, **Aristote** dit que *« l'art doit imiter la nature »*, non pas en la copiant mais en reproduisant, dans le geste artistique, le dynamisme à l'œuvre dans la nature. C'est ce que firent, par exemple, les peintres classiques du XVIIe siècle, en idéalisant la nature, ou les peintres romantiques du XVIIIe, en la sublimant.

B Le rejet de la nature

- L'idée que la nature serait bonne peut, cependant, être contestée. En morale, **suivre la loi de la nature peut conduire à l'injustice**, comme le soutient Calliclès dans le *Gorgias* de **Platon**. Puisque la nature ne connaît ni le bien ni le mal et qu'y règne la loi du plus fort, rien n'interdit à celui qui veut vivre selon la nature de s'adonner à ses instincts les plus sauvages. Les animaux les plus forts opprimant les plus faibles, ne serait-il pas naturel que les hommes en fassent autant ?

- Dans le domaine social, la nature peut aussi être considérée comme une menace et non comme une norme* positive. C'est ce que dit **Hobbes** : comme *« l'homme est un loup pour l'homme »* à « l'état de nature* », il n'a pas d'autre choix que de s'associer à ses semblables dans un état civil* pour en sortir (*cf.* p. 113).

- En art, la nature cesse d'être un modèle à partir du XIXe siècle : par exemple, chez Baudelaire qui fait l'éloge du maquillage et de l'artifice contre la beauté naturelle. C'est que, selon **Hegel**, **l'art ne doit pas imiter la nature** mais exprimer la supériorité de l'esprit humain (*cf.* p. 53).

C « La nature » est une idée et une valeur

- Que l'on souhaite imiter ou fuir la nature dépend des qualités, bonnes ou mauvaises, qu'on lui attribue. Cette ambivalence nous apprend que « la nature » n'est pas simplement une réalité donnée, mais aussi une idée et une valeur relatives aux hommes. **La nature est une projection de l'esprit humain,** une représentation culturelle et normative* (positive ou négative) dont on se sert pour juger nos actions.

> **Repères**
>
> Est **absolu** ce qui existe en soi et n'a besoin de rien d'autre pour exister. Est **relatif** ce qui dépend d'autre chose pour exister.

- **Montaigne**, lorsqu'il se penche sur les peuples qualifiés de « barbares », nous invite **à relativiser notre représentation de la nature.** Celle que les barbares habitent, ainsi que leurs pratiques, ne sont pas sauvages en tant que telles, dans l'absolu, mais seulement par rapport à nos coutumes et nos habitudes, que nous avons tendance à ériger en normes* universelles. Car, aux yeux de ces peuples, ce sont nos guerres à grande échelle et notre agriculture intensive qui peuvent être dites « sauvages ».

EN RÉSUMÉ

Qu'on prenne la nature comme un modèle à imiter ou à fuir dépend de la manière dont on se la représente et nous révèle que « la nature » est une idée et une valeur avant d'être une réalité donnée.

Exemple clé

La nature comme société
Dans *Par-delà nature et culture* (2005), l'anthropologue **Philippe Descola** s'intéresse aux Indiens Achuar qui vivent dans la forêt amazonienne. Ce qui est, pour nous, un « enfer vert » est, pour eux, une grande société : les Achuar se représentent les plantes, les animaux et eux-mêmes comme des membres appartenant à une même famille, celle de l'esprit de la forêt.

3 La nature obéit-elle à des lois ?

C'est un spectacle d'une belle régularité que la nature nous donne à voir : les saisons se suivent par cycles ; les enfants ressemblent à leurs parents ; toute eau que l'on porte à 100 °C se met à bouillir. Mais peut-on pour autant en déduire que la nature obéit à des lois ?

A Il y a des lois dans la nature

- Dans les sciences naturelles, comme la physique ou la chimie, une loi désigne l'expression, sous une forme mathématique, d'une liaison causale nécessaire entre des phénomènes naturels (par exemple, la loi de la chute des corps : $d = \frac{1}{2} gt^2$). De même que l'on déduit, en logique, de nouvelles propositions à partir de propositions premières, de même, dans les sciences naturelles, on déduit, à partir d'une loi et de faits constatés, un phénomène à venir. Par exemple, selon les lois de l'ébullition, je peux déduire, du fait que cette eau soit progressivement chauffée à 100 °C, qu'elle va se mettre à bouillir à telle altitude donnée.

- L'idée que la nature obéit à des lois qu'on pourrait formuler mathématiquement émerge au XVIIe siècle. Pour **Spinoza,** par exemple, la nature, dans sa totalité, est gouvernée par une nécessité causale qui s'exprime sous forme de lois. Tout ce qui existe (y compris les hommes !) est l'effet d'une cause, et la raison* peut révéler cette liaison nécessaire entre les phénomènes. Il n'y a aucun phénomène naturel qui transgresserait les lois de la nature. Le hasard n'est pas un phénomène inexplicable, et le miracle n'est pas un phénomène surnaturel : ce sont simplement des phénomènes dont on n'a pas encore découvert la loi causale expliquant leur apparition.

Citation clé

« La nature est un livre écrit en langage mathématique » (Galilée, *L'Essayeur*, 1623).

Deux hommes contemplant la lune (1825-1830), de Caspar David Friedrich.

B Il n'y a pas de lois dans la nature

La nature est-elle vraiment gouvernée par des lois ? **David Hume** nous met en garde de ne pas projeter, dans la nature, sous forme de lois physiques nécessaires et éternelles, l'ordre de nos raisonnements : il ne faut pas confondre « la rigueur et la cohérence de la raison* » avec « la régularité des phénomènes naturels », qui peut toujours être mise à mal par un fait imprévu. Un phénomène naturel ne se déduit pas d'un autre, et ce que l'on appelle « la causalité » n'est que la projection de notre expérience habituelle dans la nature. Il n'y a pas de la nécessité dans la nature, mais de la contingence*. Comme le dit **Hume**, personne ne peut prouver la fausseté de la phrase « Le Soleil

> **Exemple clé**
>
> **La dinde de Russell**
>
> Le philosophe **Bertrand Russell** imagine le cas d'une dinde qui constate qu'on la nourrit tous les jours à 9 h. Après avoir recueilli des informations (le fermier la nourrit après le lever du Soleil et le chant du coq, etc.), elle en vient à penser qu'il existe une loi dans la nature selon laquelle « 9 h = nourriture ». Jusqu'au jour où, après le lever du Soleil, le fermier arrive à 9 h précises… et lui tranche le cou : c'est le matin de Noël, et il faut préparer la dinde pour le repas.

ne se lèvera pas demain », car personne ne peut savoir de quoi demain sera fait. Les lois naturelles formulées par les scientifiques n'expriment aucune nécessité réelle ; ce sont, au mieux, des outils qui formulent la probabilité qu'un phénomène naturel apparaisse.

C Les lois de la nature sont un idéal

- Si l'on ne peut assurer avec certitude qu'il existe, dans la nature, des lois que l'homme pourrait découvrir, il est, néanmoins, **nécessaire d'en faire l'hypothèse** si l'on veut **que les sciences progressent**. Les physiciens d'aujourd'hui, par exemple, font le pari que ce sont les mêmes lois qui régissent le monde microscopique (au niveau des particules élémentaires) et le monde astronomique (au niveau de l'espace) et qu'il serait possible d'unifier toutes ces lois dans une même théorie qu'il reste à inventer.
- Dans *La Critique de la raison pure*, **Kant** dit que **la nature**, définie comme un **ensemble unifié de lois, n'est pas un fait réel** existant hors de nous **mais une idée de la raison*** qui nous permet de progresser dans la connaissance et d'organiser notre expérience sensible*. Les lois de la nature sont donc à comprendre comme un horizon, comme un idéal régulateur nous permettant d'orienter nos recherches scientifiques.

EN RÉSUMÉ

Bien qu'il ne soit pas certain que la nature obéisse à des lois universelles et nécessaires, il faut, néanmoins, en faire l'hypothèse pour progresser dans les sciences.

La Vallée de la Seine, des collines de Giverny (1892), de Theodore Robinson.

Lucrèce, *De la nature* (Iᵉʳ s. av. J.-C.)

Dans ce poème philosophique écrit en temps de crise (dictature à Rome et guerres), le poète latin Lucrèce étudie la nature en reprenant les enseignements matérialistes de son maître Épicure.

Qu'est-ce que la nature ?

Toutes les choses qui existent, des étoiles jusqu'à notre corps, sont des êtres naturels composés d'atomes en mouvement et de vide. Les atomes sont les briques élémentaires et indivisibles qui composent les choses, comme des lettres composent les mots. Tout est naturel, et le surnaturel n'existe pas : les dieux et les fantômes sont des phénomènes naturels qui s'expliquent, eux aussi, par des compositions d'atomes et de vide.

La nature, entre hasard et nécessité

La nature obéit à des lois que Lucrèce appelle *« les pactes de la nature »* : il y a des régularités et des affinités dans la composition des atomes. Mais ces lois ne sont pas d'une nécessité implacable car il y a aussi du hasard dans la nature. Ce hasard est dû à une spontanéité des atomes, qui peuvent dévier de manière imprévisible dans leur mouvement, que Lucrèce appelle *« clinamen »* (« déclinaison »).

La nature est une source d'inspiration

Tout le malheur humain vient du fait que nous nous sommes éloignés de la nature au fur et à mesure que nos civilisations se sont développées et que nos désirs se sont compliqués. La nature a, pourtant, longtemps été une source d'inspiration pour les hommes. Les innovations techniques, par exemple, sont moins de l'ordre de l'invention que de la découverte : ce sont les incendies sauvages dus à la foudre qui ont montré aux hommes comment faire du feu avec des étincelles. Sur un plan moral également, il faut *« vivre selon la nature »*, c'est-à-dire satisfaire ses désirs naturels et renoncer aux désirs liés à la civilisation. Un peu de pain, du fromage et quelques amis étendus sur l'herbe : il n'en faut pas plus pour être heureux !

Le déclin inévitable de la nature

Notre monde est en équilibre précaire, et les atomes qui le composent se dispersent progressivement et de manière irréversible, comme le montre, à la fin du poème, l'épisode du nuage toxique provoquant la peste d'Athènes. La nature meurt : les rochers s'effritent, la flore se réduit, les terres sont moins fertiles. Que notre monde ne soit pas éternel est une réalité qu'il nous faut accepter mais ne pas accélérer par nos modes de vie artificiels.

CONCLUSION

CE QU'IL FAUT RETENIR

1. La nature est-elle l'ennemie de la culture ?

La nature est une force qui peut se montrer hostile et écrasante pour l'homme ; il ne peut s'en protéger qu'en la transformant afin de produire, par la culture, ses conditions d'existence. Mais l'effet pervers de cette modification est que cette culture finit par menacer à son tour l'homme, qui, en détruisant la nature, met en péril sa propre existence. C'est pourquoi il est urgent de comprendre que, loin d'être des ennemies, nature et culture appartiennent à une même communauté de vie.

2. Faut-il prendre la nature pour modèle ?

Certes, la nature semble être une source d'inspiration positive pour l'homme, que ce soit sur un plan moral, social ou artistique ; cependant, il serait naïf de croire qu'il suffirait de l'imiter pour éviter le pire. Cette ambivalence de la nature, à la fois modèle et repoussoir, est instructive : elle nous révèle que « la nature » n'est pas une réalité figée qui s'impose à nous, mais aussi une idée et une valeur.

3. La nature obéit-elle à des lois ?

Le spectacle de la régularité naturelle a conduit les sciences à découvrir les lois auxquelles obéirait la nature. Une telle ambition se heurte, cependant, au fait qu'il n'y ait pas de nécessité implacable dans la nature mais de la contingence*. Cela ne veut pas dire qu'il faut abandonner l'idée de « lois de la nature », mais l'envisager comme l'horizon qui guide nos recherches scientifiques.

LA NATURE SELON...

- **Calliclès (Platon) :** la nature obéit à la loi du plus fort – ce qui justifie l'oppression des faibles.
- **Les épicuriens :** la nature est un modèle et un refuge pour la vie humaine.
- **Montaigne :** la nature est une expression normative de nos coutumes.
- **Spinoza :** la nature est le règne de lois causales nécessaires.
- **Hume :** la nature est imprévisible et contingente.
- **Rousseau :** la nature est une norme* qui nous permet d'évaluer la corruption de notre soi-disant progrès culturel.

- **Freud :** la nature est une menace, en nous et hors de nous, à laquelle on résiste difficilement par notre culture.
- **Marx :** la nature n'est pas une réalité figée, mais le produit de l'histoire et de l'activité économique des hommes.
- **Leopold :** la nature est un milieu dont il faut sauvegarder l'équilibre car il participe de la même communauté de vie que la culture.

Sujets possibles du bac

DISSERTATION 1 L'homme est-il un être à part dans la nature ?

- Par sa culture, l'homme se distingue du reste du règne vivant. ⟶ 1A (p. 193)
- De même, l'homme, par sa raison* et sa liberté, peut s'arracher au règne naturel. ⟶ Liberté (p. 176), Thomas d'Aquin, 1B (p. 194)
- Ce sentiment d'exception ne reflète peut-être pas la réalité : l'homme est un être naturel comme les autres, soumis au règne de la nature. ⟶ Spinoza, 3A (p. 198)
- L'homme doit cesser de se considérer comme un être à part pour instaurer de nouveaux rapports avec la nature. ⟶ Leopold, 1C (p. 195) ; Montaigne, 2C (p. 197)

DISSERTATION 2 Dire à quelqu'un : « Sois naturel », est-ce lui donner un bon conseil ?

- Oui, si l'on considère que la culture est une mauvaise chose. ⟶ Épicuriens et Rousseau, 2A (p. 196)
- Non, si l'on considère que la culture nous permet de dépasser une nature violente et menaçante. ⟶ Freud, 1A (p. 193) ; Calliclès, 2B (p. 197)
- Ce qui se joue dans l'expression « Sois naturel », ce sont des normes* culturelles que l'on cherche à imposer. ⟶ Pascal, 1B (p. 194) ; Montaigne, 2C (p. 197)

SUJET DU BAC CORRIGÉ

Dissertation

Est-il raisonnable d'avoir peur de la nature ?

4 heures

Travail préparatoire

Fiches-méthode 1 à 7, p. 18

Les principales difficultés posées par la question

L'erreur consisterait, ici, à se précipiter dans l'éloge du respect de la nature, en négligeant l'analyse de l'idée de « peur ». Il faut, au contraire, faire évoluer le sens de cette idée, en vous interrogeant sur sa compatibilité avec la raison*.

La problématique de la question

D'un côté, la peur semble étrangère à la raison puisqu'elle s'enracine dans l'imagination et court-circuite la réflexion ; de l'autre, une absence totale de peur semble tout aussi déraisonnable. La peur est-elle l'ennemie ou l'alliée de la raison face à la nature ?

Corrigé commenté

Les textes en bleu ne doivent pas figurer dans votre devoir. Nous les avons ajoutés pour vous aider à repérer la progression de la dissertation.

Introduction

Les conseils du professeur

[Compréhension du sujet] Qu'y a-t-il de plus effrayant que le spectacle d'une nature déchaînée ? Catastrophes, chaos climatique et menaces d'épidémies se bousculent à la une des journaux, réveillant nos peurs les plus primaires. À la fois puissance d'engendrement et totalité des réalités qui existent indépendamment des hommes, la nature nous dépasse et nous rappelle, parfois, à quel point nous sommes fragiles. Face à elle, la peur, émotion inconfortable d'effroi que l'on ressent en présence d'un péril, est une précieuse alliée. Elle nous pousse à fuir le danger ou à se préparer pour l'affronter du mieux possible. N'est-il pas raisonnable, dès lors, d'avoir peur de la nature ?

[Remise en cause et analyse] Est dit « raisonnable » ce qui est conforme à la raison* sur le plan de l'action : par exemple, la prudence ou la précaution sont souvent « raisonnables ». Or la peur court-circuite la raison et se nourrit des illusions de l'imagination, amplifiant et déformant à l'excès l'objet qui la cause : pour l'arachnophobe, toutes les araignées, même les plus inoffensives et insignifiantes, sont terrifiantes et méritent d'être tuées… Spontanée et irréfléchie, la peur nous fait souvent perdre toute lucidité, allant jusqu'à provoquer des réactions irrationnelles. [Problématisation] Dès lors, comment pourrait-il être raisonnable d'avoir peur de la nature si cette peur est le fruit de nos illusions et d'une raison défaillante ?

> Le sujet convoque, ici, deux notions : la nature et la raison. Ne négligez pas la seconde au profit de la première !

[Annonce du plan] Après avoir envisagé les raisons pour lesquelles la peur de la nature est déraisonnable, nous verrons en quoi il n'est pas davantage conforme à la raison de supprimer toute peur de la nature. Peut-on, dès lors, considérer, dans un dernier moment, une forme de peur de la nature qui pourrait se hisser au niveau des exigences de la raison ?

1. La peur de la nature est déraisonnable

a) Il n'y a pas de raison objective d'avoir peur de la nature

Notre fascination pour les catastrophes nous pousse à imaginer la nature comme une puissance hostile à l'homme. Une telle représentation reflète-t-elle, cependant, la réalité ? Aussi médiatique et spectaculaire soit-elle, une catastrophe est souvent exceptionnelle : c'est un dérèglement momentané et ponctuel d'une nature qui, la plupart du temps, semble ordonnée et harmonieuse. C'est, d'ailleurs, ce qu'indique la définition de la nature, qui est à la fois une puissance d'engendrement et le résultat harmonieux de cette puissance (la totalité ordonnée des êtres naturels). Ne dit-on pas que « la nature est bien faite » ? Prenons le cas de la maladie : c'est une crise corporelle qui dérègle ponctuellement l'harmonie du corps et qui se résout, la plupart du temps, d'elle-même. Comme le dit le proverbe inspiré d'Hippocrate, le père de la médecine, « le médecin soigne, mais c'est la nature qui guérit ». L'art médical consiste à être à

> Définissez les notions que vous utilisez, pour donner du poids à votre argumentation et bien vous faire comprendre par votre lecteur.

l'écoute du médecin intérieur qu'est la nature, en favorisant et en stimulant le mouvement naturel d'auto-guérison à l'œuvre dans le corps.

b) La peur de la nature est néfaste

C'est donc moins du côté de la nature que de sa représentation qu'il faut se tourner pour comprendre pourquoi nous en avons peur. C'est parce que nous avons horreur du risque et que nous désirons maîtriser le monde que nos réactions face à certains phénomènes naturels imprévus sont excessives. Selon Heidegger, la technique est devenue si importante à notre époque qu'elle a changé notre manière de voir la nature et d'agir face à elle. Au lieu de l'accueillir et de la contempler dans ce qu'elle peut avoir de spontané, voire de sauvage, nous l'instrumentalisons comme un vulgaire outil. Rien ne nous est plus insupportable qu'une nature qui nous échappe et nous menace ; c'est pourquoi, en représailles, nous l'étouffons et la défigurons par nos dispositifs techniques. La peur qu'on en a débouche ainsi sur des comportements irrationnels d'exploitation et de destruction. En ce sens, ce n'est pas la nature elle-même mais la peur de la nature qu'il faut craindre.

Voir Fiche 14 (3A), p. 267.

c) Il est raisonnable de connaître et de s'inspirer de la nature

Il semblerait plus raisonnable de connaître la nature et de s'en inspirer plutôt que de chercher à la dominer outrageusement parce qu'on en a peur. En connaissant la nature, les hommes s'en font une représentation objective qui dissipe leurs craintes et les conduit à l'apprécier pour ce qu'elle est, au lieu de la redouter parce qu'elle ne s'accorde pas à leurs désirs. Tel est le pari d'Épicure qui nous enseigne qu'il faut connaître la nature pour ne plus la craindre et la prendre comme modèle pour nos comportements. Établis dans un jardin de la périphérie d'Athènes, les épicuriens cherchaient à « vivre selon la nature » en apprenant à se contenter de ce qu'elle leur offrait pour satisfaire leurs désirs naturels et en chassant de leur esprit la peur de la mort, phénomène naturel par excellence.

Prenez le temps de développer votre réflexion et vos arguments avant de mobiliser une référence philosophique.

2. L'absence totale de peur n'est pas raisonnable

Puisque la peur de la nature n'est ni fondée sur des raisons objectives, ni utile sur un plan pratique, il est tentant d'en déduire qu'il faudrait l'abolir. Mais ne risque-t-on pas de commettre alors une erreur ?

a) Le risque de l'aveuglement

Sur un plan vital, la peur joue un rôle important : elle est une émotion qui signale à l'organisme la présence d'un danger et lui permet, ainsi, de l'éviter. Un individu qui n'éprouverait jamais de peur ne serait-il pas, par conséquent, plus enclin à prendre des risques inconsidérés et mettre son existence en péril ? À ce titre, proscrire toute forme de peur à l'égard de la nature peut relever d'une naïveté préjudiciable, comme le montre le film *Into the Wild*. Le héros, Christopher, est un jeune étudiant américain fraîchement diplômé qui décide de tourner le dos au confort de la civilisation pour partir à la conquête de la nature sauvage, en Alaska. Alors qu'il désirait se sentir pleinement vivant et heureux en trouvant refuge dans la nature, il finit pris au piège de son environnement et meurt empoisonné par une plante toxique.

b) La nature est aussi une puissance de destruction

La nature n'est peut-être pas si harmonieuse et ordonnée qu'on pourrait le croire. Reprenons le cas des catastrophes : toutes ne sont pas des événements soudains et spectaculaires. Certaines progressent longuement et de manière discrète, comme le montrent la disparition des espèces ou les longues maladies. Et si la nature relevait essentiellement du désordre et du déséquilibre, et non de l'harmonie ? C'est ce que suggère, par exemple, Lucrèce dans son poème philosophique *De la nature*, lorsqu'il parle des rochers qui s'effritent, des espèces qui disparaissent et des terres qui cessent d'être fertiles : notre monde naturel ne cesse de mourir et tend, de manière irréversible, à la dislocation. Sa cohérence apparente n'est qu'un ralentissement momentané d'une tendance plus générale au désordre. N'avons-nous pas alors de bonnes raisons d'avoir peur de ce dérèglement inévitable de la nature ?

Revenez sur vos arguments pour rendre votre propos cohérent : après avoir vu des raisons objectives pour disqualifier la peur (la nature est harmonieuse), envisagez celles qui la justifient (la nature n'est harmonieuse qu'en apparence).

c) La peur réunit les hommes

La peur n'est pas qu'un délire de l'imagination puisqu'elle joue aussi un rôle positif dans la survie de notre humanité face aux forces de la nature. Elle pousse les hommes à s'entraider pour produire et maintenir leurs conditions d'existence contre la nature qui les menace. Selon Freud, dans *Malaise dans la civilisation*, la nature est l'ennemi commun de tous les hommes ; et c'est justement parce qu'ils sont démunis et apeurés face à elle qu'ils se sont réunis et ont développé des civilisations. Toute production culturelle est une réponse apportée à l'hostilité de la nature : par exemple, un igloo et une chambre d'hôtel constituent, tous deux, des abris pour protéger les hommes durant leur sommeil. Loin d'être un obstacle à l'action ou de conduire à des comportements irrationnels, la peur peut aussi s'avérer féconde et pousser les hommes à anticiper les dangers et améliorer leur existence.

3. Une peur raisonnée renouvelle notre rapport à la nature

Nous nous trouvons donc face à un cercle : d'un côté, la peur de la nature semble aller contre la raison* ; de l'autre, l'absence de peur est tout aussi déraisonnable. Comment en sortir ? Peut-on envisager une forme de peur compatible avec la raison ?

a) Il faut distinguer différentes formes de peurs

Pour sortir de ce cercle, il peut être utile de distinguer différentes formes de peurs : d'un côté, celles qui, comme la panique, la crainte ou l'angoisse, s'appuient sur l'imagination et conduisent à des comportements contraires à la raison ; de l'autre, celles qui sortent l'esprit de sa torpeur et remobilisent la raison au lieu de la faire taire, comme l'inquiétude. Parce qu'elle est une préoccupation devant l'avenir, l'inquiétude permet de mettre en œuvre notre raison : elle nous incline à anticiper et calculer des conséquences négatives possibles de certains faits présents préoccupants afin de les corriger. Elle est donc une peur saine car elle vivifie la raison au lieu de l'éteindre.

Vous pouvez rédiger un paragraphe sans faire référence à un auteur, à condition d'analyser un concept ou de développer un argument.

b) Les bienfaits de l'inquiétude

Dans *Le Principe responsabilité*, Hans Jonas propose, justement, de concilier la peur avec les exigences de la raison afin d'élaborer une nouvelle éthique à la hauteur des modifications que nous infligeons à la nature. En effet, l'homme n'est pas séparé de son environnement : il en est aussi l'acteur. Or le progrès technique est devenu si important qu'il constitue une menace pour la vie sur Terre. Par exemple, le dérèglement climatique et ses manifestations spectaculaires sont, en grande partie, des effets de la surproduction et de la pollution humaines. Selon Jonas, nous sommes responsables du monde naturel que nous transformons et que nous empruntons aux générations futures ; c'est pourquoi il est urgent d'agir en respectant un principe de précaution, afin que les conséquences de nos actions ne deviennent pas néfastes pour l'existence de la vie sur Terre. C'est à ce titre que la peur peut être un moyen efficace au service de la raison, puisqu'elle sensibilise aux effets potentiellement négatifs de nos actes.

Vous pouvez commencer un paragraphe en mentionnant directement un auteur si le paragraphe précédent est un moment d'analyse de concept ou d'argument qui le justifie.
Voir Fiche 4 (3C), p. 100.

c) Transformer l'inquiétude en respect de la nature

L'inquiétude n'est pas le seul sentiment raisonnable qui peut réguler nos actions sur la nature. On peut aussi se montrer respectueux à son égard sans pour autant la craindre. Qu'est-ce que « le respect » ? Respecter quelqu'un ou quelque chose, c'est reconnaître sa valeur propre et lui témoigner de la considération ; c'est s'empêcher de prendre ses aises, de faire tout ce que l'on veut en sa présence en limitant son propre comportement. C'est ce rapport civilisé et respectueux de la nature auquel nous invite Aldo Leopold, lorsqu'il prend l'exemple des loups qu'il faut s'empêcher d'abattre massivement afin de préserver l'équilibre de la montagne dont ils sont des acteurs essentiels. Le loup est utile pour la montagne car sa présence empêche la prolifération des espèces herbivores qui serait nuisible à tout l'écosystème ; reconnaître la valeur du loup malgré sa potentielle dangerosité pour l'homme et les troupeaux, c'est agir raisonnablement en respectant la communauté naturelle à laquelle il appartient au même titre que l'homme.

Le but d'une dissertation est de faire évoluer le sens des concepts qui sont en jeu. Ici, on est passé de la peur comprise comme émotion négative et irritationnelle à la peur comprise comme inquiétude positive alimentant la raison.

Conclusion

Ni la peur panique qui conduit à des comportements aberrants, ni l'amour aveugle qui pèche par naïveté ne peuvent être considérés comme des attitudes raisonnables face à la nature. Pour agir raisonnablement, les hommes doivent sortir de l'angoisse et nourrir, à l'égard de la nature, une saine inquiétude ou du respect qui les conduisent à se comporter avec prudence. N'est-ce pas là le défi le plus urgent auquel l'humanité est, aujourd'hui, confrontée ?

NOTION 11
La raison

Le Penseur (1880), d'Auguste Rodin (détail).

Qu'est-ce que la raison ?

La raison (qu'il ne faut pas confondre avec les raisons d'un acte, c'est-à-dire les motifs) est la faculté de penser, de différencier le vrai et le faux ou le bien et le mal.

- **Faculté de penser :** la raison est un principe d'explication cohérent des choses et une capacité qu'on peut utiliser… ou pas. Quelqu'un de rationnel* et raisonnable peut très bien réfléchir de manière irrationnelle ou agir de façon déraisonnable.
- **Différencier le vrai et le faux :** la raison est, d'abord, théorique et permet d'apprécier le caractère rationnel d'un savoir.
- **Différencier le bien et le mal :** la raison a aussi une dimension pratique et morale. Nos comportements, nos actions sont plus ou moins raisonnables.

QUESTIONS PHILOSOPHIQUES

1. Peut-on apprendre à raisonner ?

Tous les hommes sont doués de raison et, pourtant, tous ne raisonnent pas ou pas bien. N'est-ce pas le signe que raisonner n'est pas si facile, que ce n'est pas inné mais que cela s'apprend ?

Perspective : L'existence humaine et la culture

2. La raison peut-elle tout expliquer ?

La raison prétend tout expliquer, tout rationaliser, comme si on pouvait « rendre raison de tout ». Mais a-t-elle les moyens de ses ambitions et n'existe-t-il pas certaines vérités qui lui échappent ?

Perspective : La connaissance

3. Peut-on faire un mauvais usage de la raison ?

Si l'on ne fait pas usage de sa raison, on s'expose à la folie et à vivre dans l'illusion. Mais faut-il pour autant n'écouter que sa raison ? La froide raison est-elle toujours une bonne conseillère qui nous guide vers le bien ?

Perspective : La morale et la politique

1 Peut-on apprendre à raisonner ?

On dit qu'à 7 ans les enfants atteignent « l'âge de raison », comme si c'était une étape nécessaire dans le développement humain. Mais qu'entend-on par là ? Apprend-on à penser comme on apprend à marcher ou à lire ?

A La raison est innée seulement à l'homme

L'homme, animal rationnel*

La raison est, depuis **Aristote**, ce qui permet de définir l'homme : il est l'animal *« doué de raison »*. *Raison* traduit, ici, le terme grec *logos*, mot très riche qui désigne aussi « la parole », « le discours », « le raisonnement ». Posséder la raison permet de distinguer l'homme de tous les autres êtres vivants, qui n'ont qu'une intelligence limitée, mais aussi des intelligences artificielles, qui ne peuvent pas tenir un discours rationnel. Les animaux peuvent sentir, les ordinateurs peuvent calculer, mais aucun d'eux ne raisonne. La raison s'oppose non seulement à la folie et à la bêtise, mais aussi au délire, à l'excès, à l'incapacité de prendre la mesure des conséquences d'un fait ou d'un acte. Descartes en fait un équivalent du « bon sens » dont il déclare, au début du *Discours de la méthode*, qu'il est *« la chose du monde la mieux partagée »*.

L'incertaine raison animale

L'homme serait-il le seul être vivant doué de raison ? Ce n'est pas ce que pense **Montaigne** au livre II des *Essais*, quand il dit qu'en matière de rationalité, *« il se trouve plus de différence de tel homme à tel homme que de tel animal à tel homme »*. L'oiseau qui construit son nid, en choisissant soigneusement ses matériaux, sa forme et son emplacement, ne fait-il pas preuve, dans son comportement, de raison et non d'instinct ? Contre **Montaigne**, **Leibniz** soutient que les animaux sont des êtres empiriques* doués d'imagination qui n'ont que *« l'ombre d'un raisonnement »* : seuls les hommes disposent de la raison car eux seuls peuvent faire des démonstrations complexes, progresser dans les sciences et découvrir de nouvelles vérités.

B Les obstacles à la raison

Les hommes possèdent la raison, mais tous n'en font pas le même usage. Pourquoi ? D'abord, parce que la raison se heurte à de multiples idées reçues et autres opinions toutes faites qui préconditionnent l'exercice de la pensée et nous font croire que nous savons. C'est ce que déplore **Descartes** quand il insiste sur les multiples préjugés acquis durant l'enfance, qui rendent apparemment impossible la tâche consistant à démêler le vrai du faux pour parvenir à la certitude. Ensuite, parce que la raison doit aussi surmonter nos intérêts, nos sentiments, nos illusions qui obscurcissent la lucidité de notre jugement et nous font voir les choses de manière biaisée et subjective. **Malebranche** oppose, en ce sens, *« la Raison universelle »*, que tous les hommes ont en commun, et les raisons particulières, que chacun peut avoir de ne pas écouter cette raison universelle et qui ne sont, pour lui, que des passions (*cf.* p. 222).

> **Exemple clé**
>
> Dans ***Raison et Sentiments***, roman de **Jane Austen** paru en 1811, deux sœurs se distinguent dans leur manière d'aimer : la sage et raisonnable Elinor et la romantique et sentimentale Marianne. Mais le titre original anglais *Sense and Sensibility* les rapproche en même temps qu'il les oppose.

C L'art de bien raisonner

- Pour bien raisonner, en effet, il faut raisonner par soi-même (autrement dit, ne pas se contenter de répéter ce qu'enseignent les propos d'autrui), mais aussi contre soi-même. La logique nous enseigne, ainsi, à ne nous en tenir qu'à la rigueur du pur raisonnement sans que rien interfère dans sa progression pour rendre celle-ci infaillible et nécessaire. La logique est l'art (au sens de « technique ») de raisonner par excellence, puisqu'elle s'occupe de la forme des raisonnements et non de leurs contenus et des objets sur lesquels ils portent. Pour **Aristote**, la logique est l'organon des sciences, autrement dit l'instrument fondamental ou la condition même de possibilité de toute science, quelle qu'elle soit.

- Sur un plan pratique, l'homme qui utilise bien sa raison est dit « raisonnable ». Selon **Aristote**, un homme est raisonnable lorsqu'il se donne un objectif à la fois possible et bon et qu'il utilise des moyens bien ajustés pour y parvenir. Il est capable de discernement en choisissant ses moyens et en agissant au moment opportun. Il fait preuve de « vertu », cette excellence qui se tient à égale distance d'un excès et d'un défaut : par exemple, il est courageux, c'est-à-dire ni lâche ni téméraire.

EN RÉSUMÉ

Si, par définition, tous les êtres humains sont doués de raison, de nombreux obstacles peuvent nous empêcher d'en faire un bon usage. Il faut donc apprendre à bien raisonner, en se défaisant de ses préjugés et en suivant une logique rigoureuse. Et, pour agir raisonnablement, il faut éviter les excès.

2 La raison peut-elle tout expliquer ?

Savants et philosophes ont pour ambition de rendre compte, par leurs théories, de tous les aspects de la réalité. Mais tout est-il rationnel* ou rationalisable ? ou bien certaines réalités échappent-elles à la raison ?

A Le rationalisme*

> **Citation clé**
>
> ***« Tout ce qui est rationnel est réel. Tout ce qui est réel est rationnel »*** (Georg Hegel, préface aux *Principes de la philosophie du droit*, 1820).

Le rationalisme est une position philosophique qui consiste à considérer que la raison peut tout expliquer. Être rationaliste, c'est donc estimer que le réel est entièrement rationnel. Pour **Leibniz**, par exemple, tout ce qui existe possède une cause et une explication : c'est ce qu'il appelle *« le principe de raison suffisante »*. Rien de ce qui existe dans le monde n'est sans raison (pas même le mal !), aucun fait n'est inexplicable. Il peut, certes, arriver qu'un phénomène* reste incompris, mais cela n'implique pas qu'il soit en lui-même inconnaissable : cet échec dénote les limites du raisonnement et des connaissances du chercheur, plutôt que le caractère énigmatique et inexplicable du phénomène. Quant à la cause ultime qui explique tout ce qui existe, c'est Dieu, créateur de toutes choses et raison ultime de tout ce qui est.

Le sommeil de la raison engendre des monstres (1799), de Francisco de Goya.

B Aux frontières de la raison

Mais la raison peut-elle réellement tout penser ?

La foi religieuse et les principes indémontrables

« Le cœur a ses raisons que la raison ne connaît point. » La célèbre formule de **Pascal** dans ses *Pensées* est, souvent, comprise comme si elle affirmait que la folie amoureuse n'obéissait pas aux lois de la logique. Elle signifie plus globalement que certaines propositions ne sont connues que par le cœur, autrement dit par le sentiment ou l'instinct, comme, par exemple, qu'il y a trois dimensions dans l'espace, que nous sommes actuellement éveillé ou que Dieu existe. De telles « vérités » échappent à la raison, et il est aussi vain d'essayer de les démontrer qu'il serait absurde, par exemple, de ressentir un théorème mathématique. Ce sont, pourtant, sur ces énoncés que toutes les connaissances s'appuient, comme des principes fondamentaux qui échappent à la rationalité mais sur lesquels toute la rationalité repose.

Le rôle de l'expérience

Pour les empiristes* comme **Locke** et **Hume**, la raison n'est pas toute-puissante. D'abord, parce qu'elle n'est pas à l'origine de toutes nos connaissances : celles-ci viennent plus souvent de l'observation, que ce soit directement ou indirectement, par combinaison de différents éléments issus de l'expérience. Ensuite, parce que sous l'apparence de raisonnements se cachent des croyances irrationnelles. Par exemple, il nous semble logique et évident que le Soleil se lèvera demain, mais nous n'avons aucune raison de le penser : nous ne faisons que le croire, parce que nous avons l'habitude de le voir se lever tous les matins. (*Cf.* p. 199.)

Citation clé

« Deux excès. Exclure la raison, n'admettre que la raison » (Blaise Pascal, *Pensées*, 1669).

C Reconnaître les limites de la raison pour mieux raisonner

Faut-il désespérer de la raison, puisqu'elle est limitée et ne peut tout expliquer ? Ou cet échec de la raison est-il une leçon de modestie salutaire, qui nous permet de prendre conscience de ses limites et nous invite à mieux raisonner (par exemple, en se posant de bonnes questions), au lieu de raisonner sur tout ? C'est cette seconde voie que suit **Kant** dans la *Critique de la raison pure* (*cf.* p. 219). La raison pousse l'homme à aller toujours plus loin dans sa recherche d'un principe explicatif du réel. Il y a, cependant, certains objets, comme l'âme, le monde ou Dieu, que l'homme ne pourra jamais connaître malgré sa raison ; il ne pourra, au mieux, que les penser, c'est-à-dire émettre des hypothèses à leur égard. Mais cela ne veut pas dire que la raison est inutile ! Elle rend le progrès scientifique possible, sans avoir la prétention d'énoncer une vérité certaine et définitive sur quelques questions fondamentales ; et surtout, elle rend possible, sur un plan pratique, l'action morale.

Exemple clé

Le Big-Bang
Quand l'Univers a-t-il commencé ? Aucun modèle théorique ne fait, aujourd'hui, l'unanimité pour répondre à cette question redoutable. Et pour cause : si l'on suit **Kant**, une telle réponse échappe à notre raison. Le Big-Bang désignerait moins une réalité connaissable que la limite au-delà de laquelle nos instruments de mesure et nos raisonnements ne peuvent aller.

EN RÉSUMÉ

La raison est, parfois, présomptueuse : elle croit pouvoir embrasser la totalité du réel sans toujours voir les limites contre lesquelles elle vient buter. C'est, au contraire, quand elle est modeste que ses pouvoirs semblent les plus forts.

3 Peut-on faire un mauvais usage de la raison ?

Vivre sans raison, c'est s'exposer à la folie et à l'illusion. Pourtant, les criminels les plus dangereux sont, à leur manière, très rationnels* : ils savent élaborer des plans machiavéliques et manipuler les autres pour parvenir à leurs fins. Dans ces conditions, il n'est pas certain que la raison soit toujours bonne conseillère.

A La raison est la source du bien

- Si, sur le plan théorique, c'est grâce à la raison que nous pouvons juger le vrai du faux, qu'est-ce qui nous permet de distinguer le bien du mal sur le plan de l'action pratique ? Est-ce encore notre raison ou plutôt notre sensibilité ? Certains auteurs comme **Rousseau** considèrent que c'est un instinct naturel qui détermine notre conscience morale. C'est en écoutant notre sensibilité, notre cœur, que nous savons spontanément choisir le bien. Et cette sensibilité risque d'être étouffée par la froide raison ou par la réflexion qui nous poussent à l'égoïsme.

- Mais, pour d'autres philosophes comme **Kant**, à l'inverse, ce n'est pas l'émotion mais la raison qui seule peut constituer le socle de la morale. Pour savoir si une action est moralement bonne, je dois raisonner sur son caractère universalisable ou non : est-ce que je veux que la règle qui guide mon action soit appliquée par tous les hommes ? La raison serait ainsi normative, c'est-à-dire capable de fixer des normes*, d'établir des principes d'évaluation et des valeurs morales.

B La raison peut être mise au service du mal

- Suffit-il, pourtant, de raisonner pour bien agir ? Non, car, lorsqu'on ne raisonne pas sur le but ou le sens de notre action mais seulement sur les moyens pour y parvenir, on s'expose à faire un bien mauvais usage de notre raison. On peut, ainsi, agir rationnellement (de manière cohérente et efficace) sans être raisonnable (en visant une fin bonne). N'est-ce pas ce que fait le professeur Moriarty, ennemi juré de Sherlock Holmes ? De même, les plus beaux succès de la rationalité scientifique et technique peuvent être mis au service de la folie humaine, comme l'ont montré les tragédies de notre histoire contemporaine (totalitarismes, bombe atomique, etc.).

Adolf Hitler, l'incarnation du mal.

- La raison peut aussi être un instrument d'oppression. Les philosophes des Lumières pensaient que les progrès de la raison, de la science et de la technique combattraient les mythes* et les idéologies (c'est-à-dire des discours qui légitiment le pouvoir). Mais **Jürgen Habermas** (né en 1929) a montré qu'à partir de la fin du XIXe siècle les choses ont changé : science et technique sont devenues interdépendantes et ont ainsi formé, à leur tour, « une idéologie » dominatrice. La raison est alors devenue instrumentale, technicienne et totalitaire en ne laissant aucune place au hasard ou à la contestation, car ceux qui osent la mettre en cause vont être considérés comme « rétrogrades » ou « irréalistes ». **Habermas** veut réhabiliter une autre forme de rationalité, fondée sur l'échange dans l'espace public, la discussion politique et l'émancipation démocratique : la raison communicationnelle.

C L'arraisonnement du monde

Dans le langage maritime, « l'arraisonnement » d'un navire est une opération qui consiste, pour les douanes, à l'interpeller pour exiger qu'il montre sa cargaison. **Heidegger** se sert de ce terme pour désigner la manière dont nous nous rapportons au monde. Influencés par la technique, nous instrumentalisons tout ce qui existe et l'envisageons sur le mode du calculable et du prévisible. *Raisonner* signifie, alors, « calculer et demander des comptes ». Réduite à un calcul rationnel*, la pensée humaine s'appauvrit. À force de vouloir *arraisonner* le monde, de vouloir l'expliquer et le transformer toujours et partout, d'en évacuer tout mystère, l'humain s'expose à perdre le sens de son existence.

Exemple clé

« Le désenchantement du monde »

Le sociologue allemand **Max Weber** (1864-1920) se sert de cette expression pour désigner le recul des croyances religieuses et magiques au profit des explications scientifiques et du progrès technique. On peut voir, dans ce désenchantement, un progrès de la raison contre l'obscurantisme et la superstition ou, au contraire, une perte de sens et le triomphe d'un système basé sur le calcul et le contrôle.

EN RÉSUMÉ

Bien qu'elle puisse être source de valeurs morales, la raison peut aussi être mise au service du mal et appauvrir notre rapport au monde si on ne la considère que dans sa dimension instrumentale et normative.

Pygmalion et Galatea (1890), de Jean-Léon Gérôme.
Vénus donne vie à la sculpture de Galatée
afin de répondre au souhait de Pygmalion, qui en était tombé amoureux.

En psychologie, on désigne sous le nom d'« effet pygmalion » la prophétie auto-réalisatrice : le simple fait de croire en quelque chose augmente les chances qu'elle se produise. Une manière de donner raison à nos croyances ?

Emmanuel Kant, *Critique de la raison pure* (1787)

Les philosophes rationalistes du XVIIe siècle, comme Descartes ou Leibniz, ont tenté d'expliquer la totalité du réel à l'aide de systèmes particulièrement logiques et rationnels*. La *Critique de la raison pure* fait leur procès : jusqu'où la raison peut-elle aller dans sa soif de connaissance ?

Un projet révolutionnaire

La *métaphysique** s'intéresse aux objets qui sont au-delà de la physique et de l'expérience sensible*, comme l'âme, Dieu ou la liberté. Elle est un véritable champ de bataille dans lequel personne n'a encore eu le dernier mot. Comment faire la paix ? **Kant propose de révolutionner la métaphysique** : pour savoir jusqu'où l'homme peut connaître le réel, il faut s'intéresser à la raison qu'il utilise pour connaître et non pas à l'objet lui-même.

La raison nous pousse à aller plus loin

Nous pouvons, certes, connaître objectivement les phénomènes* sensibles de l'expérience, en dégageant leur loi d'apparition, mais la raison nous pousse à aller plus loin, par exemple en recherchant un principe permettant d'unifier ces lois : ainsi, nous cherchons à **expliquer de manière rationnelle l'existence des phénomènes en allant au-delà de l'expérience**. La raison forge donc des concepts qui n'ont aucune application dans l'expérience sensible et que Kant appelle *« idées de la raison »*. Les idées les plus fondamentales produites par la raison sont l'âme, le monde et Dieu.

Les antinomies de la raison

Si Kant critique le rationalisme*, c'est parce qu'il considère que **la raison se pose des questions qu'elle ne peut résoudre et s'enlise dans des contradictions** qu'il appelle des *« antinomies »* : elle peut affirmer avec autant de force une chose et son contraire ; elle peut aussi bien prouver la nécessité d'un déterminisme* universel (qui anéantit la liberté) que celle d'une première cause libre (qui sauve la liberté).

Les postulats de la raison pratique

Les idées produites par la raison, du fait de ces *« antinomies »*, sont-elles pour autant sans valeur ? Non, car on peut s'en servir comme hypothèses, ou « postulats », sur le plan de l'action morale. Ainsi, contre le déterminisme, il faut faire l'hypothèse de la liberté humaine – sinon, l'homme ne serait pas responsable de ses actions. De même, postuler qu'Il existe un Dieu qui récompense les justes et punit les méchants aide les croyants à agir moralement !

CONCLUSION

CE QU'IL FAUT RETENIR

1. Peut-on apprendre à raisonner ?

La raison semble être une faculté innée dont tout homme est doué. Mais cela ne signifie pas que chacun soit d'emblée rationnel* ! Pour bien raisonner, il faut s'être préalablement défait des préjugés de son enfance et de son éducation (**Descartes**) et se détourner de toutes les idées reçues qui empêchent de bien conduire son raisonnement, autrement dit suivre les seules lois de la logique. Dans le domaine de l'action, bien raisonner conduit à agir de manière raisonnable et vertueuse, en évitant tout excès.

2. La raison peut-elle tout expliquer ?

La raison a pour ambition de tout expliquer ou « rationaliser ». Une telle prétention présuppose que le réel est fondamentalement rationnel. Elle se heurte, néanmoins, à de nombreux obstacles : la foi religieuse, certains principes évidents, voire l'expérience elle-même, dans son imprévisibilité, lui tiennent tête ! La raison doit prendre conscience de ses limites pour pouvoir mieux rationaliser au lieu de chercher à tout rationaliser.

3. Peut-on faire un mauvais usage de la raison ?

Valorisée dans le domaine théorique, la raison est également importante dans le domaine pratique puisqu'elle peut être à l'origine de nos actions morales. On peut, cependant, en faire un mauvais usage, lorsqu'on cesse de réfléchir au sens moral de notre action pour ne s'intéresser qu'aux moyens de celle-ci. Si on la considère simplement comme un instrument de calcul, la raison peut être mise au service du mal et appauvrir notre rapport au monde et à la pensée.

LA RAISON SELON...

- **Aristote :** l'homme est, par définition, le seul animal doué de raison ; il peut apprendre à penser rationnellement et à agir raisonnablement.
- **Pascal :** la raison est impuissante face à certaines vérités, que seuls le sentiment et l'intuition font connaître.
- **Leibniz :** tout ce qui est a une raison d'être et d'être ainsi plutôt qu'autrement (« principe de raison »).
- **Hume :** ce n'est pas la raison mais l'expérience qui est à l'origine de nos connaissances.

- **Kant :** la raison mérite d'être critiquée dans sa prétention à connaître toute la réalité. Mais, sur le plan pratique, c'est grâce à elle (et non à un quelconque sentiment) qu'on peut distinguer le bien du mal.
- **Heidegger :** la raison appauvrit notre pensée et véhicule l'image d'un monde où tout peut être calculé et instrumentalisé, jusqu'à l'excès.
- **Habermas :** à côté de la raison technicienne, il existe une raison communicationnelle fondée sur la discussion et ouverte à la critique.

Sujets possibles du bac

DISSERTATION 1 Suffit-il d'avoir raison pour convaincre ?

- Il faut distinguer « avoir la raison » (être doté de raison – ce qui est le cas de tous les êtres humains) et « avoir raison » (voir juste et connaître la vérité, mais aussi connaître les raisons).
- La formule « Suffit-il de… pour… ? » est, ici, rhétorique mais vous oblige à vous demander s'il existe d'autres éléments nécessaires pour convaincre : savoir argumenter, par exemple.

DISSERTATION 2 Être raisonnable, est-ce renoncer à ses désirs ?

- Renoncer à ses désirs, c'est s'éviter une vie d'excès et d'inquiétude au profit d'une vie prudente et raisonnable : ce que prônent les sagesses de l'Antiquité. → Le Bonheur (1, p. 63)
- Mais une vie sans désir n'est pas forcément une vie plus raisonnable. L'homme court le risque de l'ennui déprimant. → Le Bonheur (2A, p. 65)
- Être raisonnable, c'est être au juste milieu (qui est un sommet, et non une médiocrité !) entre un excès et un défaut : être raisonnable, c'est maîtriser et cultiver ses désirs sans excès, et non les éradiquer ! → Aristote, 1C (p. 212)

DISSERTATION 3 La raison du plus fort est-elle toujours la meilleure ?

- On oppose, souvent, la raison à la force : Calliclès fait l'éloge du « droit du plus fort », Socrate celui de la vie raisonnable. → Calliclès, La Nature (2B, p. 197), Le Bonheur (1A, p. 63)
- Mais la raison ne cache-t-elle pas toujours un rapport de force et une forme de violence ? → Heidegger, 3B (p. 216)

SUJET DU BAC CORRIGÉ

Explication de texte

4 heures

« Je vois, par exemple, que deux fois deux font quatre, et qu'il faut préférer son ami à son chien ; et je suis certain qu'il n'y a point d'homme au monde qui ne le puisse voir aussi bien que moi. Or je ne vois point ces vérités dans l'esprit des autres, comme les autres ne les voient point dans le mien. Il est donc nécessaire qu'il y ait une Raison universelle qui m'éclaire, et tout ce qu'il y a d'intelligences. Car si la raison que je consulte n'était pas la même qui répond aux Chinois, il est évident que je ne pourrais pas être aussi assuré que je le suis, que les Chinois voient les mêmes vérités que je vois. Ainsi la raison que nous consultons quand nous rentrons dans nous-mêmes, est une raison universelle. Je dis : quand nous rentrons dans nous-mêmes, car je ne parle pas ici de la raison que suit un homme passionné. Lorsqu'un homme préfère la vie de son cheval à celle de son cocher, il a ses raisons, mais ce sont des raisons particulières dont tout homme raisonnable a horreur. Ce sont des raisons qui dans le fond ne sont pas raisonnables, parce qu'elles ne sont pas conformes à la souveraine raison, ou à la raison universelle que tous les hommes consultent. »

Nicolas Malebranche, *De la recherche de la vérité*, 10e éclaircissement, 1674.

Travail préparatoire

Fiches-méthode 8 à 15, p. 32

Les principales difficultés posées par le texte

L'utilisation du *« je »* ne doit pas déconcerter : il ne renvoie pas à l'auteur mais à tout être humain en général.

Le terme *« raison »* est pris dans deux sens : la Raison universelle et souveraine, d'une part, et les raisons, d'autre part, dans les deux dernières phrases du texte.

La raison n'est pas conçue par Malebranche comme une propriété individuelle mais comme une faculté commune et partagée.

La problématique du texte

Alors que la faculté de raisonner semble être quelque chose de personnel, Malebranche défend, dans ce texte, la thèse qu'elle est une faculté universelle : tous les hommes, quels qu'ils soient et quelle que soit leur culture, ont en commun une seule et même raison. S'il en était autrement, ils ne pourraient pas tous connaître intérieurement les mêmes vérités ni partager les mêmes valeurs morales.

Corrigé commenté

Les **textes en bleu** ne doivent pas figurer dans votre devoir. Nous les avons ajoutés pour vous aider à repérer la progression de la dissertation.

Introduction

Les conseils du professeur

[Présentation du thème] L'homme est le seul être vivant doué de raison, dit-on depuis Aristote. Pourtant, l'injustice, l'opinion, la violence règnent partout. Pire encore : les hommes peuvent mettre leur raison au service du mal lorsqu'ils élaborent des plans méthodiques et parfaitement cohérents pour nuire aux autres.

[Énoncé du problème et de la thèse] La raison ne serait-elle qu'une illusion ? Ce n'est pas ce que pense Malebranche dans cet extrait de *La Recherche de la vérité* : la raison existe bel et bien, et elle est présente en chaque homme. Simplement, tous ne s'en servent pas.

L'énoncé de la thèse doit être à la fois bref et précis. Inutile d'énoncer ici tous les arguments.

[Annonce du plan] Dans un 1er temps, du début jusqu'à « *intelligences* » (l. 1-6), Malebranche justifie l'existence de la raison en montrant qu'il faut nécessairement la postuler afin d'expliquer l'accord entre les hommes autour de certaines vérités. Il approfondit sa thèse dans un 2e temps, de « *Car si la raison que je consulte* » jusqu'à « *est une Raison universelle* » (l. 6-10), en utilisant un argument par l'absurde avec l'exemple des Chinois : si la raison était relative, alors un homme qui n'aurait rien en commun avec ma culture ne pourrait pas comprendre la vérité que je comprends ! Dans un dernier temps (l. 10-16), il répond à une objection : les comportements déraisonnables ne prouvent pas l'inexistence de la raison, mais seulement le fait que les hommes ne s'en servent pas.

1. L'universalité de la raison

Dans un 1er temps (l. 1-6), Malebranche cherche à prouver l'existence nécessaire d'une Raison universelle chez les hommes. Pour cela, il fait référence à deux types de propositions que chacun s'accordera à reconnaître intérieurement comme vraies : la première dans l'ordre de la connaissance (exemple mathématique) et la seconde dans celui des valeurs morales (un homme doit être préféré à un animal). D'où vient une telle unanimité ?

a) La force de l'évidence

Le texte commence par un exemple tellement élémentaire qu'il apparaît tout de suite incontestable : *« Je vois, par exemple, que deux fois deux font quatre, et qu'il faut préférer son ami à son chien »* (l. 1-2). Le verbe *voir* renvoie, ici, à une vision intellectuelle et non pas sensible* : il s'agit d'une évidence, c'est-à-dire une vérité éclatante qui fait l'objet d'une intuition immédiate ne laissant aucune place au doute. On peut faire trois remarques à propos de ces évidences. Premièrement, ce sont des vérités universelles, au sens où n'importe qui – peu importe l'époque ou le lieu – peut y avoir accès : *« je suis certain qu'il n'y a aucun homme au monde qui ne le puisse voir aussi bien que moi »* (l. 2-4). Deuxièmement, ces vérités forcent l'approbation de celui qui les conçoit : nul ne contesterait une vérité mathématique aussi simple que « 2 × 2 = 4 » ; quant à la préférence de l'humain à l'animal, *« il faut »* (l. 2) la reconnaître. Troisièmement, la force de ces vérités est équivalente, quel que soit leur domaine d'application : la vérité mathématique vaut la vérité morale. Ce 3e point soulève une difficulté, à laquelle Malebranche répondra à la fin du texte. Certes, préférer un humain à un animal semble aller de soi ; d'ailleurs, Kant dit bien que tous les hommes, contrairement aux animaux, ont une valeur en eux-mêmes et doivent, pour cela, être moralement respectés. L'expérience montre, pourtant, qu'il existe des hommes qui préfèrent les animaux à leurs semblables – que l'on songe, par exemple, à Schopenhauer, qui préférait tellement son chien aux hommes qu'il en fit son héritier…

Après avoir expliqué un passage en vous appuyant sur le texte, n'hésitez pas à le commenter en vous aidant de vos connaissances d'autres doctrines philosophiques.

b) La raison, hypothèse nécessaire

Non seulement tous les hommes s'accordent sur ces vérités élémentaires, mais ils savent aussi qu'ils s'accordent : ils sont dans une unanimité reconnue. Mais comment le savent-ils ? Certainement pas en lisant dans leurs pensées : *« je ne vois point ces vérités dans l'esprit des autres, comme les autres ne les voient point dans le mien »* (l. 4-5). Quelle est, alors, l'hypothèse la plus plausible pour expliquer une telle unanimité ? L'existence d'une Raison universelle, répond Malebranche : *« Il est donc nécessaire qu'il y ait une Raison universelle qui m'éclaire, et tout ce qu'il y a d'intelligences »* (l. 5-6). Malebranche semble suivre, ici, ce qu'on appelle « un raisonnement par abduction » : il s'agit, à partir de phénomènes constatés, de choisir l'hypothèse la plus probable qui les explique et d'éliminer les hypothèses improbables. Par exemple, mon médecin constate que j'ai de la fièvre, un nez qui coule, et que ma fille a eu dernièrement la grippe ; or la grippe cause la fièvre et l'écoulement nasal ; j'ai donc très probablement contracté moi aussi la grippe. Du côté de Malebranche, cela donne : on constate que les hommes s'accordent de manière unanime et consciente autour de certaines vérités ; or la raison permet aux hommes de s'accorder sur des vérités ; donc les hommes ont une Raison universelle.

2. L'exemple des Chinois

Dans la 2e partie du texte, Malebranche prend l'exemple surprenant des « *Chinois* ». Pourquoi ?

a) La raison est naturelle aux hommes

Malebranche raisonne par l'absurde : si la raison n'était pas universelle mais relative, alors je n'aurais aucune certitude sur le fait qu'un Chinois comprenne les mêmes vérités que moi ; or il n'y a aucun doute sur le fait qu'un Chinois comprenne lui aussi que deux fois deux font quatre ou qu'il faut préférer son ami à son chien. C'est donc que lui et moi avons en commun une même raison. Pour un Français du XVIIe siècle, la Chine est le domaine de l'exotisme par excellence : c'est un pays très éloigné, doté d'une culture très différente de la nôtre à tous égards (langue, mœurs, religion, etc.). Et c'est, précisément, ce qui fait l'intérêt d'un tel exemple pour Malebranche. Puisque je n'ai, *a priori*, rien en commun avec un Chinois, que je ne connais pas et qui semble m'être totalement étranger, je ne pourrai jamais savoir à l'avance ce qu'il pense, encore moins en être sûr. Or c'est le contraire qui est vrai. Et il faut s'en étonner ! Comment est-il possible que nous pensions de la même manière alors que nous ne partageons rien ? Ni la culture, ni l'éducation, ni quoi que ce soit n'apparaît susceptible de fournir d'explication suffisante. Pas plus que l'hypothèse d'une communication de pensée ou autre chose de fantaisiste de la sorte. Reste une seule hypothèse possible : celle que nous soyons tous les deux « reliés » à une troisième entité. L'existence d'une Raison universelle apparaît donc comme la seule façon d'expliquer que tout homme ait individuellement accès aux mêmes vérités.

Il faut justifier les choix d'exemples des auteurs, en particulier s'ils sont surprenants comme ici.

b) La raison est réflexive

Notons que les hommes accèdent à cette Raison universelle par introspection, « *quand nous rentrons dans nous-mêmes* » (l. 9-10) : la raison humaine est réflexive. En faire usage demande donc un effort intellectuel. Elle est cette voie d'accès à la vérité qui est ce que l'on a à la fois de plus intime (on y accède de manière réflexive) et de plus impersonnel (puisque cette raison que l'on découvre en nous-même est la même chez tous les hommes). Ce point peut, cependant, être discuté. Certes, la compréhension d'une vérité aussi triviale que *« deux fois deux font quatre »* est immédiate et intuitive. Mais qu'en est-il des vérités plus complexes, comme le boson de Higgs ou la matière noire ? Ce ne sont pas là des vérités auxquelles on accède immédiatement ! Il faut bien passer par des intermédiaires, comme les scientifiques, pour les comprendre… Et encore : il n'est pas certain que tous les hommes soient capables de les comprendre, même si on leur a tout expliqué !

c) La raison unit les hommes

Par la raison, les hommes s'accordent. Ils forment une communauté d'esprits rassemblés autour de procédures de pensée communes (des raisonnements) et d'une visée commune (la vérité). L'universalisme de la raison et de la vérité unit les hommes ; au contraire, le relativisme les divise. La raison nous sort de l'égoïsme et nous ouvre aux autres puisque, lorsqu'on s'en sert, on comprend, par exemple, qu'il faut préférer les humains aux animaux. Que l'on songe au film *Douze Hommes en colère*. Tant que les jurés ne s'accordent pas sur un verdict et continuent de défendre leur point de vue, comme s'ils étaient les seuls à posséder la vérité, ils sont dans le conflit et la division ; mais, au fur et à mesure qu'ils se mettent d'accord sur certains faits, qu'ils sont convaincus par les raisonnements, ils cessent de se diviser pour former une communauté animée du désir de parvenir à une vérité. Ce n'est pas en écoutant leur intérêt ou en suivant leur sentiment que les hommes s'accordent, mais en vivant sous la conduite de la raison.

Vous pouvez utiliser certaines références culturelles (films, romans, etc.) pour argumenter une thèse ou la thèse contraire. Par exemple, *Douze Hommes en colère* est mentionné dans le cours sur la vérité (p. 314) pour illustrer le relativisme… alors qu'il est, ici, mis au service de l'universalisme !

3. La raison contre les raisons

a) L'objection de l'animal préféré à l'humain

Malebranche répond, enfin, à une objection ou à un contre-exemple (l. 10-16). N'arrive-t-il pas que certains hommes accordent plus de valeur à leur animal qu'à un être humain ? Cela existe sans doute, mais, si ces hommes ont leurs raisons d'agir ainsi, c'est en obéissant à des raisons particulières, c'est-à-dire des motifs subjectifs et relatifs… donc des passions. Cela ne contredit en rien la présence en nous de la Raison universelle et absolue, mais cela montre seulement que nous pouvons ne pas la suivre : c'est ce que nous faisons quand nous sommes irrationnel et/ou déraisonnable.

b) Il faut distinguer « la raison » et « les raisons »

Il faut distinguer, en effet, deux sens du mot *raison* : des raisons étrangement qualifiées de *« pas raisonnables »* et la Raison universelle appelée *« souveraine »* car située au-dessus de chacun. Quand on parle des « raisons » (au pluriel), on désigne par là des raisons personnelles : je peux avoir de bonnes ou de mauvaises raisons d'être en retard au travail, de faire ceci ou cela… Dans ce cas, ces raisons sont propres à ma personne et ne sont pas transposables à autrui car ce sont des manières de justifier un comportement singulier. Au contraire, Malebranche insiste, dans le texte, sur l'existence d'un autre type de raison, *« universelle »* cette fois-ci. Cette raison n'a pas grand-chose de commun avec les raisons évoquées plus haut puisqu'elle est commune à tous : c'est en fonction d'elle qu'on dit de tel ou tel comportement qu'il est raisonnable ou pas. Ainsi, les raisons peuvent, paradoxalement, ne pas être raisonnables : elles sont plutôt comme des passions qui nous éloignent de la raison véritable et lui sont tout à fait étrangères. La Raison universelle a donc une dimension normative, qui permet d'évaluer le caractère raisonnable ou déraisonnable de nos actions.

Le terme *passion* ne figure pas dans le texte : c'est une interprétation mais il permet de clarifier l'opposition entre « la Raison universelle » et « les raisons » dont Malebranche dit qu'elles *« ne sont pas raisonnables »*.

Conclusion

On pourrait, en paraphrasant la formule de Rousseau selon laquelle *« les fruits sont à tous et la Terre n'est à personne »*, dire de la raison qu'elle est à tous mais qu'elle n'appartient à personne. Si l'on suit Malebranche, nous n'aurons jamais immédiatement accès aux pensées des autres, nous ne pourrons jamais exactement éprouver ce qu'ils éprouvent, mais nous ne sommes pas isolé pour autant : l'intersubjectivité est rendue possible dans la commune illumination des esprits par la raison universelle. Lorsque je comprends la pensée d'un auteur du passé, lorsque je m'unis rationnellement à lui, ne suis-je pas plus proche de lui que de mon voisin qui ne se soucie guère de la vie des idées ?

NOTION 12
La religion

Temples hindous de Prambanan (Indonésie).

Qu'est-ce que la religion ?

La religion est un ensemble à la fois théorique et pratique qui, reposant sur certaines croyances, oblige à certains comportements et qui lie les hommes au sacré, voire à Dieu.

- **Croyances :** la religion est fondée sur la foi qui se décline en la croyance en l'existence de Dieu (et en sa toute-puissance, en une vie après la mort, etc.), ainsi qu'en certaines valeurs.
- **Comportements :** être un croyant pratiquant inclut un comportement spécifique, car il faut observer (c'est-à-dire respecter) certaines règles précisément codifiées avec les autres membres de la communauté.
- **Sacré :** c'est, enfin, autour d'une distinction entre le sacré et le profane que la religion s'articule, lui permettant de considérer certains textes (Bible, Coran, etc.), dogmes (principes fondamentaux) ou préceptes de vie comme sacrés, c'est-à-dire absolus, vrais et intouchables, puisque dépositaires d'un message divin.

QUESTIONS PHILOSOPHIQUES

1. La religion est-elle irrationnelle ?

On oppose souvent « la foi » et « la raison* », comme s'il s'agissait de deux contraires destinés à se combattre. Pourtant, certains scientifiques sont très croyants, et les grands mystiques sont aussi de grands sages.

Perspective : La connaissance

2. La religion console-t-elle de la difficulté de vivre ?

Quand la religion ambitionne de donner un sens à notre existence, ne se contente-t-elle pas d'apporter un réconfort qui nous permet d'accepter notre finitude ? À moins qu'elle soit plutôt une source d'angoisse pour le croyant, qui craint le regard de Dieu et à qui sont imposées des exigences que l'athée n'a pas.

Perspective : L'existence humaine et la culture

3. La religion est-elle une morale déguisée ?

Parce que toute religion prône des valeurs et dicte à ses fidèles certains comportements précis, elle s'articule autour des valeurs de bien et de mal qui la font ressembler à une certaine forme de morale qui ne dirait pas son nom.

Perspective : La morale et la politique

1 La religion est-elle irrationnelle ?

On oppose, souvent, la religion à la science, la démonstration à la révélation ou la raison à la foi. A-t-on raison de supposer une sorte de conflit entre deux domaines qui seraient nécessairement opposés ? Rien n'est moins sûr.

A Des « preuves » de l'(in)existence de Dieu

Plusieurs arguments ont été avancés pour essayer de rationaliser la foi religieuse et l'athéisme, autrement dit pour justifier la croyance et l'incroyance :

– en faveur de l'existence de Dieu, **Anselme de Canterbury** avance l'argument **ontologique*** qui consiste à affirmer que, si Dieu a, par définition, toutes les perfections, Il doit nécessairement exister puisque l'existence est une perfection ;

– en faveur de l'inexistence de Dieu, c'est le **scandale du mal** qu'on met souvent en avant. La réalité de l'injustice et de la souffrance des innocents semble inconciliable avec l'existence d'un Dieu supposé à la fois bon et tout-puissant.

B L'impuissance de la raison*

Pourtant, aucun argument, aucun raisonnement, aucune « démonstration » n'a jamais convaincu personne de croire ou de cesser de croire en Dieu. C'est, selon **Kierkegaard**, parce que la religion n'est pas fondée sur la raison. Avoir la foi et croire profondément, c'est, selon lui, faire un saut dans l'absurde, dans le paradoxe absolu ; c'est un scandale irréductible à toute autre attitude humaine, comme l'illustre le sacrifice par Abraham de son fils Isaac pour la seule raison que Dieu le lui a ordonné.

> **Rappel**
>
> Le ***« pari » de Blaise Pascal*** explique qu'il est statistiquement plus avantageux de miser sur l'existence de Dieu, puisqu'il y a beaucoup à gagner (le salut) et peu à perdre (les plaisirs de notre éphémère vie terrestre), que sur Son inexistence.

Le Sacrifice d'Isaac (vers 1755), de Giovanni Domenico Tiepolo.

C Religion : superstition ou secte ?

Où se situe, alors, la différence entre une religion et une superstition ou une secte ? Au nombre de ses adeptes ? Au niveau de la sagesse que toute religion recèle ? À celui de la tradition dans laquelle elle s'inscrit toujours ? Il est vrai que les trois grands monothéismes (judaïsme, christianisme et islam), de même que d'autres religions comme le bouddhisme ou l'hindouisme, par exemple, s'enracinent dans une longue et riche histoire. Mais cela signifie-t-il que toute religion est nécessairement ancienne ? Les juristes parlent avec prudence de **« nouveaux mouvements religieux »** pour y englober les superstitions et les sectes, faute de disposer d'un critère suffisamment net pour pouvoir les distinguer de manière rigoureuse. La différence entre *religion* et *secte* est, d'ailleurs, d'autant plus difficile à établir que renvoyer à un « Dieu » ne prouve rien. Pour **Ludwig Feuerbach**, par exemple, ce n'est pas Dieu qui a créé l'homme à Son image mais l'homme qui a créé Dieu à la sienne, en projetant en Lui les qualités humaines (bonté, connaissance, etc.) sous une forme extrême et idéalisée.

EN RÉSUMÉ

La religion n'est pas tant opposée à la raison* que différente d'elle : elle obéit à une logique propre, qui n'est ni rationnelle* ni irrationnelle, mais plutôt étrangère aux lois de la raison (sans être incompatible avec elles).

2 La religion console-t-elle de la difficulté de vivre ?

On accuse, parfois, les religions d'être de mensongers réconforts, autrement dit de maintenir les hommes dans un état de soumission et de docilité qui leur fait oublier leurs maux réels en leur faisant espérer en un bonheur *post-mortem*.

A La religion est (faussement) consolatrice

Karl Marx et **Sigmund Freud** comparent tous deux la religion à une drogue certes réconfortante mais qui masque la dureté de l'existence et la réalité de notre finitude.

Une consolation sociale

Selon **Marx**, la religion apaise faussement la misère sociale des défavorisés. Elle fait supporter l'exploitation dont ils sont les victimes en prêchant la résignation ici-bas dans l'espoir d'une vie meilleure dans l'au-delà. Elle est un instrument parmi d'autres de la classe dominante qui s'en sert pour détourner leur attention des vraies luttes, qui sont de nature économico-politique.

> **Citation clé**
>
> *« La religion est l'opium du peuple »* (Karl Marx, *Critique de la philosophie du droit de Hegel*, 1844).

Une consolation psychologique

Dans *L'Avenir d'une illusion* (1927), **Freud** explique qu'il existe des raisons psychologiques à la source du besoin religieux, qui est une demande de sécurisation adressée par l'homme à Dieu quand il a peur de ne pas parvenir à assumer seul le sens de son existence. Cette détresse adulte mais puérile est semblable à celle d'un enfant qui en appelle au regard sévère mais protecteur, bienveillant et tout-puissant de ses parents.

B L'inconfort du croyant

Pourtant, est-il si confortable de croire en Dieu ? Cela n'a rien d'évident. D'abord, parce que le croyant s'impose de contraignantes règles de vie – comme des interdictions alimentaires ou sexuelles, mais aussi la charité envers les pauvres ou des pèlerinages – que les non-croyants ne sont pas tenus de respecter. Ensuite et surtout, parce qu'il vit dans la crainte de Dieu et de Son regard, parfois, réprobateur. En ce sens, **la religion peut apparaître** non comme un réconfort, mais **comme une inquiétude** (c'est-à-dire le contraire d'une quiétude).

C *« Croire que »* et *« croire en »*

La force propre au croyant n'est pas une certitude car seul le savoir peut en donner. **La croyance se distingue du savoir en cela qu'elle est seulement probable** et ne fait reposer sur aucune preuve ce qu'elle tient pour vrai. Mais encore faut-il bien mesurer ce que signifie *croire*. **Gabriel Marcel** distingue deux formes de croyances : *« croire que »*, c'est prononcer un avis, faire une fragile supposition à propos d'un événement douteux ; *« croire en »*, c'est faire confiance, engager profondément toute sa personne. C'est ce don de soi qui donne au croyant une force telle qu'elle peut le conduire à placer son existence au service de sa foi.

EN RÉSUMÉ

La religion semble promettre une récompense *post-mortem* au croyant, comme pour le rassurer sur le sens de son existence. Mais ce n'est, en réalité, qu'une espérance qui exige beaucoup de lui pour l'atteindre.

Prière dans la mosquée (1871), de Jean-Léon Gérôme.

3 La religion est-elle une morale déguisée ?

L'une des étymologies possibles du terme *religion* veut qu'il vienne du verbe latin *religare*, qui signifie « relier » : la religion, en effet, relie les croyants entre eux. Elle serait, ainsi, une certaine façon de réguler les rapports interhumains autour des notions de « bien », de « mal » et d'« interdit ».

A La religion est une affaire de mœurs

Avant d'être une rencontre intime entre un individu et Dieu, la religion est d'abord **une pratique sociale**. On entre plus rarement seul en religion que par le biais de sa famille ou de ses amis. D'ailleurs, les croyants se réunissent au sein d'un groupe, d'une communauté, c'est-à-dire d'une Église. La religion est donc **un fait social**, comme le montre le sociologue **Émile Durkheim**, et joue un rôle d'intégration de premier ordre puisqu'elle permet le partage de valeurs et de gestes, notamment certains rites, autrement dit des comportements strictement codifiés comme la prière, la tenue vestimentaire, les sacrifices ou les interdits alimentaires. Elle exige du croyant sincère qu'il soit aussi un pratiquant respectant ces règles. Pour **Pascal**, **c'est même par la répétition des rituels extérieurs que la conversion intérieure peut se produire**. Cette dimension « extérieure » ou « visible » de la religion est également ce qui donne une identité à un groupe en permettant de le distinguer des autres.

> **Rappel**
>
> L'*Église* avec une majuscule désigne la communauté des croyants, alors que l'*église* avec une minuscule désigne l'édifice dans lequel ils se réunissent.

B La religion moralisatrice

- Respecter autrui, ne pas mentir, donner aux pauvres, etc. : le devoir d'obéissance propre à la religion la fait l'assimiler à une sorte de morale. **Nietzsche** repère une **ressemblance mortifère entre religion et morale** car il estime qu'elles sont toutes deux fondées sur une dévalorisation du réel, sur un rejet de ce qui fait la puissance de l'être humain, de l'exaltation du corps et de la vitalité en général.
- Dans *La Religion dans les limites de la simple raison*, **Kant** voit aussi qu'il existe une certaine convergence entre religion et morale, qui exigent à peu près les mêmes comportements. Mais sa perspective est d'orientation très différente puisqu'il y décèle la **preuve d'une confirmation par la raison (morale) des enseignements religieux**. Il écrit que *« la religion est la connaissance de tous nos devoirs comme commandements divins »*, autrement dit que, si les impératifs moraux sont universels, le croyant a ceci de plus que l'athée qu'il considère qu'ils viennent de Dieu.

C Peut-on concevoir une religion sans Dieu ?

Mais, finalement, l'existence d'un Dieu est-elle encore, à ce compte-là, essentielle à la foi religieuse ? Il existe des religions sans Dieu comme le bouddhisme ou l'animisme, par exemple. Dans la première moitié du XIXe siècle, **Auguste Comte** a même essayé d'instaurer une religion de l'humanité, sans Dieu ni transcendance mais fondée sur l'amour de l'autre et la glorification des ancêtres qui ont fait progresser l'humanité. On trouve, encore aujourd'hui, des « temples de l'Humanité » à Paris ou au Brésil !

Repères

La ***transcendance*** désigne ce qui appartient à un ordre supérieur, à un au-delà hiérarchique, par opposition à l'***immanence***, qui correspond à un même niveau de réalité.

EN RÉSUMÉ

La religion présente un certain nombre de points communs avec la morale, à commencer par une conception spécifique du bien et du mal. Mais elle donne, en plus, un auteur transcendant (à savoir Dieu) aux injonctions auxquelles elle nous ordonne d'obéir.

Le Christ en croix (1873), de Léon Bonnat.

David Hume, *Dialogues sur la religion naturelle* (posthume, 1779)

Il s'agit du dernier ouvrage du philosophe empiriste écossais, paru trois ans après sa mort. Trois personnages fictifs (Déméa, Cléanthe et Philon) y débattent de façon contradictoire, et chacun incarne une certaine façon de penser la rationalité de la religion et l'existence de Dieu (même si aucun des trois ne représente la position de l'athéisme).

Déméa : la religion révélée

Déméa représente la **religion traditionnelle, instituée,** transmise par les témoignages qui enseignent la Révélation, c'est-à-dire le moment précis de l'histoire où Dieu S'est révélé à un certain groupe d'hommes pour délivrer Sa parole. Celle-ci a été consignée dans les textes sacrés qui affirment que Dieu est infini et donc radicalement incompréhensible à la raison* humaine.

Cléanthe : le théisme rationnel*

Cléanthe, qui ressemble à un philosophe des Lumières, représente le théisme, c'est-à-dire une **religion « naturelle »** fondée sur **le raisonnement** et non sur la Révélation. Il défend l'argument du « dessein intelligent » : pour lui, le monde apparaît comme une immense machine admirablement ordonnée, et, cette organisation ne pouvant pas être le fruit de la seule matière ou du simple hasard, elle suppose l'existence d'un grand esprit rationnel et créateur, autrement dit d'un Dieu qui n'est cependant pas le Dieu d'une religion en particulier.

> **Définition clé**
>
> La ***« religion naturelle »*** désigne celle qui est accessible de façon innée à tout homme, même s'il n'a reçu aucune éducation religieuse, par opposition à la ***« religion révélée »*** fondée sur une intervention directe de Dieu (déposant, par exemple, Sa parole dans un livre sacré).

Philon : le scepticisme*

Philon se montre plus prudent et plus critique (ce qui semble correspondre à la position de Hume). Il dénonce à la fois **l'aveuglement de Déméa**, qui ne fait pas confiance à la raison, et **le dogmatisme de Cléanthe**, qui lui fait trop confiance. Pour Philon, il est plus sage et prudent de **s'en tenir à ce que nous enseigne l'expérience**, c'est-à-dire ce que nous savons de ce monde-ci, sans essayer de regarder au-delà. Tout le reste outrepasse les limites de notre entendement*, autrement dit de notre intelligence.

CONCLUSION

CE QU'IL FAUT RETENIR

1. La religion est-elle irrationnelle ?

Différents arguments en faveur ou en défaveur de l'existence de Dieu ont été inventés par les théologiens et les philosophes au cours de l'histoire. Mais ils échouent toujours à convertir qui que ce soit car foi et raison* se situent sur deux plans séparés : la foi est l'engagement libre et total d'une personne.

2. La religion console-t-elle de la difficulté de vivre ?

Nous pouvons avoir envie de nous réfugier dans les bras réconfortants de la religion quand celle-ci nous fait entrevoir la possibilité d'un sens à l'existence et d'une vie après la mort. Ce n'est là, cependant, qu'une espérance qui n'a rien de rassurant puisque le croyant se sait soumis au regard aimant mais aussi réprobateur d'un Dieu qu'il craint.

3. La religion est-elle une morale déguisée ?

La religion est faite d'un certain nombre de prescriptions et d'interdits, et elle édicte un certain nombre de règles pour organiser la vie en commun. Elle est donc assimilable à une morale, au double sens de « manières d'être dans les rapports humains » (*cf.* les *mœurs*, c'est-à-dire les usages communs à un groupe) et de « discipline qui enseigne ce qui est bien et ce qui est mal ».

LA RELIGION SELON...

- **Kant :** la religion est comme une morale qui serait signée par Dieu.
- **Feuerbach :** ce n'est pas Dieu qui a créé l'homme à Son image, mais l'inverse.
- **Kierkegaard :** la foi est un saut incompréhensible dans l'absurde et l'irrationnel.
- **Nietzsche :** la religion, comme la morale, est hostile à la vie et à l'exaltation du corps.
- **Freud :** le besoin religieux correspond au besoin infantile d'être aimé et protégé par un Père tout-puissant.

Sujets possibles du bac

DISSERTATION 1 Le progrès scientifique peut-il faire disparaître les religions ?

- La question invite à se demander si la science se présente sous la forme d'une concurrente de la religion, obligeant à choisir entre l'une et l'autre, comme une alternative entre raison* et foi. ⟶ 1 (p. 229)
- Du Siècle des lumières au XXe siècle, on aurait pu plus facilement répondre par l'affirmative et croire que le déclin de la religion était inéluctable. Mais l'histoire récente montre plutôt une résurgence du sentiment religieux, qui mérite d'être interrogée et qui vient, peut-être, du fait que le progrès scientifique ne permet pas de calmer nos angoisses existentielles. ⟶ 2 (p. 231)

DISSERTATION 2 La foi rend-elle intolérant ?

- La question demande s'il y a une relation de cause à effet entre la religion et l'intolérance, comme si l'une conduisait nécessairement à l'autre.
- Il faut, ici, définir précisément l'*intolérance* (par exemple, comme étant le refus d'admettre une vérité autre que la sienne).
- *« C'est la foi chancelante qui fait les fanatiques »*, selon Bernanos : n'est-ce pas celui qui doute de sa foi qui se montre particulièrement intransigeant ? Le vrai croyant est tolérant et bon. ⟶ 3 (p. 233)

DISSERTATION 3 Les religions empêchent-elles les hommes de s'entendre ?

- Attention à bien prendre en considération toutes les dimensions du sujet : il faut distinguer la situation des hommes au sein d'une seule et même religion et celle de tous les hommes entre eux, répartis selon leurs différentes religions. ⟶ **Durkheim (la religion est un ciment social)**
- Sans nier les conflits religieux, on peut se demander si ce qui oppose les croyants entre eux (ou les croyants et les athées) est leur foi ou autre chose que leur foi (des intérêts politiques notamment, comme lors du massacre de la Saint-Barthélemy).

SUJET DU BAC CORRIGÉ

Explication de texte

4 heures

« Il faut reconnaître que l'égalité, qui introduit de grands biens dans le monde, suggère cependant aux hommes [...] des instincts fort dangereux ; elle tend à les isoler les uns des autres, pour ne porter chacun d'eux à ne s'occuper que de lui seul.

Elle ouvre démesurément leur âme à l'amour des jouissances matérielles.

Le plus grand avantage des religions est d'inspirer des instincts tout contraires. Il n'y a point de religion qui ne place l'objet des désirs de l'homme au-delà et au-dessus des biens de la terre, et qui n'élève naturellement son âme vers des régions fort supérieures à celles des sens. Il n'y en a point non plus qui n'impose à chacun des devoirs quelconques envers l'espèce humaine, ou en commun avec elle, et qui ne le tire ainsi, de temps à autre, de la contemplation de lui-même. Ceci se rencontre dans les religions les plus fausses et les plus dangereuses.

Les peuples religieux sont donc naturellement forts précisément à l'endroit où les peuples démocratiques sont faibles ; ce qui fait bien voir de quelle importance il est que les hommes gardent leur religion en devenant égaux. »

Alexis de Tocqueville, *De la démocratie en Amérique*, t. II, 1840.

Travail préparatoire

Fiches-méthode 8 à 15, p. 32

Les principales difficultés posées par le texte

Il est très étonnant que Tocqueville compare les mérites de la démocratie et ceux de la religion. D'habitude, on compare la démocratie avec la monarchie, l'aristocratie, la tyrannie ou le totalitarisme. Et le contraire de la religion, c'est l'athéisme ou l'agnosticisme, mais pas la démocratie ! C'est que Tocqueville ne l'étudie pas comme un régime politique particulier, mais comme un régime politique porteur de valeurs. Et il ne considère pas la religion par rapport à la croyance, à la foi ou à Dieu, mais dans la mesure où elle « inspire » certains instincts inverses de ceux de la démocratie : cette dernière est liée à l'individualisme, à l'appétit de consommation et à un certain matérialisme économique, tandis qu'à l'opposé la religion promeut le détachement des biens matériels et la solidarité entre les hommes.

Attention ! Tocqueville ne valorise pas la démocratie au détriment de la religion, pas plus qu'il ne dit préférer les idéaux de la religion à ceux de la démocratie. La dernière phrase indique bien qu'il cherche une manière de concilier leurs avantages respectifs.

La problématique du texte

La religion constitue-t-elle une menace ou un bienfait pour une société démocratique ?

Corrigé commenté

Les textes en bleu ne doivent pas figurer dans votre devoir. Nous les avons ajoutés pour vous aider à repérer la progression de la dissertation.

Introduction

[Présentation du thème] « Liberté, égalité, fraternité », proclame fièrement la devise de la République française. Beau programme que certains voudraient voir compléter par un autre terme : « laïcité ».

[Énoncé du problème et de la thèse] Mais ces différentes valeurs sont-elles conciliables ? La volonté d'égalité, en particulier, ne risque-t-elle pas de mettre en péril la complémentarité dans la société et d'entraîner chacun à ne se soucier que de lui-même dans l'indifférence aux autres ? Voici un défi qui se présente pour toute société démocratique. Or, selon Tocqueville dans le second tome de *De la démocratie en Amérique*, c'est la religion qui peut apporter une solution – assez inattendue ! – à ce problème.

[Annonce du plan] Après avoir, dans les deux premiers paragraphes de cet extrait, constaté à quels écueils l'égalité pouvait conduire selon lui, l'auteur montre, dans le troisième, que les religions fonctionnent toutes selon un même principe qui apparaît, dans le dernier paragraphe, comme un recours précieux capable de corriger les dangers auxquels l'égalité expose.

Les conseils du professeur

Cette amorce permet de situer d'emblée la discussion sur le terrain propre au texte, à savoir le terrain politique. Par chance, le texte original étant déjà « découpé » en paragraphes, on peut se contenter de suivre sa progression sans préciser les lignes – ce qui permet d'alléger la rédaction.

1. Les effets pervers produits par l'égalité

Dans un 1er temps, Tocqueville prononce une mise en garde contre les conséquences induites par l'égalité.

a) Il y a des bienfaits à l'égalité

Commençons par écarter une mauvaise lecture qui pourrait être faite de ce texte : Tocqueville ne condamne pas l'égalité ! Certes, il va s'efforcer de prévenir certains de ses effets malencontreux, mais ce n'est qu'après avoir bien souligné, dans la 1re phrase, qu'elle « *introduit de grands biens dans le monde* ». Il ne s'agit donc pas, dans cet extrait, de faire le procès de l'égalité mais de montrer qu'elle n'est pas que bénéfique et que, par-delà ses bénéfices, elle peut aussi engendrer certains travers.

b) Une égalité de nature politique

En fait d'égalité, c'est de l'égalité politique qu'il est ici question, dans le contexte démocratique moderne. En effet, l'avènement de la démocratie issue de la Révolution française a installé l'idée d'une « égalité fondamentale des hommes » – ou au moins des citoyens –, là où l'Ancien Régime considérait que l'inégalité était de droit. On sait, en effet, que *De la démocratie en Amérique* est consacré à comparer l'évolution des démocraties naissantes aux États-Unis et en France, mais que, loin de ne voir la démocratie que comme un système de gouvernement, Tocqueville s'intéresse aux forces qui la portent et aux valeurs qu'elle-même génère, comme l'individualisme ou la recherche de l'égalité. C'est, en effet, sous l'angle politique qu'il étudie l'égalité et les bienfaits qu'elle apporte, qui diffèrent de part et d'autre de l'Atlantique.

Tout cela n'est pas dit explicitement dans le texte, mais aide à en comprendre l'originalité et la force. La connaissance de l'auteur peut donc, parfois, s'avérer utile ! De toute façon, le texte ayant été rédigé en 1840, on peut raisonnablement en conclure que Tocqueville étudie les conséquences de la Révolution française.

c) Cependant, l'égalité est également nuisible par certains aspects

Mais, quels que soient ses mérites, il ne faudrait pas s'aveugler sur cette égalité qui introduit également des effets nuisibles. Tocqueville en souligne, ici, deux : d'abord, elle isole les citoyens les uns des autres et les pousse à se recroqueviller sur leur personne (sous-entendu : au lieu de s'intéresser aux autres et à l'espace politique) ; ensuite, elle encourage la cupidité ou, au moins, ce qu'on pourrait appeler « le matérialisme » et qui correspond à ce que Tocqueville nomme « l'attachement aux *"jouissances matérielles"* », c'est-à-dire aux plaisirs des biens de consommation et des valeurs de l'argent opposées à celles de l'esprit.

2. Toutes les religions fonctionnent de la même manière

C'est, précisément, cette opposition entre le matériel et le spirituel qui est approfondie dans la suite du texte, dans la mesure où la religion apparaît comme ce qui peut se révéler capable de contrebalancer ces méfaits apportés par l'égalité.

a) Que vient faire ici la religion ?

Il est assez surprenant de voir ici surgir la religion. À problème politique, solution politique, pourrait-on estimer. Mais c'est que la question de l'égalité est moins une question politique qu'un enjeu social, et il en va de même pour la religion selon Tocqueville. C'est, en effet, sur le terrain social et des valeurs qu'elles portent que les notions d'« égalité » et de « religion » peuvent se rencontrer et même se rejoindre. Notre regard laïc peut être surpris de cette rencontre, mais il ne faut pas oublier que Tocqueville écrit en ayant à l'esprit le modèle américain dont il estime qu'il peut inspirer des solutions aux enjeux proprement français. Or l'exemple des États-Unis, où la religion est bien plus présente dans l'espace public, montre que démocratie et religion peuvent faire très bon ménage.

Il convient de s'étonner de la « solution » religieuse imaginée par Tocqueville pour résoudre un problème politique... et de s'interroger, ensuite, sur les raisons de cet étonnement : pourquoi cela nous apparaît-il si étrange ? aurions-nous des préjugés sur le rôle de la religion ? Ce questionnement sera développé dans la 3e partie de l'explication.

b) La dimension spirituelle de la religion

Or toutes les religions, selon lui, sans exception (comme l'indique la double négation *« il n'y a point de religion qui ne place »*), se situent sur un plan supérieur à celui des plaisirs terrestres et sensibles*. On pense, bien sûr, notamment, au sacrement du mariage, dont la finalité religieuse dépasse celle du plaisir sexuel. Quand il ajoute que cela vaut également pour les religions *« les plus fausses et les plus dangereuses »*, on peut sourire à ce qui pourrait sembler relever de l'ethnocentrisme, mais, puisqu'il ne précise pas à quelles religions il se réfère, on doit plutôt se montrer prudent et ne pas se hasarder à faire des spéculations douteuses ou polémiques pour prétendre y voir une allusion à celle-ci ou celle-là. Quelle qu'elle soit, la religion porte en elle, pour Tocqueville, une dimension morale puisqu'elle *« impose* […] *des devoirs quelconques envers l'espèce humaine »* : on peut penser qu'il fait allusion au devoir de charité, notamment, ou aux différentes formes de respects dus à la vie humaine que les religions promeuvent. Inversement, le philosophe n'est pas non plus naïf car il souligne, en passant, qu'en dépit de ces vertus la religion peut être *« dangereuse »*.

Cette formule est difficile à interpréter, car, avec le découpage proposé, elle reste très allusive. Il ne faut pas la passer sous silence, mais rester prudent sur une interprétation qui risquerait vite d'être tendancieuse et fautive, puisqu'on ne dispose pas d'éléments suffisants pour savoir ce que l'auteur veut dire.

Cependant, puisqu'il ne développe pas ce point dans cet extrait, la nature exacte de ce danger reste indéterminée.

3. La religion corrige l'égalité

Le dernier paragraphe apparaît comme la conclusion logique des précédents : si l'égalité génère le matérialisme et si la religion fait l'inverse, alors la société équilibrée sera celle qui saura concilier les deux dimensions. Mais comment y parvenir ?

a) Un regard extérieur sur la situation américaine

Notre regard franco-français sur les rapports entre politique et religion est assez singulier : nous sommes les héritiers d'une conception laïque de la république, où l'Église et l'État sont séparés et où, plus précisément, la politique a gagné son autonomie en combattant l'influence exercée par la religion (ou, du moins, par le clergé). Toute interférence de la religion dans l'espace public risque d'apparaître comme une emprise illégitime et dangereuse qu'il faudrait combattre. Mais c'est là, précisément, où le regard extérieur, « américain » si l'on peut dire, de Tocqueville se révèle précieux : il a observé un autre fonctionnement, et c'est fort de son expérience qu'il veut nous montrer qu'une autre organisation sociale est possible. L'exemple des États-Unis témoigne, en effet, que la démocratie (et donc l'égalité) et la religion sont tout à fait conciliables et que cette dernière peut jouer un certain rôle dans l'espace public sans que la liberté politique y soit menacée.

Vous pouvez utiliser – brièvement – vos connaissances en histoire pour expliquer la façon dont la France gère les rapports complexes que la religion entretient avec la politique. Ce n'est pas hors sujet et cela permet, au contraire, de mieux comprendre l'enjeu du texte.

b) Peuples religieux contre peuples démocratiques ?

La dernière phrase du texte est, cependant, ambiguë, puisque Tocqueville semble y opposer les *« peuples religieux »*, d'une part, aux *« peuples démocratiques »*, d'autre part, comme s'il y avait là deux types de peuples, sinon antagonistes, du moins de nature bien distincte. Mais il ne faut pas se contenter de cette lecture sociologique et lire cette formule comme un véritable avertissement de nature politique : Tocqueville entend prévenir ses compatriotes du danger qui les guette, dans la mesure où, d'après lui, les fondements de la société française sont en péril si le sentiment religieux perd de sa vigueur. Autrement dit : la religion n'est pas, sur le plan politique, un ennemi à combattre, mais plutôt une force dont il faut reconnaître les bienfaits et profiter des atouts pour la société. C'est ainsi que Tocqueville entend concilier les avantages de l'égalité et ceux de la religion, les excès de l'une étant contrebalancés par les vertus de l'autre, dans une perspective où il s'agit de concevoir la société comme un équilibre difficile à tenir. On mesure à quel point la question soulevée ici par Tocqueville est, quelle que soit notre opinion, encore aujourd'hui, d'une surprenante actualité !

Conclusion

Les instincts égalitaristes démocratiques semblent, *a priori*, diamétralement opposés à ceux de la religion, qui enseigne la solidarité et le détachement vis-à-vis des biens matériels. Mais cette dernière représente-t-elle pour autant une menace qu'il faut combattre politiquement ou un allié inattendu ? Tocqueville, de retour en France après son voyage aux États-Unis, avertit ses compatriotes du danger que court une démocratie qui perdrait toute religiosité, puisque la religion ne jouerait plus son rôle de contre-pouvoir. Mais la question reste ouverte : les valeurs anti-matérialistes et anti-consuméristes sont-elles l'apanage exclusif des religions traditionnelles ou peuvent-elles aussi être portées par des formes nouvelles de spiritualité, par des organismes laïcs, voire par des activités comme le militantisme ou le sport ?

L'ouverture n'est pas obligatoire mais, dans le cas présent, elle peut être bienvenue pour offrir une nouvelle piste de réflexion.

NOTION 13
La science

Une scientifique dans un laboratoire.

Qu'est-ce que la science ?

La science est la connaissance objective des faits, fondée soit sur des démonstrations, soit sur des raisonnements expérimentaux.

- **Connaissance objective :** la caractéristique de la science est de ne pas se contenter d'opinions subjectives mais de prouver ce qu'elle avance.
- **Démonstrations :** les mathématiques et les sciences fondamentales qui lui sont apparentées démontrent les théories qu'elles avancent.
- **Raisonnements expérimentaux :** dans le cas de sciences expérimentales comme la physique ou la médecine, les connaissances théoriques reposent sur des expérimentations précisément encadrées.

QUESTIONS PHILOSOPHIQUES

1. À quoi reconnaît-on qu'un énoncé est scientifique ?

Que signifie que tel ou tel résultat est « scientifiquement prouvé » ? Existe-t-il des critères précis permettant de distinguer ce qui est scientifique de ce qui ne l'est pas ?

Perspective : La connaissance

2. Les sciences humaines sont-elles de véritables sciences ?

Le statut de ce qu'on appelle « les sciences humaines » – histoire, psychologie, sociologie, etc. – est ambigu, et cette appellation est elle-même problématique. Méritent-elles d'être considérées comme des sciences au même titre que la physique ou la biologie ou forment-elles un domaine à part dans la culture ?

Perspective : L'existence humaine et la culture

3. Le progrès scientifique entraîne-t-il un progrès moral ?

Si nous accumulons des connaissances, c'est, *a priori*, pour améliorer nos conditions de vie. Mais la science nous rend-elle meilleur sur le plan moral et politique ? Améliorer notre savoir nous permet-il de nous améliorer nous-même ?

Perspective : La morale et la politique

1 À quoi reconnaît-on qu'un énoncé est scientifique ?

Le qualificatif scientifique apposé à une théorie est censé garantir la confiance que nous pouvons lui accorder. Mais comment savoir si un énoncé est scientifique ou ne l'est pas ? Existe-t-il un critère permettant de le reconnaître ?

A La science se caractérise par la rigueur de sa méthode

> **Définition clé**
>
> **Empirique :** qui s'appuie sur l'expérience et l'observation, et non sur le raisonnement ou la pure théorie.

Le but affiché par la science est de connaître le monde et ses phénomènes* de la manière la plus exacte possible. Au sens large, on peut appeler indistinctement « science » tout type de savoir. Pourtant, des sciences occultes aux sciences politiques, toutes ne méritent pas ce nom ! Aussi, en un sens plus strict, on réserve le nom de « science » à un certain type de savoir qui se

caractérise par le respect rigoureux d'une méthode précisément définie, une procédure vérifiable et reproductible. C'est donc **la méthode** qui **fait l'essence* de la science** : c'est elle qui rend un résultat scientifique ou non. Un énoncé n'est donc scientifique que si la manière dont il a été produit a obéi à certaines exigences rationnelles*. Or, à cet égard, on peut distinguer deux types de sciences :
– les **sciences « pures »**, comme les mathématiques ou la physique fondamentale, qui sont hypothético-déductives ;
– les **sciences expérimentales**, comme la chimie, qui se fondent sur des données empiriques.

B Les sciences hypothético-déductives

Les mathématiques et les sciences qui leur sont apparentées démontrent tout ce qu'elles avancent. Tout ? Pas vraiment. Tout y est démontré certes, mais seulement à partir d'énoncés (théorèmes, propositions) démontrés antérieurement, qui eux-mêmes renvoient à d'autres énoncés préalablement démontrés… et ainsi de suite jusqu'aux éléments premiers qui ont servi de points de départ pour l'ensemble du dispositif démonstratif. Ces éléments premiers – axiomes, postulats, définitions – sont les **hypothèses sur lesquelles repose la totalité de cet ensemble**, qu'on peut donc appeler « hypothético-déductif ».

> **Définitions clés**
>
> Les **axiomes** sont des énoncés supposés évidents, comme « La partie est plus petite que le tout ».
> Les **postulats** sont des énoncés qui ne sont pas intuitivement évidents mais qu'on demande d'accepter pour le besoin de la démonstration, comme « Par un point on ne peut mener qu'une parallèle à une droite donnée ».

C Les sciences expérimentales, entre théorie et expérience

La démarche scientifique

- Dans les sciences expérimentales, **la théorie est toujours en relation avec l'expérience**. Mais de quelle façon ? Le médecin français Claude Bernard (1813-1878) a décrit précisément les différentes étapes de la démarche scientifique, qu'on peut résumer en trois points.

- Étape 1 : observation des faits, réguliers ou étonnants par rapport à l'état actuel de la connaissance.
Exemple 1 : on observe que l'eau bout régulièrement quand elle atteint 100 °C.
Exemple 2 : on observe que la trajectoire d'Uranus n'est pas tout à fait conforme à ce qu'elle devrait être selon la loi de la gravitation.

- Étape 2 : passage à la théorie, à l'hypothèse scientifique.
Exemple 1 : par induction, on fait l'hypothèse que l'eau s'évapore toujours à 100 °C,

c'est-à-dire passe de l'état liquide à l'état gazeux sous l'effet d'un réchauffement.

Exemple 2 : l'astronome Urbain Le Verrier avance l'hypothèse d'une nouvelle planète, qui n'aurait pas encore été observée mais qui perturberait la trajectoire d'Uranus. Il en calcule la position supposée.

> **Définitions clés**
>
> L'**induction** est un raisonnement qui s'appuie sur un certain nombre de cas particuliers pour énoncer une vérité générale, par opposition à la **déduction**, qui consiste à appliquer un énoncé universel à un cas particulier.

- Étape 3 : vérification expérimentale ; la théorie est testée dans des conditions variées pour s'assurer de sa validité.

Exemple 1 : il apparaît que la température d'ébullition de l'eau varie selon l'altitude. Il faut donc revenir à l'étape 1 et formuler une nouvelle hypothèse.

Exemple 2 : à l'endroit calculé par Le Verrier, l'astronome Johann Galle découvre une nouvelle planète, baptisée plus tard Neptune. La prédiction s'est confirmée : l'hypothèse est donc validée.

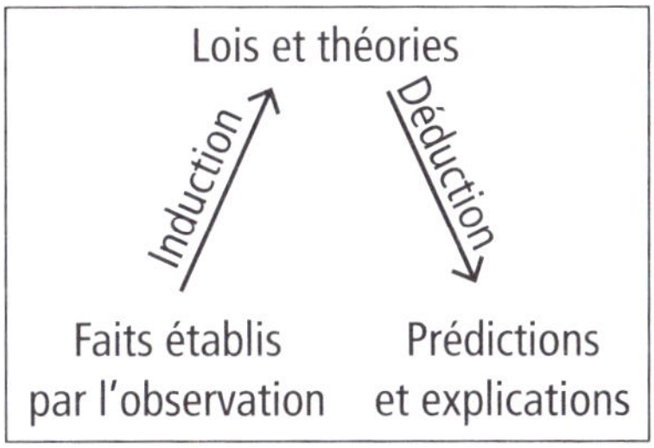

L'impossibilité de « vérifier » une théorie scientifique

Toutefois, il ne suffit pas qu'une théorie soit validée une fois pour être définitivement vraie, puisqu'elle peut toujours être invalidée plus tard, à l'issue d'une autre vérification expérimentale. Une théorie non falsifiée, c'est-à-dire qui passe victorieusement les tests expérimentaux, est dite « confirmée » ou bien « corroborée », mais elle n'est que provisoirement « vraie ». En effet, dans la démarche scientifique, on ne « prouve » pas les théories, même si on peut les réfuter. Les théories scientifiques ne sont que des hypothèses, des tentatives d'explications du monde.

D L'épreuve de la falsifiabilité

- En revanche, comme l'explique **Karl Popper**, une théorie n'est scientifique que si elle est « falsifiable » ou « réfutable », c'est-à-dire seulement si elle peut être testée, contrôlée par des faits : on doit pouvoir envisager un événement qui, s'il se produisait, nous mènerait à renoncer à l'hypothèse ou, au moins, à la modifier. Ce critère de falsifiabilité joue, pour **Popper**, le rôle de démarcation entre les théories scientifiques et les idéologies non scientifiques. Il est ainsi amené à considérer que la psychanalyse, l'astrologie, etc. sont des pseudo-sciences car on ne peut pas les réfuter.

- Cette exigence de falsifiabilité est essentielle à la science à une époque comme la nôtre, marquée par une certaine suspicion à l'égard de la science. Des thèses fantaisistes ou complotistes prolifèrent, qui remettent en cause la théorie de l'évolution ou le principe du réchauffement climatique. Les traditions et la religion jouent un rôle important dans cette attitude qui conduit à une certaine désinformation relayée abondamment sur les réseaux sociaux. C'est le nouveau défi auquel est confrontée la science : montrer qu'elle n'est pas qu'une idéologie parmi d'autres mais qu'elle s'appuie sur la raison* universelle que tous les hommes partagent et qui devrait les mettre d'accord, au-delà des divergences politiques et culturelles.

Exemple clé

Le « platisme », théorie fantaisiste selon laquelle la Terre serait plate, connaît un étonnant succès bien qu'elle contredise tout ce que la physique a établi depuis des millénaires.

EN RÉSUMÉ

Pour qu'un savoir puisse mériter l'étiquette de « scientifique », il faut qu'il respecte une méthode rigoureuse. Mais un énoncé scientifique n'est pas pour autant vrai, puisque la science doit aussi être ouverte à la critique et donc à une éventuelle réfutation à venir.

2 Les sciences humaines sont-elles de véritables sciences ?

Les sciences humaines sont, parfois, appelées avec mépris « les sciences molles » par opposition aux « sciences dures » ou « sciences exactes ». Ce statut de seconde zone signifie-t-il que l'homme ne peut pas faire l'objet d'une science ?

A Il n'y a de science que mathématisable

Le modèle mathématique

A priori, toutes les sciences visent la vérité. Pourtant, toutes ne se valent pas. **Descartes** réserve une place particulière aux mathématiques dont il fait un modèle de démarche rationnelle*. Elles sont, à ses yeux, à la fois plus certaines, plus faciles et plus claires parce que leur objet est abstrait. Qu'il s'agisse des nombres ou des figures, en effet, ce qu'étudient l'algèbre et la géométrie n'est qu'une abstraction, le fruit d'une démarche intellectuelle et non pas

Repère

Est abstrait ce qui est détaché de l'expérience concrète. Abstraire, c'est, en effet, isoler une caractéristique d'une chose en en laissant d'autres de côté afin de dégager des caractéristiques communes à plusieurs choses : on peut considérer la forme des objets en faisant abstraction de leur matière ou de leur couleur, par exemple.

d'une expérience ; il n'a pas d'existence réelle, contrairement aux corps physiques, à l'homme ou à la Terre. L'objet des mathématiques, d'après **Descartes**, est donc *« pur et simple »* : il n'a pas besoin d'être observé, mais seulement d'être posé par une définition. Le nombre, par exemple, n'est rien même si tout peut être nombré, car les mathématiques raisonnent sur les rapports de grandeur entre les choses et non sur les choses elles-mêmes : leurs vérités sont des vérités purement abstraites, et c'est ce qui leur donne leur certitude.

La mathématisation des autres sciences

> **Citation clé**
>
> ***« L'arithmétique et la géométrie sont beaucoup plus certaines que les autres sciences : c'est que seules elles traitent d'un objet assez pur et simple pour n'admettre absolument rien que l'expérience ait rendu incertain »*** (René Descartes, *Règles pour la direction de l'esprit*, 1628-1629).

C'est en utilisant, mais aussi en imitant les mathématiques que de nombreuses sciences ont évolué au cours de l'histoire. La biologie, par exemple, a cessé d'être une science descriptive à partir du XXe siècle pour devenir une science quantitative qui s'appuie sur des outils mathématiques (équations, etc.) et déchiffre des codes génétiques. Est-ce le destin de toute discipline de se mathématiser pour devenir scientifique, objective et moderne ? L'usage des statistiques en économie ou en sociologie, par exemple, ne relève-t-il pas de cette logique qui aligne toute science sur le modèle mathématique ?

B Ce qui différencie les sciences humaines des sciences de la nature

Des sciences de l'esprit autonomes

On a l'habitude de ranger, sous l'appellation « sciences humaines » (ou sous la variante « sciences sociales »), de nombreuses disciplines assez variées mais qui ont en commun d'aborder un aspect de l'existence humaine. L'expression a été utilisée en français pour traduire le mot *Geisteswissenschaften* (littéralement : « sciences de l'esprit ») employé par **Wilhelm Dilthey**. Celui-ci distinguait, en effet, les « sciences de l'esprit », d'une part, et les « sciences de la nature », d'autre part, non seulement parce qu'elles n'ont pas le même objet d'étude, mais aussi parce qu'elles n'ont pas non plus les mêmes méthodes.

Expliquer et comprendre

- **Dilthey** dénonce le présupposé selon lequel les faits d'ordre spirituel s'expliqueraient de la même façon que les mécanismes naturels. Nous « expliquons » les choses de la nature, telles que la trajectoire d'un astre, mais nous ne pouvons pas les « comprendre ». Expliquer, c'est trouver de l'extérieur un rapport entre deux faits, comme celui qu'on peut établir entre la dilatation et l'échauffement après avoir observé, de manière répétée, que le second était toujours suivi de la première.

> **Citation clé**
> *« La nature, nous l'expliquons, alors que la vie de l'âme, nous la comprenons »* (Wilhelm Dilthey, *Le Monde de l'esprit*, posthume, 1947).

- En revanche, nous cherchons à « comprendre » les comportements humains sans pouvoir les expliquer, en nous efforçant de nous mettre à la place des personnes que nous observons. Si l'on étudie la Révolution française, par exemple, on essaiera de s'imaginer dans la situation des différents acteurs de l'événement pour comprendre leurs motivations et leurs décisions. Il s'agit donc de procéder par intuition, « de l'intérieur », par une sorte d'empathie ou de participation à la vie psychique de la personne que l'on cherche à comprendre.

C Deux rationalités distinctes

On aurait tort de conclure de ce qui précède que les sciences humaines sont condamnées à une subjectivité incertaine et douteuse. D'abord, comme l'explique **Marcel Mauss** dans ses *Essais de sociologie*, parce qu'elles ne portent pas sur des *valeurs* (le bien, le mal, etc.) mais bien sur des *faits*, établis à partir d'hypothèses et obéissant à des méthodes précises. Ensuite, comme le souligne **Paul Ricœur** dans *Histoire et Vérité*, parce qu'il y a une « bonne » et une « mauvaise » subjectivité. Certes, explique-t-il, l'histoire n'est pas une réalité absolue existant en soi : l'historien doit faire des choix, interpréter subjectivement des documents. Mais cela ne signifie pas pour autant qu'il peut être partial et malhonnête ou se servir de l'histoire pour transmettre ses idées personnelles ! **Ricœur** insiste sur le fait que c'est, au contraire, grâce à la subjectivité de l'historien et elle seule qu'une connaissance objective du passé peut exister.

EN RÉSUMÉ

Les mathématiques représentent un modèle de rigueur que de nombreuses sciences envient et dont elles s'inspirent. Mais les sciences humaines ne sont pas nécessairement inférieures aux sciences de la nature, car les critères de scientificité se modulent selon les disciplines considérées, sans supposer une unité des sciences.

3 Le progrès scientifique entraîne-t-il un progrès moral ?

Nombreuses sont les avancées scientifiques qui ont été détournées de leurs buts initiaux pour servir des fins, commerciales ou militaires, nuisibles pour l'humanité. La responsabilité des scientifiques est-elle alors engagée ? La science doit-elle être animée par le souci de faire le bien et subordonnée à des fins d'ordre moral ?

A Les sciences au service de la morale et du progrès

L'arbre de la philosophie

« Toute la philosophie est comme un arbre dont les racines sont la métaphysique, le tronc est la physique et les branches qui sortent de ce tronc sont toutes les autres sciences, qui se réduisent à trois principales : à savoir la médecine, la mécanique et la morale ; j'entends la plus haute et la plus parfaite morale, qui, présupposant une entière connaissance des autres sciences, est le dernier degré de la sagesse »*, explique **Descartes** dans la lettre-préface aux *Principes de la philosophie* (1644). Ainsi considère-t-il la morale comme une science et même comme la science qui couronne l'ensemble de l'édifice du savoir. Pour **Descartes**, en effet, nos connaissances n'ont d'intérêt que si elles peuvent servir à améliorer nos conditions d'existence (médecine, mécanique), et **la morale apparaît comme leur fin ultime.** Autrement dit, le but de la science n'est pas de connaître pour connaître : elle doit mener vers la bonification de soi-même.

La croyance dans l'idée de « progrès »

C'est, du reste, cette même perspective qui anime, au XVIIIe **siècle, des** philosophes des Lumières et des partisans du progrès comme Turgot ou Condorcet : ils espèrent que les progrès des sciences créent une dynamique d'amélioration du bien-être des individus qui, vivant mieux et devenus instruits, pourraient devenir eux-mêmes des hommes meilleurs, dans une logique de perfectibilité de l'humanité. **Le progrès de la science devait garantir le perfectionnement moral de l'homme et de la civilisation.** Ce programme était encore celui de ce qu'on appelait, au XIXe siècle, « les sciences morales ».

> **Exemple clé**
>
> ***L'économie est une science morale*** est un essai du prix Nobel d'économie **Amartya Sen**. Grand spécialiste de la pauvreté, cet intellectuel indien défend l'idée qu'il est nécessaire d'introduire des considérations morales dans l'analyse économique, rappelant que l'économie doit, avant tout, être au service du bien-être de tous.

B Science, civilisation et barbarie

- Que l'évolution scientifique conduise l'humanité vers un état meilleur ne va pourtant pas de soi, comme les drames du XXe siècle l'ont montré. Une certaine conception de la science pourrait même servir ce que **Michel Henry**, prolongeant certaines analyses de **Husserl** (*cf.* p. 253), appelle *« la barbarie »* (*La Barbarie*, 1987). Parce qu'elle n'a de considération que pour ce qui est objectif et universellement valable, **la science dévalorise tout ce qui relève de la subjectivité**, de la sensibilité, de la spiritualité, de la conscience humaine et donc, peut-être, de la morale, comme si cela lui était étranger. La science devient sa propre fin, oubliant sa vocation qui serait de servir l'humanité.

- Dans son *Discours sur les sciences et les arts* paru en 1751, **Rousseau** craignait déjà que les progrès des sciences (et des arts) ne permettent pas de rendre les hommes plus vertueux, mais qu'ils les abaissent au contraire. Selon lui, la *« culture des sciences est nuisible* [...] *aux qualités morales »* car elle rend les hommes trop soucieux d'eux-mêmes, les éloigne de la simplicité de l'ingénu et corrompt leur jugement.

C La science sous surveillance

On est donc en droit de se méfier des progrès scientifiques quand ils s'effectuent en dehors de toute préoccupation d'ordre moral, sans aucun souci de leurs conséquences pratiques. En effet, les exigences morales – par exemple, en bioéthique – peuvent apparaître aux chercheurs comme autant de freins qui gênent l'avancée de leurs travaux. Inversement, ceux-ci peuvent aboutir à des résultats qui échappent largement aux intentions et même au contrôle de leurs inventeurs. N'est-ce pas grâce à la science qu'on a pu fabriquer l'arme atomique et tous les produits plastiques qui menacent la planète, que l'on cultive des OGM et que, demain, peut-être, on pratiquera le clonage humain ? Les politiques publiques essaient de mettre en place des garde-fous pour empêcher les dérives que risque d'entraîner le progrès scientifique et technique.

Exemple clé

Alfred Nobel a donné son nom à un célèbre et prestigieux prix, mais il est aussi l'inventeur de la dynamite. C'est précisément pour que son nom ne soit plus associé à un instrument de mort qu'il a décidé de léguer presque la totalité de sa fortune aux personnes *« ayant apporté le plus grand bénéfice à l'humanité »*.

EN RÉSUMÉ

Entre progrès et procès, la confiance que nous accordons à la science a changé. Depuis le XXe siècle, nous ne croyons plus qu'elle va contribuer au perfectionnement moral de l'homme et nous craignons même qu'elle en oublie toute préoccupation morale.

Citation clé

« Science sans conscience n'est que ruine de l'âme » (Rabelais) : faire de la science sans réfléchir aux conséquences est dangereux, car on risque d'y perdre son âme.

Edmund Husserl, *La Crise des sciences européennes et la Phénoménologie transcendantale* (1936, publication posthume 1954)

En plein contexte de la montée du nazisme en Europe, Husserl soutient dans cet ouvrage (surnommé « la *Krisis* ») que, malgré leurs progrès spectaculaires, les sciences sont en crise. Plus exactement, c'est la signification que ces dernières ont pour nous qui semble perdue.

L'oubli du sens originaire

Les sciences offrent tant d'applications techniques qu'il semble vain de rechercher le « fondement » de la pensée scientifique : nous avons besoin d'objets pratiques et fonctionnels, non d'en saisir le sens. Or c'est précisément cet oubli qui fonde, selon Husserl, la crise que traverse l'humanité européenne : une crise de la rationalité* et de l'essence* même de la science, et il propose de le faire comprendre en revenant à l'origine de sa fondation.

La mathématisation de la nature

Husserl oppose deux périodes dans l'histoire de la science :

– dans l'idéal grec, les choses composent un monde concret et quotidien que Husserl appelle *« le monde de la vie »* ou *« le monde vécu »* ;

– il s'est produit un tournant positiviste* à la Renaissance, avec la révolution héliocentriste (Galilée) et la modernisation des mathématiques (**Descartes**). La science s'est mise à faire abstraction de tout ce qui est subjectif, et son discours s'est éloigné progressivement du monde tel qu'il est vécu dans la vie réelle. Et c'est ce fossé qui a entraîné les sciences modernes dans une crise de sens.

Citation clé

« La Terre ne se meut pas. » Husserl sait bien que la Terre tourne autour du Soleil. Mais, par cette phrase provocatrice, il veut dire que le mouvement de la Terre ne peut pas faire sens pour nous puisque celle-ci est toujours le sol originaire – et donc fixe – à partir duquel nous concevons le mouvement.

L'ambition d'universalité

La mathématisation a ainsi donné à l'espace et au temps, puis à toutes les choses, des formes mathématiques et mesurables : tout pourrait être chiffré et retranscrit dans une forme valable universellement, pour tous les hommes, tous les peuples et tous les temps. Or, selon Husserl, **seule la philosophie continue d'interroger le sens des choses**. C'est donc à elle que revient de jouer le rôle de science universelle.

CONCLUSION

CE QU'IL FAUT RETENIR

1. À quoi reconnaît-on qu'un énoncé est scientifique ?

Si nous accordons, souvent, une grande confiance à la science, c'est parce que les énoncés qualifiés de « scientifiques » suivent une méthode rigoureuse. Qu'elle soit fondée sur la logique démonstrative ou sur la confrontation avec les faits, la science se met à l'épreuve et, modestement, n'avance qu'à coups d'hypothèses toujours susceptibles d'être réfutées **(Popper)**.

2. Les sciences humaines sont-elles de véritables sciences ?

Qualifiées, quelquefois, de « molles » ou d'« inexactes », les sciences humaines apparaissent parfois comme n'ayant de sciences que le nom. En comparaison de ce modèle de rigueur et de certitude que sont les mathématiques **(Descartes)**, elles semblent faire pâle figure. Mais c'est oublier qu'elles ont leur propre fonctionnement qui, mêlant objectivité et subjectivité, permettent de « comprendre » les comportements humains et pas seulement d'« expliquer » des faits **(Dilthey)**.

3. Le progrès scientifique entraîne-t-il un progrès moral ?

La plupart des philosophes des Lumières (à l'exception notable de **Rousseau**) ont pensé que l'humanité serait plus vertueuse si elle était plus savante. Au XVIIe siècle, **Descartes** concevait même la morale comme le point culminant de l'édifice du savoir. Mais la croyance selon laquelle les progrès des sciences s'entraîneraient harmonieusement les uns les autres paraît, désormais, lointaine et révolue. Les domaines de la science et de la morale semblent étrangers l'un à l'autre, et c'est le pouvoir politique qui doit intervenir pour empêcher qu'on ouvre la voie à certaines pratiques comme le clonage humain.

LA SCIENCE SELON...

- **Descartes :** les mathématiques sont le modèle de toutes les sciences.
- **Rousseau :** si le progrès des sciences est incontestable, il n'entraîne pas nécessairement un progrès dans les mœurs, c'est-à-dire dans la morale. Les hommes les plus savants ne sont pas toujours les meilleurs.
- **Claude Bernard :** la science obéit à une démarche précise, qui commence par l'observation de faits, ensuite expliqués par une théorie qui doit, elle-même, être contrôlée par des vérifications expérimentales.

- **Dilthey :** les sciences de la nature « expliquent » leur objet d'étude, tandis que celles de l'esprit (autrement dit, les sciences humaines) cherchent à le « comprendre ».
- **Popper :** pour qu'elle puisse être considérée comme scientifique, une théorie doit être falsifiable, c'est-à-dire qu'il faut qu'on puisse la tester et déterminer dans quelles conditions elle pourrait, éventuellement, être invalidée.
- **Ricœur :** l'histoire vise une connaissance objective du passé grâce à la *« bonne subjectivité »* du travail de l'historien.

Sujets possibles du bac

DISSERTATION 1 Toutes les sciences suivent-elles la même méthode ?

- Le sujet invite à s'interroger sur ce qu'on appelle « la méthode scientifique », comme s'il n'y en avait qu'une. Distinguer celles des sciences pures, des sciences expérimentales et des « sciences humaines ». ⟶ 1 (p. 245) et 2 (p. 248)
- Attention à ne pas faire un catalogue des différentes méthodes scientifiques ! Il s'agit, avant tout, de trouver les points communs entre ces méthodes qui permettent de distinguer une connaissance scientifique d'une idéologie. ⟶ Popper, 1 (p. 245)

DISSERTATION 2 La science peut-elle faire disparaître les religions ?

- La rivalité entre la science et la religion est une idée répandue. Il faut donc l'aborder en 1re partie de dissertation (si possible en évitant de caricaturer l'affaire Galilée !). ⟶ 3C (p. 252)
- Vous pouvez montrer, cependant, que les rapports entre science et religion ne sont pas nécessairement conflictuels : non seulement de grands scientifiques sont croyants (Kepler, Newton, etc.), mais, en outre, ils ne traitent pas des mêmes objets – la science explique comment est fait le ciel et la religion comment on y va. ⟶ 2A (p. 248)

DISSERTATION 3 Doit-on encadrer la recherche scientifique ?

- La notion d'« encadrement » est vague et mérite d'être explicitée : il est, ici, question d'une limitation des recherches scientifiques par la morale ou par la loi.
- L'exemple le plus évident est celui des comités de bioéthique ou de l'interdiction du clonage. ⟶ 3B (p. 251)

SUJET DU BAC CORRIGÉ

Dissertation

La science a-t-elle le monopole de la vérité ?

4 heures

Travail préparatoire

Fiches-méthode 1 à 7, p. 18

Les principales difficultés posées par la question

Interroger le rapport de la science à la vérité n'a rien de surprenant : la question lie deux notions du programme. En revanche, le terme de « monopole » doit être bien compris ; il invite à se demander si seule la science peut permettre d'accéder à la vérité ou si d'autres chemins peuvent y conduire. La nature de ces autres voies est indéterminée, et c'est au (ou à la) candidat(e) d'envisager la vérité dans des domaines comme la morale ou l'art, par exemple.
En plus d'élargir la perspective à des domaines non scientifiques, il convient aussi d'analyser les notions très générales de « science » et de « vérité » dans l'intitulé. Y a-t-il une seule science et une seule vérité ?

La problématique de la question

La vérité appartient-elle exclusivement au domaine de la science ? Existe-t-il des vérités non scientifiques ?

Corrigé commenté

Les textes en bleu ne doivent pas figurer dans votre devoir. Nous les avons ajoutés pour vous aider à repérer la progression de la dissertation.

Introduction

Les conseils du professeur

[Amorce du sujet] « Mais je t'assure : c'est absolument vrai, c'est scientifiquement prouvé ! » Dans le langage courant, on considère, souvent, que ce qui est scientifique – ou supposé tel – est vrai ou vraisemblable. Non seulement le caractère scientifique d'un énoncé apparaît comme une garantie de sa vérité, mais on peut même n'accepter de considérer comme vrai que ce qui est marqué du sceau de la scientificité, en rejetant tout le reste comme douteux ou faux. [Énoncé du sujet et problématisation] La science détient-elle le monopole de la vérité ? Autrement dit : en a-t-elle le privilège exclusif ou bien existe-t-il aussi des vérités non scientifiques ? Et qu'est-ce qui permet d'assurer qu'un énoncé est vrai si ce n'est pas la science ? [Annonce du plan] Nous verrons que, si la vérité est le but clairement affiché par les scientifiques dans leur démarche, il y a aussi d'autres modes d'éclosion de la vérité en dehors des strictes limites de la science. Il conviendra donc de démythifier le rapport supposé étroit qui lie la vérité à la science.

1. La science mène à la vérité

Que la science détienne le monopole de la vérité, qu'elle possède, en quelque sorte, l'exclusivité du vrai, semble relever d'une évidence incontestable.

a) Définition de la science

Par définition, la science vise une connaissance objective des choses qui aille au-delà des simples opinions subjectives et arbitraires. Elle peut avoir une telle ambition grâce au recours à une démarche rigoureuse susceptible d'être reconduite par tout un chacun pour aboutir à des résultats qui seront garantis par la fiabilité même de la procédure scrupuleusement suivie. Ce qui est caractéristique de la science, en effet, c'est qu'elle prouve ou démontre ce qu'elle avance et se distingue, par là, de

Le début de la 1re partie est un bon endroit pour poser et, surtout, développer les définitions des termes essentiels de l'énoncé, sans se contenter d'une définition toute faite. Il s'agit de faire travailler la (ou les) définition(s) pour l'(les) articuler au reste de l'énoncé.

tous les jugements qui n'expriment rien d'autre que le point de vue de ceux qui les émettent. Si, par exemple, je « pense » que le Soleil tourne autour de la Terre parce qu'il me semble le voir se lever à l'horizon tous les matins et se coucher tous les soirs, je ne fais qu'avoir un avis subjectif, alors que les observations astronomiques associées à la théorie de la gravitation universelle démontrent que c'est l'inverse : à savoir que c'est l'héliocentrisme qui est « vrai ».

b) Définition de la *vérité* et articulation avec la *science*

De son côté, la *vérité* se définit comme la conformité entre une pensée (une idée, une théorie, etc.) et la réalité. Or une pensée ne peut être conforme à la réalité que si elle est objective ; et c'est pourquoi la science se présente comme le domaine par excellence où la vérité est censée triompher. Et, quand on parle de « science » ici, on pense d'abord aux mathématiques, où toutes les propositions et tous les théorèmes sont démontrés de manière logique et irréfutable. Les mathématiques sont, en ce sens, le modèle de la certitude et de la vérité, comme Descartes l'établit dans les *Règles pour la direction de l'esprit*, parce que leur objet est tellement clair qu'elles ne progressent qu'au moyen de la déduction rationnelle*, sans rien qui interfère.

c) Distinction entre « sciences exactes » et « sciences humaines »

Peut-on élargir le propos de Descartes aux sciences exactes, comme la physique, et aux sciences humaines ? Les sciences exactes ont, en effet, ceci de particulier qu'elles sont mathématisées et donc livrent des données chiffrées, mesurables, qui se prêtent aisément à la « vérification » – autrement dit, au fait de tester différentes hypothèses en les confrontant à la réalité pour démêler le vrai du faux. Il en va autrement des autres sciences, et notamment des sciences humaines, qui ne peuvent prétendre à la même précision parce que leur objet est la « matière » humaine, avec sa subjectivité et sa sentimentalité ; autrement dit, une matière variable et difficile à enfermer dans les limites strictes de la rationalité la plus logique. Ces « sciences »-là peuvent faire comprendre des faits, mais leurs résultats sont toujours sujets à interprétation et à discussion. Cela signifie-t-il qu'elles doivent renoncer à la vérité ? Doit-on, en toute rigueur, réserver le terme de *vérité* aux seules sciences exactes ?

Faites bien attention à prendre en considération la totalité du sujet : ici, l'intitulé porte sur « la science », sans autre précision ; il n'y a donc aucune raison d'exclure *a priori* les sciences humaines.

2. Il y a de la vérité ailleurs qu'en science

L'usage que nous faisons des termes *vrai* et *vérité* déborde largement le strict et étroit domaine de la science. Est-ce un abus de langage ?

a) Précision sur le sens de *vérité*

Commençons par écarter un certain nombre d'usages du terme *vérité* qui ne correspondent pas à la question posée. Quand nous évoquons la vérité d'un sentiment ou quand nous parlons d'un vrai travail, par exemple, il s'agit plutôt d'en désigner respectivement la sincérité (ou la véracité) et la réalité. En effet, dans ces occurrences comme dans beaucoup d'autres, le terme *vérité* ne désigne pas exactement, ou pas directement, l'adéquation d'une pensée avec la réalité. Quand on demande si la science a le monopole de la vérité, on entend plutôt comparer la science avec d'autres domaines de l'expérience humaine. Or dans quels domaines le terme *vérité* est-il pertinent ?

Petite mise au point concernant la polysémie du terme *vérité* : il peut être utile de préciser en quel sens il ne faut pas entendre tel ou tel terme, pour faire mieux comprendre dans quel sens il est employé ici.

b) Vérité en morale et en art

En matière de morale d'abord, il n'est pas absurde de parler de « vérité ». Est-il « vrai », par exemple, que tous les hommes sont égaux ou qu'il est immoral de faire à autrui ce qu'on ne veut pas qu'on nous fasse ? De tels énoncés ne sont pas « démontrables » par $a + b$; mais en sont-ils pour autant faux ? On peut, certes, en discuter, et, sans doute, tout le monde ne les admettra pas, mais on pourrait en dire autant de l'héliocentrisme ou du théorème de Fermat. Il en va de même en art : il existe des œuvres qui peuvent être porteuses d'une certaine forme de « vérité » de manière sensible*, au sens où Heidegger rappelle que la vérité, en grec, se dit *alethéia*, c'est-à-dire « dévoilement » par opposition à l'oubli. S'il y a de la vérité en morale, en art et dans d'autres domaines encore – la religion, peut-être –, c'est au sens, au contraire, d'une vérité subjective, comme celle que réclame Kierkegaard dans son *Journal :* une vérité qui soit valable « pour moi », une vérité existentielle qui m'aide à trouver un sens à ma vie et puisse me servir de guide.

c) Une opinion peut être « vraie »

Nous sommes donc loin des exigences dont nous avions dit qu'elles étaient constitutives de la vérité et que seule la science promeut : le caractère démontrable n'est, pas plus que l'unanimité, une garantie suffisante de la vérité d'un énoncé. Notre usage de la vérité est bien plus large, et, d'ailleurs, quand nous faisons référence à la vérité, il est plutôt rare que nous opposions la science nécessairement objective et vraie à l'opinion toujours subjective et fausse. Même les opinions peuvent être « vraies ». Dans le *Ménon*, Platon prend l'exemple de quelqu'un qui, par hasard, imaginerait la bonne route pour se rendre dans la ville de Larissa, sans la connaître : un tel homme serait un excellent guide et détiendrait une opinion qui serait « vraie ». En l'occurrence, la vérité, au sens de « la conformité avec la réalité », n'est pas le domaine exclusif de la science, et il existe de nombreuses manières d'y parvenir. Il faut donc revenir à la question des rapports peut-être privilégiés mais certainement pas exclusifs que la science entretient avec la vérité.

Cette dernière phrase sert de transition.

3. Ce qui est considéré comme vérité est toujours provisoire, même en science

a) Vérité et certitude

Nous avons commencé cette dissertation en partant de l'idée commune selon laquelle la science était la voie royale menant à la vérité. Mais, à y regarder de plus près, qu'est-ce qui justifie un tel statut ? La science apparaît davantage comme le chemin qui mène à la certitude. Ce qui fonde la supériorité de la science sur tous les autres domaines du savoir tient au fait qu'elle livre non pas des savoirs plus vrais, mais des savoirs plus certains et plus solides, testés et prouvés. Démontrer un théorème, par exemple, ne le rend pas plus « vrai », car la démonstration ne change rien au contenu dudit théorème, mais cela permet de lui donner une certitude absolue et une validité logique irréfutable. La science permet donc d'exclure le doute, et c'est ce caractère d'évidence indubitable qu'on confond, parfois, avec la vérité.

Vous pouvez tout à fait vous permettre un retour réflexif sur votre dissertation : cela montre une capacité à se remettre en question.

b) Les théories scientifiques ne sont que des hypothèses

Ce n'est, pourtant, pas si simple. Bertrand Russell, dans *Science et Religion*, explique, en effet, exactement l'inverse : ce qui, selon lui, fait la différence entre un dogme religieux et une théorie scientifique, c'est que cette dernière n'est jamais qu'une hypothèse, susceptible d'être réfutée plus tard, en fonction des progrès ultérieurs de la science. Alors que les énoncés religieux se présentent comme des vérités éternelles, sacrées et intouchables, les théories scientifiques intègrent le principe de leur possible réfutation ultérieure. En ce sens, on pourrait même dire que les sciences sont plus humbles car tout ce qu'elles considèrent comme vrai n'est jamais que provisoirement vrai, suspendu à une découverte à venir. Un peu comme un record du monde en athlétisme qui a toujours vocation à être battu un jour…

c) L'objet des mathématiques est un objet abstrait

Ce n'est pas non plus convaincant pour une raison de principe. Comme Descartes l'explique, les mathématiques ne sont rigoureuses que parce que leur objet est abstrait et détaché de l'expérience. Dès lors, à quelle vérité « objective » peuvent-elles réellement prétendre ? Est-il « vrai », au sens de « la conformité avec la réalité », que deux droites parallèles ne se touchent jamais, alors que de telles droites ne sont que des abstractions de notre esprit et n'existent pas réellement ? Ce que les mathématiques appellent « vérité » n'est pas l'adéquation au réel – la vérité « matérielle » – mais la seule rigueur logique – la vérité « formelle » –, au sens où les conclusions tirées doivent être le pur produit de ce qui a été préalablement admis. Tout ce qui fait la chair du monde, toute la complexité de réel bariolé dans lequel nous habitons ne peut donc qu'échapper à l'œil étroit des mathématiques qui n'est que l'œil d'un esprit désincarné. Et ce qui vaut pour les mathématiques concerne aussi les autres sciences exactes quand elles se sont développées à l'époque moderne : quand la physique contemporaine fait l'hypothèse qu'il y a 10 ou 12 dimensions dans l'espace, cela ne correspond plus à la moindre expérience que nous pouvons faire de la réalité, qui reste désespérément bloquée aux trois dimensions traditionnelles. Pour savoir si cette hypothèse est vraie ou pas, il faut donc la confronter aux autres principes admis dans la théorie physique et non à la réalité.

Conclusion

Si les sciences méritent donc d'être considérées comme un modèle de rigueur logique, ce n'est pas pour autant qu'il faut leur réserver le monopole de la vérité. Le réel qu'elles décrivent est un réel souvent détaché de notre expérience humaine concrète et sensible* : c'est un réel abstrait dont on ne voit plus toujours de quelle manière il se rapporte au monde réel. C'est, d'ailleurs, pourquoi, avec beaucoup d'esprit, le grand mathématicien Bertrand Russell déclarait : *« Les mathématiques sont le seul domaine où l'on ne sait pas de quoi l'on parle ni si ce que l'on dit est vrai. »*

Conclure sur une citation peut être du plus bel effet pour clore le travail… à condition qu'elle soit pertinente !

NOTION 14
La technique

Contrôle informatisé et en temps réel de machines dans une usine.

Qu'est-ce que la technique ?

La technique est un savoir-faire permettant de parvenir plus efficacement à un résultat.

- **Savoir-faire :** la technique tient à la fois de la théorie et de la pratique. Elle peut s'enseigner, mais il faut surtout l'utiliser, c'est-à-dire la mettre en pratique, pour parvenir à la maîtriser.
- **Efficacement :** l'efficacité est le critère essentiel de la technique. Une solide maîtrise technique nous permet de mieux atteindre nos objectifs (par exemple, obtenir une bonne note grâce à une connaissance approfondie de la technique de la dissertation !).
- **Résultat :** on ne recourt à une technique que pour parvenir à un but précis.

QUESTIONS PHILOSOPHIQUES

1. La technique n'est-elle qu'une science appliquée ?

Si la technique est un savoir-faire, quelle est la nature du lien entre ce « savoir » et ce « faire », entre la connaissance et la pratique ? On associe souvent sciences et techniques, comme si les secondes n'étaient que la mise en application des premières… mais la réalité est plus complexe.

Perspective : La connaissance

2. De quoi la technique nous libère-t-elle ?

La profusion d'objets techniques qui nous environnent nous permet de vivre de manière bien plus confortable que si nous étions livré à nous-même dans la nature. Mais cela suffit-il pour faire de la technique l'instrument de notre émancipation ?

Perspective : L'existence humaine et la culture

3. Faut-il avoir peur de la technique ?

La puissance de la technique est si grande désormais qu'elle en devient presque une menace pour nous. Il n'est pas plus sûr que nous soyons en mesure de la maîtriser ni même de l'arrêter.

Perspective : La morale et la politique

1 La technique n'est-elle qu'une science appliquée ?

La science est un savoir qui, tel quel, a pour seul but d'augmenter nos connaissances. La technique met en œuvre les outils que la science a permis d'inventer. Mais comment l'une et l'autre s'articulent-elles ?

A Le « savant » *(Homo sapiens)* et le « fabricateur » *(Homo faber)*

- Science et technique ont des vocations différentes. La science cherche à connaître et découvrir la réalité, à la décrire, à l'expliquer et à prédire ses phénomènes* (en identifiant les liens de cause à effet qui les unissent). La technique, de son côté, est une activité de fabrication et de transformation dont le but est de modifier la réalité. Elle consiste à maîtriser un ensemble de gestes ou, plus souvent, à manipuler une matière pour produire un objet physique. Cette activité étant, parfois, devenue très complexe, on utilise le terme *technologie*.

- Traditionnellement, on voyait la science et la technique comme deux disciplines distinctes : connaître le monde et fabriquer des objets étaient des activités indépendantes l'une de l'autre. **Bergson** a proposé de revaloriser cette capacité technicienne en substituant l'expression *Homo faber* (« homme fabricateur ») à *Homo sapiens* (« homme savant ») pour définir l'être humain. En effet, il considérait que l'intelligence humaine était davantage tournée vers la pratique que vers la théorie désintéressée.

Définition clé

Littéralement, la **technologie** est « l'étude de la technique » (comme l'astrologie est celle des astres ou la psychologie celle de l'esprit). Mais le terme a surtout pris le sens de « technique moderne, complexe, élaborée et très évolutive » (informatique, multimédia, etc.) : on parle, dorénavant, de « haute technologie » ou des « nouvelles technologies ».

B La technique soumise à la science

Peut-on concevoir, cependant, une technique qui ne s'appuierait pas sur une connaissance scientifique ? Toute technique semble être l'application d'un savoir antérieur qu'elle présuppose. Mais, à y regarder de plus près, cela n'a rien d'évident. Souvent, une technique précède le savoir qui lui correspond. C'est, en effet, pour satisfaire des besoins vitaux que l'être humain a été poussé à transformer la réalité et donc à s'interroger sur son fonctionnement. C'est vrai pour l'optique dès le XVIIe siècle, par exemple : le perfectionnement des techniques de travail du verre a favorisé les progrès de l'astronomie (c'est grâce à sa lunette que Galilée a pu élaborer sa théorie de l'héliocentrisme) ou de la biologie (les microscopes). Or la recherche scientifique est de plus en plus dépendante de la technologie. Elle requiert, souvent, des instruments très élaborés, comme les neurosciences cognitives qui font appel à l'imagerie cérébrale informatisée.

Exemple clé

Au XVIe siècle, les ingénieurs fontainiers de Florence se trouvaient face à un problème insoluble : ils ne parvenaient pas à aspirer l'eau à plus d'une dizaine de mètres au-dessus du niveau du fleuve. **Torricelli** (puis Pascal) se pencha sur la question et non seulement expliqua le phénomène par l'existence d'une pression exercée par l'air, mais inventa aussi le baromètre. Ainsi un problème technique est-il bien à l'origine d'une découverte scientifique : celle de la pression atmosphérique.

C L'ère de la « technoscience »

Plutôt que d'essayer de soumettre la science à la technique ou l'inverse, il faut penser leur interaction car elles sont devenues dépendantes l'une de l'autre et se développent, souvent, main dans la main. Une telle étroite imbrication a conduit des philosophes comme **Gilbert Hottois** ou **Bruno Latour** à inventer le terme *technoscience(s)*, au singulier ou au pluriel, pour désigner ce couple. Il s'agit, pour eux, de montrer que la science n'est pas qu'une activité théorique de contemplation ou de représentation, pas plus que la technique n'est qu'un instrument ou qu'une étape de la recherche scientifique, mais qu'elles sont devenues indissociables. Ainsi retrouve-t-on le problème qui avait déjà agité **Aristote** pendant l'Antiquité : est-ce parce que l'homme est le plus intelligent des animaux qu'il est le seul à posséder des mains ou est-ce parce qu'il est le seul à avoir des mains qu'il est le plus intelligent ?

EN RÉSUMÉ

La technique n'est plus, aujourd'hui, la simple mise en application de la science. Désormais, science et technique sont considérées comme faisant partie d'un même tout indissociable nommé « technoscience(s) ».

2 De quoi la technique nous libère-t-elle ?

Quel confort d'évoluer au milieu d'objets qui facilitent notre vie quotidienne ! Depuis la découverte du feu jusqu'aux derniers objets *high-tech*, la technique améliore nos conditions d'existence. Serait-elle donc l'instrument de notre liberté ?

A La technique nous protège de la nature

Platon raconte, dans le *Protagoras*, le mythe* de Prométhée qui vola aux dieux le feu et la technique pour compenser l'infériorité originelle de l'homme par rapport aux autres animaux : dépourvu de fourrure, de griffes, de crocs, etc., l'être humain a été « oublié » quand ont été distribués aux différents animaux les avantages physiques. Destinée à contrebalancer sa faible constitution, la technique lui a été donnée pour lui permettre de survivre dans la nature et prévenir les dommages qu'elle pourrait lui faire subir. Par exemple, nous fabriquons des habits pour « compenser » notre nudité et nous préserver du froid, mais aussi des habitations et même des systèmes de chauffage de plus en plus élaborés… qui font, finalement, de nous les mieux protégés de tous les animaux.

Prométhée apporte le feu à l'Humanité (vers 1817), d'Heinrich Füger.

B La technique nous donne un pouvoir surnaturel et divin

- Au lieu d'endurer les événements naturels, nous pouvons donc nous y adapter et les anticiper : par exemple, la lumière artificielle permet de ne plus subir l'alternance du jour et de la nuit. La technique nous permet même bien davantage : puisqu'elle est, selon le mythe* de Prométhée, un pouvoir surnaturel et divin, elle offre à l'être humain les moyens de surpasser sa condition naturelle, de dominer la nature et d'en prendre le contrôle.

- C'est, notamment, en constatant les progrès de la médecine déjà réalisés au XVIIe siècle et en anticipant ceux à venir que **René Descartes** se réjouissait à l'idée que nous pourrions, grâce à la technique, devenir *« comme maîtres et possesseurs de la nature »*. L'allongement de l'espérance de vie ou le développement des moyens de transport et de communication lui donnent, chaque jour, davantage raison. La technique risque alors de nous procurer un orgueilleux sentiment de toute-puissance.

C La technique est tellement utile qu'elle en devient aliénante

- Mais, si toutes les innovations techniques améliorent notre vie, au sens où elles la facilitent, nous rendent-elles vraiment plus libres ? Rien n'est moins sûr au regard de notre dépendance croissante à l'égard d'objets technologiques dont nous pourrions difficilement nous passer. C'est ce qu'avait vu **Paul Valéry**, pour qui *« plus la machine nous semble utile, plus elle le devient ; plus elle le devient, plus nous devenons incomplets, incapables de nous en priver. La réciproque de l'utile existe »*. Littéralement, la technique nous aliène, c'est-à-dire qu'elle nous retire une part de notre liberté et nous rend esclaves d'elle.

> **À voir**
>
> Le film ***Mon Oncle*** de **Jacques Tati**, sorti en 1958, met en scène un personnage aux prises avec une maison ultramoderne et même « futuriste », truffée de nombreux gadgets technologiques… à l'utilité très improbable.

- À défaut de nous rendre libres, la technique nous rend-elle plus heureux ? Non, constate **Freud** dans *Malaise dans la civilisation* (1930). Le progrès technique améliore, certes, nos aptitudes physiques (et correspond à un désir infantile de toute-puissance), mais rien de plus. **Freud** considère ainsi que nous attendons trop de la technique quand nous espérons qu'elle seule fasse notre bonheur ou le garantisse.

EN RÉSUMÉ

La technique nous permet de ne plus subir la nature et même de la dominer dans une certaine mesure. Mais ce succès a son revers, car, si nous dépendons de moins en moins de la nature, nous dépendons de plus en plus de la technique elle-même.

3 Faut-il avoir peur de la technique ?

La technique d'aujourd'hui, avec ses technologies de pointe, son développement rapide et son omniprésence dans notre vie, fait peser sur nous des dangers inédits. Devons-nous nous méfier et devenir technophobes ?

A La technique change notre être au monde

- La technique n'est pas seulement un moyen neutre qui permet d'être plus efficace quand on cherche à obtenir un résultat. Plus elle est perfectionnée, plus elle change aussi profondément notre rapport à la réalité, notre manière d'habiter le monde. Pour l'illustrer, **Heidegger** prend l'exemple d'une centrale électrique sur le Rhin : au lieu de contempler ce fleuve dans sa beauté romantique qui a inspiré tant de poètes, la technique nous le fait voir comme un réservoir dans lequel nous pouvons puiser de l'énergie hydraulique et que nous pouvons exploiter. **Heidegger** parle ainsi du *« saccage de la terre »* et pointe l'agriculture industrielle qui traite l'animal et le végétal en pur stock de ressources consommables. Nous avons ainsi gagné une vision technique de choses par laquelle tout semble exploitable, instrumentalisable, épuisable et perdu le sens de notre rapport au monde.
- Ce changement de regard s'étendra-t-il au domaine de la vie humaine, qui reste le seul domaine sacré ? Les progrès de la biologie ont montré la nécessité de fixer de nouvelles règles devenues indispensables pour éviter les dérives, et notamment afin d'empêcher le clonage ou le brevetage du génome humain. Des comités de bioéthique, réunissant, entre autres, des médecins, des juristes et des philosophes, ont ainsi été constitués pour définir cette nouvelle réglementation censée défendre les valeurs les plus fondamentales et défendre la morale.

> **Rappel**
>
> Le CCNE (acronyme de « Comité national consultatif d'éthique ») est le principal comité d'éthique en France (www.ccne-ethique.fr).

B Le danger de la surpuissance technique

C'est tout le paradoxe de la technique moderne. Alors que la technique ancienne, préindustrielle, nous protégeait de la nature, la technique d'après la révolution industrielle devient menaçante, y compris pour nous-mêmes. C'est d'elle qu'il faut maintenant protéger la nature et se protéger personnellement. Pour **Hans Jonas** (1903-1993), la toute-puissance de la technologie exigerait, ainsi, une nouvelle éthique : il faudrait que nous

> **Définition clé**
>
> ***Éthique*** et ***bioéthique*** sont synonymes de « morale », mais les règles morales de cette dernière sont plus concrètes, souvent propres à un domaine précis. La bioéthique est, ainsi, l'éthique appliquée aux domaines de la biologie et de la médecine.

devenions responsables non seulement du passé, mais également de l'humanité à venir, puisque les effets de la pollution actuelle, par exemple, se feront sentir pendant très longtemps, parfois de manière irréversible. Le problème est d'autant plus urgent que plus elle progresse, plus la technique semble échapper à notre contrôle.

C Le danger politique de la technocratie

- Ce n'est pas seulement sur le plan moral, mais aussi sur le plan politique que la technique fait naître de nouveaux dangers. En raison de la technicité de plus en plus grande des dossiers, les décisions politiques sont, souvent, confiées à des experts spécialisés : les technocrates. **La démocratie** (où, étymologiquement, le pouvoir appartient au « peuple », *demos*) **risque alors de se muer en technocratie** (où le pouvoir appartient à la technique), dépossédant, dans une certaine mesure, les citoyens du pouvoir de décider du destin de leur société.

- Pour **Jacques Ellul** (1912-1994), **la technique** échappe ainsi à tout contrôle et **tend vers une forme d'autonomie** (*cf.* p. 269). Ne cessant de s'auto-accroître, elle en vient à substituer ses propres valeurs (l'utilité, l'efficacité, la croissance économique, le progrès…) à toutes celles du passé, qu'elles soient religieuses (amour de Dieu ou du prochain), humanistes (morale) ou républicaines (liberté, égalité, fraternité).

> **Citation clé**
>
> ***« Ce n'est pas la technique qui nous asservit mais le sacré transféré à la technique »*** (Jacques Ellul, *Les Nouveaux Possédés*, Fayard, 1973).

EN RÉSUMÉ

La technique est un instrument de maîtrise qu'il devient de plus en plus difficile, voire impossible de maîtriser, comme si elle obéissait à sa propre logique. À nous de prendre les mesures nécessaires pour orienter le progrès technique dans une direction qui reste conciliable avec nos valeurs morales.

Jacques Ellul, *Le Système technicien* (1977)

Dans cet ouvrage, l'historien du droit et sociologue Jacques Ellul (1912-1994) retrace l'histoire de la technique.

La technicisation du monde

La technique n'était, à l'origine, qu'un simple outil ou un ensemble d'instruments permettant à l'homme d'être plus performant, de réduire sa charge de travail pour faciliter sa vie. Avec l'avènement de l'informatique, elle a profondément changé de nature pour former, à l'intérieur de la société, **un véritable *« système technicien »* qui interconnecte tout**, des outils matériels jusqu'aux procédures professionnelles, administratives et politiques. La « technique » a, peu à peu, absorbé toutes les méthodes d'organisation de la vie sociale, du travail (le taylorisme, le management) et de la cité (la bureaucratie). Elle a, progressivement, envahi tout le champ de l'activité ou des loisirs humains.

La technicisation devient totale quand chaque aspect de la vie humaine est contrôlé et manipulé en vue de l'efficacité et lorsque tout retour en arrière devient impossible.

La technique fait système

Alors que Jacques Ellul pense que la technique « fait système », certains lui ont objecté qu'on ne voit pas de « système technique » mais seulement des objets et des processus techniques ; ce à quoi Ellul a répondu qu'on a beau ne voir que des éléments naturels (des arbres, des rivières, etc.) et jamais la nature « en soi », on considère quand même que tous ces éléments la composent – et que, de ce fait, la nature forme un tout.

Citation clé

« La technique n'adore rien, ne respecte rien ; elle n'a qu'un rôle : dépouiller, mettre au clair, puis utiliser en rationalisant, transformer toute chose en moyen. »

La technique s'auto-accroît et devient autonome

Pour Jacques Ellul, **la technique moderne se caractérise également par son auto-accroissement.** En effet, des découvertes en appellent d'autres, si bien que la technique progresse d'elle-même, obéissant à une dynamique de développement et des lois de transformation qui lui sont propres. Tout ce qui devient faisable doit être fait : telle est la loi dictatoriale de la technique, dont le progrès lui-même devient toujours plus pressant, toujours plus urgent. La technique devient un système aveugle, sans perspective, sinon celle de son extension illimitée.

CONCLUSION

CE QU'IL FAUT RETENIR

1. La technique n'est-elle qu'une science appliquée ?

Science et technique ont, pendant longtemps, connu des destins parallèles et séparés : il y avait, d'un côté, les savants et, de l'autre, les fabricants et artisans – ou, comme le dit **Bergson**, « *Homo sapiens* » et « *Homo faber* ». Mais c'est la (ou les) technoscience(s) qu'il faut désormais penser ensemble, car la fabrication d'outils techniques est à la fois le produit et la cause de nouvelles avancées dans la recherche.

2. De quoi la technique nous libère-t-elle ?

Les innovations technologiques démultiplient nos possibilités de connaissance, de mouvement et permettent même d'allonger la vie. La technique serait-elle un pouvoir divin, comme l'enseigne le mythe* de Prométhée ? Pas si sûr, car nous sommes si fascinés par ses prouesses que nous en devenons captifs. Elle est à notre service pour nous aider, et en même temps nous en sommes de plus en plus dépendants.

3. Faut-il avoir peur de la technique ?

Les progrès techniques sont tellement spectaculaires qu'ils inquiètent. Quand vont-ils s'arrêter ? Où nous mènent-ils ? Savons-nous encore les contrôler ou risquent-ils de nous échapper ? La puissance technique pose de multiples problèmes, tant au niveau des ressources naturelles limitées dont elle s'abreuve (**Heidegger**) qu'à celui d'une responsabilité morale inédite qu'elle inaugure (**Jonas**) ou de la réorganisation politique qu'elle impose (**Ellul**).

LA TECHNIQUE SELON...

- **Platon :** la technique donne à l'homme une puissance considérable qui lui permet non seulement de survivre à la nature, mais encore de la maîtriser (mythe de Prométhée).
- **Freud :** les progrès techniques accomplissent de manière indirecte les désirs infantiles en rendant notre corps plus puissant et plus apte à différentes choses.
- **Bergson :** l'intelligence de l'homme est une intelligence fabricatrice. L'homme devrait être défini comme *Homo faber* plutôt que comme *Homo sapiens*.
- **Jonas :** la puissance technique doit nous donner une nouvelle responsabilité, dont nous ne pouvons pas mesurer l'étendue, vis-à-vis de la nature et des générations futures.

- **Ellul :** de phénomène isolé, la technique s'est muée en un système autonome qui envahit toutes les dimensions de l'existence humaine.

Sujets possibles du bac

DISSERTATION 1 Où va la technique ?

- La question surprend si l'on se contente de définir la *technique* comme un instrument à notre service car, dans ce cas, elle n'a que le sens que nous lui donnons quand nous l'utilisons. → p. 262
- Il s'agit de se demander si la technique a un but et si elle poursuit une fin. A-t-elle un objectif en elle-même, de manière autonome ? → 3C (p. 268)

DISSERTATION 2 L'innovation technique répond-elle toujours à nos besoins ?

- Le terme « *innovation* » fait référence aux nouveautés qu'invente sans cesse la technique. Et le verbe « *répond* » laisse supposer que nos besoins seraient toujours premiers, alors que peut-être elle les crée aussi. Avons-nous toujours besoin du dernier gadget (= chose inutile) qui vient de sortir ? Si l'innovation technique ne répond pas à un besoin, pourquoi a-t-elle tant de succès ? Elle crée un désir qui lui-même peut se transformer en besoin. → 2C (p. 266)
- Mais les besoins humains ne sont peut-être pas des données naturelles, immuables et éternelles. Dans ce cas, l'innovation crée de nouveaux besoins et la technique transforme l'humanité elle-même. → 3 (p. 267)

DISSERTATION 3 Tout ce qui est techniquement possible est-il souhaitable ?

- La question ne demande pas si ce qui est techniquement possible se fera, mais si ce serait une bonne ou une mauvaise chose que cela se fasse : c'est un jugement de valeur. Si la technique ne permet que de vivre mieux, alors on ne voit pas, *a priori*, ce qui nous empêcherait de ne pas vouloir que tout ce qui est possible se réalise. → 2A (p. 265) et 2B (p. 266)
- Mais il s'agit aussi d'évoquer les craintes qu'inspire le progrès technique et de mesurer la réalité objective de ces dangers. → 2C (p. 266) et 3 (p. 267)
- Attention de ne pas établir des listes de ce qui est « bon » ou « mauvais » ! Il faut plutôt déterminer des critères de jugement : la question est bien de nature morale.

Explication de texte

4 heures

« Si le cours naturel des choses était parfaitement bon et satisfaisant, toute action serait une ingérence inutile qui, ne pouvant améliorer les choses, ne pourrait que les rendre pires. Ou, si tant est qu'une action puisse être justifiée, ce serait uniquement quand elle obéit directement aux instincts, puisqu'on pourrait éventuellement considérer qu'ils font partie de l'ordre spontané de la nature ; mais tout ce qu'on ferait de façon préméditée et intentionnelle serait une violation de cet ordre parfait. Si l'artificiel ne vaut pas mieux que le naturel, à quoi servent les arts de la vie ? Bêcher, labourer, bâtir, porter des vêtements sont des infractions directes au commandement de suivre la nature.

[…] Tout le monde déclare approuver et admirer nombre de grandes victoires de l'art sur la nature : joindre par des ponts des rives que la nature avait séparées, assécher des marais naturels, creuser des puits, amener à la lumière du jour ce que la nature avait enfoui à des profondeurs immenses dans la terre, détourner sa foudre par des paratonnerres, ses inondations par des digues, son océan par des jetées. Mais louer ces exploits et d'autres similaires, c'est admettre qu'il faut soumettre les voies de la nature et non pas leur obéir ; c'est reconnaître que les puissances de la nature sont souvent en position d'ennemi face à l'homme, qui doit user de force et d'ingéniosité afin de lui arracher pour son propre usage le peu dont il est capable, et c'est avouer que l'homme mérite d'être applaudi quand ce peu qu'il obtient dépasse ce qu'on pouvait espérer de sa faiblesse physique comparée à ces forces gigantesques. Tout éloge de la civilisation, de l'art ou de l'invention revient à critiquer la nature, à admettre qu'elle comporte des imperfections, et que la tâche et le mérite de l'homme sont de chercher en permanence à les corriger ou les atténuer. »

John Stuart Mill, « La Nature » (1858),
traduit par M. E. Cazelles dans *Essais sur la religion*, 1875.

Travail préparatoire

Fiches-méthode 8 à 15, p. 32

Les principales difficultés posées par le texte

Ce texte, sans être très dense ni difficile à suivre, est particulièrement long. Il correspond à la limite supérieure de ce qui peut vous être proposé le jour du baccalauréat. L'une des difficultés est donc de s'en faire une idée synthétique, autrement dit de comprendre quel est LE problème central et LA thèse importante. Cette difficulté est redoublée par le fait que les deux paragraphes sont assez nettement différents l'un de l'autre.

Une autre difficulté vient du fait que la thèse peut sembler évidente, comme si elle allait de soi. Le risque est de tomber dans la paraphrase puisqu'on ne comprend pas bien ce qui fait l'originalité et la force du texte. Il est alors très utile de reconstruire la ou les thèses opposées, autrement dit les réponses que d'autres (des philosophes mais aussi l'opinion commune) ont ou pourraient apporter par rapport au problème posé. Par contraste, la thèse de Mill n'en ressortira que mieux.

À quelle(s) notion(s) du programme ce texte se rattache-t-il ? Difficile de le dire à la première lecture. La seule notion du programme présente ici est celle de « l'art » (l. 8, 12 et 23)… Mais attention ! Il ne s'agit, à l'évidence, pas de l'art au sens des « beaux-arts » mais au sens de « la technique ». Ce texte renvoie aussi à la notion de « culture » et même, éventuellement, à celle d'« histoire ».

La problématique du texte

À quoi bon utiliser la technique ? Ce que nous offre la nature n'est-il pas suffisant ?

Corrigé commenté

Les **textes en bleu** ne doivent pas figurer dans votre devoir. Nous les avons ajoutés pour vous aider à repérer la progression de la dissertation.

Introduction

Les conseils du professeur

[Présentation du thème] Alors que les autres animaux s'adaptent à la nature, l'homme fait l'inverse : il adapte la nature à ses propres besoins. Lui seul la transforme, fabrique et utilise des objets artificiels*. Il suffit de regarder tout autour de soi pour que le constat s'impose : partout la nature a été modifiée, travaillée, cultivée par la main humaine, au point de n'avoir plus grand-chose de l'aspect sauvage et originel qu'elle arborait.

[Énoncé du problème et de la thèse] Mais pour quelle raison lui avons-nous fait subir de si profonds changements ? Ne suffisait-elle pas à subvenir à nos besoins et avons-nous le droit de la transformer ainsi ? Pour Mill, c'est parce que l'être humain trouve que la nature est fondamentalement imparfaite qu'il estime devoir intervenir.

[Annonce du plan] Dans le 1er paragraphe, il considère qu'on ne peut condamner l'action de l'homme sur la nature et la juger inutile, voire nuisible, que si l'on admet que l'ordre du monde est incontestablement harmonieux et satisfaisant pour les commodités des hommes. Dans le second, il montre que l'homme ne doit pas être considéré comme le serviteur de la nature mais, au contraire, comme son maître.

1. L'artificiel complète le naturel

a) Le naturel et l'artificiel

Dans le 1er paragraphe, Mill raisonne par l'absurde : il avance des hypothèses dont il sait qu'elles ne correspondent à rien de vrai, pour montrer précisément à quelles absurdités elles conduisent.

Identifier le type de raisonnement qu'utilise l'auteur est toujours très précieux.

Mill commence donc, dans cet extrait, par faire plusieurs suppositions introduites par des « *si* » et formulées au conditionnel. Mais, derrière ces hypothèses se pose un questionnement : doit-on considérer que la nature – ce qu'il appelle « *le cours naturel des choses* » – est parfaite ou perfectible ? Telle quelle, la question est difficile. Plutôt que de prendre directement position et d'argumenter de manière abstraite, Mill choisit de s'interroger sur les conséquences pratiques qui devraient s'ensuivre si l'on faisait l'hypothèse de sa perfection. Si la nature était parfaite, alors logiquement toute « *ingérence* », autrement dit toute intrusion humaine, serait non seulement malvenue et nuisible, mais même sacrilège. Nous n'aurions pas le droit d'attenter – Mill parle même de « *violation* », terme très fort qui évoque un véritable crime – à ce qu'il appelle l'« *ordre parfait* ». Toute intervention serait une infraction nocive et condamnable.

b) La question de la perfection de la nature

On le voit : les adversaires auxquels Mill s'oppose sont ceux qui font de la nature un espace sacré et intouchable, un modèle qu'il faut imiter sans rien ajouter ni retrancher, un maître auquel il faut obéir. Mill songe-t-il à Rousseau, dont la philosophie critique la culture et une certaine forme de progrès au profit d'une vision assez idéalisée de la nature ? Songe-t-il aussi aux stoïciens, qui considèrent, en effet, la nature comme un *cosmos* immuable et éternel, qui doit nous guider dans nos actions et que nous devons toujours suivre dans notre vie ? Dans tous les cas, il pousse loin la caricature quand il fait de la nature une divinité sainte et inviolable.

Même si votre tentative reste incertaine, identifiez les philosophes auxquels l'auteur pense, en particulier si le texte cherche à s'opposer à une thèse.

c) Sacraliser la nature mène à des absurdités

Poussant plus loin sa logique, Mill va, en effet, jusqu'à l'absurde. Si la nature était parfaite, explique-t-il, il faudrait ne rien cultiver et vivre nu. C'est la nature du jardin d'Éden avant le péché d'Adam et Ève qu'il décrit : une nature dans laquelle nous serions prêts à vivre sans aucun artifice, qui nous offrirait ses fruits sans que nous ayons à la travailler et qui suffirait à subvenir à tous nos besoins. Est-ce crédible ? Il va de soi que personne (ou presque) ne serait prêt à admettre une telle conclusion. Et c'est donc que le point était absurde : nul, s'il est sincère, ne tient la nature pour réellement parfaite. De manière aussi progressive qu'habile, Mill a donc ridiculisé ses adversaires pour faire admettre son point de vue selon lequel la nature est imparfaite.

Mill mène un raisonnement par l'absurde : il admet, provisoirement, une hypothèse (la nature est parfaite) pour montrer qu'elle conduit logiquement à une conséquence fausse (on n'utiliserait pas la technique). La fausseté de la conséquence entraîne celle de l'hypothèse.

2. L'homme comme maître de la nature

a) Les victoires de la technique sur la nature

Le second paragraphe, qui correspond à la seconde partie du texte, prend le contre-pied du premier dans la manière d'argumenter – ce qui permet à Mill de tirer des conclusions plus tranchantes. Au lieu de contredire la position de ses adversaires, il va présenter positivement la sienne.

Au lieu de formuler une hypothèse fantaisiste, Mill repart d'un constat unanime : « *Tout le monde déclare approuver et admirer nombre de grandes victoires de l'art sur la nature* » (l. 11-12). Il est facile de comprendre comment ce second paragraphe s'articule au premier : ces magnifiques victoires ne sont possibles que si, et seulement si, nous considérons que la nature est imparfaite et perfectible. Comment, en effet, ne pas éprouver une certaine fascination devant les prouesses techniques produites par l'histoire de l'humanité, depuis les Sept Merveilles du monde dans l'Antiquité jusqu'aux constructions de haute technologie les plus récentes ! Si les modifications apportées par la main de l'homme sont appréciées et valorisées, c'est bien la preuve que la nature n'était pas le modèle intouchable que certains semblaient tenir en si haute estime dans le premier paragraphe.

Pensez à montrer la cohérence d'ensemble d'un texte, même si l'exercice vous demande de le découper en plusieurs parties.

b) La technique sauve l'homme de sa vulnérabilité

Mill ne pense plus le rapport de l'homme à la nature sur le modèle d'un serviteur soumis à son maître ou à son dieu, mais comme une rivalité ou une guerre. La nature n'est pas cette divinité sacrée que nous devons respecter, mais un adversaire que nous devons affronter, contre lequel nous devons lutter. Le terme « *victoire* » indique bien qu'il y a un combat, un rapport de force entre l'homme et la nature ou, plus précisément, entre « *le cours naturel des choses* » et les interventions humaines. S'il y a « *victoire* », c'est qu'il y avait danger, et, en effet, un certain nombre d'exemples sur lesquels Mill s'appuie, à savoir les constructions bâties pour permettre aux hommes de se protéger des catastrophes naturelles telles que les inondations ou la foudre (l. 15), le prouvent. « *Les puissances de la nature sont souvent en position d'ennemi face à l'homme* » (l. 18-19), ajoute-t-il. Si l'homme cherche à la soumettre, ce n'est pas par goût ou par loisir, mais d'abord parce qu'il s'y trouve menacé. On pense alors au mythe* de Prométhée dans lequel Platon nous raconte comment le feu et la technique ont été généreusement offerts à l'homme par ce dieu pour lui permettre de survivre dans

Les termes choisis sont révélateurs.

une nature qui lui est foncièrement hostile : dépourvu de toute fourrure, il est exposé au froid ; sans denture forte et avec un estomac sensible, il doit faire cuire ses aliments… C'est bien ce dénuement originel de l'homme auquel Mill fait référence quand il évoque *« le peu dont* [celui-ci] *est capable »* et *« sa faiblesse physique »*.

Si l'homme a ainsi décidé de construire ou d'inventer, ce n'était pas par sacrilège, mais bien pour améliorer son sort. Avait-il un autre choix ? Sans doute pas, poussé qu'il était par une nécessité vitale, pour se sauver ; faute de quoi il n'aurait, sans doute, pas survécu. Au devoir de type religieux qui consistait à laisser la nature intacte fait place maintenant la *« tâche »* plus pragmatique qui consiste à faire en sorte de *« corriger »* ou d'*« atténuer »* (l. 26) la violence de la nature – ce qui revient à la domestiquer. Et, quand Mill écrit qu'*« il faut soumettre les voies de la nature et non pas leur obéir »*, il renvoie, probablement, au fameux adage de Francis Bacon selon lequel *« on ne commande à la nature qu'en lui obéissant »*. Pour Francis Bacon, c'est seulement en ayant bien assimilé et compris son fonctionnement qu'on peut espérer la modifier. Mill se rapproche, ici, davantage de Descartes et de sa non moins célèbre formule du *Discours de la méthode* qui nous invite à devenir comme les *« maîtres et possesseurs de la nature »*.

Utilisez vos connaissances non pour le plaisir de les étaler, mais pour mettre en valeur le texte.

Conclusion

La sensibilité écologique contemporaine pourra être heurtée par la façon dont Mill refuse, ici, de faire de la nature un espace sacré et justifie, au contraire, toutes les transformations que nous lui infligeons. Il est vrai qu'il semble oublier tout ce que l'homme doit à la nature, sans laquelle il n'est rien et dans laquelle il puise tous les matériaux indispensables à ses progrès. Sans elle, en effet, nous n'aurions rien pu faire et nous n'existerions même pas. Alors faut-il adresser nos éloges à la nature qui a tout créé ou à la technique qui a beaucoup transformé ? Mais, au lieu de répondre, on peut également refuser d'opposer aussi radicalement la nature et l'homme, comme s'il n'en faisait pas partie. L'homme appartient pourtant à la nature, et c'est sa nature de la transformer : il est, comme le définissait Henri Bergson, *« Homo faber »*. Son intelligence, cette faculté de fabriquer, est à l'homme ce que l'instinct est à l'animal.

La conclusion est, ici, assez longue. Cela n'a rien d'indispensable, mais elle offre l'occasion de confronter la thèse du texte avec la sensibilité d'aujourd'hui.

NOTION 15
Le temps

Sablier.

Qu'est-ce que le temps ?

Le temps est la dimension dans laquelle les événements se succèdent : il englobe le passé, le présent et l'avenir.

- **Dimension :** le temps est une dimension des choses ; selon la théorie de la relativité, le temps est, avec la longueur, la largeur et la profondeur, l'une des quatre dimensions qui déterminent l'espace.
- **Succession des événements :** le temps s'écoule en permanence et se caractérise donc par la succession, autrement dit par la non-simultanéité des événements.
- **Passé, présent et avenir :** on a l'habitude de découper le temps entre le passé qui a été mais n'est plus, le présent actuel et l'avenir qui sera.

QUESTIONS PHILOSOPHIQUES

1. Que peut-on connaître du temps ?

Nous pouvons mesurer le temps ; mais pouvons-nous connaître sa nature profonde ? Est-il une abstraction ou une réalité ? Existe-t-il objectivement dans les choses ou subjectivement en nous-mêmes ?

Perspective : La connaissance

2. Est-ce que je reste le même alors que je suis soumis au temps ?

Le fait de naître, de vivre, de vieillir… et de mourir fait de nous des êtres qui évoluent sans cesse. Mais, alors, qu'est-ce qui nous donne une identité stable dans le temps ?

Perspective : L'existence humaine et la culture

3. Faut-il profiter du temps présent ?

La brièveté de l'existence donne envie de profiter du présent, de vivre dans une forme d'insouciance. Mais est-ce raisonnable et moral de se servir du temps comme d'un objet de consommation dont il faudrait jouir autant qu'on peut ?

Perspective : La morale et la politique

1 Que peut-on connaître du temps ?

Comme s'est évertué à le faire saint Augustin (*cf.* p. 285), essayer de définir le temps se révèle tout de suite une entreprise extrêmement redoutable. Pourtant, le temps correspond à un phénomène physique évident. Il est, pour nous, une réalité quotidienne par rapport à laquelle nous nous situons et que nous mesurons. Cela suffit-il pour prétendre le connaître ?

A Le temps n'est pas un objet d'expérience

Pour **Kant**, le temps est, comme l'espace, une *« forme de la sensibilité »*, autrement dit un prisme à travers lequel nous voyons les choses mais sans être lui-même quelque chose que nous pourrions observer directement. Nous

> **Citation clé**
>
> ***« Le temps est une forme pure de l'intuition sensible »*** (Emmanuel Kant, *Critique de la raison pure*, 1781).

voyons les objets de manière spatio-temporelle, mais, ce cadre spatio-temporel lui-même, nous ne pouvons pas le voir. Ainsi **le temps ne peut-il pas faire l'objet d'une quelconque expérience** même s'il est une condition de possibilité pour toute expérience.

B Temps linéaire et temps circulaire

- Le temps se caractérise par son écoulement irréductible. *« Si je veux me préparer un verre d'eau sucrée, j'ai beau faire : je dois attendre que le sucre fonde »*, écrivait ainsi **Bergson** pour souligner le caractère indépassable de cette réalité et notre impuissance face à elle.
- Mais il y a deux grandes manières de **représenter l'écoulement du temps**, qui correspondent à différents événements ou à différentes expériences que nous pouvons en faire :
  – un temps linéaire et irréversible (*ex. :* de la naissance à la mort, un récit, etc.) ;
  – un temps circulaire (*ex. :* alternance jour/nuit, cycle des saisons, etc.).

C Le temps objectif...

Dans les deux cas, nous nous représentons le temps comme une réalité divisible en semaines, jours, heures, minutes, etc. **Le temps se mesure alors objectivement** : c'est le temps uniforme et immuable des horloges et des montres, tel qu'il est appréhendé également par la science. Pourtant, **Bergson** considère que penser ainsi le temps est une manière trompeuse de saisir sa réalité, puisque cela revient à le considérer sous une forme spatiale et étendue : on découpe le temps selon des intervalles quantifiables et indépendants les uns des autres.

D ... et le temps vécu

À côté de ce temps objectif, il y a **le temps psychologique**, ou temps vécu, **qui s'écoule plus ou moins vite**. La conscience que nous avons du temps n'est pas uniforme : les moments douloureux semblent durer indéfiniment, tandis que les moments délicieux passent si vite qu'on voudrait qu'ils ne s'arrêtent jamais. On ne peut donc connaître la nature profonde du temps qu'à travers la durée des événements vécus, grâce à la mémoire et au souvenir qu'on en garde. Ainsi, pour **Bergson**, l'épaisseur du temps ne peut être saisie que dans l'expérience, grâce à l'intuition, et non intellectuellement, en la conceptualisant.

Citation clé

« Ô temps ! suspends ton vol, et vous, heures propices ! / Suspendez votre cours : / Laissez-nous savourer les rapides délices / Des plus beaux de nos jours » (Alphonse de Lamartine, « Le Lac », *Méditations poétiques*, 1820).

EN RÉSUMÉ

Il y a donc une irréductible différence entre le temps uniforme régulier que mesurent les montres et les horloges et le temps tel qu'il est vécu de manière subjective.

2 Est-ce que je reste le même alors que je suis soumis au temps ?

Le temps n'est pas qu'en nous, dans notre conscience. Il est aussi ce que nous subissons sans pouvoir l'arrêter. Mais, alors, comment puis-je rester la même personne alors que le temps s'écoule ? Qu'est-ce qui me donne une identité stable et une permanence à travers tous les changements qui m'affectent ?

A Temps et changement

Nous subissons les effets du temps (notre vieillissement, l'obsolescence des choses, etc.) sans pouvoir ni y échapper ni les maîtriser. Dans la *Physique*, **Aristote** définit le temps comme la mesure du mouvement, puisque ce n'est qu'à travers ces changements et non pas directement que nous pouvons l'observer. Il faut que quelque chose se passe pour que le temps passe, et inversement. Le temps est donc équivalent au changement.

Citation clé

« L'étendue est la marque de ma puissance. Le temps est la marque de mon impuissance » (Jules Lagneau, *Cours sur la perception*, 1950).

B Identité et mémoire

Comment mon identité se maintient-elle dans le temps alors que je change et vieillis ? Le temps ne ruine-t-il pas toute permanence ? Pour **John Locke**, c'est la continuité de la conscience – et non celle du corps – qui fonde l'identité personnelle. Autrement dit, c'est la mémoire : si ma conscience et mes souvenirs étaient « transplantés » dans le corps d'une autre personne, alors cette personne deviendrait moi. Ce qui fait que je suis une seule et même personne, pour **Locke**, c'est que je me souviens de mes actions et perceptions passées. Inversement, on devrait considérer que je ne suis plus la même personne si j'ai tout oublié de mes actions passées, comme dans le cas d'une amnésie.

> **Exemples clés**
>
> De la bande dessinée ***XIII* de Vance et Van Hamme** au film ***Memento* de Christopher Nolan**, en passant par des livres comme ***Don Quichotte* de Cervantès**, de nombreuses œuvres de fiction interrogent le rapport de l'identité avec la mémoire et l'oubli.

C *« Mêmeté »* et *« ipséité »*

Dois-je en conclure que je ne suis plus le même que le bébé que j'étais, puisque j'ai tout oublié de ce que je vivais dans la prime enfance ? Dans *Soi-même comme un autre*, **Paul Ricœur** répond à cette difficulté en expliquant qu'il faut distinguer deux types d'identités : *« mêmeté »* et *« ipséité »*. La « mêmeté » désigne ce qui reste immuable, comme, par exemple, mes empreintes digitales qui demeurent objectivement les « mêmes » à travers le temps, autrement dit « identiques ». Mais ce qui me permet de m'« identifier », c'est aussi et surtout mon « ipséité », c'est-à-dire ma capacité à me reconnaître comme une seule et unique personne, malgré le temps qui passe.

EN RÉSUMÉ

Ainsi, puisque mon corps change en permanence et que les idées et valeurs peuvent également évoluer, c'est ma capacité à me penser moi-même qui, seule, peut m'assurer d'une certaine identité au-delà de toute les modifications qui m'affectent.

3 Faut-il profiter du temps présent ?

Nous recevons de multiples injonctions qui nous poussent à profiter de la vie parce qu'elle est courte. N'est-ce pas considérer le temps comme un bien de consommation comme les autres ? Est-il seulement possible de vivre au jour le jour sans le poids du passé ni le souci du futur ?

> **Citation clé**
>
> *« Carpe diem »* [« Cueille le jour présent sans te soucier du lendemain »] (Horace).

A Vit-on pleinement au présent ?

C'est une évidence : nous ne pouvons vivre qu'au présent. Mais est-ce réellement ce que nous faisons ? Le bouddhisme en général et **Nāgārjuna** en particulier enseignent ainsi à être pleinement dans le temps présent, c'est-à-dire accepter ce qui est et ce qu'on ressent, ici et maintenant. L'attention, la pleine conscience et la méditation sont autant de chemins pour nous permettre de nous réconcilier avec un présent dans lequel nous sommes physiquement, mais pas toujours mentalement inscrits.

Citation clé

« Le temps présent est semblable à la boule d'argile, le temps passé à la poussière de la terre, et le temps futur à la cruche » (Nāgārjuna, *Le Traité de la grande vertu de sagesse*, IIe s.).

B Notre conscience ne coïncide pas avec notre existence

S'il est si difficile d'être dans le présent, c'est parce que c'est rarement à lui que nous pensons effectivement. Nous avons tendance à l'esquiver et le fuir. **Pascal** remarque que nos pensées sont davantage tournées vers la nostalgie du passé ou vers l'espoir d'un bonheur à venir. Ce décalage nous priverait du bonheur puisque, *« nous disposant toujours à être heureux, il est inévitable que nous ne le soyons jamais » (Pensées)*, comme si tout ce que nous faisions pour nous préparer à être heureux demain nous empêchait de l'être aujourd'hui.

C Il faut apprivoiser l'idée de la « mort »

- Personne ne peut ignorer que la mort est l'horizon de son existence. Nul ne peut s'empêcher de *« ruminer »* cette idée, pour reprendre une expression de l'écrivain Paul Valéry. L'échéance de cette issue finale mais indéterminée rejaillit sur l'ensemble de l'existence humaine et, paradoxalement, rend la mort presque constamment présente à notre esprit. Ce qui est particulièrement angoissant, c'est de ne pas savoir où et quand elle nous surprendra. C'est pourquoi **Montaigne** conseille, pour *« lui ôter son plus grand avantage contre nous »*, de l'attendre tout le temps et partout. Il faudrait s'accoutumer à l'idée de la « mort » pour, enfin, cesser de subir ses tourments et reprendre le dessus sur elle.

Rappel

On appelle **« vanités »** les tableaux qui représentent le temps qui passe sous une forme allégorique, en particulier grâce à la présence d'un crâne ou d'un sablier (voir p. 284)…

Nature morte au crâne et à la plume (1628), de Pieter Claesz.

- **Heidegger** va plus loin en expliquant que l'homme est fondamentalement un *« être-pour-la-mort » (« Sein zum Tode »)*. Le philosophe allemand voit cette perspective comme l'expérience ultime de tout individu, que personne d'autre ne peut accomplir à sa place. La prise de conscience de cet événement décisif qu'est la mort renvoie donc chacun à lui-même en exigeant de lui qu'il mène une vie authentique, assumée par des choix personnels. N'est-ce pas la plus grande ironie de la mort que de nous obliger à donner un sens à notre vie ?

EN RÉSUMÉ

« Jouir du temps présent ! » Cet excitant programme peut donner le sentiment de vaincre la mort, mais celle-ci finira par nous rattraper d'autant plus sûrement que nous aurons passé la totalité de notre vie à vouloir échapper au temps qui passe, sans jamais rien construire.

SAINT AUGUSTIN, *Les Confessions* (livre XI) (v. 400)

Les Confessions sont un ensemble de 13 livres dans lesquels saint Augustin (354-430) raconte son itinéraire existentiel et spirituel de pécheur repenti à la recherche de Dieu. Dans le livre XI, il s'intéresse à la nature de la création divine et s'interroge donc sur l'éternité et le temps.

Quelle est la véritable nature du temps ?

Le temps est, pour nous, à la fois **très familier et totalement indéfinissable**. Nous avons un *sentiment* du temps qui semble très simple et qui, pourtant, ne correspond pas à une idée claire. « *Qu'est-ce donc que le temps ? Si personne ne me le demande, je le sais ; mais, si je cherche à l'expliquer à celui qui me pose la question, je ne le sais plus* », s'étonne Augustin.

Le temps existe-t-il ?

Le temps semble se diviser en trois : passé, présent et futur. Mais ce découpage s'avère incapable d'expliquer sa nature même : par définition, le passé n'est plus, le futur n'est pas encore et le présent, écrasé entre ces deux néants, ne cesse lui-même de passer. Donc, il semble qu'aucun de ces trois temps n'existe vraiment.
Il faut alors penser autrement le temps, car on ne peut se résoudre à nier qu'il ait une existence véritable. En effet, si le temps est plus ou moins long, c'est bien qu'il doit correspondre à une certaine forme de réalité. Mais laquelle ?

Les trois présents

Augustin apporte une nouvelle réponse au problème de la réalité du temps :
– le passé existe comme « *présent des choses passées* », qui est **mémoire** ou remémoration ;
– le futur existe comme « *présent des choses futures* », qui est **attente** ou anticipation ;
– à cela s'ajoute le temps du présent, qui est la **vision directe** ou attention.
Ce n'est donc que dans la conscience présente que ces trois modalités du temps coexistent et non en lui-même. Ainsi, le temps est-il le produit de notre esprit capable de se distendre, de s'étirer plus ou moins, de déborder le pur présent pour s'étaler en arrière (se souvenir) et en avant (se projeter). C'est sur cette élasticité propre à notre esprit que se fonde ce que nous considérons comme la *continuité* du temps. Et, par conséquent, ce n'est pas tant nous qui sommes dans le temps que le temps qui est en nous.

CONCLUSION

CE QU'IL FAUT RETENIR

1. Que peut-on connaître du temps ?

Il y a plusieurs manières opposées de se rapporter au temps : de manière objective ou subjective, linéaire ou circulaire. Par ailleurs, insiste **Bergson**, le temps uniforme et régulier, mesurable, n'a rien à voir avec le temps vécu.

2. Est-ce que je reste le même alors que je suis soumis au temps ?

Avec le temps, tout s'en va. Pourtant, même si je subis de multiples changements, aussi bien dans mon corps que dans mon esprit, je reste le « même » d'une certaine façon, grâce à ma mémoire ou à ma capacité à me reconnaître dans celui que je ne suis plus tout à fait. C'est l'*« ipséité »*, selon **Ricœur**, qui est le véritable fondement de notre identité (ce qui nous distingue des autres).

3. Faut-il profiter du temps présent ?

Pour ne pas passer à côté de son existence, il faut la vivre pleinement et profiter du temps présent. Mais ce n'est pas si facile ! C'est à force de travail sur soi qu'on peut être attentif au moment présent. Et cela ne nous dispense pas de penser aussi à la mort, car cette idée nous rappelle l'urgence qu'il y a à donner un sens à notre vie.

LE TEMPS SELON...

- **Nāgārjuna :** il faut vivre pleinement le moment présent car le passé et le futur sont vains, chacun à leur manière.
- **Locke :** c'est notre mémoire qui fonde notre identité.
- **Kant :** le temps est une condition de possibilité de toute expérience sans pouvoir être lui-même l'objet d'une expérience.
- **Bergson :** le temps véritable est le temps subjectivement vécu dans la durée, tandis que le temps objectivement mesuré par les horloges n'en offre qu'une apparence.
- **Heidegger :** l'être humain sait que son destin inéluctable est de mourir, et cette perspective oriente toute sa vie.

Sujets possibles du bac

DISSERTATION 1 Peut-on nier l'existence du temps ?

- Ce sujet se présente comme un défi en nous invitant à mettre en cause une évidence : le réalité de l'existence du temps, qui n'existe peut-être que dans notre esprit. ⟶ 1 (p. 279)
- Puisqu'il s'écoule en permanence, le temps semble n'avoir aucune consistance. ⟶ Saint Augustin

DISSERTATION 2 Est-il possible d'échapper au temps ?

- L'intitulé est lourd de présupposé puisqu'il sous-entend que le temps est une sorte de prison ou de fatalité qui pourrait nous enfermer.
- On pourra opposer l'idée d'un temps ouvert et porteur de projets, d'un temps disponible dont il faut se saisir. Nāgārjuna le présente comme une « *boule d'argile* » malléable entre nos mains. ⟶ Nāgārjuna

DISSERTATION 3 Le temps est-il le plus beau cadeau qu'on puisse faire à autrui ?

- « Donner de son temps » : tel est le sens de l'amitié ou du bénévolat. Mais est-ce un don désintéressé ou y a-t-il une attente de réciprocité ou de gratification quelconque ? Il s'agit aussi d'interroger le « don de la vie » que les parents font aux enfants (ou Dieu aux êtres vivants)... sans que ceux-ci aient rien demandé, évidemment. ⟶ Marcel Mauss (don et contre-don)
- Le temps n'est pas seulement une dimension de notre existence : il définit notre existence même, en quelque sorte. ⟶ 2 (p. 281)

SUJET DU BAC CORRIGÉ

Dissertation

Peut-on ne pas perdre son temps ?

4 heures

Travail préparatoire

Fiches-méthode 1 à 7, p. 18

Les principales difficultés posées par la question

La question ne comporte aucun terme difficile, mais elle déroute par sa facilité même : « perdre son temps » est une expression du quotidien que nous employons sans y penser. Il ne faut pas se précipiter pour l'identifier tout de suite à « s'ennuyer » ou à « faire des activités inutiles ». Il faut, au contraire, « prendre le temps » – si l'on peut dire – de l'analyser de façon littérale et donc de réfléchir à la manière dont nous nous comportons à l'égard du temps, c'est-à-dire à l'égard de notre existence elle-même. L'expression inverse, « gagner du temps », est tout aussi problématique puisqu'en toute rigueur on ne peut jamais « gagner » du temps, mais seulement en perdre moins. De ce point de vue, il semble impossible de ne pas perdre son temps, mais seulement de le perdre plus ou moins, ou plus ou moins vite.

La problématique de la question

Le temps est-il, pour nous, comme un stock, une somme d'argent, un capital dont nous disposons et que nous pourrions gaspiller ? À moins que le temps relève non de l'*avoir* mais de l'*être* : il faudrait alors le considérer comme une donnée de notre existence, une dimension de ce que nous *sommes* mais qui ne nous *appartient* pas et qui passe sans se « perdre ».

Corrigé commenté

Les textes en bleu ne doivent pas figurer dans votre devoir. Nous les avons ajoutés pour vous aider à repérer la progression de la dissertation.

Introduction

Les conseils du professeur

[Amorce du sujet] Voici un motif de plainte qu'on entend partout autour de nous et que nous répétons, souvent, nous-même à l'envi : nous perdrions du temps à faire ceci ou cela et nous aurions infiniment mieux à faire que ce que nous faisons – éventuellement même ne rien faire. [Énoncé du sujet et problématisation] Derrière la banalité du constat se cache un problème : n'est-il pas normal de perdre son temps ? peut-on réellement ne pas le perdre ? existe-t-il de bonnes façons de l'employer ? ou tout temps, quel qu'il soit, est-il nécessairement « perdu » ? [Annonce du plan] On s'intéressera, dans une 1re partie, aux situations qui expliquent que l'on passe son temps à le perdre, avant de voir, dans une 2e partie, que, d'une certaine façon, le temps semble toujours perdu. Dans une 3e et dernière partie, on explorera les voies permettant éventuellement de ne pas le perdre.

1. Perdre son temps en divertissement

a) L'ennui

La première raison qui peut expliquer qu'on ait le sentiment de perdre son temps est le trop tristement banal cas de l'ennui. Quand nous nous ennuyons, que nous avons l'impression de ne pas être à notre place ou d'être profondément inutile, alors la terrible sensation de perdre notre temps nous envahit. Qu'il s'agisse de faire la queue dans une file d'attente ou d'être coincé dans un embouteillage, d'études qui ne nous conviennent pas ou d'autre chose, nous pensons que ce que nous faisons ne sert à rien et nous imaginons ce que nous aurions pu faire à la place.

> On peut, et même on doit, s'appuyer sur des exemples de cas concrets pour ancrer la réflexion dans le réel. Mais il ne faut pas s'en contenter ! Il faut aussi conceptualiser.

b) Le divertissement

Il existe d'autres situations où nous avons également le sentiment, mais seulement rétrospectivement, d'avoir perdu notre temps : une histoire amoureuse qui n'a abouti à rien, des efforts qui se sont révélés vains ou même un temps long passé à jouer alors que nous avions un travail urgent à effectuer. Dans tous les cas, nous avons été « diverti » au sens pascalien du terme, c'est-à-dire que nous nous sommes détourné de ce que nous aurions dû faire – une histoire d'amour concrète, des efforts constructifs, un travail efficace.

c) Le temps perdu est un temps mal employé

En ce sens, le temps perdu n'est pas un temps qui ne nous appartient pas ou plus, autrement dit un temps dont nous serions privé, mais il est toujours un temps qui a été mal utilisé, qui nous a détourné ou éloigné de nos objectifs. Le temps apparaît, alors, comme un moyen mis à notre disposition pour nous permettre de remplir nos fins. Quand nous disons que « nous perdons notre temps », nous le considérons comme une somme d'argent mise à notre disposition et que nous pourrions bien employer ou alors dilapider en futilités, autrement dit gaspiller.

[Transition] Mais est-ce une bonne manière de se représenter le temps ? Existe-t-il réellement un bon usage du temps ? ou tout temps est-il toujours, de manière évidente ou inaperçue, perdu ?

2. Tout temps est du temps perdu

a) Le temps ne se gagne pas : il est donné

Il existe, en effet, une différence fondamentale entre l'argent et le temps. Certes, tous deux sont à notre disposition, mais l'argent se perd ou se gagne et peut même s'accumuler, tandis que le temps ne fait que se perdre. Les expressions « gagner du temps » et « gagner sa vie » ont ceci d'absurde que ni le temps ni la vie ne se gagnent : ils nous sont donnés sans qu'on puisse conquérir quoi que ce soit. Au mieux pouvons-nous en faire un usage plus ou moins bon – ou plus ou moins mauvais. Le temps, ce n'est donc pas comme de l'argent.

b) Un temps bien employé ?

Mais qu'est-ce que serait un temps bien employé ? Si, comme nous l'avons dit dans la 1re partie de notre dissertation, c'est un temps efficacement mis au service de nos fins, quelles fins sont susceptibles de justifier qu'on utilise notre temps pour elles ? Répondre à cette question supposerait qu'on connaisse le sens de notre existence. Belle mais difficile ambition ! Quand Pascal lui-même dénonce notre tendance au divertissement

On reprend les mêmes exemples que ceux qui avaient été utilisés plus haut, pour donner de la cohérence à la dissertation.

qui nous empêcherait de penser à notre condition humaine et nous détournerait de notre vraie vocation, il a en tête notre statut de créature ayant des devoirs vis-à-vis de Dieu. Mais cela ne concerne-t-il pas que les croyants ? Et, en dehors de Dieu, qu'est-ce qui mérite réellement que nous lui accordions du temps, alors qu'inéluctablement nous allons mourir et que tous les efforts déployés par l'*« être-pour-la-mort »* que nous sommes (pour reprendre la formule de Heidegger) seront, *in fine*, faits en vain. Certains petits objectifs peuvent, certes, nous sembler essentiels et prioritaires par rapport à d'autres à un instant *t*, mais il suffit de prendre un peu de recul pour voir qu'ils sont à peine moins inutiles que les autres : les histoires d'amour sérieuses finissent aussi par s'éteindre ; aussitôt accomplis, les travaux font place à de nouveaux qu'il faut, à leur tour, effectuer, comme un cycle sans fin.

[Transition] Il apparaît donc impossible de ne pas perdre son temps, d'échapper à ce qui est notre condition humaine. D'ailleurs, l'emploi du possessif quand on parle de « perdre *son* temps » n'a rien d'évident. Le temps nous appartient-il comme une chose qu'on aurait en notre possession ? Le temps ne doit-il pas plutôt se conquérir, se prendre ou, tout simplement, se vivre ?

3. Comment ne pas perdre son temps ?

a) Profiter

Le moyen le plus sûr de ne pas perdre son temps est d'en profiter un maximum. Tel est le *credo* de certains hédonistes qui considèrent qu'il faut jouir de la vie au jour le jour, prendre du plaisir ou construire quelque chose. C'est ce que signifie la formule d'Horace *« Carpe diem »* ou celle, pleine de clairvoyance, de Nāgārjuna dans son *Traité de la grande vertu de sagesse* quand il déclare que *« le temps présent est semblable à la boule d'argile, le temps passé à la poussière de la terre, et le temps futur à la cruche »*. Si le présent est comme une boule d'argile tandis que les autres temps sont inconsistants, cela signifie qu'il est le seul à notre disposition et qu'il dépend de nous d'en faire ce que bon nous semble.

Les philosophes aiment beaucoup les paradoxes (comme ils aiment aussi les définitions et les distinctions).

b) Passer du temps et prendre son temps

Pourtant, cela ne signifie pas qu'il faille l'employer coûte que coûte pour « faire » quelque chose, pour l'utiliser ou le « rentabiliser ». Cette logique productiviste est, sans doute, pertinente dans le domaine économique, mais pas dans le domaine existentiel. Passer du temps avec ceux qu'on aime, sa famille ou ses amis, flâner, rêver, faire longuement ce qu'on aurait pu faire en peu de temps : ce temps-là n'est pas du temps perdu, au contraire. Dans ces circonstances, le temps passé est du temps bien utilisé, même si, en toute rigueur, il n'a pas été employé ou mis à profit pour obtenir autre chose. Le contraire du temps perdu est alors le temps pris pour ce qui nous tient réellement à cœur.

c) Donner de son temps

Le temps qui n'est pas perdu est ainsi un temps qu'on a accepté de perdre au sens où l'on n'a pas voulu le garder pour soi seul. On peut même aller plus loin et assumer le paradoxe qui consiste à soutenir que le temps qui n'est pas perdu est le temps que nous avons consacré aux autres, c'est-à-dire le temps que nous avons donné consciemment et en toute connaissance de cause.

Conclusion

Le contraire de « perdre son temps » n'est pas de « le garder pour soi » comme un petit trésor, car cette logique cumulative est aussi vaine que stupide. Et la plus sûre façon de ne pas perdre son temps, c'est, paradoxalement, d'accepter de le céder : celui qui veut profiter de son temps doit accepter de le donner… en sachant à qui. Quelle plus belle définition de l'*amour* ?

La conclusion ne doit pas reprendre toutes les étapes par lesquelles la réflexion est passée mais doit se concentrer sur son point d'aboutissement. Ce n'est pas un résumé mais un bilan.

Chronos, sculpture en bronze d'Agostino Zoppo (milieu du XVIe siècle).

NOTION 16 Le travail

Ouvrières dans une usine en 1915.

Qu'est-ce que le travail ?

Le travail, qui ne se limite pas au simple gagne-pain, désigne à la fois une activité humaine de production et le résultat de cette activité.

- **Gagne-pain :** le travail ne se réduit pas à une activité rémunérée ; sinon, on ne pourrait pas dire d'un élève en classe ou d'un jardinier du dimanche qu'ils travaillent !
- **Activité humaine de production :** le travail est un processus. Les hommes travaillent quand ils fournissent des efforts pour transformer la réalité et produire des biens afin de satisfaire leurs besoins.
- **Résultat :** le travail est aussi le produit qui résulte de l'activité de travailler, comme lorsqu'un élève rend son travail à un professeur.

QUESTIONS PHILOSOPHIQUES

1. Le travail fait-il violence à notre humanité ?

Le travail est une violence qu'on inflige à la nature et à soi. La souffrance qu'il provoque est paradoxale puisque le travail est supposé produire nos conditions de vie au lieu de les nier.

Perspective : L'existence humaine et la culture

2. Le travail permet-il de prendre conscience de soi ?

Le travail nous révèle nous-même ainsi que le monde social dans lequel nous vivons, tout en pouvant occulter notre personnalité.

Perspective : La connaissance

3. Le refus du travail a-t-il un sens ?

Il semble absurde de refuser de travailler, puisque le travail est la valeur centrale de notre vie. À moins que refuser de travailler renouvelle le sens de notre existence.

Perspective : La morale et la politique

1 Le travail fait-il violence à notre humanité ?

Le travail peut être considéré comme une violence, c'est-à-dire comme une force intense et destructrice, parce qu'il fait souffrir. Mais, paradoxalement, cette activité est censée produire nos conditions d'existence au lieu de les nier.

A Le travail est souffrance

- Le langage courant témoigne de la souffrance qui semble contenue dans le travail, comme s'il s'agissait d'une forme de violence. D'ailleurs, le mot *travail* viendrait du bas latin *tripalium* qui désigne un instrument de torture. Une plante qui pousse ne travaille pas mais se développe conformément à sa nature ; au contraire, le bois « travaille » quand il se déforme et fait craquer ses fibres. De même, le boxeur « travaille » son adversaire au corps lorsqu'il lui donne des coups, et une femme qui accouche est en plein « travail ».
- Dans la *Genèse*, le premier livre de la Bible, Dieu punit Adam après le péché originel : « *Tu mangeras ton pain à la sueur de ton front.* » Le travail semble donc

une malédiction qui plonge les hommes dans la nécessité de modifier la nature afin de produire leurs conditions d'existence. Ce serait **une violence** qu'on inflige au monde et à soi (*cf.* **Heidegger**, p. 267, et **Marx**, p. 194).

B Le travail est une contrainte positive

- Mais le travail n'est pas qu'une force de destruction : il permet aussi de **progresser en se « faisant violence »** de manière positive. On dit, par exemple, que « la fonction fait l'homme » pour souligner qu'une lourde tâche pousse celui qui l'exécute à devenir meilleur.
- Dans ses *Réflexions sur l'éducation* (1803), **Kant** voit, dans le travail, une bénédiction et non une malédiction : en restant au paradis, Adam et Ève auraient été semblables à des animaux qui ne progressent pas. Au contraire, le travail redresse l'homme et le fait sortir de l'immobilisme animal, en l'arrachant à son penchant naturel pour la paresse. Le travail n'est pas seulement une torture, c'est un « labeur » : le travailleur développe de nouvelles capacités comme le laboureur cultive un champ pour produire des récoltes. **Travailler, c'est se faire en faisant quelque chose.**

C L'ambiguïté du travail

Comment expliquer que le travail puisse être à la fois une souffrance et un épanouissement ? Il faut, selon **Karl Marx**, distinguer deux formes de travaux :

– Le *« travail vivant »*, qui désigne l'activité naturelle par laquelle l'homme se transforme en transformant le monde. Les animaux ne travaillent pas car ils modifient la réalité de manière instinctive. Seuls les hommes travaillent car ils doivent réfléchir et se projeter dans ce qu'ils vont faire : le travail, à l'origine, exprime pleinement l'humanité et la personnalité du travailleur.

– Le *« travail mort »* ou *« aliéné »*, qui désigne ce qu'est historiquement devenu le travail avec l'apparition du capitalisme. Dans le travail aliéné (le travail à la chaîne, par exemple), le travailleur ne trouve plus de sens à ce qu'il fait ; il répète les mêmes opérations en devenant étranger à ce qu'il produit. Le travail n'est plus l'expression de ce qu'il est, mais il est devenu un fardeau pénible soumis à un impératif de rentabilité.

> **Citation clé**
>
> ***« Ce qui est animal devient humain et ce qui est humain devient animal »*** (Marx). Lorsque le travail ne permet pas au travailleur de s'épanouir, celui-ci trouve refuge dans la satisfaction des besoins qu'il partage avec les animaux (boire, manger, dormir) : ce qui est animal devient humain. Le travail aliéné, en empêchant le travailleur de se projeter et réfléchir, devient une activité instinctive : ce qui est humain devient animal.

EN RÉSUMÉ

Le travail est une violence ambiguë, qui peut à la fois nous faire gagner et nous faire perdre notre humanité.

2 Le travail permet-il de prendre conscience de soi ?

Prendre conscience de soi, c'est accomplir un retour réflexif sur soi-même et sortir de l'inconscience, c'est-à-dire découvrir sur soi des choses qu'on ignorait. Toute la question est de savoir si le travail possède un tel pouvoir de révélation ou s'il produit, au contraire, une occultation, un effacement de soi.

A Prendre conscience de soi par le travail

Selon **Marx**, dans le travail vivant, le travailleur extériorise ce qu'il avait initialement à l'intérieur de lui (ses pensées, ses volontés, etc.). Le produit de son travail est un miroir de lui-même car il reflète objectivement ce qu'il est subjectivement. C'est pourquoi le travailleur peut se reconnaître dans son travail et être reconnu par les autres. Lorsqu'un élève compose une dissertation, il extériorise sur le papier sa pensée ; son texte contient une part de lui-même. Quand la copie corrigée lui est rendue, il peut se reconnaître dans les remarques qui lui sont faites ou apprendre, sur lui-même et sa pensée, des choses qu'il ignorait (*cf.* **Hegel**, p. 81).

Repères

Est **objectif** ce qui est relatif à une qualité réelle et publiquement constatable des objets : par exemple, « Cette valise pèse 10 kilos » est un jugement objectif. Est **subjectif** ce qui est relatif à un sujet : « Cette valise est lourde » est un jugement subjectif.

B De la conscience de soi à la conscience des autres

- Le travail apprend également au sujet qu'il est un être social. En effet, le travail n'a pas qu'un sens personnel : il a aussi du sens pour les autres parce qu'il est utile. Le travail sort l'individu de sa subjectivité et lui fait prendre conscience qu'il n'est pas un être solitaire mais solidaire, puisqu'il appartient à une société de travailleurs qui le dépasse.
- Dans *Système de politique positive* (1854), **Auguste Comte** écrit que l'homme sort de l'égoïsme animal et développe son altruisme en accédant à la vie sociale par le travail. Ce dernier repose, en effet, sur la coopération et instaure une continuité temporelle entre les hommes. Par exemple, pour pouvoir étudier au lycée, un élève compte sur le travail de tout le personnel d'éducation présent mais aussi sur le travail de ceux qui ont produit un jour la chaise sur laquelle il est assis.

C Le travail est oubli de soi

- Le travail peut, cependant, exercer sur nous un pouvoir dont nous ne nous rendons pas compte, au point d'effacer notre personnalité au lieu de la révéler. Comme le dit **Montaigne**, *« nous ne savons pas distinguer la peau de la chemise » :* nous avons tendance à nous identifier au rôle que nous jouons dans notre travail. Ne demande-t-on pas à une personne qu'on rencontre pour la première fois ce qu'elle « fait dans la vie » comme si seul son travail la définissait ?

> **Concept clé**
>
> Par le concept de ***« loisir aliéné »***, le sociologue **Jean Baudrillard** dénonce l'influence qu'a le travail jusque dans nos loisirs. L'emploi du temps de nos vacances est calqué sur celui de notre temps de travail : nous prévoyons de visiter tel musée, puis tel lieu touristique, puis tel restaurant, etc., comme nous prévoyons nos rendez-vous au travail. Il ne nous viendrait pas à l'esprit de simplement « perdre notre temps ».

- **Nietzsche** explique cet oubli de soi par la capacité de dressage qu'a le travail sur chacun. Le travail est *« la meilleure des polices »* : il est l'instrument d'une vie sociale qui adore la sécurité et se méfie des individus singuliers et marginaux. Il épuise les hommes et régule leurs comportements, les empêchant d'avoir des aspirations personnelles (rêver, méditer, prendre le temps d'aimer, etc.) et de nourrir leur indépendance.

EN RÉSUMÉ

Le travail permet de prendre conscience de soi en nous révélant notre subjectivité et notre être social, mais il peut aussi effacer notre singularité.

3 Le refus du travail a-t-il un sens ?

Le « sens » désigne le contenu intelligible* (c'est-à-dire que l'on peut comprendre) d'une chose, qu'il s'agisse d'un geste ou d'un écrit. Il est étonnant de se demander si refuser de travailler a du sens dans la mesure où c'est le travail qui, justement, semble donner du sens à notre existence.

A Le refus du travail est absurde

- Le travail donne du sens à notre existence parce qu'il remplit une fonction matérielle (la satisfaction de nos besoins), sociale (la reconnaissance des autres) et personnelle (l'estime

> **Exemple clé**
>
> Dans la nouvelle ***Bartleby le scribe*** **(1856) d'Herman Melville**, Bartleby est embauché dans une étude de notaire pour copier des actes. D'abord appliqué à la tâche, il refuse un jour de faire le travail que son patron lui demande en lui répondant de manière énigmatique : *« Je préfèrerais ne pas. »* Revenant, jour après jour, à l'office pour ne rien faire, il provoque la colère de ses collègues qui, face à son refus absurde et son silence, finissent par l'expulser et l'envoyer dans un asile où il meurt.

de soi). Il peut même être utilisé, dans le cas de l'ergothérapie, pour soigner des malades ; à l'inverse, le manque de travail peut conduire à un sentiment de perte de soi et d'inutilité, comme dans l'expérience douloureuse du chômage.

- **Hannah Arendt** constate que le travail est devenu la valeur fondamentale de notre époque : politiciens et artistes, par exemple, envisagent leur activité comme un gagne-pain. Tout ce qui ne relève pas du travail n'est pas sérieux et est rejeté du côté du jeu et du divertissement. N'est-il pas, dès lors, insensé de refuser de travailler, comme lorsqu'on procrastine, c'est-à-dire lorsqu'on remet au lendemain ce qu'on aurait pu faire le jour même ?

B Refuser de travailler pour prendre soin de soi

Refuser de travailler a du sens si l'on considère que le travail n'est pas la valeur centrale de son existence. Dans *La Brièveté de la vie* (49 ap. J.-C.), **Sénèque** conseille à Paulinus de ne pas accepter le poste de préfet qui lui est proposé afin de ne pas gâcher son existence dans les soucis, les activités stériles et les rendez-vous inutiles. Le temps du travail et du négoce (*negotium* en latin) était, en effet, considéré, dans l'Antiquité, comme du temps perdu, car consacré à une activité basse et servile.

Le Travail (1863), de Pierre Puvis de Chavannes.

Au contraire, le temps libre du loisir studieux (*otium* en latin) était perçu comme un moment plein et positif. Mais il ne s'agissait pas d'un temps libre dans lequel l'homme était inactif ! C'était un moment de repos consacré au soin de l'âme par des lectures philosophiques, des conversations entre amis et la contemplation d'œuvres d'art.

C Refuser les conditions du travail

Ce n'est pas le refus du travail qui a du sens mais plutôt le refus des conditions particulières dans lesquelles il est accompli. Selon **Marx**, si le travail était, à l'origine, une expression naturelle de notre humanité et de notre subjectivité, il est devenu aliéné et inhumain avec l'essor du capitalisme. **Ce n'est pas tant le travail que la manière dont il est organisé qui le prive de sens.** La division des tâches, la pression des supérieurs, l'augmentation des cadences et les économies faites sur les coûts de production permettent, certes, d'engendrer plus de richesse mais dépossèdent l'homme de son travail. Dès lors, refuser ces conditions dégradantes, c'est vouloir redonner du sens à un travail qui en a été vidé.

EN RÉSUMÉ

Refuser de travailler n'a de sens qu'à condition de rechercher une amélioration de soi ou de ses conditions de travail.

Hannah Arendt, *Condition de l'homme moderne* (1958)

Philosophe américaine d'origine allemande et ancienne élève de Martin Heidegger, Hannah Arendt interroge la valeur que notre modernité accorde au travail à la lumière de ce que fut la *vita activa*, la « vie active », dans l'Antiquité.

La « vie active » antique : travail, œuvre et action

Les Grecs de l'Antiquité ont distingué et classé trois formes d'activités composant la « vie active » des hommes :

– **Le travail** est l'activité la moins humaine car elle est consacrée à la satisfaction des besoins vitaux que nous avons en commun avec les animaux. Peu valorisé et confié aux esclaves, il a pour seul but de produire nos moyens de survie et est prisonnier d'un cycle biologique éternellement recommencé : chaque matin, le boulanger doit produire du pain qui est destiné à être consommé dans la journée.

– **La fabrication d'œuvres** est une activité proprement humaine consistant à produire une chose qui porte la marque de l'homme et qui est durablement installée dans le monde, à l'image des œuvres d'art ou des œuvres artisanales qui résistent au temps.

– **L'action**, la plus noble des activités humaines, consiste à produire des paroles et des actes formant un monde public dans lequel les hommes agissent les uns avec les autres. L'action politique, consistant à débattre, sur la place publique, d'un projet de vie commune, est l'action humaine par excellence.

Le travail au cœur de notre modernité

Notre modernité a opéré une inversion totale des valeurs : c'est le travail qui, aujourd'hui, donne du sens à notre existence. **Tout le reste est considéré comme un divertissement** ou un jeu sans intérêt. La conséquence de cette valorisation est que les travailleurs sont devenus des consommateurs et qu'ils forment une masse anonyme, où l'activité de chacun se fond dans le moule d'une production stéréotypée au lieu de se distinguer par des gestes singuliers comme dans la création artistique.

L'automatisation du travail détruit l'homme au lieu de le libérer

Les machines, au lieu de libérer l'homme du fardeau du travail, le prive de ce qui donne du sens à sa vie. Devenu un **travailleur-consommateur** étranger au monde commun de l'action politique, l'homme fait l'expérience d'un déracinement avec l'avènement de l'automatisation.

CONCLUSION

CE QU'IL FAUT RETENIR

1. Le travail fait-il violence à notre humanité ?

En travaillant, l'homme fait violence à la nature, puisqu'il lui impose une force pour la transformer, et se fait violence à lui-même, puisqu'il fournit des efforts pénibles. Mais cette violence peut être positive et former son humanité, à condition que le travail ne soit pas aliéné.

2. Le travail permet-il de prendre conscience de soi ?

Le travail permet à l'homme de se reconnaître et d'être reconnu dans ce qu'il fait ; il lui révèle sa subjectivité et son inscription dans la société. Son emprise peut, cependant, s'étendre sur les hommes au point de leur faire perdre leur personnalité.

3. Le refus du travail a-t-il un sens ?

S'il peut sembler absurde de refuser de travailler au regard de l'importance qui lui est accordée dans nos vies, il faut, néanmoins, reconnaître que le refus du travail aliéné a du sens si c'est pour rechercher une amélioration de soi ou de ses conditions de travail.

LE TRAVAIL SELON...

- **Sénèque :** le travail nous prive de notre temps et doit laisser sa place au loisir cultivé.
- **Kant :** le travail est une contrainte positive qui permet le progrès humain.
- **Nietzsche :** le travail est un pouvoir de domestication au service de la société qui prive l'homme de son individualité.
- **Marx :** le travail exprime naturellement notre humanité mais est devenu, avec le capitalisme, une activité aliénée.
- **Arendt :** le travail est devenu la valeur centrale de notre époque, au détriment de « *l'œuvre* » (fabrication d'objets faits pour durer : maison, tableau, texte…) et de l'action politique.

Sujets possibles du bac

DISSERTATION 1 Que gagne-t-on à travailler ?

- L'homme travaille pour gagner sa vie biologique, sociale et personnelle. ⟶ Kant, 1B (p. 296) ; Marx, 2A (p. 297) ; 3A (p. 298)
- L'homme se perd à vouloir gagner sa vie. ⟶ Marx, 1C (p. 296) ; Nietzsche, 2C (p. 298) ; Sénèque, 3B (p. 299)
- Cette ambiguïté du travail s'explique par son évolution historique. ⟶ Marx, 1C (p. 296) et 3C (p. 300)

DISSERTATION 2 Le travail n'est-il que servitude ?

- Le travail est une nécessité qui prive les hommes de leur liberté. ⟶ 1A (p. 295) ; Nietzsche, 2C (p. 298) ; Sénèque, 3B (p. 299)
- Le travail est une contrainte positive qui libère l'homme de son animalité. ⟶ Kant, 1B (p. 296)
- L'ambiguïté du travail, à la fois contrainte et émancipation, s'explique par son évolution historique. ⟶ Marx, 1C (p. 296) et 3C (p. 300)

SUJET DU BAC CORRIGÉ

Dissertation

Travailler moins, est-ce vivre mieux ?

4 heures

Travail préparatoire

Fiches-méthode 1 à 7, p. 18

Les principales difficultés posées par la question

Ce sujet présente deux difficultés. D'abord, il ne faut pas comprendre « vivre mieux » au sens de « vivre heureux » : *mieux* est un adverbe comparatif dérivé de l'adjectif *bon*. Il est donc question, ici, du rapport entre travail et vie bonne (laquelle n'est pas forcément heureuse). Ensuite, il faut comprendre que l'expression « travailler moins » nous invite autant à réfléchir à la quantité de travail qu'au repos – car travailler moins, c'est se reposer plus !

La problématique de la question

D'un côté, le travail améliore notre existence, que ce soit sur le plan de la vie biologique, celui de la vie collective ou celui du vécu personnel ; de l'autre, il la dégrade par la souffrance et l'aliénation* qu'il nous inflige. Comment le travail peut-il à la fois rendre notre vie meilleure et pire ? La qualité de notre vie dépend-elle de la quantité de travail que l'on accomplit ?

Corrigé commenté

Les **textes en bleu** ne doivent pas figurer dans votre devoir. Nous les avons ajoutés pour vous aider à repérer la progression de la dissertation.

Introduction

[Compréhension du sujet] Si la possibilité d'assurer nos conditions d'existence sans fournir le moindre travail nous était offerte, n'accepterions-nous pas immédiatement de goûter aux délices du repos et du divertissement ?

[Remise en cause et analyse] En effet, on oppose communément la souffrance du temps de travail au plaisir du temps de repos. Dans le premier cas, l'individu s'adonne à un ensemble d'activités, le plus souvent contraignantes, afin d'obtenir un salaire lui permettant d'assurer ses conditions d'existence ; dans le second, il quitte cette sphère d'obligations pour se reposer et laisser libre cours à ses envies. Le travail n'est-il pas, comme l'indique son étymologie bien connue, quoique controversée, ce *tripalium*, cet instrument de torture qui bride notre existence ? En ce sens, il paraît aller de soi que réduire le temps de travail permettrait à l'individu de « mieux vivre », c'est-à-dire de se consacrer davantage à son bonheur et à la satisfaction de ses désirs. Une « vie bonne », cependant, n'est-elle qu'une vie de plaisirs ? On peut en douter : n'est-ce pas plutôt une vie digne d'être vécue parce qu'elle a du sens, une vie orientée par le Bien qui s'accomplit à travers une série d'actions dotées d'une valeur positive – et cela, même si ces actions ne sont pas agréables ? Or le travail, en tant qu'il nous permet d'exercer et de perfectionner nos capacités, ne peut-il contribuer à améliorer notre existence ?

> **Les conseils du professeur**
>
> Connaître l'étymologie d'un des termes du sujet peut être utile. Ne vous en servez pas pour impressionner votre lecteur, mais pour donner du poids à votre propos !

[Problématisation] N'est-il pas une chance plutôt qu'un obstacle pour l'amélioration de notre vie ?

1. Le travail améliore notre vie

a) Le travail comme nécessité et valeur

C'est parce que les hommes ne peuvent pas se contenter de ce que la nature leur offre qu'il leur est nécessaire de travailler, c'est-à-dire de faire des efforts pour transformer le monde et satisfaire leurs besoins. En travaillant, l'homme produit ses moyens de survie ; dès lors, une baisse de travail entraînerait inévitablement une dégradation fatale de ses conditions d'existence. Bien plus, le travail, comme le remarque Hannah Arendt dans *Condition de l'homme moderne*, est devenu la valeur la plus importante de notre époque. Il assure notre survie biologique et surtout donne du sens, c'est-à-dire une orientation et une signification, à notre existence vécue. N'est-ce pas ce que montre, par contraste, le cas terrible du chômage dans lequel l'individu fait l'expérience de la précarité de son existence biologique et personnelle ?

b) Le travail réunit les hommes

Moins travailler, c'est également s'exposer à la marginalisation et à la solitude. Le travail, en effet, est un facteur de solidarité sociale : grâce à lui, nous rencontrons des personnes auxquelles nous n'aurions jamais parlé et nous comptons les uns sur les autres. Dans *Système de politique positive*, Auguste Comte souligne le fait que le travail sort l'homme de son égoïsme et lui fait découvrir son utilité sociale. Par exemple, pour pouvoir travailler au lycée, un élève compte sur le travail du conducteur du bus qu'il prend le matin et sur celui de tout le personnel d'éducation de l'établissement. Ce n'est donc pas seulement notre vie personnelle mais aussi notre vie collective que le travail améliore.

Si le sujet le permet, n'hésitez pas à élargir votre propos en envisageant la dimension collective (sociale ou politique) de la question.

c) Le travail fait progresser l'humanité

Les bénéfices du travail sont cumulatifs : par exemple, les objets techniques ou les avancées scientifiques qui résultent du travail des générations précédentes sont améliorés par les générations suivantes. De même qu'un individu se perfectionne et acquiert de nouvelles compétences par son labeur, l'humanité progresse par le travail. Comme le remarque Kant, dans *Réflexions sur l'éducation*, le travail n'est pas une malédiction mais une bénédiction : c'est parce qu'ils ne travaillaient pas au jardin d'Éden qu'Adam et Ève étaient empêtrés dans un immobilisme animal. Certes, le travail n'est pas toujours agréable du fait qu'il demande des efforts qui vont contre notre penchant naturel à la paresse, mais le bien n'est pas le plaisir, et le travail est bon car il nous sort de la torpeur et nous fait avancer. Travailler, c'est se faire en faisant quelque chose. Bien plus, le repos qui suit le travail est de bonne qualité car il est mérité et s'accompagne d'un sentiment du devoir accompli – alors que l'oisiveté et le désœuvrement nous plongent dans un ennui désagréable.

2. Le travail détériore notre vie

On peut, toutefois, se demander si une telle valorisation du travail n'est pas exagérée. Faire de lui la principale cause de la qualité de notre existence individuelle et collective, n'est-ce pas lui demander plus que ce qu'il nous offre réellement ? Le travail n'est-il pas, essentiellement, une souffrance qu'il faudrait réduire le plus possible ?

a) Le travail est survalorisé

Nous continuons à répondre aux mails de nos supérieurs durant les vacances ; nous organisons notre semaine afin d'arriver à l'heure au travail pour accomplir tous nos objectifs ; nous parlons du travail à la maison ; nous demandons à celui que nous croisons pour la première fois ce qu'il fait dans la vie ; etc. Toute notre existence est centrée autour du travail. Serait-ce la chose la plus importante ? Selon Hannah Arendt, notre modernité a opéré une inversion des valeurs par rapport à l'Antiquité en faisant du travail la principale valeur de l'existence. Dans l'Antiquité, ce dernier, en effet, était considéré comme une activité inférieure uniquement consacrée à la satisfaction des besoins qui nous rattachent à l'animalité. Au contraire, la vie proprement humaine passait par d'autres activités : l'art et la politique. La beauté ou le souci de la justice peuvent aussi donner du sens à notre existence ! Dès lors, travailler moins, ce serait se donner une chance de se retrouver dans des activités valorisantes que nous avons oubliées au profit du sacro-saint travail.

Vous avez le droit d'utiliser le même auteur dans plusieurs parties, tant que vous ne lui faites pas dire la même chose.

b) Le travail épuise la vie

Loin de vivifier notre existence, le travail l'épuise. Fatigue chronique, pathologies liées à son exercice, *burn out* sont devenus monnaie courante. N'est-ce pas là le signe que le travail est l'ennemi de la vie ? Dans *Aurore*, Nietzsche remarque que les hommes ne l'aiment que pour la sécurité qu'il apporte. Celle-ci est à la fois personnelle, car on travaille pour satisfaire ses besoins vitaux, et collective : le travail assure l'ordre social en uniformisant et régulant comportements et individus, car il est *« la meilleure des polices »*. Mais le travail est, en lui-même, un lourd fardeau qui nous épuise et nous empêche de rêver, d'aimer ou de partir à l'aventure. Autrement dit, le travail nous permet de survivre, mais il nous ôte toute vitalité et toute énergie ! Travailler moins, ce serait, au contraire, alléger son existence et se laisser du temps libre pour faire des expériences dans lesquelles on se sentirait pleinement vivant.

c) Travailler moins pour améliorer notre vie collective

Sur un plan collectif, il n'est pas certain que l'humanité souffre d'une diminution de la quantité de travail. Lequel est, en effet, une activité de production ; par exemple, l'homme transforme son environnement par son travail afin de produire ce qui rend possible son existence. Le problème est que nous ne nous contentons pas de simplement produire ce dont nous avons besoin. Nous assistons, aujourd'hui, à une surproduction d'objets destinés à devenir rapidement obsolescents afin d'alimenter le cycle de la consommation ; or, en faisant cela, comme le remarque Heidegger, nous épuisons la nature – et menaçons même notre propre espèce, comme le montre le dérèglement climatique causé, notamment, par nos actions. Ne serait-il pas plus prudent de ralentir la cadence, de travailler et produire moins afin d'améliorer notre existence collective ?

Voir Fiches 14 (3A), p. 267, et 10 (1B), p. 194.

3. Travailler mieux pour vivre mieux

Le travail n'est peut-être pas la valeur fondamentale de notre existence, et il peut même conduire à une vie diminuée et aliénée. Le secret d'une vie bonne résiderait-il alors dans la diminution du temps de travail ? ou dans une nouvelle manière de considérer celui-ci ?

a) Travailler mieux

La qualité de la vie ne tient pas à la quantité de travail que l'on fournit, mais à la qualité de celui-ci. En somme, vivre mieux ne dépend pas du fait que l'on travaille plus ou moins ; pour vivre mieux, il faut travailler mieux, c'est-à-dire dans des conditions qui rendent possible notre épanouissement. À l'origine, le travail est, selon Marx, une expression de notre humanité : le travailleur projette son intériorité (sa volonté, son imagination, etc.) dans son activité et le produit qu'elle engendre, qui est un miroir de lui-même. Le *« travail vivant »* est ainsi l'activité dans laquelle s'exprime naturellement l'humanité. Tout le problème est que le travail est devenu, avec l'essor du capitalisme, le contraire de ce qu'il était à l'origine. Afin d'augmenter la productivité, il a été divisé (que l'on songe à l'ouvrier ou au caissier qui travaillent à la chaîne) et le travailleur ne se reconnaît plus dans ce qu'il fait : il est dépossédé de son travail. Ce *« travail aliéné »*, loin de nous humaniser, nous animalise. Que l'on diminue la quantité de travail aliéné importe peu ; ce qu'il faut, c'est améliorer les conditions du travail, afin que celui-ci soit effectivement le reflet

Il faut toujours réfléchir dans les termes du sujet et faire des variations dans la formulation (*travailler moins, travailler plus, travailler mieux, vivre moins bien*, etc.). Cela permet de trouver des idées et, parfois, un fil directeur pour une partie !

du travailleur au lieu d'être une activité soumise à un impératif inhumain de rentabilité.

b) Prendre le temps de travailler sur soi

Échapper au travail aliéné permet de dégager du temps libre afin de se consacrer à soi – non pas pour s'oublier dans le divertissement ou les loisirs grossiers, mais pour travailler sur soi et prendre soin de son « âme » ou de son existence. Il faut, pour mieux vivre, être le sculpteur de sa propre vie. C'est le conseil que donne Sénèque à son beau-père Paulinus dans *La Brièveté de la vie*, lorsqu'il l'invite à refuser le haut poste qui lui est proposé, synonyme, selon le philosophe, d'« obligations chronophages ». C'est parce que les hommes passent leur vie au travail sans jamais prendre soin d'eux qu'ils se plaignent, au bout du compte, de sa brièveté. Il nous faut, dit Sénèque, ne pas céder à la frénésie en refusant les tâches inutiles. L'*otium*, qui est le temps du repos, est la partie la plus importante de notre existence ; mais ce temps libre doit être employé à devenir meilleur par la réflexion, la lecture, la contemplation d'œuvres d'art et la discussion entre amis. C'est là le travail de toute une vie !

Élargissez le sens des concepts du sujet pour prendre de la hauteur en 3e partie ! Ici, le propos passe du sens concret du travail (compris comme activité de production) à un sens plus spirituel (le travail de l'esprit).

Conclusion

Ce n'est pas parce que l'on travaille plus ou moins que l'on vit mieux ; la qualité de notre vie ne dépend pas de la quantité mais de la qualité de notre travail. Ce dernier n'est une chance pour l'amélioration de notre vie qu'à condition d'échapper à l'aliénation et d'être l'expression de soi ; or un tel travail vivant n'est possible que si les conditions dans lesquelles il est accompli lui sont favorables. Si de telles conditions sont impossibles, autant réduire le plus possible un tel travail aliéné pour s'adonner à un travail plus important : celui de sa propre existence.

NOTION 17
La vérité

Mise en abyme.

Qu'est-ce que la vérité ?

À la fois idéal philosophique et exigence morale, la vérité s'oppose à l'illusion et ne doit pas être confondue avec le réel. Elle désigne une correspondance de la pensée avec le réel ou avec certaines règles logiques.

- **Illusion :** l'illusion est une apparence trompeuse. Ainsi, le déplacement du Soleil dans le ciel est une illusion de la perception.
- **Réel :** est réel ce qui existe effectivement et objectivement, à l'extérieur de nous.
- **Correspondance de la pensée avec le réel :** la vérité est une propriété du jugement que l'on porte sur le réel : une pensée est vraie lorsqu'elle reflète fidèlement la réalité (vérité de fait). Si je dis : « Il pleut » et qu'il pleut réellement dehors, alors mon jugement est vrai.
- **Correspondance avec certaines règles logiques :** dans un raisonnement logique, un jugement est vrai s'il est cohérent et échappe à la contradiction (vérité de raison).

QUESTIONS PHILOSOPHIQUES

1. Être certain, est-ce être dans le vrai ?

La certitude est, généralement, comprise comme une preuve de vérité. Mais il ne suffit pas d'éprouver un fort sentiment de conviction pour être dans le vrai.

Perspective : La connaissance

2. L'expression « À chacun sa vérité » a-t-elle un sens ?

Face à certaines questions complexes, il est tentant de s'en remettre au relativisme : « À chacun sa vérité. » Une telle attitude ne revient-elle pas à nier la vérité au lieu de la favoriser ?

Perspective : L'existence et la culture

3. Toute vérité est-elle bonne à dire ?

C'est parce que la vérité est, parfois, brutale que les hommes lui préfèrent, souvent, le mensonge ou le secret. Mais est-ce une raison suffisante pour taire la vérité ?

Perspective : La morale et la politique

1 Être certain, est-ce être dans le vrai ?

La certitude, sentiment de conviction qui s'oppose à l'incertitude et au doute, est censée indiquer le fait que je détiens la vérité : quand je suis dans le vrai – par exemple, en disant « 2 + 2 = 4 » –, j'éprouve une certitude. Toutefois, l'expérience montre que la certitude ne conduit pas toujours à la vérité : un enfant peut être certain que le Père Noël existe. Tout le problème est de savoir si la certitude est le reflet de la vérité ou de notre ignorance.

A La certitude immédiate ne garantit pas la vérité

- Nous avons tous des préjugés, c'est-à-dire des opinions que nous tenons pour vraies sans les avoir examinées. Or ces certitudes peuvent être trompeuses, comme le montre l'expérience courante de la désillusion. De plus, l'homme est sujet à l'erreur ou à l'illusion, lorsqu'il est trompé par ses sens ou victime de ses désirs.

- Dans l'*Apologie de Socrate* de **Platon**, l'oracle de Delphes dit à Socrate qu'il est l'homme le plus sage de la ville. Plutôt que d'admettre aveuglément cette affirmation, le philosophe en doute et décide de la mettre à l'épreuve en se rendant chez un politicien connu pour sa grande sagesse. Après avoir discuté avec lui, il apparaît à **Socrate** que ce dernier n'est sage en rien car tout ce qu'il pense savoir n'est, en fait, qu'un ensemble de croyances et d'opinions non vérifiées.

- **Socrate**, lui, n'ignore pas qu'il ne possède pas la vérité : *« Je sais que je ne sais rien. »* **La vérité** n'est ni donnée ni reçue passivement, mais elle **se conquiert activement par l'intermédiaire d'une enquête rationnelle***. Elle se dévoile à celui qui fait l'effort d'écarter les apparences et les opinions, en doutant de ses certitudes : douter, c'est faire preuve de sagesse.

B Le doute peut nous faire rater la vérité

- Pour accéder à la vérité, il faut donc douter. Mais jusqu'où doit-on le faire ? Un doute radical et absolu emporte tout sur son passage. J'ai une opinion ; je cherche à la vérifier (à la rendre vraie) par une preuve. Mais faut-il encore que je prouve la preuve ! Est-on, dès lors, sûr de parvenir un jour à une vérité ? **Dans la quête de la vérité, la menace d'une régression à l'infini est réelle.**

> **Exemple clé**
>
> **Les « théories du complot »**
>
> L'homme n'a jamais marché sur la Lune, la Terre est plate, les Illuminati dominent le monde… Toutes ces « théories » montrent qu'à force de nier les évidences, un doute hors de contrôle peut conduire l'homme à soutenir les idées les plus folles et contraires à la réalité.

- **Le scepticisme***, courant philosophique de l'Antiquité, soutient qu'il est vain d'espérer atteindre la vérité et refuse toutes les évidences. Pour le courant sceptique, la recherche de la vérité est parsemée d'inquiétudes ; pour parvenir à la tranquillité de l'âme, il faut suspendre son jugement et abandonner tout espoir de vérité au terme d'un examen contradictoire de nos opinions plutôt que de s'épuiser à la chercher.

C On parvient à la certitude par la réflexion

- **Le doute radical** – c'est-à-dire le fait de douter de tout, sauf de douter – **est absurde**. Au contraire, pour accéder à la vérité, il faut sortir de ce doute qui paralyse la pensée et adopter un doute cohérent ou modéré. C'est ce qu'entreprend **René Descartes** dans ses *Méditations métaphysiques*. Après avoir douté de ses croyances, de l'expérience sensible* parfois trompeuse (un bâton plongé dans l'eau apparaît brisé alors qu'il est droit) et des mathématiques, il parvient à une idée dont il ne peut douter : lui, qui pense que rien n'existe, ne pourrait pas penser cela s'il n'existait pas.

> **Repères**
>
> Est **médiat** ce qui est accessible de manière indirecte, par l'intermédiaire ou la médiation de quelque chose. Est **immédiat** ce à quoi on accède de manière directe et instantanée, sans médiation.

- Le *cogito** (ou *« Je suis, j'existe »*) est l'intuition d'une vérité première, qui est une évidence claire et distincte, à laquelle **Descartes** parvient au terme d'un doute raisonnable. La certitude qui témoigne d'une vérité, à la différence de l'évidence vulgaire, ne se donne pas immédiatement mais s'impose par la médiation d'une réflexion : c'est après avoir rejeté de nombreuses sources d'erreurs (les préjugés de son temps, les sens, les mathématiques, etc.) que **Descartes** parvient à l'évidence qu'il existe (*cf.* pp. 79 et 85).

EN RÉSUMÉ

Ce n'est pas parce que nos certitudes immédiates sont souvent trompeuses qu'il faut toujours douter de tout. Et c'est par la médiation d'un raisonnement rigoureux que nos certitudes peuvent devenir vraies.

2 L'expression « À chacun sa vérité » a-t-elle un sens ?

Il n'est pas rare, pour mettre fin à une conversation trop animée, de chercher à apaiser les esprits en disant que la vérité est relative, propre à chacun. Tout le problème est de savoir si le relativisme est l'ennemi de la vérité ou s'il peut, au contraire, la favoriser.

A La contradiction du relativisme

- Le relativisme est une doctrine qui soutient qu'il n'y a pas de vérité universelle, mais seulement des vérités particulières, relatives aux hommes. L'histoire des sciences, qui montre que ce qui était autrefois considéré comme vrai est aujourd'hui faux, ou encore les vérités morales, qui varient en fonction des époques et des cultures, semblent justifier cette doctrine.

> **Citation clé**
>
> *« Vérité en-deçà des Pyrénées, erreur au-delà »* (Blaise Pascal, *Pensées*, 1670).

- Les **sophistes** furent les grands représentants du relativisme. *« L'homme est la mesure de toutes choses »*, avance le sophiste **Protagoras**. Par exemple, si ce miel est doux pour toi et amer pour moi, est-il doux ou amer ? Il est à la fois doux et amer : « À chacun sa vérité. »

> **Repères**
>
> Est **universel** ce qui concerne l'ensemble de tous les cas, sans exception. Est **particulier** ce qui est propre à un individu ou à une classe d'individus.

- Le relativisme se contredit lui-même. Quand j'énonce : « À chacun sa vérité », je présuppose bien que la vérité de l'énoncé « La vérité est particulière » est universelle, puisque mon interlocuteur devrait l'admettre : j'affirme comme une vérité universelle que la vérité est particulière – ce qui est incohérent.

B L'universalisme et le risque du dogmatisme

- Au relativisme s'oppose l'universalisme, cette conception qui soutient que la vérité est universelle et permanente dans le temps. Par exemple, **Malebranche** écrit, dans *De la recherche de la vérité* (1674), qu'il existe des vérités communes à tous les hommes et toutes les époques, telles que des vérités mathématiques comme « 2 + 2 = 4 » ou des vérités morales comme « Il faut préférer son ami à son chien ». Quelle que soit leur culture, tous les hommes s'accordent sur ces vérités car ils possèdent une même capacité de raisonner.

- Si l'universalisme est évident pour certaines vérités simples comme « 2 + 2 = 4 », il est discutable en ce qui concerne des vérités complexes qui ne font pas l'unanimité. Il court alors le risque de se transformer en un dogmatisme intolérant, cette attitude qui cherche à imposer autoritairement ce qui est jugé comme une vérité universelle et absolue. **Alain**, dans ses *Définitions* (1953), écrit que le fanatisme est un *« redoutable amour de la vérité »*. C'est la passion d'un esprit qui nie le doute et exclut tout point de vue différent du sien, parce qu'animé d'un désir démesuré de vérité : le fanatique est un intolérant persuadé de posséder la vérité, quitte à l'imposer par la force.

C Le perspectivisme peut favoriser la vérité

- L'expression « À chacun sa vérité » peut avoir du sens à condition de ne pas tomber dans un relativisme qui considère que toutes les opinions se valent. Alors que celui-ci nie, de ce fait, la vérité, un relativisme cohérent comme le perspectivisme soutient, au contraire, que la vérité existe mais qu'elle ne peut pas être saisie par l'homme dans sa totalité. Il n'y a donc que des points de vue différents sur elle, mais tous ne se valent pas : certains sont confus, d'autres sont beaucoup plus clairs et complets. Dans sa *Monadologie* (1714), **Leibniz** prend l'exemple de la ville : elle existe en tant que somme des différents points de vue des habitants ; mais seul un regard en surplomb – celui de Dieu – intégrant tous les points de vue pourrait avoir accès à la ville dans toute sa vérité objective.

> **Exemple clé**
>
> Le film ***Douze Hommes en colère* de Sidney Lumet** (1957) raconte l'histoire d'un jury chargé de décider de la culpabilité ou non d'un homme accusé de meurtre. Un juré va s'opposer aux autres et chercher à les convaincre. L'accusé sera finalement déclaré « non coupable » : au bénéfice de l'insuffisance de preuves, le meilleur point de vue l'emporte. Néanmoins, on ne saura pas si l'accusé a réellement tué ou non ; on sait seulement que l'on a évité une erreur judiciaire, car les éléments avancés lors du procès ne prouvaient rien.

- Un relativisme cohérent favorise ainsi la vérité au lieu de la détruire. Dans *De la liberté* (1859), **Mill** soutient que la vérité est une élimination d'erreurs obtenue en confrontant des opinions contraires. Par exemple, pour qu'une vérité soit plus forte et apparaisse de manière éclatante, il faut se faire « l'avocat du Diable » en lui apportant toutes les objections possibles et en soutenant l'idée contraire. C'est pourquoi **Mill** considère que toutes les opinions, même les plus fausses, doivent circuler librement en démocratie.

EN RÉSUMÉ

Si le relativisme est absurde en soi et nuit à la vérité, un relativisme cohérent peut, au contraire, la favoriser.

3 Toute vérité est-elle bonne à dire ?

On dit, généralement, que la vérité blesse, aussi bien pour celui qui la dit que pour celui qui l'entend ; c'est pourquoi nous préférons l'ignorance ou le mensonge à la sincérité. Mais faut-il taire la vérité dès lors qu'elle est désagréable à entendre ?

A Le courage de la vérité

Citation clé

« Si les amis et la vérité sont également chers, c'est à la vérité qu'il convient de donner la préférence » (Aristote, *Éthique à Nicomaque*, IVe s. av. J.-C.).

- C'est parce que la vérité est absolument bonne qu'il est de notre devoir de la dire, comme le montre la célèbre « allégorie de la Caverne » de **Platon**. Dans la *République*, il nous invite à imaginer des humains nés dans une caverne, attachés les uns aux autres, qui passent leurs journées à regarder des ombres projetées sur un mur par de mystérieux marionnettistes. Un jour, un prisonnier est libéré. D'abord aveuglé par la lumière du Soleil, il va, progressivement, se rendre compte de l'existence de choses réelles hors de la caverne. Retournant auprès des siens pour leur dire que les ombres qu'ils voient ne sont que des apparences, il est d'abord rejeté avec mépris puis condamné à mort par ses anciens compagnons, qui préfèrent rester dans la douce pénombre de la caverne.

- La caverne symbolise notre monde sensible* et politique, fait d'opinions et d'illusions : les ombres projetées sont les apparences trompeuses et les multiples croyances dont nous sommes prisonniers, et les marionnettistes sont les sophistes (nos « experts en communication » d'aujourd'hui) qui manipulent la foule par leurs belles paroles mensongères. **La vérité est symbolisée par le Soleil** et elle est identifiée au Bien : elle est ce qui éclaire et donne vie à tout ce qui existe. Le philosophe, avec son franc-parler, doit courageusement dire la vérité car elle est le fondement d'une cité juste et stable.

B L'utilité du mensonge

- Selon **Nietzsche**, la vérité n'est pas un idéal absolu ; son importance dépend de son utilité. Les hommes aiment la vérité parce qu'elle leur est bénéfique, puisqu'elle permet, par exemple, de stabiliser la vie sociale. En revanche, ils se désintéressent de la vérité dès qu'elle leur est nuisible et lui préfèrent alors le mensonge. D'ailleurs, selon **Nietzsche**, la vérité n'existe pas ; ce **n'est qu'un mensonge qui a mieux réussi que les autres**.

> **Concept clé**
>
> **La « post-vérité »**
> L'expression « ère de post-vérité » s'est répandue depuis quelques années pour qualifier notre époque, marquée par la prolifération des fausses nouvelles (les *fake news*) qui tendent à effacer les faits objectifs en les noyant dans une masse d'opinions trompeuses.

- Dans le domaine social, nous ne cessons de nous mentir. Ne cachons-nous pas, par exemple, nos pensées et nos intentions sous le **masque de la politesse** ? De même, le mensonge peut être une forme de **légitime défense** : par exemple, lorsqu'un voisin curieux ou mal intentionné me questionne sur ma vie privée que je n'ai aucune envie de dévoiler (*cf.* p. 100).

- **Dans le domaine politique, le mensonge peut aussi s'avérer utile.** Certaines informations sensibles sont classées « secret Défense », un grand nombre des promesses faites ne sont jamais tenues, et la « raison d'État » est souvent invoquée, sans aucune justification, lorsque l'État s'autorise à transgresser le droit au nom d'un principe supérieur (*cf.* pp. 110 et 119).

C La manière de dire la vérité

- Une vérité révélée de manière trop brutale peut choquer et se montrer inefficace : la vérité ne peut être dite que si elle est prête à être écoutée. C'est pourquoi, selon **Vladimir Jankélévitch**, dans *L'Ironie* (1936), il faut manier la vérité avec précaution, en la taisant ou en la dévoilant **progressivement** et au **moment opportun**, à l'aide d'**euphémismes** et de **détours** : *« On l'administre comme un élixir puissant et qui peut être mortel, en augmentant la dose chaque jour, pour laisser à l'esprit le temps de s'habituer. »*

- Dans le code de déontologie médicale, par exemple, un médecin doit donner au patient des informations claires sur son état, mais il peut aussi le tenir dans l'ignorance d'un diagnostic grave s'il estime que la vérité lui serait nuisible.

EN RÉSUMÉ

La vérité n'est bonne à dire qu'à condition d'être entendue. C'est pourquoi il faut faire attention à la manière de la dire.

Friedrich Nietzsche, *Vérité et Mensonge au sens extra-moral* (1873)

Rédigé en 1873, *Vérité et Mensonge au sens extra-moral* est un texte inachevé qui contient en germe des thématiques qui seront approfondies par Nietzsche dans la suite de son œuvre.

Pourquoi désirer la vérité ?

Depuis l'Antiquité, les philosophes font de la vérité le but ultime de leur pensée. Mais pourquoi vouloir la vérité ? Pour y répondre, Nietzsche mène une enquête sur ses origines. Elle le conduira à l'idée que la vérité n'est qu'**un mensonge qui a réussi** et que le désir de vérité s'enracine dans la **peur d'affronter la vie dans sa diversité**.

Les illusions du langage

La *vérité* se définit classiquement comme « l'adéquation du discours au réel », et *penser*, c'est « rassembler la diversité du monde dans un concept ». Or le langage est trompeur selon Nietzsche : les mots ne sont que des masques qui figent la diversité du réel en une unité illusoire. Le terme *feuille*, par exemple, abolit la singularité de chaque feuille dans la généralité du mot. **Le langage est un mensonge qui nous est profitable.** Il ne dit rien sur le réel mais est avant tout utile, car il permet à l'homme de faire face à un monde trop grand et trop divers pour lui. Sans ce passage au crible des mots, l'homme s'épuiserait.

La vérité est un mensonge qui a réussi

> **Citation clé**
>
> *« Les vérités sont des illusions dont on a oublié qu'elles le sont. »*

La vérité-correspondance n'existe donc pas, car ce que nous disons du monde n'est qu'une interprétation. Pourquoi alors accorder tant d'importance à la vérité ? Sa valeur se situe dans **un instinct de conservation** qui touche toute la société. Ce n'est pas la vérité qui est désirée, mais ses effets bénéfiques pour la vie sociale et morale. S'ils ne croyaient pas à la vérité, les hommes ne pourraient se faire confiance pour organiser leur existence collective.

La vie est supérieure à la vérité

La vie, pour se perpétuer, produit donc le mensonge d'un monde stable. Selon Nietzsche, l'artiste est le seul qui assume le caractère nécessaire du mensonge dans son travail et montre le caractère changeant, singulier et éphémère du réel. Jouant avec les illusions et les métaphores, il symbolise la **puissance créative du faux** qui est à l'œuvre dans la vie elle-même.

CONCLUSION

CE QU'IL FAUT RETENIR

1. Être certain, est-ce être dans le vrai ?

La philosophie et l'expérience commune de la désillusion nous invitent à nous méfier de nos certitudes : ce n'est pas parce que nous éprouvons le sentiment d'être dans le vrai que nous le sommes réellement. Mais cette sagesse de l'incertitude peut rapidement se transformer en folie, lorsque le doute nous conduit à douter de tout. C'est pourquoi il faut douter avec prudence, afin de parvenir à une certitude qui s'est appuyée sur un travail de réflexion.

2. L'expression « À chacun sa vérité » a-t-elle un sens ?

Le relativisme est l'ennemi de la vérité, puisqu'il prétend qu'elle n'existe pas de manière universelle mais particulière ; cependant, il est absurde car il se contredit lui-même. La vérité doit être pensée comme étant commune à tous les hommes. Néanmoins, croire qu'on possède la vérité absolue peut mener à un dogmatisme intolérant. C'est pourquoi il faut penser un relativisme cohérent, qui favorise la vérité au lieu de lui nuire.

3. Toute vérité est-elle bonne à dire ?

Si la vérité peut paraître, à première vue, un idéal absolu qu'il serait de notre devoir de toujours dire, l'expérience montre que les hommes lui préfèrent souvent le mensonge, lorsque celui-ci leur est bénéfique. C'est pourquoi il faut faire attention à la manière dont on dit la vérité, car une vérité ne peut être dite qu'à condition d'être entendue.

LA VÉRITÉ SELON...

- **Protagoras :** la vérité n'est pas universelle mais relative à chacun.
- **Platon :** la vérité est un idéal absolu qui fait l'objet d'une enquête rationnelle* et d'un devoir.
- **Les sceptiques :** la vérité ne doit pas être recherchée car elle est inaccessible et source d'inquiétude.
- **Malebranche :** la vérité est universelle et éternelle, et l'homme y accède par la raison*.
- **Nietzsche :** la vérité n'est pas un idéal absolu mais une manière utile d'interpréter le réel.

- **Mill :** la vérité est une élimination d'erreurs qui résulte de la confrontation d'opinions opposées.
- **Jankélévitch :** la vérité doit être révélée avec prudence pour ne pas être brutale et inefficace.

Sujets possibles du bac

DISSERTATION 1 L'unanimité suffit-elle à définir la vérité ?

- Si la vérité est éternelle et universelle, elle entraîne l'accord de tous les hommes. ⟶ Malebranche, 2B (p. 314)
- Mais l'unanimité n'est pas un critère suffisant pour établir la vérité : les hommes peuvent collectivement se tromper. ⟶ Platon, 3A (p. 315)
- La vérité est un projet collectif qui passe par une discussion rationnelle*. ⟶ Mill, 2C (p. 314)

DISSERTATION 2 La recherche de la vérité peut-elle se passer du doute ?

- La recherche de la vérité plonge l'homme dans l'inquiétude, dont il se guérit par le doute. ⟶ Scepticisme*, 1B (p. 312)
- Mais le doute radical, comme la certitude dogmatique peuvent conduire à la folie et à la négation de la vérité. ⟶ 1B (p. 312) et 2B (p. 314)
- Le doute n'est pas une fin en soi, mais un moyen provisoire pour parvenir à la vérité. ⟶ Platon, Descartes, 1A (p. 311) et 1C (p. 312)

SUJET DU BAC CORRIGÉ

Dissertation

La vérité est-elle tyrannique ?

4 heures

Travail préparatoire

Fiches-méthode 1 à 7, p. 18

Les principales difficultés posées par la question

Il y a deux grandes difficultés dans ce sujet. Tout d'abord, il faut voir en quoi une tyrannie de la vérité serait plausible car cela paraît *a priori* surprenant : en effet, il est plus courant de dire que la vérité est une bonne chose qu'une mauvaise chose. Ensuite, il faut réfléchir à ce que signifie l'idée de « tyrannie », en n'oubliant pas d'interroger sa dimension politique et en l'opposant bien à la « liberté ».

La problématique de la question

Il faut, ici, se concentrer sur le verbe *être* : la tyrannie appartient-elle à la vérité (relève-t-elle de son essence*) ou n'est-elle qu'un effet secondaire (relève-t-elle d'un accident*) ? Il faut aussi faire le lien avec la liberté : parler de « vérité tyrannique », n'est-ce pas supposer que la vérité nous prive de liberté ?

Corrigé commenté

Les textes en bleu ne doivent pas figurer dans votre devoir. Nous les avons ajoutés pour vous aider à repérer la progression de la dissertation.

Introduction

Les conseils du professeur

[Compréhension du sujet] Il est, à première vue, surprenant d'imaginer la vérité sous les traits d'un tyran. En effet, ne nous apprend-on pas, depuis notre plus tendre enfance, que la vérité est un bien, c'est-à-dire un objet ou une valeur désirable pour eux-mêmes, et qu'il faut toujours la dire ? Ne fait-on pas l'éloge de ceux qui osent chercher ou révéler une vérité que des plus puissants voudraient dissimuler ?

[Remise en cause et analyse] Loin d'être peinte sous les traits d'un tyran, la vérité est, le plus souvent, représentée comme une jeune femme nue que des individus tentent d'empêcher de sortir d'un puits, soulignant par là sa fragilité. Ce seraient donc plutôt l'illusion et le mensonge qui seraient tyranniques, non la vérité. Une *tyrannie* désigne « le pouvoir absolu exercé par un tyran, qui s'impose avec violence et prive le peuple de sa liberté ». Or la vérité ne peut-elle être considérée, sous certains aspects, comme tyrannique ? En effet, elle est universelle (la même pour tous) et nécessaire : la vérité ne se choisit pas mais s'impose malgré nos désirs. Le langage courant consacre, d'ailleurs, cette dimension violente et contraignante de la vérité, comme si l'homme ne pouvait y échapper : « C'est la dure vérité », « Il faut se rendre à l'évidence », « La vérité crève les yeux », « La vérité finit toujours par éclater », etc. [Problématisation] Dès lors, ne peut-on pas penser que la vérité serait, par essence*, tyrannique parce qu'elle nous prive de liberté ?

Il faut toujours se référer au langage courant : celui-ci véhicule des idées reçues que la réflexion philosophique s'efforce justement d'examiner et de dépasser.

[Annonce du plan] Nous verrons, dans un 1er temps, les raisons pour lesquelles la vérité peut sembler tyrannique, avant d'envisager, dans un 2e temps, la perspective d'un monde sans vérité : un tel monde ne serait-il pas plus tyrannique qu'un monde dans lequel elle règne ? Nous serons alors conduits, dans un dernier temps, à voir en quoi, paradoxalement, la vérité est à la fois nécessaire et libératrice.

1. Pourquoi la vérité peut sembler tyrannique

a) Parce que la vérité s'impose à nous

Pour quelles raisons la vérité nous paraît-elle contraignante ? Tout d'abord, parce qu'elle ne nous laisse pas le choix : elle est la même pour tous et demeure identique à elle-même dans le temps sans se soucier de la sensibilité de chacun. La vérité n'appartient à personne : elle est universelle et éternelle, nous dit Malebranche dans *De la recherche de la vérité*. Définie comme la correspondance entre la pensée et le réel, la vérité s'impose : les faits sont là et permettent de distinguer les idées vraies des fausses. Par exemple, l'observation confirma la découverte de l'héliocentrisme au XVIIe siècle, bien que cette vérité fût

Pour éviter un exposé descriptif, il est utile de s'intéresser aux raisons qui soutiennent les idées : ici, par exemple, on commence par se demander *pourquoi* la vérité semble tyrannique.

douloureuse pour certains religieux. De même, la vérité définie comme cohérence du raisonnement s'impose, car un raisonnement valide est une démonstration dont les propositions s'enchaînent nécessairement.

b) Parce que la vérité est souvent désagréable à entendre

Ensuite, la vérité paraît contraignante si on la compare au confort que procurent l'illusion et le mensonge. La vérité perturbe les désirs de chacun ; l'illusion les nourrit. Celui à qui le médecin annonce une maladie grave fait l'expérience d'une vérité qui blesse, et c'est pourquoi il peut choisir de vivre en se mentant sur son état de santé. On préfère, bien souvent, la tranquillité du relativisme et du scepticisme* à l'idée d'une « vérité universelle ». *« L'homme est la mesure de toutes choses »*, avançait le sophiste Protagoras : la vérité est relative à chacun ; elle s'accommode de nos sensibilités particulières. *« Il faut douter de tout »*, avance le sceptique : la vérité est inaccessible ; sa recherche est pleine d'inquiétudes ; il vaut mieux refuser l'évidence pour vivre en paix.

c) Parce qu'elle est toujours là, même quand on la refuse

Suffit-il alors de refuser l'évidence, ou de rester dans le relativisme, pour échapper à la vérité ? On ne peut pourtant pas en faire l'économie aussi facilement. En disant : « À chacun sa vérité », on présuppose la vérité de ce qu'on affirme et on attend que les autres la reconnaissent ; en disant : « Il faut douter de tout », on énonce, de manière dogmatique, sans l'ombre d'un doute, qu'il faut douter… Ces affirmations se réfutent donc elles-mêmes. La vérité semble bien contraignante, puisqu'elle est inévitable et qu'elle résiste à ceux qui cherchent à l'esquiver.

2. Le refus tyrannique de la vérité

Bien qu'elle puisse être niée, la vérité résiste, et l'expérience de la vérité, parce qu'elle trouble nos désirs, est souvent contraignante. Mais est-ce parce que l'expérience subjective de la vérité est, parfois, contraignante que la vérité est objectivement tyrannique ? Un monde sans vérité serait-il plus libre ?

L'argumentation par l'absurde est toujours utile et s'appuie sur des expériences de pensée qui peuvent être intéressantes – comme l'allégorie de la Caverne, ici.

a) Un monde sans vérité n'est pas un monde moins tyrannique

Un monde sans vérité serait un monde où régneraient l'illusion et le désir, et dans lequel aucune réalité objective, ou aucune logique, ne pourrait servir d'arbitre pour distinguer les idées vraies des fausses. Au livre VII de la *République*, Platon imagine un tel monde dans l'allégorie de la Caverne. Des hommes, depuis l'enfance, sont enchaînés dans une caverne face à des ombres qui défilent sur le mur et qu'ils prennent pour la réalité. Un jour, l'un d'entre eux est libéré pour être conduit hors de la caverne. D'abord ébloui par la lumière du Soleil, il découvre, progressivement, le réel tel qu'il est. Fort de sa découverte, il retourne auprès de ses compagnons et leur raconte ce qu'il a vu. Mais ceux-ci ne veulent rien entendre et décident de le tuer. Les prisonniers refusent de regarder la réalité en face, donc la vérité, et lui préfèrent le confort de l'illusion, au point d'imposer violemment leurs illusions à leur ancien compagnon.

Il est tout à fait possible de n'utiliser qu'une seule référence philosophique dans une partie : cela permet d'éviter le survol allusif de références et d'approfondir un auteur.

b) La vérité est contraignante par accident*

La « vérité officielle » d'un tel monde ne serait qu'une construction sociale qui changerait au rythme des désirs du plus grand nombre ou des plus forts. N'est-ce pas le propre d'une dictature que de décider de la vérité officielle qu'elle impose à son peuple ? N'est-ce pas le risque que nous courons aujourd'hui, à l'heure des *fake news* et de la post-vérité ? Un monde sans vérité serait alors le lieu d'un rapport de force. Ce n'est pas la vérité qui condamne le prisonnier libéré, mais ceux qui la refusent. La contrainte n'est donc pas un élément essentiel de la vérité : elle en est un effet secondaire. C'est l'usage que certains prétendent en faire qui est contraignant.

Il est intéressant de faire référence à notre époque contemporaine ou à l'actualité, mais avec prudence : la dissertation n'est pas un exercice de journalisme.

3. La vérité est nécessaire et libératrice

Un monde sans vérité, loin d'échapper à la contrainte, consacrerait le règne tyrannique de la force et de l'illusion. Dès lors, refuser la vérité, n'est-ce pas quitter une servitude pour se précipiter dans une autre ? Ne faut-il pas voir, dans le caractère nécessaire et contraignant de la vérité, une chance pour la liberté ?

a) Il faut distinguer la nécessité de la coercition

À la lumière des objections précédentes, il faut distinguer la contrainte de la vérité de la contrainte liée à l'absence de la vérité. La première est une nécessité qui s'impose, alors que la seconde est une force extérieure violente qu'on subit, appelée

« coercition ». La vérité n'est donc pas contraignante comme la coercition : elle est nécessaire, c'est-à-dire qu'elle ne peut pas être autrement. Or la nécessité, à la différence de la simple contrainte, est compatible avec une certaine forme de liberté qui nous protège de la tyrannie de nos désirs et de ceux d'autrui. Comme l'écrivait George Orwell, dans *1984*, *« la liberté, c'est la liberté de dire que deux et deux font quatre »*. C'est parce qu'il y a des faits et des vérités indiscutables que les hommes ne peuvent pas manipuler la réalité comme bon leur semble et imposer leur vision déformée des choses aux autres.

b) La vérité nous rend plus libre

En effet, comprendre la nécessité de la vérité permet d'agir en connaissance de cause, en étant dans le vrai. Le marin aguerri qui a des idées vraies sur la force des vents et qui s'en sert pour naviguer est plus libre que celui qui n'écoute que son désir et pense pouvoir aller n'importe où. La vérité est donc une contrainte positive qui nous libère de notre illusion et de nos erreurs. On peut approfondir ce point avec Descartes qui, dans ses *Méditations métaphysiques*, dit que la liberté éclairée par la connaissance est bien supérieure à la simple liberté d'indifférence qui consiste à agir dans l'ignorance.

Il ne faut pas hésiter à utiliser une idée vue dans une autre notion, si celle-ci appuie votre argumentation : ici, c'est une idée du cours sur la liberté (*cf.* p. 181) qui est utilisée et adaptée.

c) La vérité est le produit d'une discussion collective

Alors que le tyran est le seul à posséder le pouvoir, la vérité ne peut être confisquée par un seul individu puisqu'elle est universelle ; on pourrait même dire qu'elle est démocratique, dans la mesure où elle peut faire l'objet d'une recherche collective et résulte de la confrontation de points de vue. C'est ce qu'avance John Stuart Mill dans *De la liberté* : pour parvenir ensemble à la vérité, il faut éliminer le plus grand nombre d'erreurs possible – ce qui est favorisé par une discussion rationnelle et contradictoire.

Conclusion

Nous nous étions demandé si la vérité niait la liberté en raison de son caractère contraignant ou si elle la rendait possible. Il apparaît clairement, à présent, que la vérité est nécessaire sans être tyrannique : se conformer à sa rigueur, s'obliger à la rechercher collectivement, c'est vouloir échapper à l'erreur et à l'illusion et se donner les moyens d'une liberté intelligente.

Les auteurs de A à Z

Dans cette partie, nous avons classé les auteurs par ordre alphabétique.
Vous les trouverez ci-dessous classés par grande période philosophique.

Philosophie antique

Platon (428 ou 427 -348 ou 347 av. J.-C.)
Aristote (384-322 av. J.-C.)
Épicure (342 ou 341-270 av. J.-C.)
Cicéron (106-43 av. J.-C.)
Lucrèce (v. 98-v. 55 av. J.-C.)
Sénèque (v. 4 av. J.-C.-65 ap. J.-C.)
Épictète (50-v. 125-130)
Marc Aurèle (121-180)
Nāgārjuna (IIe-IIIe s.)
Sextus Empiricus (IIe-IIIe s.)
Augustin (354-430)

Philosophie médiévale

Thomas d'Aquin (1124 ou 1125-1274)
Averroès (1126-1198)

Philosophie moderne

Machiavel, Nicolas (1469-1527)
Montaigne (1533-1592)
Hobbes, Thomas (1588-1679)
Descartes, René (1596-1650)
Pascal, Blaise (1623-1662)
Spinoza, Baruch (1632-1677)
Locke, John (1632-1704)
Malebranche, Nicolas (1638-1715)
Leibniz, Gottfried W. (1646-1716)
Berkeley, George (1685-1753)
Montesquieu (1689-1755)
Hume, David (1711-1776)
Rousseau, Jean-Jacques (1712-1778)
Kant, Emmanuel (1724-1804)

Philosophie contemporaine

Hegel, Georg W. F. (1770-1831)
Schopenhauer, Arthur (1788-1860)
Comte, Auguste (1798-1857)
Tocqueville, Alexis de (1805-1859)
Mill, John Stuart (1806-1873)
Kierkegaard, Søren (1813-1855)
Marx, Karl (1818-1883)
Nietzsche, Friedrich (1844-1900)
Freud, Sigmund (1856-1939)
Husserl, Edmund (1859-1938)
Bergson, Henri (1859-1941)
Alain (1868-1951)
Russell, Bertrand (1872-1970)
Bachelard, Gaston (1884-1962)
Wittgenstein, Ludwig (1889-1951)
Heidegger, Martin (1889-1976)
Popper, Karl (1902-1994)
Jonas, Hans (1903-1993)
Sartre, Jean-Paul (1905-1980)
Arendt, Hannah (1906-1975)
Beauvoir, Simone de (1908-1986)
Weil, Simone (1909-1943)
Ricœur, Paul (1913-2005)
Simondon, Gilbert (1924-1989)
Foucault, Michel (1926-1984)

Alain (1868-1951)

De son vrai nom Émile Chartier, Alain fut chroniqueur avant de devenir professeur en khâgne au lycée Henri-IV. Il eut, notamment, pour élèves Simone Weil et Raymond Aron. Brigadier durant la Première Guerre mondiale, il devint militant pacifiste à son retour et ne prit pas position durant la Seconde.

Héritier de la tradition française (Descartes), Alain fut plus soucieux de comprendre les penseurs qui l'ont précédé que de produire une nouvelle doctrine. Commentateur hors pair, il développa une critique de l'idéalisme*, chercha à concilier rationalisme* et réalisme*, et prôna une philosophie de la volonté et de la liberté. Sur le plan politique, il critiqua de manière virulente la guerre.

ŒUVRES CLÉS *Propos sur le bonheur ; Système des beaux-arts ; Idées.*

Arendt, Hannah (1906-1975)

Née à Hanovre, Hannah Arendt est une philosophe américaine d'origine allemande qui a marqué la pensée politique moderne.

Après avoir suivi l'enseignement de Husserl et de Heidegger, Hannah Arendt fuit l'Allemagne nazie et mène une vaste réflexion sur la modernité et la condition humaine. Elle distingue le travail (comme production de ce qui va être consommé), la création d'œuvres (comme fabrication d'objets durables) et l'action (comme engagement dans la vie publique), et montre que la première activité tend à dominer les deux autres, au risque d'isoler les hommes les uns par rapport aux autres.

Elle suit aussi le procès du criminel nazi Adolf Eichmann au début des années 1960 et formule la thèse de la « *banalité du mal* » : pour elle, Eichmann n'est pas un monstre diabolique mais un simple et médiocre fonctionnaire qui a obéi sans réfléchir aux conséquences de ses actes.

ŒUVRES CLÉS *Condition de l'homme moderne ; La Crise de la culture.*

Aristote (384-322 av. J.-C.)

Aristote fut le disciple de Platon à l'Académie avant de fonder sa propre école, « le Lycée ». Aristote exerça une immense influence sur toute la philosophie, au point de servir de référence dans l'enseignement durant tout le Moyen Âge et jusqu'à la Renaissance, chez les penseurs musulmans, juifs et chrétiens. Son autorité fut, ensuite, mise en cause, notamment du fait du progrès des sciences modernes.

L'esprit encyclopédique d'Aristote s'est intéressé à tous les domaines du savoir, allant de la rhétorique* à l'éthique* en passant par l'économie.
En logique, il chercha à délimiter les conditions d'une pensée cohérente et valide à travers l'étude des syllogismes* rigoureux.
En métaphysique*, il s'interrogea sur « l'être » des choses et sur les différentes manières d'être (les « catégories ») : être une substance, une quantité, une relation, une qualité.
En sciences, notamment en physique et en biologie, il classifia les différentes espèces animales et distingua quatre types de causes pour expliquer les changements : la cause matérielle, la cause formelle, la cause motrice ou efficiente, et la cause finale.
En politique et en morale, enfin, il définit l'homme comme un *« animal politique »* à la recherche du bien, mais ignorant comment le trouver.

ŒUVRES CLÉS *Organon ; Métaphysique ; Politique ; Éthique à Nicomaque.*

Augustin (354-430)

Né au Maghreb avec des origines berbères, Augustin est un philosophe et théologien chrétien, considéré comme un saint et l'un des principaux Pères de l'Église.

Augustin raconta sa jeunesse tourmentée, sa quête spirituelle, son attrait pour le manichéisme – doctrine fondée sur l'opposition des deux principes fondamentaux que sont « le bien » et « le mal » – et sa conversion dans *Les Confessions.* C'est à partir de son expérience personnelle qu'il interrogea le temps, l'origine du mal et la grâce divine.

ŒUVRES CLÉS *Les Confessions ; La Cité de Dieu.*

A B C D E F G H I J K L M N O P Q R S T U V W X Y Z

Averroès (1126-1198)

Également connu sous le nom d'Ibn Rushd, Averroès est un philosophe, théologien, juriste et médecin né en Andalousie (Espagne) mais écrivant en langue arabe. Il fut cadi (juge suprême) à Séville et à Cordoue et médecin personnel des sultans à Marrakech.

Commentateur d'Aristote, Averroès est le représentant d'un rationalisme* musulman qui entend concilier les enseignements de la foi avec ceux de la raison* et de la science. Sa pensée exerça une grande influence sur de nombreux penseurs médiévaux dits « averroïstes ».

ŒUVRE CLÉ *Discours décisif.*

Bachelard, Gaston (1884-1962)

D'abord facteur, Gaston Bachelard fut, ensuite, ingénieur et professeur de sciences au collège avant de devenir professeur de philosophie à la Sorbonne. Il s'intéressa, principalement, à la philosophie des sciences, mais aussi à l'imagination et à la rêverie.

Bachelard soutient que l'activité scientifique procède, essentiellement, par rupture avec des « obstacles épistémologiques* », qui sont des oppositions que rencontre l'esprit scientifique. Les sciences s'opposent ainsi à nos opinions et nos représentations spontanées (par exemple, un corps ne flotte pas sur l'eau mais il est porté par l'eau, comme le prouve le principe d'Archimède) ; les idées scientifiques nouvelles rompent avec les idées anciennes (par exemple, la mécanique quantique marque une rupture par rapport à la mécanique classique).

ŒUVRES CLÉS *La Formation de l'esprit scientifique ; Le Matérialisme rationnel ; L'Eau et les Rêves.*

Beauvoir, Simone de (1908-1986)

Essayiste, romancière et philosophe française, Simone de Beauvoir est liée à Sartre, dont elle a partagé la vie. En 1954, elle obtint le Prix Goncourt pour son roman *Les Mandarins*.

Contrairement à Sartre, Simone de Beauvoir ne soutient pas que la liberté est donnée à l'homme en toutes circonstances. Venant d'un milieu bourgeois valorisant les bonnes manières et faisant du mariage la finalité de toute jeune fille digne de ce nom, elle développa l'idée que la liberté s'apprend et fait l'objet d'une conquête.

Intellectuelle à la renommée internationale, elle participa au mouvement de libération des femmes dans les années 1970 et est considérée comme une pionnière du féminisme avec son ouvrage *Le Deuxième Sexe*, dans lequel on trouve la célèbre phrase *« On ne naît pas femme, on le devient »*.

ŒUVRE CLÉ *Le Deuxième Sexe.*

Bergson, Henri (1859-1941)

Homme timide et discret, Henri Bergson fut, pourtant, un professeur adulé (le Tout-Paris se précipitait à ses conférences au Collège de France) et un diplomate de talent (on lui confia la mission, durant la Première Guerre mondiale, de convaincre le président Wilson de faire entrer les États-Unis dans la guerre). Il s'intéressa à des domaines aussi différents que la métaphysique*, les sciences, l'art et la religion.

Selon Bergson, toute philosophie repose non pas sur une faculté intellectuelle ou une connaissance scientifique, mais sur une intuition simple et diversement développée, qui est un mode de connaissance immédiat.

La durée est au centre de sa réflexion. La traduction du temps en un mouvement dans l'espace (la flèche du temps, les aiguilles de la montre qui se déplacent, etc.) est, selon lui, une trahison de ce qu'est réellement le temps : il n'est pas de l'ordre de la quantité décomposable mais de la qualité ; il est une durée qui est à la fois vécue dans une expérience subjective (le temps se dilate différemment selon qu'on s'ennuie ou qu'on prend du plaisir) et réalisée dans le monde réel.

Du point de vue de la réalité matérielle, cette durée prend la forme d'un élan vital toujours en mouvement et créatif, comme le montre le renouvellement différencié des espèces vivantes.
Du point de vue social, cette durée prend la forme d'une morale ouverte incarnée par des êtres d'exception (le sage ou le saint) qui rompent avec les habitudes sociales bien établies, par opposition à la morale close faite d'obligations et de conformisme.

ŒUVRES CLÉS *Matière et Mémoire ; Le Rire ; L'Évolution créatrice ; Les Deux Sources de la morale et de la religion.*

Berkeley, George (1685-1753)

Né en Irlande, Berkeley poursuivit des études au Trinity College et enseigna le grec, avant d'être ordonné diacre puis évêque en 1734. Outre son importante carrière ecclésiastique, il fit de nombreux voyages en Europe et publia des travaux académiques en philosophie, en mathématiques, en physique, en théologie et en médecine.

La philosophie de Berkeley est un idéalisme* radical (voire un immatérialisme*). Selon cet idéalisme, le réel n'est pas un ensemble de choses extérieures à nous mais un ensemble d'idées perçues : *« Être, c'est être perçu » (« Esse est percipi »)*. La matière n'est pas une substance mais un mot commode sous lequel nous rangeons nos expériences différentes. Lorsque nous ouvrons les yeux, ce n'est pas le monde que nous percevons mais nos idées et nos impressions sur ce monde. Lorsque nous prenons une pomme dans la main, nous n'entrons pas en contact avec une réalité extérieure mais nous faisons seulement l'expérience d'une impression sensible* de résistance, d'une couleur, etc., que nous rangeons sous le mot *pomme*. En conséquence, puisque le monde n'est que notre représentation de celui-ci, il disparaît lorsque nous cessons d'exister (c'est ce qu'on appelle « le solipsisme* », qui soutient que seul le « Moi » et ses idées existent).

ŒUVRES CLÉS *Principes de la connaissance humaine ; Trois Dialogues entre Hylas et Philonous.*

Cicéron (106-43 av. J.-C.)

Cicéron fut un avocat et un homme d'État romain. Il n'a, cependant, pas seulement brillé par ses talents d'orateur mais aussi par le formidable projet qu'il initia : traduire en latin l'esprit d'une philosophie grecque – regroupant le stoïcisme*, l'épicurisme et le scepticisme* – alors à son crépuscule.

Esprit éclectique se réclamant de l'Académie platonicienne, souvent proche des principes éthiques* du stoïcisme, Cicéron rédigea *Les Tusculanes*, du nom de sa villa à Tusculum, en 45 av. J.-C., au terme d'une vie marquée par les déceptions et les chagrins familiaux. Refusant tout dogmatisme, il y met en scène des *disputationes*, c'est-à-dire des conversations philosophiques à la manière de ces exercices traditionnels pratiqués dans les écoles grecques où le maître acceptait de discuter une thèse proposée par ses disciples. Sa pensée s'inspire de celle de Platon et des stoïciens.

ŒUVRES CLÉS *Les Tusculanes ; De la république ; Des devoirs.*

Comte, Auguste (1798-1857)

Mathématicien de formation, Comte n'a jamais obtenu de titre ou de poste universitaire. Soutenu financièrement par ses amis, il donna toute sa vie des cours gratuits de science et de philosophie à ceux qui n'en avaient pas les moyens financiers.

Comte est le penseur du progrès de la connaissance. Le développement de l'esprit humain (individuel ou collectif) est soumis à la « loi des trois états » : d'abord tourné vers la religion, l'esprit humain passe, ensuite, à un stade métaphysique* et abstrait, avant de culminer au stade « positif », c'est-à-dire scientifique.
Au niveau de l'histoire des sciences, les six sciences fondamentales produites par l'humanité se sont succédé selon un principe de généralité décroissante et de complexité croissante : d'abord les mathématiques (les plus abstraites), puis l'astronomie, la physique, la chimie, la biologie, et enfin la sociologie (ou physique sociale), que Comte a inventée. Cette dernière science est, selon lui, la reine de toutes.

ŒUVRES CLÉS *Cours de philosophie positive ; Discours sur l'esprit positif ; Système de politique positive.*

Descartes, René (1596-1650)

René Descartes est un philosophe et mathématicien français formé chez les jésuites*. Vite intéressé aux mathématiques, il entreprit des études de droit avant de mener une vie militaire et aventureuse, puis de se consacrer aux sciences et à ses fondements philosophiques, c'est-à-dire à la philosophie. Par la suite, il séjourna, notamment, en Hollande et en Suède, où il mourut.

Descartes est d'abord célèbre pour sa « méthode » permettant d'avancer dans la recherche de la vérité de manière certaine. Mais, pour aboutir à celle-ci, il dut mettre en doute l'ensemble de ses connaissances, même la réalité du monde autour de lui. Ce doute systématique lui fit supposer l'existence – hypothèse, certes, très improbable mais impossible à écarter totalement – d'un malin génie capable de le tromper dans le contenu de chacune de ses pensées. Pourtant, même avec cette hypothèse extravagante, le fait que « je pense » reste indubitable… et me prouve que « j'existe », car, si je n'existais pas, je ne pourrais pas penser. C'est le fameux *« Je pense donc je suis » (« Cogito ergo sum »).* Le sujet pensant (« je ») apparaît comme le premier principe et la première certitude.
Parmi les conséquences, le fait que je me découvre pure pensée me pousse à distinguer radicalement l'âme et le corps, l'esprit et la matière. Dans ce dualisme*, la pensée est immatérielle, tandis que tout ce qui relève de l'étendue (propriété que la matière a d'occuper une place dans l'espace) obéit aux lois de la mécanique.

ŒUVRES CLÉS *Discours de la méthode ; Méditations métaphysiques.*

Épictète (50-v. 125-130)

Épictète fut l'un des principaux représentants de l'école stoïcienne. Celui qui fut esclave avant d'être affranchi n'a jamais rien écrit de sa propre main ; ses leçons nous furent transmises par son disciple, Arrien.

L'enseignement d'Épictète est contenu dans les *Entretiens* et dans son célèbre *Manuel*, recueil de conseils pratiques visant à affronter l'existence dans ce qu'elle a de plus problématique. Il repose sur la distinction entre ce qui dépend de nous et relève de notre intériorité, à savoir nos représentations, nos désirs et nos actions, et ce qui ne dépend pas de nous et relève de l'extériorité, comme le corps, la richesse ou la réputation. Seul ce qui dépend de nous est sous notre contrôle ; le reste nous échappe. La morale d'Épictète vise la tranquillité de l'âme (l'ataraxie*) par un travail sur ce qui dépend de nous et par un détachement vis-à-vis de ce qui nous est étranger.

ŒUVRES CLÉS *Manuel ; Entretiens.*

Épicure (342 ou 341-270 av. J.-C.)

Vivant à une époque déchirée où les cités grecques connurent un sérieux déclin, l'auteur grec Épicure développa sa philosophie à l'écart des agitations politiques. Il livra son enseignement retiré dans un véritable jardin (son école prit ce nom) avec un petit cercle d'amis. De son œuvre considérable ne nous sont restées que trois lettres.

Épicure, comme Démocrite, est matérialiste*. Selon lui, tout (même l'âme) est fait d'atomes qui se déplacent dans le vide et se rencontrent pour former les différentes choses qui composent la réalité. La mort d'un être vivant n'est donc rien de plus qu'une simple décomposition de cet assemblage provisoire d'atomes.
Mais l'épicurisme est aussi et surtout une philosophie morale qui vise à nous délivrer des superstitions populaires qui n'ont d'autre fondement que l'ignorance de la nature réelle des choses. Épicure développe une philosophie hédoniste* en considérant que le bien suprême est le plaisir. Mais, contrairement à ce qu'on prétend parfois, il ne prône pas du tout la débauche ! Au contraire, dans la *Lettre à Ménécée* en particulier, il vante une vie rationnelle*, sobre, voire austère, qui se concentre sur la satisfaction de ses besoins essentiels afin de libérer l'âme de ses troubles, c'est-à-dire de ses inquiétudes vaines et de ses peurs sans objet, et ainsi atteindre l'« ataraxie* », c'est-à-dire le calme et l'apaisement serein.

ŒUVRE CLÉ *Lettre à Ménécée.*

Foucault, Michel (1926-1984)

Intellectuel engagé, Michel Foucault prit pour objets de réflexion des expériences et des institutions concrètes telles que la folie, la sexualité, l'hôpital ou la prison.

L'œuvre pluridisciplinaire de Foucault s'appuie sur une méthode généalogique qui consiste à éclairer des pratiques et idées contemporaines en montrant, à partir d'un travail minutieux sur les archives, qu'elles sont le produit d'une genèse historique. Foucault établit que le pouvoir, loin d'être une force supérieure et visible s'exerçant de manière verticale sur les individus (comme le pouvoir du roi sur ses sujets), est, en réalité, disséminé dans la société à travers des dispositifs mêlant contrôle et savoir scientifique. Par exemple, la folie fait l'objet d'un savoir scientifique qui définit ce qui relève de la normalité ou de la pathologie mentale, et d'une pratique de contrôle qui peut déboucher sur l'enfermement des fous dans des hôpitaux.

ŒUVRES CLÉS *Les Mots et les Choses ; Surveiller et Punir.*

Freud, Sigmund (1856-1939)

Sigmund Freud n'est pas un philosophe mais un médecin autrichien. Confronté à des cas d'hystérie que la médecine de son époque ne parvenait pas à traiter, il conçut de nouveaux traitements puis élabora une nouvelle théorie autour de la notion d'« inconscient psychique ».

Considérant que l'être humain refoulait un certain nombre de souvenirs traumatisants et de pulsions coupables, Freud découvrit qu'une part importante de la souffrance psychique trouvait son origine dans la petite enfance. Censurés pendant l'état de veille « normal », les désirs inconscients ressurgiraient de manière travestie pendant les rêves et lors de situations anodines comme les lapsus ou les actes manqués.
Freud est également l'inventeur d'une nouvelle pratique thérapeutique : la psychanalyse ou « cure par la parole ». Lors de séances régulières, souvent allongé sur un divan, le patient est invité à libérer sa parole pour que son inconscient puisse s'exprimer sans retenue et sans crainte du jugement.

ŒUVRES CLÉS *L'Interprétation des rêves ; Cinq Conférences sur la psychanalyse.*

Hegel, Georg Wilhelm Friedrich (1770-1831)

Après des études au séminaire protestant de Tübingen, le philosophe allemand Hegel refusa le pastorat et devint précepteur puis valet. Il entra, ensuite, à l'université d'Iéna, puis occupa la chaire de philosophie de l'université de Berlin dont il devint le recteur.

La pensée de Hegel constitue l'un des systèmes les plus complets et cohérents permettant d'embrasser la totalité du réel et du savoir (histoire, religion, philosophie, art, etc.). Contre la critique de la raison* proposée par Kant, Hegel soutient que la raison est présente dans chaque événement et dans chaque aspect de la vie. Sa philosophie est un idéalisme* : nous n'avons accès au réel que par l'esprit, et celui-ci est toujours en activité car il ne cesse de nier et recomposer tout ce qui est.
Le maître-mot de sa pensée est *« la dialectique* »*, qui est le mouvement même de la pensée et de la réalité. La dialectique obéit à une logique de la contradiction et de la négation. Par exemple, la pensée d'Aristote nie celle de Platon, comme le fruit nie la fleur qui est elle-même une négation de la graine : la contradiction fait avancer la pensée et la réalité !

ŒUVRES CLÉS *La Phénoménologie de l'esprit ; Esthétique.*

Heidegger, Martin (1889-1976)

Parce qu'il est avéré qu'il a adhéré au Parti nazi en 1933, probablement plus par conviction personnelle que par simple ambition de carrière, la figure de Heidegger est très polémique et controversée. Ce philosophe a, cependant, marqué la philosophie du XXe siècle, notamment Sartre et Merleau-Ponty en France.

La philosophie de Heidegger repense l'être humain non comme une réalité parmi les autres, mais comme celle qui est en charge d'interroger « l'être » des choses et le sens de sa propre existence. Cette dernière s'éprouve, notamment, dans la conscience du temps et dans l'angoisse de la mort.
Heidegger interprète la technique moderne comme une volonté de tout soumettre, de tout utiliser et rationaliser, de tout mettre à disposition d'une humanité avide d'étendre sa puissance. Son hégémonie modifie notre manière d'être au monde en nous faisant regarder toute réalité comme une matière exploitable.

ŒUVRE CLÉ *Être et Temps.*

Hobbes, Thomas (1588-1679)

Connaissant aussi bien le grec que les mathématiques et la physique, le philosophe anglais Thomas Hobbes fut un grand esprit qui parcourut, de gré ou de force (du fait de troubles religieux et politiques), toute l'Europe et rencontra Descartes, Galilée, Gassendi et Mersenne.

Hobbes est un matérialiste* : il a une conception mécaniste* de la réalité, qui n'est faite que de corps, de mouvements et de forces.
Sur le plan de la connaissance, il est rationaliste* et nominaliste*, c'est-à-dire qu'il croit au pouvoir de la raison* et reconnaît le caractère conventionnel du langage, qui n'est pas un reflet fidèle de la réalité.
C'est dans le domaine politique que sa pensée eut la plus grande influence. Contre Aristote, Hobbes soutient que la vie en société et le pouvoir politique ne sont pas naturels à l'homme. Il défend l'idée que la souveraineté de l'État est fondée sur une convention passée entre les hommes pour échapper à l'insécurité permanente qui caractérise l'état de nature*, cette condition dans laquelle se trouveraient les individus s'il n'y avait aucun pouvoir politique pour organiser leurs rapports. Selon Hobbes, l'État a tous les droits sur les individus, excepté celui de leur ôter la vie.

ŒUVRES CLÉS *Du citoyen ; Léviathan ; Du corps.*

Hume, David (1711-1776)

Philosophe et historien écossais, David Hume fut formé au collège d'Édimbourg par des maîtres adeptes de Newton. Refusant de devenir avocat, il voyagea en France, publia sans succès ses œuvres et multiplia, face à ses échecs répétés pour obtenir une chaire d'enseignement, les activités professionnelles (il fut précepteur, secrétaire ou bibliothécaire).

Avec Locke, Hume est le plus important représentant de l'empirisme*. Sur le modèle de Newton, qui avait dégagé les lois de la nature physique, son ambition fut de dévoiler les lois de la nature humaine. Pour Hume, il existe une « nature humaine » que l'on peut étudier. Toutes les idées et impressions que l'on trouve dans notre esprit viennent de l'expérience. Notre esprit, à travers la mémoire et l'imagination, les relie entre elles. Contre Descartes, Hume soutient qu'il n'y a pas de *cogito**, c'est-à-dire de sujet fixe qui serait au centre de notre vie consciente ; le « Moi » n'est qu'un mot commode pour désigner un ensemble toujours fluctuant d'états mentaux.

De plus, l'ordre qu'on croit trouver dans la nature (par exemple, les lois physiques) n'est, en fait, que l'expression de notre habitude.

Au niveau de la réalité humaine, c'est le sentiment qui est au fondement de la morale puisque la raison* est impuissante pour régler nos passions.

ŒUVRES CLÉS *Traité de la nature humaine ; Enquête sur l'entendement humain ; Dialogues sur la religion naturelle.*

Husserl, Edmund (1859-1938)

L'Allemand Edmund Husserl est à la fois un mathématicien, un logicien et un philosophe. Ses origines juives le contraignirent à abandonner son poste de professeur au profit de son disciple, Heidegger.

Husserl s'est efforcé de sauver la philosophie pour en faire une science rigoureuse et universelle. On lui doit, ainsi, une nouvelle manière de la pratiquer qui aura de nombreux adeptes au XXe siècle, comme Merleau-Ponty : la « phénoménologie » ou « étude des phénomènes* », c'est-à-dire l'étude de la manière dont les choses apparaissent à la conscience. Or, pour Husserl, la conscience n'est pas une chose mais une activité qui a un but : elle est toujours *« conscience de quelque chose »*, c'est-à-dire qu'elle est toujours une visée ou perspective *« intentionnelle »*, dirigée vers quelque chose auquel elle donne sens.

ŒUVRES CLÉS *Recherches logiques ; La Crise des sciences européennes.*

Jonas, Hans (1903-1993)

Formé par Husserl et Heidegger, Hans Jonas quitta l'Allemagne nazie dès 1933 et, après avoir combattu dans les rangs des Alliés, s'installa aux États-Unis. Il passa sa vie à enseigner dans les universités de Jérusalem et de New York.

Bien qu'une grande partie du travail de Jonas porte sur la théologie, c'est surtout sa réflexion sur les dangers de la technique que l'on a retenue. Contre l'optimisme du philosophe Ernst Bloch, Jonas voit, dans la toute-puissance de la civilisation technique, une menace pour l'environnement et pour l'essence* même de l'homme. Non maîtrisée, la technique représente un danger pour le vivant. C'est pourquoi Jonas propose de repenser la responsabilité humaine par l'intermédiaire d'une *« heuristique* de la peur »* : pour lui, il existe une peur positive – pour autrui et non pour nous-même – qui nous pousse à adopter un principe de responsabilité. Celle-ci nous incite à anticiper les effets de nos actions, de façon qu'elles ne compromettent pas *« la permanence d'une vie authentiquement humaine sur Terre »*. L'homme contemporain est responsable à l'égard des générations futures, à l'image d'un père qui doit répondre de ses actions auprès de ses enfants.

ŒUVRE CLÉ *Le Principe responsabilité.*

Kant, Emmanuel (1724-1804)

Né en Prusse, Kant mena une existence austère qui le détourna très peu de son œuvre philosophique. Celle-ci est d'une importance considérable, questionnant partout l'étendue de la raison* humaine.

Pour répondre à la question « Que puis-je savoir ? », Kant pointe les limites des pouvoirs de notre raison. Il explique que nous n'avons pas accès à la réalité en elle-même (ce qu'il nomme *« choses en soi »*) mais seulement telle qu'elle nous apparaît, autrement dit à des phénomènes* qui dépendent de ce que notre esprit est capable de saisir et des limites de notre sensibilité. Pour que nous puissions connaître quoi que ce soit, il faut, en effet, qu'un objet de connaissance s'adapte à nos facultés. Ainsi, notre prétention à dépasser les limites de notre capacité de connaître apparaît vaine, et Kant considère qu'il est raisonnable de renoncer à certaines questions métaphysiques* insolubles.

Pour savoir « Que dois-je faire ? », Kant montre, dans le domaine moral, que la raison* se donne à elle-même ses propres règles, qui prennent la forme d'impératifs universalisables et catégoriques – c'est-à-dire inconditionnels (« Tu dois agir ainsi » et non pas « Agis ainsi si tu veux obtenir cela »). Je dois donc agir moralement, non pas pour être heureux mais, au mieux, dans l'espoir de devenir digne de l'être : le devoir moral n'est donc pas conciliable avec la recherche du bonheur terrestre…
En ce qui concerne la question « Que m'est-il permis d'espérer ? », Kant explique que l'immortalité et l'existence de Dieu ne sont pas démontrables mais ne relèvent pas, pour autant, de la seule foi, puisque ce sont des hypothèses légitimes de la raison.

ŒUVRES CLÉS *Critique de la raison pure ; Critique de la raison pratique ; Critique de la faculté de juger.*

Kierkegaard, Søren (1813-1855)

Ayant grandi dans une communauté religieuse très stricte, le philosophe danois Søren Kierkegaard suivit des études de théologie puis de philosophie. L'héritage qu'il reçut de son père lui permit de se consacrer à l'écriture sous plusieurs formes (discours, parodies, poésie, pamphlets, journal, etc.). Sa vie fut marquée par deux événements qui l'ébranlèrent et influencèrent sa pensée : la faute commise par son père (restée mystérieuse) et la rupture de ses fiançailles avec Régine Olsen.

Kierkegaard est considéré comme le premier penseur de l'existentialisme* : contre la philosophie abstraite de Hegel et l'accumulation d'un savoir érudit et systématique, il préfère une pensée centrée sur l'être humain et ses problèmes existentiels (la mort, l'amour, la liberté, le bien et le mal, etc.). Plutôt que de réfléchir au monde ou à la vérité, le lecteur de Kierkegaard est invité à se pencher sur l'authenticité de son existence. Cette dernière peut passer par trois stades distincts et successifs : le stade esthétique (incarné par Don Juan), le stade éthique (Socrate) et, enfin, le stade religieux (le Christ).

ŒUVRES CLÉS *Le Journal du séducteur ; Ou bien… ou bien… ; La Reprise.*

Leibniz, Gottfried Wilhelm (1646-1716)

Leibniz est loin de n'être qu'un philosophe prussien. Il fut un esprit universel, qui s'intéressa à des domaines extrêmement variés qui allèrent de l'économie aux mathématiques – il fut, avec Isaac Newton, le co-inventeur du calcul infinitésimal – en passant par le droit, la politique et la linguistique. Il circula dans toute l'Europe et eut plus de 600 correspondants.

L'œuvre de Leibniz est, comme sa pensée, multiforme. D'abord plutôt matérialiste*, il évolue progressivement jusqu'à faire des « monades » le fondement de toute réalité. Ces « monades » sont les plus petites unités qui constituent les êtres (humains, animaux, végétaux, anges…) : ce sont des âmes, indivisibles comme des atomes mais de nature spirituelle.
Moqué par Voltaire à travers le personnage de Pangloss dans *Candide*, la réputation de Leibniz souffrit, par ailleurs, d'une certaine incompréhension concernant son « optimisme ». En vérité, Leibniz ne nie pas l'existence du mal, mais explique qu'il doit être relativisé par rapport au bien. Étant bon, Dieu n'a, en effet, pu vouloir que *« le meilleur des mondes possibles »*, même si nous sommes nous-mêmes, du fait de notre perspective très limitée, incapables d'accéder à Son point de vue pour apprécier la totalité de Son projet.

ŒUVRES CLÉS *Essais de Théodicée ; Nouveaux Essais sur l'entendement humain ; Monadologie.*

Locke, John (1632-1704)

Après avoir suivi des études à Oxford, John Locke s'intéressa à la médecine et à la science. Il fut secrétaire et médecin du comte de Shaftesbury, conseiller de Charles II d'Angleterre – ce qui le conduisit à s'intéresser à la politique et à l'économie. De retour en Angleterre après un bref exil en Hollande, il devint commissaire au Commerce et publia ses œuvres majeures avant de se retirer.

Locke est considéré comme le père de l'empirisme*, qui estime que toutes les idées viennent de l'expérience et varient d'un individu à l'autre, d'une époque à l'autre. Mais notre esprit n'est pas entièrement passif face à l'expérience, puisqu'il forge des idées complexes (celles de « substance » ou de « relation ») en comparant et en combinant des idées simples issues de la sensation ou de la réflexion (« les couleurs », « le plaisir », etc.). Sur un plan politique, Locke critique l'absolutisme du pouvoir royal et défend le libéralisme et la tolérance religieuse. Le pouvoir politique ne doit pas reposer sur un paternalisme autoritaire mais sur le consentement des individus. Contrairement à Hobbes, Locke pense que l'état civil* n'est pas en rupture avec l'état de nature* : la vie, la liberté et la propriété sont des droits que chacun possédait à l'état de nature et que l'État doit continuer de garantir ; par exemple, en cueillant une pomme pour la manger, je la fais mienne et me l'approprie par le travail que j'ai accompli (le geste pour la cueillir) pour l'avoir. Enfin, si les individus n'ont pas le droit de se faire justice eux-mêmes, ils ont le droit de résister à l'État si ce dernier bafoue leurs droits naturels.

ŒUVRES CLÉS *Lettre sur la tolérance ; Essai concernant l'entendement humain ; Second Traité du gouvernement civil.*

Lucrèce (v. 98-v. 55 av. J.-C.)

La vie de ce poète et philosophe romain du Iᵉʳ siècle avant notre ère est, aujourd'hui encore, un grand mystère. Selon un témoignage du IVᵉ siècle ap. J.-C. proposé par un de ses opposants chrétiens, saint Jérôme, Lucrèce se serait suicidé à 44 ans, rendu fou par un philtre d'amour.

Son chef-d'œuvre, *De la nature*, a pour ambition de traduire en latin la doctrine de son maître mort près de deux siècles plus tôt : Épicure. Le poème qui le compose expose, sur six chants, les principes fondamentaux de l'épicurisme. Il développe une conception radicalement matérialiste du monde, dans lequel rien n'existe en dehors des atomes et du vide, qui permet de justifier une critique féroce de la religion, de la croyance en des êtres surnaturels et de la peur de la mort. Ce matérialisme* permet aussi d'asseoir une morale du plaisir et du tri des désirs.
Lucrèce se différencie, néanmoins, d'Épicure par son pessimisme et par son hypothèse du *clinamen*, cette spontanéité du mouvement des atomes qui leur permet de dévier de leur trajectoire, rendant possible la création du monde et garantissant notre liberté individuelle.

ŒUVRE CLÉ *De la nature.*

Machiavel, Nicolas (1469-1527)

Nicolas Machiavel est un fonctionnaire de la Renaissance à Florence. Il y a côtoyé les rivalités politiques (les Borgia, les Médicis...) avant de livrer le fruit de ses observations dans *Le Prince*.

Machiavel rend la science politique indépendante de toute préoccupation morale. Si son nom a donné naissance aux termes *machiavélisme* et *machiavélique*, c'est parce que les conseils qu'il donne aux princes apparaissent cyniques tant ils ne s'embarrassent pas du souci de faire le bien : seuls lui importent les moyens de conquérir et de conserver le pouvoir.

ŒUVRE CLÉ *Le Prince.*

Malebranche, Nicolas (1638-1715)

Philosophe français exactement contemporain de Louis XIV, Nicolas Malebranche a cette particularité d'avoir été ordonné prêtre dans l'ordre des Oratoriens.

Malebranche décida de s'engager en philosophie après avoir lu Descartes et en avoir été profondément marqué. Mais, à la différence de celui-ci, il développa une philosophie expressément chrétienne, considérant que Dieu était la véritable cause de toutes les actions, tandis que les choses créées ne faisaient que fournir « l'occasion » à Dieu de Se manifester.
Radicalisant le dualisme* cartésien, Malebranche estime, par ailleurs, que les idées ont une existence plus certaine que celle des corps puisque leur existence est éternelle, immuable et nécessaire, alors que celle des corps matériels n'est que contingente* puisque dépendante de la volonté divine. Selon lui, les idées ne sont pas des productions de notre esprit, mais des vérités qui nous dépassent et auxquelles nous avons accès en les voyant directement « en » Dieu.

ŒUVRES CLÉS *La Recherche de la vérité ; Entretiens sur la métaphysique.*

Marc Aurèle (121-180)

Marc Aurèle fut empereur de Rome durant les vingt dernières années de sa vie. Si son règne fut marqué par des guerres incessantes, il se distingua par sa bienveillance et son souci de la paix. Cet homme d'État fut l'un des rares à avoir laissé son nom dans l'histoire de la philosophie, puisqu'il fut l'un des plus célèbres représentants du stoïcisme*.

Son maître ouvrage, *Pensées pour moi-même*, consiste en une sorte de journal de soi dans lequel l'empereur médite sur son existence à la lumière des principes de la pensée stoïcienne. Se concentrant sur l'éthique* au détriment de la physique et de la logique, il prône un accès à l'idéal de la sagesse stoïcienne, faite d'autonomie et de paix de l'âme, grâce à la maîtrise des passions et à l'adhésion à l'ordre universel et nécessaire de la nature, aussi appelé « destin ».

ŒUVRE CLÉ *Pensées pour moi-même.*

Marx, Karl (1818-1883)

Philosophe et économiste allemand, Karl Marx a commencé des études de droit. Il s'est aussi intéressé au journalisme avant de se faire le partisan du socialisme et l'adversaire du capitalisme. Il voit, dans ce système économique, une *« exploitation de l'homme par l'homme »*, laquelle engendre une lutte des classes qui oppose les bourgeois, détenteurs des moyens de production, aux prolétaires, qui doivent vendre leur « force de travail » pour survivre…

Marx se considère comme matérialiste*, et son jugement est sévère contre les philosophes idéalistes* comme Hegel qui ne pensent qu'à interpréter le monde au lieu de chercher à le transformer. Marx appelle, en effet, à une révolution sociale qui renverserait l'État, les valeurs bourgeoises dont ce dernier est le complice, et les idéologies qui le soutiennent, notamment morales et religieuses. Sa pensée a inspiré de nombreux révolutionnaires, notamment en Russie et en Chine, qui ont infléchi la doctrine marxiste dans le sens d'une politique communiste.

ŒUVRES CLÉS *Manifeste du Parti communiste ; Le Capital.*

A B C D E F G H I J K L M N O P Q R S T U V W X Y Z

Mill, John Stuart (1806-1873)

Philosophe, logicien et économiste, l'Anglais Mill fut l'un des esprits les plus brillants de son temps. Poussé par son père, il avait déjà lu six dialogues de Platon à 8 ans, et il commença, dès 12 ans, l'étude de la *Logique* d'Aristote dans le texte d'origine… avant de se mettre à l'économie ! Après une dépression due au surmenage, à l'âge de 18 ans, il fut journaliste puis finit par s'installer en France pour vivre tranquillement avec femme et enfants.

Mill fut un grand défenseur de l'utilitarisme, doctrine qui fait de l'utilité la valeur suprême dans laquelle se résument toutes les valeurs pratiques, comme « la justice », « la bonté », « le bonheur » et « la vérité ».
Pour Mill et les utilitaristes, le bonheur est le but de l'existence, et la satisfaction des intérêts est le moyen pour l'atteindre. Une vie heureuse est celle dans laquelle la somme des plaisirs l'emporte sur celle des déplaisirs. Mais ce n'est pas là un pur égoïsme : un homme sera d'autant plus heureux qu'il vivra dans une société heureuse. De plus, le bonheur dépendant de la qualité des plaisirs, certains plaisirs comme l'altruisme peuvent être plus grands que la satisfaction d'un intérêt personnel.
Mill fut également l'un des premiers partisans de l'extension du droit de vote aux femmes et défendit la liberté d'expression au nom du progrès de la vérité.

ŒUVRES CLÉS *De l'utilitarisme ; De la liberté.*

Montaigne, Michel Eyquem de (1533-1592)

Après avoir reçu une éducation humaniste par son père, Montaigne entama une carrière au sein de la magistrature qui le mena au parlement de Bordeaux, où il fut conseiller pendant treize ans, puis maire à deux reprises. Ayant hérité de son père, il se déchargea de son emploi de magistrat pour se consacrer à l'écriture et à l'édition. Il entreprit la rédaction des *Essais* en 1572, qu'il remania jusqu'à sa mort.

Les *Essais* sont considérés comme la première tentative d'une « écriture du Moi ». Venant du terme latin *exigium* signifiant « la pesée », l'essai est aussi une expérimentation de soi, une tentative pour se peindre dans toutes ses variations. Grand lecteur des philosophes de l'Antiquité, influencé, notamment, par le scepticisme*, Montaigne est le penseur d'un mobilisme universel : le monde est sans arrêt en mouvement, et, à l'intérieur de ce monde, le sujet pensant l'est également (c'est pourquoi Montaigne change régulièrement d'avis dans son œuvre), tout comme l'écriture qu'il entreprend (il ne cesse de modifier son texte et passe d'une idée à l'autre, misant sur la diversité des propos et les contrastes qu'ils provoquent). S'il est impossible de se connaître immédiatement et en toute transparence, un détour par d'autres que soi peut être utile : c'est pourquoi Montaigne, pour comprendre l'homme qu'il est, recourt constamment aux auteurs de l'Antiquité ou à des figures de l'altérité* (comme le « barbare » ou l'animal).

ŒUVRE CLÉ *Essais.*

Montesquieu (1689-1755)

Charles de Secondat, baron de La Brède et de Montesquieu, est un penseur politique, précurseur du Siècle des lumières.

Montesquieu propose une classification des différentes formes de gouvernements : despotisme, monarchie et république. Soucieux de trouver des garanties à la liberté politique contre le risque d'absolutisme, il théorise le principe de la séparation du pouvoir en trois : le pouvoir exécutif (qui gouverne le pays), le pouvoir législatif (qui rédige les lois) et le pouvoir judiciaire (qui juge).

ŒUVRES CLÉS *Lettres persanes ; De l'esprit des lois.*

Nāgārjuna (IIe-IIIe s.)

Nāgārjuna est un moine et un philosophe bouddhiste de l'Inde, né brahmane (membre d'une caste hindouiste), dont le détail de l'existence est mal connu et romancé (on prétend, parfois, qu'il aurait vécu plus de 600 ans).

Nāgārjuna rejette l'idée que les choses puissent avoir une existence propre, mais également qu'elles ne puissent pas exister puisque, dans un cas comme dans l'autre, ces notions supposent des réalités séparées et indépendantes. Nāgārjuna a mis la notion de « vacuité » au centre de la pensée du Bouddha.

ŒUVRE CLÉ *Traité du milieu.*

Nietzsche, Friedrich (1844-1900)

Nommé professeur à l'université de Bâle à 25 ans, influencé par Wagner et par la pensée de Schopenhauer, le philosophe allemand Friedrich Nietzsche s'enfonça, progressivement, dans la solitude et la maladie après avoir ruiné sa carrière universitaire en raison des thèses novatrices qu'il avait soutenues. Il démissionna pour raison de santé et entama une vie de voyageur, durant laquelle il écrivit la plus grande partie de son œuvre. Il sombra dans la folie après une grande période d'effervescence intellectuelle et mourut de pneumonie.

La pensée de Nietzsche, principalement développée sous forme d'aphorismes riches en contradictions, est une critique radicale de la morale, de la religion et de la culture. Contre le platonisme*, Nietzsche soutient que le monde des idées est illusoire et que tout ce qui existe est une expression de la *« volonté de puissance »*, qui est l'essence* de la vie. La volonté de puissance est une forme d'énergie ou de vitalité, une tendance à l'accroissement qui peut être affirmative et créatrice, ou négative et nihiliste*. Seul l'esprit libre, ou le *« surhomme »*, a la force d'approuver et d'embrasser l'existence dans tous ses aspects, les plus joyeux comme les plus tragiques.

ŒUVRES CLÉS *Le Gai Savoir ; Par-delà bien et mal ; Généalogie de la morale ; Crépuscule des idoles.*

Pascal, Blaise (1623-1662)

Enfant précoce et génial, Pascal inventa la première machine à calculer… à 19 ans. Inventeur, scientifique (il a donné son nom à une unité de mesure des pressions) et philosophe, il fut aussi moraliste et théologien. Dans ses *Lettres provinciales*, il défendit les jansénistes* et rejeta les thèses de leurs adversaires, les jésuites*.

Les *Pensées* de Pascal n'offrent pas d'unité systématique : ce sont des réflexions assez disparates mais qui donnent à penser ce qui fait la grandeur et la misère de l'homme, que l'auteur compare à un *« roseau pensant »*. Angoissé par le vide existentiel, l'homme se laisse tenter par le divertissement (c'est-à-dire l'amusement mais aussi le travail…) pour tromper son ennui et oublier à quel point sa condition humaine est malheureuse. Pour Pascal, l'homme ne peut trouver de satisfaction qu'auprès de Dieu.

ŒUVRE CLÉ *Pensées.*

Platon (428 ou 427-348 ou 347 av. J.-C.)

Alors qu'il était un jeune Athénien issu d'une famille aristocratique et promis à un brillant avenir, Platon rencontra Socrate et décida de devenir son élève et de se consacrer à la philosophie. La plupart de ses écrits sont des retranscriptions de dialogues de Socrate avec différents interlocuteurs (sans qu'on sache quelles sont la part d'authenticité et celle d'invention dans ces retranscriptions). Après la mort de son maître, Platon fonda une école, l'Académie, qui poursuivra son enseignement jusqu'au VIe siècle après J.-C.

Platon nous invite à nous méfier des apparences. La réalité est constituée par le domaine intelligible* (celui des Idées, qui permet d'accéder à la véritable connaissance), distinct du monde sensible* (celui que l'on perçoit par nos sens). Ces Idées (ou Formes, ou Essences*) sont les modèles, immuables, de toutes les choses matérielles et sensibles, lesquelles sont contingentes*, diverses et changeantes. Par exemple, telle table n'a une réalité de table qu'en référence à une Idée de « la table », qui n'a aucune dimension ni matière particulière mais qui est l'essence même de toutes les tables.

Platon considère que nous ne pouvons *re*connaître la vérité que parce que nous la connaissons déjà : c'est la théorie de « la réminiscence », souvent présentée à travers des mythes*. L'esprit a déjà contemplé les Idées mais les a, ensuite, oubliées en s'incarnant dans un corps sensible*. Il doit donc s'en ressouvenir.
Dans le domaine politique, Platon envisage une Cité « idéale » dans laquelle la classe des guerriers et celle des producteurs seraient gouvernées par celle des philosophes.

ŒUVRES CLÉS *La République ; Gorgias ; Le Banquet.*

Popper, Karl (1902-1994)

Autrichien naturalisé britannique, Karl Popper est un philosophe des sciences. Né à Vienne, il s'installa au Royaume-Uni dans les années 1930 par crainte du nazisme.

À ceux qui estiment qu'un énoncé scientifique est vrai à partir du moment où il est vérifié, Popper répond que cette vérité est toujours une vérité provisoire, en attente d'une éventuelle réfutation qui n'est pas encore venue (et qui ne viendra peut-être jamais). Il fait même de cette capacité à être réfuté ou falsifié le critère permettant de distinguer les théories scientifiques des idéologies ou des pseudosciences telles que la psychanalyse.

ŒUVRE CLÉ *Conjectures et Réfutations.*

Ricœur, Paul (1913-2005)

Professeur de philosophie formé à l'école de la phénoménologie d'Husserl (qu'il traduisit en captivité pendant la Seconde Guerre mondiale), Paul Ricœur étudia la vie humaine à partir des textes qu'elle a inspirés (les romans, les essais historiques ou anthropologiques, etc.). Son œuvre est en constant dialogue avec les sciences humaines (anthropologie, psychanalyse, histoire…) et naturelles (biologie).

Bien qu'elle ne soit pas systématique, la pensée de Paul Ricœur se développe dans quatre directions fondamentales : une philosophie de la volonté, une philosophie de l'interprétation, une analyse de la fiction et du récit, une philosophie du sujet et de l'identité. S'intéressant aussi bien à la question du mal qu'à la dimension scientifique de l'histoire, il a renouvelé l'approche du sujet humain avec le concept d'*« identité narrative »*, récit de soi que chacun se fait à lui-même et qui fonde notre identité.

ŒUVRES CLÉS *Temps et Récit ; Soi-même comme un autre ; Histoire et Vérité.*

Rousseau, Jean-Jacques (1712-1778)

S'il fut pleinement philosophe, Jean-Jacques Rousseau est plus connu comme écrivain. Orphelin de mère et abandonné par son père à l'âge de 10 ans, il mena une existence tourmentée entre la Suisse et la France. Son *Discours sur les sciences et les arts* le rendit célèbre, et il devint un collaborateur de l'*Encyclopédie*, une figure majeure du mouvement des Lumières et un précurseur du romantisme. Il fut, pourtant, moqué (par Voltaire notamment) et souffrit d'un fort sentiment de persécution.

Dans le domaine politique, Rousseau interroge les fondements de la société et voit, dans la république, non seulement le régime qui permet de ne pas renoncer à sa liberté, mais encore celui qui en révèle la nature profonde. Ce passage de l'état de nature* à l'état civil*, grâce au « pacte » ou « contrat social* », s'accompagne d'autres transformations, comme la naissance de l'amour-propre, qui conduisent Rousseau à douter des prétendus bienfaits de la civilisation et du « progrès ».

ŒUVRES CLÉS *Discours sur l'origine et les fondements de l'inégalité parmi les hommes ; Du contrat social.*

Russell, Bertrand (1872-1970)

Mathématicien et philosophe britannique, Bertrand Russell est l'un des plus grands esprits du XXe siècle. Son œuvre, qui comprend des essais, des nouvelles et des romans, a reçu le Prix Nobel de littérature en 1950.

Russell a entrepris un travail de refondation des mathématiques qui est à l'origine de la logique contemporaine et que l'on trouve dans l'ouvrage qu'il écrivit avec Whitehead : *Principia Mathematica*. Il a appliqué à toute la connaissance humaine les démarches et résultats de la logique mathématique, afin de résoudre des problèmes traditionnels portant sur l'analyse de l'esprit, de la matière et du monde extérieur.
Dans les domaines politique et moral, Russell s'est engagé dans de nombreuses polémiques qui lui ont valu le surnom de « Voltaire anglais ».

ŒUVRES CLÉS *Principia Mathematica ; Problèmes de philosophie.*

Sartre, Jean-Paul (1905-1980)

Plus qu'un philosophe, Jean-Paul Sartre est aussi un écrivain et dramaturge (qui a remporté – mais refusé – le Prix Nobel de littérature en 1964), ainsi qu'un intellectuel engagé dans la vie politique française de l'après-guerre. Sympathisant de gauche, voire d'extrême gauche, il défendit, notamment, l'indépendance de l'Algérie ou l'amélioration de la condition des ouvriers.

Sartre place la notion de « liberté » au cœur de sa philosophie. Pour lui, l'être humain est toujours responsable de ses choix et, qu'il le veuille ou non, il ne peut pas échapper à cette liberté qu'il n'a pas choisie : *« Nous sommes condamnés à être libres. »* La prise de conscience de cette liberté absolue peut, toutefois, créer un vertigineux sentiment d'angoisse existentielle, qu'il décrit dans son roman *La Nausée*. C'est que l'homme n'a pas une identité assignée ou prédéfinie comme les choses fabriquées : chaque homme se choisit et se définit par ses actes ; autrement dit, son existence précède son essence*.

ŒUVRES CLÉS *L'Être et le Néant ; Huis clos ; L'existentialisme est un humanisme.*

Schopenhauer, Arthur (1788-1860)

Arthur Schopenhauer est un philosophe allemand né à Dantzig, ville polonaise annexée à la Prusse en 1793. Sa philosophie a influencé de nombreux artistes (Maupassant, Wagner…) et penseurs (Nietzsche, Cioran…).

Un maître-mot résume la pensée de Schopenhauer : le *pessimisme*. Il oppose les « représentations » que nous nous faisons du monde et le « vouloir-vivre » qui l'agite en profondeur. Ainsi l'illusion de l'amour cache-t-elle une réalité moins noble : l'instinct de reproduction de l'espèce. L'existence humaine est tragique, balançant entre la souffrance du désir et l'ennui de sa satisfaction, sans jamais déboucher sur un bonheur durable.

ŒUVRE CLÉ *Le Monde comme volonté et représentation.*

Sénèque (v. 4 av. J.-C.-65 ap. J.-C.)

Sénèque fut un homme d'État romain, un dramaturge et un philosophe stoïcien. Après avoir étudié la rhétorique*, il fut engagé comme conseiller à la cour de l'empereur Caligula, avant d'être victime d'intrigues qui le poussèrent à s'exiler en Corse. De retour aux affaires, il devint le précepteur de Néron, qui finit par le soupçonner de complot et le condamna à s'ouvrir les veines.

Sénèque reprend, dans son œuvre, la principale idée du stoïcisme*, à savoir que l'univers serait gouverné par une providence divine et rationnelle* à laquelle il faudrait se conformer, en distinguant bien ce qui dépend de nous et ce qui nous est étranger pour vivre de manière vertueuse et heureuse. Il insiste particulièrement sur la dimension pratique de la doctrine : c'est un directeur de conscience qui, à l'aide de préceptes moraux et d'exercices spirituels, cherche à affermir l'âme de ses interlocuteurs en les convertissant aux principes du stoïcisme.

ŒUVRES CLÉS *Sur la tranquillité de l'âme ; De la vie heureuse ; De la brièveté de la vie ; Lettres à Lucilius.*

Sextus Empiricus (IIe-IIIe s.)

La vie de Sextus Empiricus nous est très mal connue. Peut-être était-il un philosophe grec enseignant à Rome ?

Sextus Empiricus est le principal représentant de la philosophie sceptique* dans l'Antiquité. Il expose l'enseignement de Pyrrhon (lequel n'a rien écrit) selon lequel on ne devrait jamais rien affirmer puisque à tout argument on peut opposer un argument opposé. Il convient donc, en toute situation, de suspendre son jugement et de n'accorder de crédit à aucune opinion.

ŒUVRE CLÉ *Esquisses* (ou *Hypotyposes*) *pyrrhoniennes.*

Simondon, Gilbert (1924-1989)

Professeur de philosophie, le Français Gilbert Simondon s'est très tôt intéressé aux machines et à la technologie – il avait, d'ailleurs, installé, dans les sous-sols de son lycée, un petit laboratoire de recherche dans lequel il fabriqua, avec ses élèves, un récepteur de télévision !

Les travaux de Simondon portent sur la notion d'« individu » et sur les objets techniques. Contre Aristote, il cherche à penser l'individu à partir d'un processus progressif d'individuation (ensemble des qualités propres à un individu) faisant intervenir son environnement, au lieu de penser l'individuation à partir de l'individu, comme si ce dernier était donné une fois pour toutes.
En ce qui concerne les objets techniques, Simondon critique aussi bien la technophobie que la technophilie. Loin d'être simplement des machines dangereuses et aliénantes, les objets techniques contiennent de l'humain et jouent un rôle essentiel dans la culture. Ce sont des systèmes comparables à des organismes vivants formant une alliance avec les hommes.

ŒUVRES CLÉS *L'Individu et sa Genèse physico-biologique ; Du mode d'existence des objets techniques.*

Spinoza, Baruch (1632-1677)

Spinoza est un philosophe néerlandais contemporain de Vermeer. Chassé de sa communauté juive pour des raisons incertaines mais sans doute liées au caractère sacrilège de ses pensées, il vécut de manière très modeste et recluse, rejetant les honneurs, se méfiant de ses concitoyens et publiant peu d'écrits de son vivant.

Spinoza est un philosophe à la réputation sulfureuse puisqu'il passe pour un redoutable athée. Pourtant, sa philosophie s'appuie sur la notion de « Dieu », mais le Dieu de Spinoza est assimilé à une unique *« substance »* (dont sont issues toutes les choses qui existent), autrement dit à la nature : c'est la fameuse expression *« Deus sive natura » (« Dieu, autrement dit la nature »)*, souvent interprétée comme l'expression d'un panthéisme*.

Il est également célèbre pour avoir écrit son œuvre principale, *Éthique*, à la manière des géomètres, avec des définitions initiales et des axiomes, puis, à partir de là, des propositions elles-mêmes appuyées sur des démonstrations.

Enfin, Spinoza a combattu pour la liberté de penser et la liberté religieuse dans le *Traité théologico-politique*, qui défendit une nouvelle manière d'étudier les textes religieux en les désacralisant.

Son influence ne s'est jamais démentie, aussi bien au Siècle de lumières que chez les matérialistes* contemporains, notamment marxistes.

ŒUVRES CLÉS *Traité théologico-politique ; Éthique.*

Thomas d'Aquin (1224 ou 1225-1274)

Thomas d'Aquin est un philosophe et un religieux dominicain né en Italie mais ayant longtemps vécu et enseigné à Paris. Considéré comme saint et docteur par l'Église catholique, dont il est un des penseurs majeurs, il a donné naissance aux courants « thomiste » et « néothomiste ».

Son œuvre fait une synthèse entre la philosophie (plus précisément, celle d'Aristote) et la pensée chrétienne. Elle est typique de la scolastique*, philosophie qui consiste à traiter des questions de manière contradictoire et en ayant recours à l'argument d'autorité (en citant une personne ou une institution qui fait autorité sur le sujet).

ŒUVRES CLÉS *Somme contre les gentils ; Somme théologique.*

Tocqueville, Alexis de (1805-1859)

Né dans une famille normande noble et royaliste, Alexis de Tocqueville s'efforça, toute sa vie, de penser l'avènement de la démocratie sans verser dans la nostalgie pour l'Ancien Régime. Il fut député, brièvement ministre, puis académicien.

Tocqueville était-il homme d'État, philosophe ou sociologue ? Un peu tout cela à la fois. À l'issue d'un voyage aux États-Unis, il rédigea une étude comparative, remarquable de finesse et de lucidité, des démocraties américaine et française. Il prévint contre une dérive possible qu'il nomme *« tyrannie de la majorité »* dès lors que celle-ci disqualifie, en la considérant comme illégitime, toute opinion différente. Tocqueville montre, en effet, que la recherche de l'égalité, si caractéristique de la démocratie moderne, a tendance à se faire au détriment de, et non pas parallèlement à, la défense de la liberté individuelle.

ŒUVRE CLÉ *De la démocratie en Amérique.*

Weil, Simone (1909-1943)

Philosophe française, Simone Weil (à ne pas confondre avec la femme politique Simone Veil) a évolué du judaïsme vers un mysticisme chrétien.

Toute sa vie, Simone Weil s'est efforcée de comprendre les bouleversements de son temps en les vivant de l'intérieur. Convaincue que la pensée philosophique ne peut être pertinente qu'en étant mise à l'épreuve de la réalité, aussi dure soit-elle, elle n'hésita pas à devenir ouvrière pour comprendre l'aliénation* des travailleurs et à s'engager dans la Résistance malgré ses appels au pacifisme. Esprit indépendant qui refusa de s'engager auprès d'une communauté politique ou religieuse, animée d'une soif de spiritualité proche du mysticisme, elle mourut d'épuisement à l'âge de 34 ans.

ŒUVRES CLÉS *La Condition ouvrière ; La Pesanteur et la Grâce ; L'Enracinement.*

Wittgenstein, Ludwig (1889-1951)

Huitième et dernier enfant d'une famille de la haute bourgeoisie viennoise, Ludwig Wittgenstein, naturalisé britannique en 1939, n'a pas vécu une mais plusieurs vies : aspirant à devenir ingénieur, il fut, tour à tour, soldat, instituteur, jardinier, architecte, aide-soignant et professeur de philosophie. Esprit brillant et disciple de Bertrand Russell, il n'a publié qu'un seul ouvrage de son vivant.

Convaincu que les problèmes philosophiques naissent, en grande partie, d'un mauvais usage du langage, Ludwig Wittgenstein a pour projet de le clarifier en se demandant sans cesse à quelles conditions une proposition peut avoir du sens. Très critique à l'égard de la psychologie, il soutient l'idée selon laquelle le langage n'est pas un système de signes clos sur lui-même ou une traduction de la réalité (extérieure et intérieure), mais qu'il consiste en un ensemble d'usages propres à certaines formes (ou modes) de vie qui donnent aux mots leur signification. C'est l'utilisation que l'on fait d'un mot, conformément aux règles et aux pratiques en vigueur dans une communauté, qui lui donne un sens.

ŒUVRES CLÉS *Tractatus logico-philosophicus ; Remarques philosophiques (posthume).*

A B C D E F G H I J K L M N O P Q R S T U V W X Y Z

REPÈRES PHILOSOPHIQUES

Absolu/Relatif
Est ***absolu*** ce qu'on ne peut pas mettre en rapport avec quoi que ce soit et qui est donc sans limites. À l'inverse, est ***relatif*** ce qui existe par rapport à autre chose, dont il dépend. Par exemple, celui qui détient un pouvoir ***absolu*** jouit d'un pouvoir illimité et n'a de comptes à rendre à personne, tandis que celui qui détient un pouvoir ***relatif*** possède un pouvoir limité et dépendant du bon vouloir des autres, notamment de son supérieur hiérarchique.
On pourra également se demander s'il existe des vérités absolues ou si, comme le veut le **relativisme**, toute vérité dépend du point de vue de celui qui l'énonce.

Abstrait/Concret
Abstrait signifie « séparé de ». Mais séparé de quoi ? Le plus souvent, séparé de l'expérience sensible* : un discours abstrait est un discours éloigné des réalités concrètes. Inversement, est ***concret*** ce qui est matériel, perceptible par les sens (tangible, visible, etc.) et peut faire l'objet d'une expérience.
Abstraire quelque chose, c'est l'extraire et l'isoler pour le considérer en lui-même : on peut ainsi abstraire l'esprit de la matière ou faire abstraction du contexte pour étudier une idée.

Accidentel Voir *Essentiel.*

Acte Voir *En acte.*

Analogie Voir *Ressemblance.*

Analyse/Synthèse
L'***analyse*** et la ***synthèse*** sont **deux méthodes différentes** pour étudier un phénomène*.
L'***analyse*** décompose une chose en ses éléments les plus simples. Analyser un énoncé, par exemple, c'est examiner minutieusement le sens de chaque mot pris isolément.
La ***synthèse*** désigne l'opération inverse qui rassemble les différents éléments pour en faire un ensemble unique. Ainsi, faire la synthèse de plusieurs documents, c'est les rapprocher suffisamment pour produire un nouveau document qui intègre le contenu de chacun tout en offrant une perspective nouvelle.

Cause Voir *Principe.*

Certain Voir *Vrai.*

Comprendre Voir *Expliquer.*

Concept/Image/Métaphore
Un ***concept*** est une idée générale et abstraite qui permet de rassembler plusieurs réalités et dont on se sert comme d'un outil pour penser. Par exemple, on peut penser au « travail » sans travailler, mais uniquement grâce au concept de « travail » qui regroupe des réalités très différentes (le travail manuel, le travail intellectuel, etc.).
Une ***image*** est une illustration qui permet de visualiser une idée abstraite. Par exemple, quand Rousseau écrit que *« l'homme est né libre et partout il est dans les fers »*, il ne veut pas dire que tous les êtres humains sont réellement enchaînés comme des prisonniers, mais qu'ils sont soumis à un certain pouvoir, dont il appartient à la suite du texte de préciser la nature.
Une ***métaphore*** est également une comparaison mais qui n'oblige pas à se représenter la chose. Par exemple, quand Hobbes écrit que *« l'homme est un loup pour l'homme »*, il ne fait pas référence à la réalité du loup mais seulement à sa dangerosité et à la méfiance qu'il inspire.

Conclusion Voir *Hypothèse.*

Concret Voir *Abstrait.*

Conséquence Voir *Hypothèse.*

Contingent/Nécessaire
Est ***contingent*** ce qui peut se produire ou ne pas se produire. Est ***nécessaire*** ce qui ne peut pas ne pas être. Par exemple, il est ***nécessaire*** de boire pour vivre (car, si l'on ne boit pas, on meurt), mais il est ***contingent***

de boire de l'eau pétillante ou de l'eau plate (car cela peut se produire comme ne pas se produire).
Une démonstration rigoureusement établie doit conduire à une conclusion ***nécessaire***, autrement dit implacable. Mais, en ce qui concerne la vie humaine, tout n'est-il pas frappé d'une radicale contingence*, comme s'en effraie l'existentialiste Jean-Paul Sartre, pour qui tout aurait pu ne pas exister ?

Contrainte Voir *Obligation.*

Convaincre Voir *Persuader.*

Croire/Savoir
Croire, c'est tenir quelque chose pour vrai sans, cependant, en avoir la preuve. Mais la *croyance* peut désigner à la fois la simple opinion (au sens de « croire que » : je crois qu'il va pleuvoir parce que je vois des nuages gris) et la foi la plus profonde (au sens de « croire en » : je crois en Dieu, c'est-à-dire que j'engage tout mon être pour Le servir).
Savoir, c'est disposer d'une connaissance fondée sur des faits et justifiée par des preuves objectives.
L'opposition entre ***croire*** et ***savoir*** mérite d'être interrogée, ne serait-ce que parce que tout savoir repose sur des principes fondamentaux qu'il faut peut-être admettre sans preuve.

Différence Voir *Identité.*

Discursif Voir *Intuitif.*

Droit Voir *En fait.*

Égalité Voir *Identité.*

En acte / En puissance
C'est **Aristote** qui distingue ce qui est ***en puissance*** (ce qui peut s'accomplir) et ce qui est ***en acte*** (ce qui s'accomplit effectivement).
Un élève de Terminale est un bachelier ***en puissance*** car il est dans les dispositions pour décrocher, effectivement, le diplôme du baccalauréat et devenir ainsi un bachelier ***en acte***. Mais il peut aussi se produire qu'une chose ***en puissance*** reste en puissance et ne s'actualise jamais, autrement dit ne passe jamais à l'acte…

En droit Voir *En fait.*

En fait / En droit
Ce qui est ***en droit*** correspond à ce qui devrait être idéalement mais qui n'arrive pas toujours, tandis que ce qui est ***en fait*** se constate car cela correspond à ce qui a, effectivement, lieu dans la réalité.
En droit, personne ne devrait mentir, par exemple ; mais, ***en fait***, il arrive à chacun d'entre nous de le faire, pour de bonnes ou de mauvaises raisons.
Attention ! ce qui est ***en droit*** ne renvoie pas nécessairement au sens juridique du terme, mais peut renvoyer tout simplement à la morale.

En puissance Voir *En acte.*

Espèce Voir *Genre.*

Essentiel/Accidentel
Est ***essentiel*** à quelque chose ou à quelqu'un ce qui lui permet d'être ce qu'il est, autrement dit ce qui appartient à sa nature la plus profonde. Est ***accidentel***, au contraire, ce qui lui appartient de manière contingente*, qu'il pourrait ne pas posséder tout en restant lui-même.
Par exemple, l'usage du langage est ***essentiel*** à l'être humain, mais l'emploi de telle ou telle langue est ***accidentel*** puisque cela dépend du pays dans lequel on habite.

Exemple/Preuve
Souvent confondus, l'***exemple*** et la ***preuve*** désignent **deux manières de confirmer ou d'appuyer un propos**. Cependant, la ***preuve*** possède une valeur de vérité supérieure à celle de l'***exemple***.
Un ***exemple*** désigne un fait, une action ou une personne qui peut servir de modèle à imiter (« Socrate est un exemple de sagesse ») ou un échantillon de réalité servant à illustrer et confirmer un propos plus général (« L'œuvre d'art vise la beauté. Par exemple, la musique de Mozart est belle »). Cependant, si un exemple peut conforter ou rendre vraisemblable un propos, il ne prouve rien parce qu'un contre-exemple est souvent possible (il existe des œuvres d'art qui ne visent pas la

beauté mais le scandale) ou que l'exemple choisi n'est pas vraiment représentatif de la réalité dont il est extrait.

Une ***preuve*** est ce qui manifeste objectivement la réalité d'un fait ou établit la vérité d'une thèse, en mettant fin au doute et à l'ignorance. Elle est le produit d'une réflexion poussée et sert de moyen aux sciences pour garantir la vérité de ce qu'elles avancent : la démonstration en mathématiques et l'expérimentation en sciences naturelles peuvent ainsi servir de preuve. Par exemple, il ne suffit pas de mesurer avec un rapporteur tous les angles des triangles que l'on trace pour prouver que leur somme fait 180° : on ne ferait qu'accumuler des exemples qui ne prouvent rien. Pour prouver, il faut, au contraire, démontrer, par un patient travail de déduction, que la somme des angles de tout triangle fait 180°.

Expliquer/Comprendre

Expliquer et ***comprendre*** sont **deux démarches distinctes mais pas contraires**.

Expliquer, c'est mettre en avant des causes et des lois qui régissent un phénomène*, notamment dans le domaine des sciences de la nature.

Comprendre, c'est saisir le sens d'un comportement ou d'une réalité humains en se mettant à la place de l'individu pour retrouver ses intentions profondes.

Ainsi, on ne va pas chercher à ***comprendre*** pourquoi tel ou tel astre subit la loi de la gravité, mais on ***explique*** quelle loi le fait se mouvoir ; inversement, on ne peut pas prétendre ***expliquer*** un acte, mais on peut s'efforcer de le ***comprendre***.

Fait Voir *En fait.*

Fin Voir *Principe.*

Fondement Voir *Origine.*

Formel/Matériel

Est ***formel*** ce qui relève du cadre général qui contient quelque chose, tandis qu'est ***matériel*** le contenu de cette chose.

On a, principalement, recours à cette distinction pour qualifier des aspects d'un énoncé. La forme d'un raisonnement, par exemple, est la façon dont il est construit, sa logique, qu'on peut juger indépendamment de son contenu. « Si A est B et si B est C, alors A est C » est ainsi un exemple de vérité ***formelle*** indépendante de ce sur quoi elle s'applique. Une vérité est ***matérielle***, en revanche, quand son contenu est en adéquation avec la réalité (par exemple, l'affirmation « Il neige » est matériellement vraie si elle correspond bien au temps qu'il fait).

Sur le plan juridique également, on peut contester une décision de justice à la fois pour des raisons ***formelles*** (non-respect de la procédure, par exemple) et pour des raisons ***matérielles*** qui portent sur son contenu (production d'un alibi, par exemple).

Général Voir *Universel.*

Genre/Espèce/Individu

Le ***genre*** désigne toute une classe d'êtres qui sont groupés ensemble parce qu'ils partagent des caractéristiques communes. L'***espèce*** désigne un sous-ensemble du ***genre***. Enfin, l'***individu*** désigne, plus précisément, un membre particulier au sens de l'***espèce***.

Un ***genre*** contient donc plusieurs ***espèces***, et chaque ***espèce*** contient, à son tour, plusieurs ***individus***. Par exemple, parmi le genre animal, l'espèce humaine se distingue parce qu'elle possède la rationalité, et Socrate est un individu représentatif de cette espèce.

Hypothèse/Conséquence/Conclusion

L'***hypothèse***, la ***conséquence*** et la ***conclusion*** désignent **trois étapes distinctes d'un raisonnement ou d'une démarche scientifique**.

L'***hypothèse*** désigne la supposition de quelque chose dont on ne connaît pas encore l'existence et qui sera vérifié ou non par ses conséquences ou par l'expérience. Par exemple, si des trous apparaissent mystérieusement sur mes vêtements rangés dans mon placard, je peux émettre l'hypothèse que ce sont des mites qui ont grignoté mon linge.

La ***conséquence*** désigne ce qui résulte physiquement (s'il s'agit d'un phénomène) ou logiquement (s'il s'agit d'une idée ou d'une proposition) de ce qui précède. Par exemple, si mon ***hypothèse*** est vraie et qu'il y a des mites dans mon placard, je peux agir en ***conséquence*** en mettant des boules de naphtaline parmi mes vêtements.

La ***conclusion*** désigne la fin d'un discours ou l'ultime ***conséquence*** d'un raisonnement. Par exemple, si je retrouve des cadavres de mites dans mon dressing, j'en conclus que mon ***hypothèse*** de départ était la bonne et que les trous dans mes vêtements devraient cesser.

Idéal/Réel

L'***idéal*** et le ***réel*** désignent **deux manières distinctes d'exister**. Est ***idéal*** ce qui n'existe qu'en idée ; est ***réel*** ce qui existe effectivement, quel que soit ce que l'on en pense ou la manière dont on se le représente. On oppose souvent l'***idéal***, compris comme un modèle de perfection et d'achèvement, au ***réel*** dont il serait éloigné. Par exemple, une cité juste est un idéal, alors que la cité réelle peut être moralement médiocre. Il faut, cependant, nuancer : l'***idéal*** peut être compris comme un horizon possible et souhaitable du ***réel***, voire comme un ensemble d'idées servant de lunette pour mieux voir le ***réel***. Je perçois l'injustice parce que j'ai l'idée de « justice » ; je perçois cet arbre parce que j'ai l'idée d'« arbre ».

Identité/Égalité/Différence

L'***identité***, l'***égalité*** et la ***différence*** sont des notions par lesquelles on fait des comparaisons entre des êtres (des réalités physiques ou des idées) afin de savoir ce qui les rapproche ou les distingue.

L'***identité*** est le caractère de ce qui est en tout point semblable et peut être considéré comme une unité. Elle s'oppose à la ***différence***. Deux choses sont identiques lorsqu'elles partagent exactement les mêmes caractéristiques ou qualités ; elles sont différentes lorsqu'elles ne partagent pas toutes les mêmes caractéristiques.

L'***identité*** peut être absolue (par exemple, « Paris » est identique à « la capitale de la France » : on parle de la même ville) ou relative (par exemple, mon téléphone est identique, sous un certain rapport, à celui de mon voisin puisqu'ils sont de la même marque et du même modèle). Des réalités qui peuvent être identiques sous un certain rapport peuvent être différentes sous un autre (mon téléphone est tout de même différent, par son contenu, de celui de mon voisin).

L'***égalité*** désigne la qualité de deux choses qui, sans être totalement identiques, sont interchangeables et ne peuvent être distinguées. Le terme est surtout employé dans une perspective morale et politique : l'***égalité*** suppose la différence, alors que l'***identité*** l'exclut. Par exemple, tous les hommes sont différents dans les faits (même deux jumeaux, puisqu'ils ont des histoires différentes et n'occupent pas le même espace), mais égaux en droit (ils ont la même dignité, la même liberté, les mêmes droits).

Image Voir *Concept.*

Immanent Voir *Transcendant.*

Immédiat Voir *Médiat.*

Impossible/Possible

Est ***impossible*** ce qui ne peut pas et ne pourra jamais se produire, quelles que soient les circonstances. Par exemple, il est impossible que la somme des angles d'un triangle fasse autre chose que 180°, quel que soit le triangle.

Est ***possible*** ce qui ne s'est pas encore produit – ou dont on ne sait pas s'il s'est produit ou non – mais qui pourrait se produire selon les circonstances. Par exemple, il est possible qu'un triangle soit rectangle ou isocèle.

Individu Voir *Genre.*

Intersubjectif Voir *Objectif.*

Intuitif/Discursif

L'***intuitif*** et le ***discursif*** qualifient **deux manières d'accéder aux choses**. L'intuition est une saisie immédiate du réel : est ***intuitif*** ce que l'on sent directement, sans raisonnement. Au contraire, est ***discursif*** ce qui relève d'une saisie indirecte des choses, par l'intermédiaire d'un raisonnement ou d'un discours. Par exemple, « 1 + 1 = 2 » est intuitif, alors que le résultat d'une équation du second degré est discursif.

Légal/Légitime

Le ***légal*** et le ***légitime*** **se rapportent tous les deux à la loi**. Ils se distinguent cependant : est ***légal*** ce qui est conforme à la loi civile, telle qu'elle existe effectivement (droit positif*) ; est ***légitime*** ce qui est conforme à la loi morale, à la valeur absolue de justice et à la nature humaine (droit naturel*). Un acte peut être ***légal*** dans certains pays (la peine de mort), bien qu'on le considère comme illégitime au regard de valeurs morales universelles.

Cette distinction peut, cependant, être interrogée. Les théoriciens du droit positif, par exemple, n'hésitent pas à réduire le ***légitime*** au ***légal*** : seule la loi effective et instituée (telle la *Déclaration des droits de l'homme et du citoyen*) dit ce qui est juste.

Légitime Voir *Légal.*

Matériel Voir *Formel.*

Médiat/Immédiat

Est ***médiat*** ce qui est accessible de manière indirecte, par l'intermédiaire ou la médiation d'autre chose. Est ***immédiat*** ce à quoi on accède de manière instantanée et directe, sans médiation. Par exemple, je peux avoir immédiatement conscience de ce que je ressens, mais je ne me connais réellement que par l'intermédiaire de la réflexion ou d'autrui.

Métaphore Voir *Concept.*

Nécessaire Voir *Contingent.*

Objectif/Subjectif/Intersubjectif

Objectif, subjectif et ***intersubjectif*** qualifient **trois manières de se représenter les choses.**

Est ***objectif*** ce qui correspond à une chose de manière neutre et impartiale, indépendamment de tout sentiment ou jugement de valeur à son égard. Un jugement objectif est un point de vue impersonnel et dénué de toute subjectivité, car fondé sur des caractéristiques qu'on peut tous constater et qui sont propres à la chose observée : par exemple, cette valise pèse 10 kg, et son poids reste le même, qu'on la trouve lourde ou légère.

Est ***subjectif*** ce qui est relatif à la perception singulière ou au jugement personnel d'un sujet. C'est un point de vue à la 1re personne sur le monde : par exemple, je trouve cette valise lourde, alors que tu trouves cette valise légère ; nos vécus subjectifs sont différents.

Est ***intersubjectif*** ce qui est relatif à plusieurs sujets. L'intersubjectivité renvoie à la fois au vécu subjectif d'un individu en interaction avec d'autres individus et aux interactions elles-mêmes : par exemple, nous nous accordons tous les deux pour dire, après l'avoir soulevée, que la valise pèse un certain poids.

L'opposition entre ***objectif*** et ***subjectif*** peut être nuancée. Ainsi, l'objectivité peut être comprise comme une intersubjectivité, c'est-à-dire comme un accord entre différents sujets : par exemple, le poids de la valise dépend de l'unité de masse sur laquelle s'accordent les sujets et peut être établi en kilos ou en livres.

Obligation/Contrainte

L'***obligation*** et la ***contrainte*** désignent **deux manières de limiter l'indépendance et la liberté d'un individu**. Elles se distinguent cependant, puisque l'***obligation*** rend possible la liberté, alors que la ***contrainte*** l'abolit.

L'***obligation*** est un devoir ou une limite qu'on s'impose volontairement et auxquels on obéit parce qu'on a décidé de le faire. La ***contrainte*** est une force extérieure qui s'impose à la volonté et la soumet. Par exemple, je m'oblige à rendre un devoir parce que j'ai décidé de travailler pour réussir mes examens ou je peux être contraint parce que j'ai peur d'une punition si je ne le rends pas.

On peut, cependant, nuancer cette distinction. L'***obligation*** peut, en effet, être comprise comme une ***contrainte*** sociale intériorisée par l'individu.

Origine/Fondement

Origine et ***fondement*** désignent **un commencement**. Cependant, l'***origine*** désigne un commencement temporel, une cause factuelle, alors que le ***fondement*** renvoie à une justification rationnelle* et morale, donnant une légitimité à ce qu'elle fonde. Par exemple, une rumeur peut avoir une origine (tel individu en a parlé la première fois à tel moment), mais elle peut être sans fondement (elle est sans preuve et n'a aucune valeur).

Particulier Voir *Universel.*

Persuader/Convaincre

Persuader et ***convaincre*** désignent le fait d'amener quelqu'un à penser ou à faire quelque chose. Ils se distinguent, cependant, par les moyens employés : ***persuader,*** c'est séduire l'auditoire en jouant sur ses sentiments ; ***convaincre,*** c'est obtenir l'adhésion d'autrui à l'aide d'arguments en faisant usage de la raison*. Le publicitaire cherche à persuader, le philosophe ou le scientifique à convaincre.

Possible Voir *Impossible.*

Pratique Voir *Théorie.*

Preuve Voir *Exemple.*

Principe/Cause/Fin

Le ***principe*** désigne ce qui vient en premier ; la conséquence est ce qui en résulte et vient après. Le ***principe*** commence et commande une série de conséquences : c'est le point de départ d'où suivent, logiquement, les conséquences. Par exemple, la proposition « Tous les hommes sont mortels » est un principe, dont on tire la conséquence « Socrate est mortel ».

La ***cause*** est ce qui produit un effet, qu'elle précède.

La ***fin*** désigne le but poursuivi par une action. La ***cause*** et la ***fin*** désignent deux points de vue explicatifs qui peuvent être opposés mais aussi complémentaires. Ainsi, on peut dire qu'un enfant naît dans un couple parce que ses parents se sont aimés (cause), mais aussi pour l'élever et le voir grandir (fin).

La ***fin*** est, parfois, considérée comme une ***cause***, au sens où c'est en fonction d'une fin visée qu'on peut décider d'accomplir quelque chose. **Aristote distinguait,** en ce sens, **quatre types de causes** pour une même chose (par exemple, une statue) : la cause efficiente ou motrice (le sculpteur agissant), la cause formelle (la forme de la statue, sa définition), la cause matérielle (le marbre) et la cause finale (le plaisir esthétique).

Privé Voir *Public.*

Probable Voir *Vrai.*

Public/Privé

Est ***public*** ce qui est accessible à tout le monde, sans restriction. Est ***privé***, au contraire, ce qui n'est ouvert qu'à un seul ou quelques individus. Par exemple, la rue est un espace public, par opposition aux propriétés privées dans lesquelles on n'a pas le droit de pénétrer à moins d'y être autorisé par leurs propriétaires.

Puissance Voir *En acte.*

Réel Voir *Idéal.*

Relatif Voir *Absolu.*

Ressemblance/Analogie

Souvent confondues, ***analogie*** **et** ***ressemblance*** **doivent être distinguées.**

La ***ressemblance*** désigne un rapport de similarité entre deux choses qui ne sont pas identiques, mais présentent des points communs et comparables. Par exemple, tel fils ressemble à son père.

L'***analogie*** désigne une identité de rapport entre quatre choses différentes : la relation entre deux choses est comparable à la relation entre les deux autres. Par exemple, 2 est à 4 ce que 3 est à 6, à savoir la moitié, ou encore les plumes sont à l'oiseau ce que les écailles sont au poisson. L'***analogie*** est aussi un raisonnement qui permet de mettre en relation des choses appartenant à des domaines différents, pour étendre notre connaissance. Par exemple, le fonctionnement d'un corps vivant peut être compris comme analogue à celui d'une machine : les organes sont au corps ce que les rouages sont à la machine.

Attention ! la ***ressemblance*** comme l'***analogie*** sont des rapprochements qui ne sont pas toujours rigoureux et indiscutables : en ce qui concerne le dernier exemple, certains philosophes (comme Kant) refusent l'analogie entre le corps vivant et la machine.

Savoir Voir *Croire.*

Singulier Voir *Universel.*

Subjectif Voir *Objectif.*

Synthèse Voir *Analyse.*

Théorie/Pratique

La ***théorie*** désigne, de manière générale, une pensée indépendante des circonstances et des applications pratiques. Dans un sens plus précis, une théorie est un système cohérent de propositions scientifiques logiquement et expérimentalement établies ou en attente de l'être.

La ***pratique*** désigne, par opposition à la ***théorie***, ce qui est relatif à l'action ou à l'application.

La pensée formule des hypothèses ou invente des schémas qui peuvent sembler vrais en théorie, mais c'est l'expérience qui dira s'ils le sont en pratique. Le fait que la ***théorie*** soit parfois très éloignée de la ***pratique*** montre que la pensée simplifie à outrance la complexité du réel.

Transcendant/Immanent

La transcendance et l'immanence qualifient **deux ordres de choses radicalement séparés**. Est ***transcendant*** ce qui dépasse l'ordre naturel et ordinaire des choses : c'est ce qui est supérieur à une réalité donnée et séparé d'elle. Au contraire, est ***immanent*** ce qui appartient à la réalité considérée. Par exemple, on peut considérer Dieu comme ***transcendant*** au monde (Il est au-delà de toute existence physique) ou comme ***immanent*** au monde (Dieu est partout dans les choses elles-mêmes).

Universel/Général/Particulier/Singulier

Ces quatre termes marquent **une progression dans la précision**.

Est ***universel*** ce qui est valable dans tous les cas, sans aucune exception : par exemple, selon la loi d'ébullition, l'eau se met à bouillir lorsqu'on la chauffe à une certaine température.

Est ***général*** ce qui est valable dans la majorité des cas, la plupart du temps : le plus souvent, l'eau se met à bouillir à 100 °C. Ce qui est ***général*** aménage un espace pour des exceptions, pour des cas particuliers.

Ainsi, est ***particulier*** un cas qui relève d'une règle générale : sous certaines conditions (la pression atmosphérique, par exemple), l'eau peut bouillir à 80 °C.

Est ***singulier*** ce qui est unique, irréductible à aucune loi : une eau chauffée qui, quelle que soit la température, ne bouillirait jamais.

Vrai/Probable/Certain

Est ***vrai*** ce qui est conforme à la réalité objective ou à des principes logiques posés au départ d'un raisonnement. Le vrai s'oppose au faux, à l'imaginaire et à l'illusoire.

Est ***probable*** ce qui est considéré comme réel ou comme vrai, mais sans aucune certitude. Bien qu'il ne soit pas prouvé, le probable peut être cru ou approuvé. Ce qui est probable a de grandes chances d'être vrai ou de se produire à l'avenir.

Est ***certain*** ce qui échappe au doute. La *certitude* désigne une adhésion complète de l'esprit à une idée qu'il juge évidente et à laquelle il fait confiance, que cette adhésion soit irréfléchie (sentiment subjectif de certitude) ou soit le produit d'un raisonnement (certitude objective). On croit, souvent, que le sentiment de certitude qu'on éprouve est le signe qu'on possède la vérité, alors qu'un tel sentiment ne prouve rien.

Par exemple, je suis ***certain*** d'avoir une angine parce que j'ai mal à la gorge ; ce n'est, pourtant, pas forcément ***vrai*** mais simplement ***probable*** – il y a des chances pour que ce soit le cas, mais je n'ai aucune preuve car je n'ai pas regardé l'intérieur de ma gorge. Pour savoir si j'ai une angine, je dois me faire ausculter par un médecin.

LEXIQUE

A

Accident
Ce qui affecte une chose de manière contingente*, aléatoire et superficielle, par opposition à l'*essence**. *Essentiel/Accidentel*, p. 358.

Aliénation
Dépossession, privation. Au sens psychiatrique, est « aliéné » celui qui a perdu la raison. Chez Marx, le travailleur est « aliéné » lorsqu'il est dépossédé de lui-même du fait d'un travail qui l'asservit au lieu de l'épanouir.

Altérité
État ou qualité de ce qui est autre ou différent. L'*altérité* s'oppose à l'*identité*. *Voir Identité/Égalité/Différence*, p. 360.

Artificiel
Ce qui est produit par le travail ou le savoir-faire (l'« art », mais au sens de la technique et non à celui des « beaux-arts ») de l'homme, par opposition à *naturel*.

Ataraxie
Chez les épicuriens, les stoïciens et les sceptiques, désigne un état d'absence de troubles et de soucis, autrement dit un état de tranquillité et d'apaisement de l'âme.

C

Civil (État –)
Par opposition à l'*état de nature**, l'*état civil* désigne la situation des individus qui vivent sous des lois communes dans une société.

Cogito
« Je pense » en latin. Désigne, de manière abrégée, le raisonnement de Descartes qui prouve que l'existence du sujet pensant est une certitude indubitable et se conclut par « Je pense donc je suis » *(« Cogito ergo sum »)*.

Contingence
Caractère de ce qui peut soit être, soit ne pas être. Voir *Contingent/Nécessaire*, p. 357.

D

Déterminisme
Doctrine philosophique selon laquelle le hasard n'existe pas puisque tous les événements – et en particulier les actions humaines – sont déterminés par des événements antérieurs selon des relations de cause à effet.

Dialectique
Méthode de discussion et de raisonnement, dont le sens varie selon les philosophes :
1. Chez Platon, art du dialogue qui permet de dégager progressivement la vérité.
2. Chez Aristote, examen des différentes thèses répondant à un problème.
3. Chez Hegel, mouvement de progression de la pensée et de la réalité qui reconnaît le caractère inséparable des éléments opposés ; lesquels sont dépassés et unis dans un élément supérieur – ce qui correspond, notamment, au mouvement « thèse/antithèse/synthèse ».

Dilemme
Raisonnement ou situation qui se présente sous la forme d'un choix entre deux termes contradictoires.

Dualisme
Système religieux ou philosophique qui admet la coexistence de deux réalités radicalement opposées (par exemple, le dualisme manichéen du bien et du mal ou le dualisme de l'esprit et du corps chez Descartes).

E

Empirisme
Doctrine philosophique qui, par opposition à l'*idéalisme** et au *rationalisme**, fait de l'expérience la source et le fondement des idées et des connaissances.

Entendement
Faculté de comprendre, intelligence.

Épistémologie
Désigne la réflexion philosophique sur les sciences ou, plus généralement, toute théorie de la connaissance.

Essence
Par opposition à l'*accident**, ce qu'est une chose, la nature qui la constitue et lui donne sa réalité. Voir *Essentiel/Accidentel*, p. 358.

Éthique
Partie de la philosophie qui s'intéresse à la morale, c'est-à-dire aux règles de comportement et aux valeurs.

Existentialisme
Doctrine philosophique dérivée de la pensée de Kierkegaard et de la phénoménologie (Husserl, Heidegger), et dont le principal représentant en France fut Jean-Paul Sartre. L'existentialisme soutient qu'il y a une primauté de l'existence humaine et de l'engagement dans le monde par rapport aux essences* et aux idées abstraites.

F

Finalisme
Doctrine qui explique un fait par sa cause finale, c'est-à-dire par le but qu'il poursuit ou la fonction qu'il remplit. Descartes et Spinoza ont cherché à exclure la prise en compte des causes finales du domaine de la physique, où elles étaient utilisées dans la tradition aristotélicienne.

H

Hédonisme
Doctrine philosophique qui fait du plaisir le bien absolu de l'existence et de la douleur le mal absolu.

Herméneutique
Mot formé sur *Hermès*, nom du messager des dieux. Art d'interpréter pour dégager un sens, qu'il s'agisse d'expliquer les livres sacrés des religions ou d'autres types de messages.

Heuristique
Ce qui est relatif à la recherche et à la découverte de faits et d'idées.

I

Idéalisme
Par opposition au *réalisme**, l'idéalisme est une doctrine philosophique qui soutient que la réalité se réduit ou s'identifie à la représentation (l'idée) que l'homme en a.

Immatérialisme
Nom donné par le philosophe George Berkeley à son idéalisme radical. L'immatérialisme est la doctrine qui soutient que la matière, comme réalité physique et objective, n'existe pas ; elle n'existe qu'en tant qu'elle est perçue.

Intelligible
Au sens psychologique, « ce qui est aisé à comprendre », par opposition à l'*inintelligible*. Au sens philosophique, « ce qu'on saisit intellectuellement et non par les sens ou l'imagination ».

J

Janséniste
Partisan du jansénisme, mouvement religieux issu du protestantisme et caractérisé par sa grande rigueur morale, défendu, notamment, par Blaise Pascal.

Jésuite
Membre de la Compagnie de Jésus, congrégation religieuse fondée au XVIe siècle, qui s'oppose au rigorisme janséniste* en réservant une place plus importante à la liberté individuelle face à la loi morale – ce que certains interprètent comme du laxisme.

M

Matérialisme
En philosophie, le *matérialisme* ne désigne pas l'attachement à l'argent et aux objets de consommation ! C'est la doctrine de ceux qui considèrent que seul ce qui est constitué de matière existe. Démocrite, Hobbes et Marx, par exemple, sont matérialistes.

Mécanisme
Doctrine selon laquelle tous les phénomènes* de la nature s'expliquent par les lois du mouvement, comme dans une machine, et par des liens de cause à effet. C'est au XVIIe siècle que se développe particulièrement la philosophie mécaniste, notamment grâce à Descartes.

Métaphysique
Partie de la philosophie qui s'intéresse soit à tout ce qui est au-delà de ce que l'expérience sensible* ou la science nous permettent de saisir (Kant, Schopenhauer, Bergson), soit aux premiers principes et à *« l'être en tant qu'être »* (Aristote, scolastique*), c'est-à-dire non pas à ce que sont les différentes réalités mais à leur façon d'être.

Mythe
Discours fabuleux transmis par une tradition qui, à travers le récit d'êtres et d'événements fictifs, propose une illustration, voire une explication à divers phénomènes, comme la création du monde, les valeurs morales ou la vie après la mort.

N

Nature (État de –)
Par opposition à l'*état civil** (c'est-à-dire la société), l'*état de nature* correspond à la situation fictive où les hommes se seraient trouvés avant le pacte ou

contrat social*. Attention ! dans la mesure où cet état est une clé d'interprétation et non une réalité historique, il ne faut pas le confondre avec quelque chose comme la préhistoire.

Naturel (Droit –)

Ensemble des droits universels que chaque individu possède du simple fait de son appartenance à l'humanité, indépendamment de la société dans laquelle il vit. *Ex. :* la liberté de penser. Le *droit naturel* s'oppose ainsi au *droit positif**.

Nihilisme

Doctrine qui nie l'existence de toute vérité morale et spirituelle.

Nominalisme

Doctrine développée au Moyen Âge d'après laquelle les idées n'existent que sous la forme de mots, sans renvoyer à une quelconque réalité objective.

Norme

Règle, critère ou principe auxquels on se réfère pour juger et pour agir.

O

Ontologique (Argument –)

Argument visant à prouver l'existence de Dieu, inventé par Anselme (1033 ou 1034-1109) puis repris par d'autres philosophes. Il consiste à affirmer que, Dieu étant par définition parfait en tout point, Il ne peut qu'exister puisqu'un Dieu n'existant pas serait moins parfait qu'un Dieu existant.

P

Panthéisme

Doctrine selon laquelle la divinité et la nature sont confondues.

Phénomène

Manière dont une chose se manifeste à la sensibilité. C'est à partir de Kant que l'on distingue le phénomène, tel qu'il nous apparaît, à ce qu'est une chose en elle-même. *Ex. :* je perçois un arbre (phénomène), mais je ne sais pas ce qu'il est réellement en lui-même *(« chose en soi »)*.

Platonisme

Philosophie inspirée de la pensée de Platon, qui repose, notamment, sur la dualité entre le sensible* et l'intelligible*.

Positif (Droit –)

Par opposition au *droit naturel**, le *droit positif* désigne le droit qui a été « posé », c'est-à-dire l'ensemble de la législation qui est en vigueur dans un État donné. Ainsi, le droit positif français diffère-t-il du droit positif russe ou brésilien.

Positivisme

Courant philosophique fondé par Auguste Comte au XIXe siècle selon lequel le monde se comprend à partir de l'étude des faits concrets et des lois scientifiques qui les régissent. Le positivisme, selon Comte, est censé remplacer les croyances théologiques et les hypothèses métaphysiques*.

R

Raison

Voir p. 210.

Rationalisme

Attitude exigeant des explications logiques et scientifiques, sans recours aux mythes* ou à la religion.

Rationnel

Conforme à la raison, à la logique et au bon sens.

Réalisme

Conception, opposée à l'*idéalisme**, selon laquelle il existe un monde réel, indépendamment du sujet qui peut en prendre connaissance. Voir *Idéal/Réel*, p. 360.

Refoulement

En psychanalyse, processus par lequel certaines pulsions sont maintenues dans l'inconscient.

Rhétorique

Art de bien parler ; ensemble des procédés employés par un orateur pour persuader ou convaincre. Voir *Persuader/Convaincre*, p. 362.

S

Scepticisme

Courant philosophique et méthode selon lesquels on peut toujours douter de tout, et que, par conséquent, il vaut mieux ne rien affirmer et suspendre son jugement. Son principal représentant étant le Grec Pyrrhon (v. 365-v. 275), on appelle également ce courant « le pyrrhonisme ».

Scolastique

Façon de pratiquer la philosophie qui s'appuie sur l'autorité des textes sacrés et sur l'enseignement de Platon, d'Aristote et de leurs commentateurs. Sous des formes variées, c'est ainsi qu'elle était enseignée du Xe au XVIe siècle dans les universités. Thomas d'Aquin en est l'un des représentants.

Sensible
Qui renvoie à la *sensibilité*, c'est-à-dire aux cinq sens qui nous permettent de percevoir la réalité.

Social (Contrat –)
Convention réelle ou imaginaire par laquelle la société organisée, loin d'être d'origine naturelle, est le produit d'un accord volontaire entre ses membres. Le contrat social est ce qui met fin à l'état de nature* et fonde l'état civil*. Hobbes et Rousseau sont les principaux penseurs du contrat social.

Solipsisme
Doctrine selon laquelle seul existerait le « Moi », comme si le monde extérieur et les autres êtres humains n'avaient aucune réalité ou, au moins, comme si l'on doutait de leur existence.

Stoïcisme
Courant philosophique, dont Épictète, Sénèque et Marc Aurèle furent les principaux représentants, selon lequel le bonheur s'obtient grâce à une acceptation rationnelle* de l'ordre du monde. Le stoïcisme, qui avance que le destin existe et fait la promotion de la vertu, s'oppose à l'*épicurisme*, qui soutient que le monde est le fruit du hasard et fait la promotion du plaisir.

Syllogisme
Raisonnement permettant de déduire logiquement une proposition à partir de deux autres, préalablement posées et appelées « prémisses ». Il existe des syllogismes valides (*ex. :* « Tous les hommes sont mortels ; or Socrate est un homme ; donc Socrate est mortel ») et des syllogismes invalides (*ex. :* « Tous les hommes sont mortels ; or Socrate est mortel ; donc Socrate est un homme »).

Crédits photographiques

Page 46 : Collection Chester Dale © National Gallery of Art. **Page 49 :** © Luisa Ricciarini / Leemage. **Pages 51, 160 :** Collection de M. et Mme Paul Mellon © National Gallery of Art. **Pages 53** *(haut)*, **69, 101, 113, 115, 117, 119, 132, 166, 167, 176, 201, 216, 219, 235, 285, 294, 317, 327, 331, 332** *(bas)*, **333, 335, 336** *(bas)*, **338** *(bas)*, **340, 341, 342, 343** *(bas)*, **344** *(bas)*, **345, 346** *(bas)*, **347** *(haut)*, **351** *(haut)*, **353, 354, 355** *(haut)* **:** © Photothèque Hachette. **Page 53** *(bas)* **:** Don d'Harry Waldron Havemeyer et Horace Havemeyer, Jr. © National Gallery of Art. **Page 62 :** Collection Chester Dale © National Gallery of Art. **Pages 64, 135, 253, 265, 334** *(bas)*, **337, 346** *(haut)* **:** Domaine public. **Pages 78, 128 :** Collection Paul Mellon © National Gallery of Art. **Pages 82, 214 :** Collection Rosenwald © National Gallery of Art. **Page 84 :** © Valery Kachaev / Shutterstock. **Pages 85, 151, 332** *(haut)*, **349** *(bas)* **:** © CC0 Paris Musées / Musée Carnavalet. **Page 94 :** Collection Catharine Lorillard Wolfe, Fonds Wolfe, 1931 © The Met Fifth Avenue, domaine public. **Page 99 :** Collection Ian Woodner Family, 1991 © The Met Fifth Avenue, domaine public. **Page 110 :** © Susan Montgomery / Shutterstock. **Page 129 :** Collection HO Havemeyer, legs de Mme HO Havemeyer, 1929 © The Met Fifth Avenue, domaine public. **Page 133 :** Legs de William H. Herriman, 1920 © The Met Fifth Avenue, domaine public. **Pages 144, 146 :** © National Gallery of Art. **Page 164 :** Don de Mme Algernon S. Sullivan, 1919 © The Met Fifth Avenue, domaine public. **Page 180 :** Don d'Edward D. Adams, 1908 © The Met Fifth Avenue, domaine public. **Pages 183, 231, 350** *(bas)*, **352** *(haut)*, **355** *(bas)* **:** DR. **Page 192 :** Don de Victoria Nebeker Coberly © National Gallery of Art. **Page 195 :** Fonds John Stewart Kennedy, 1910 © The Met Fifth Avenue, domaine public. **Page 196 :** Don de Walter H. et Leonore Annenberg, 1994 © The Met Fifth Avenue, domaine public. **Page 199 :** Fonds Wrightsman, 2000 © The Met Fifth Avenue, domaine public. **Page 200 :** Collection Corcoran © National Gallery of Art. **Page 210 :** Don de Mme John W. Simpson © National Gallery of Art. **Page 218 :** Don de Louis C. Raegner, 1927 © The Met Fifth Avenue, domaine public. **Page 228 :** Perfect Lazybones / Shutterstock. **Page 230 :** © The Met Fifth Avenue, domaine public. **Page 232 :** Collection Catharine Lorillard Wolfe, 1887 © The Met Fifth Avenue, domaine public. **Pages 234, 351** *(bas)* **:** © CC0 Paris Musées / Musée des Beaux-Arts de la ville de Paris, Petit Palais. **Page 244 :** © Zolnierek / Shutterstock. **Page 262 :** © PopTika / Shutterstock. **Pages 269, 349** *(haut)* **:** © John Foley / Opale / Leemage. **Page 278 :** © Min C. Chiu / Shutterstock. **Page 281 :** © Focal point / Shutterstock. **Page 284 :** Fonds Rogers, 1949 © The Met Fifth Avenue, domaine public. **Page 293 :** Fonds Edith Perry Chapman, 1997 © The Met Fifth Avenue, domaine public. **Page 299 :** Collection Widener © National Gallery of Art. **Page 301, 326** *(bas)* **:** © *Suddeutsche Zeitung* / Rue des Archives. **Page 310 :** © Frankie's / Shutterstock. **Pages 326, 329** *(bas)* **:** Photos Henri Manuel © Photothèque Hachette. **Page 328** *(haut)* **:** © Beautiful Quotes / Shutterstock. **Page 328** *(bas)* **:** © Keystone, Eyedea. **Page 329** *(haut)* **:** © DPA / Bridgeman images. **Page 330 :** Photo De Selva © Photothèque Hachette. **Page 334** *(haut)* **:** © Bruno de Monës / Roger-Viollet. **Page 336** *(haut)* **:** Fonds Ailsa Mellon Bruce © National Gallery of Art. **Pages 338** *(haut)*, **348 :** © Effigie/Leemage. **Page 339 :** © Collection Viollet. **Page 343** *(haut)* **:** © EnricoAliberti ItalyPhoto / Shutterstock. **Page 344** *(haut)* **:** © Albert Harlingue / Roger-Viollet. **Page 347** *(bas)* **:** © Alpha Media Production / Shutterstock. **Page 350** *(haut)* **:** © Centre culturel américain, U.S.I.S., Paris. **Page 352** *(bas)* **:** © Simondon.

Dépliant et frise : © Photothèque Hachette pour tous les portraits, sauf Descartes (© CC0 Paris Musées / Musée Carnavalet), Freud (domaine public), Husserl (domaine public), Rousseau (© CC0 Paris Musées / Musée Carnavalet), Sartre (DR), Wittgenstein (DR).